明治九年十一月四日御届
同年十一月十三日出版

註解者 京都府平民 下京第十三區立賣東町 笹島久七
出版人 京都府平民 下京第四區阪東屋町 倉田善八

図説 日本語の歴史

今野真二 著
Konno Shinji

河出書房新社

無垢浄光経
相輪陀羅尼
唵一引薩婆怛
他掲多枳
地揭下竹九同
羅
帝反二匝
挲
提撥下丹反
末尼羯諾
攀佳冒制析
哆三眜菩提
多曳毘菩提
杜瞢杜瞢五
三帝哆眜瞢
吉帝大薩羅
薩羅攙瑳翰
達尼三菩達尼
尼三菩達尼
八鉢羅上代
羅曳毘琵燈一
代麗丸末尼
脱麗十瞢瞢
止羅上末羅
眜戒第十咩
引牛癹引訶

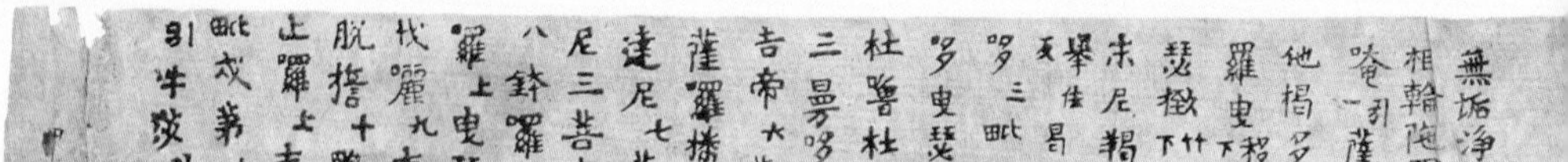

●百万塔陀羅尼［印刷博物館蔵］

天平宝字8（764）年に、恵美押勝の乱が平定された時に、称徳天皇が仏恩に感謝するために、高さ4寸5分ほどの木造の小塔100万基を作り、その内部に『無垢浄光陀羅尼経（むくじょうこうだらにきょう）』の中から、4種の陀羅尼を印刷して入れた。これを東大寺、法隆寺などの十大寺に分納したが、そのうちの4500点余りが現存している。木活字で印刷されたと考えられており、そうであれば日本で最も古い印刷物ということになる。

●木簡「長屋親王宮鮑大贄十編」
　［写真提供：奈良文化財研究所］

木片を素材として、それに文字などを書いたものが木簡で、日本では7世紀前半の飛鳥時代の寺院、山田寺跡から出土したものをはじめとして、都が置かれた飛鳥、藤原、平城、長岡の宮址から出土する。また貴族の邸宅跡からも出土することがある。図は長屋王（676〜729）の邸宅跡から出土した木簡で、「長屋親王」の文字がはっきりと記されている。

皇女姿色

淳中倉太玉敷天皇之皇后卌四歳渟

倉太珠敷天皇崩卅九歳當于泊瀬部天

皇五年十一月天皇為太臣馬子宿祢見敬

嗣位既空羣臣請渟中倉太珠敷天皇之

皇后領由部皇女以将令踐祚皇后辭讓

百寮上表勸進至于三乃從之日以奉

之璽卯冬十二月己巳朔己卯皇后即

皇位於豊浦宮

元年春正月壬寅朔丙辰以佛舍利置于

法興寺剎柱礎中丁巳建剎柱夏四月庚

豊聰耳皇子為皇太子

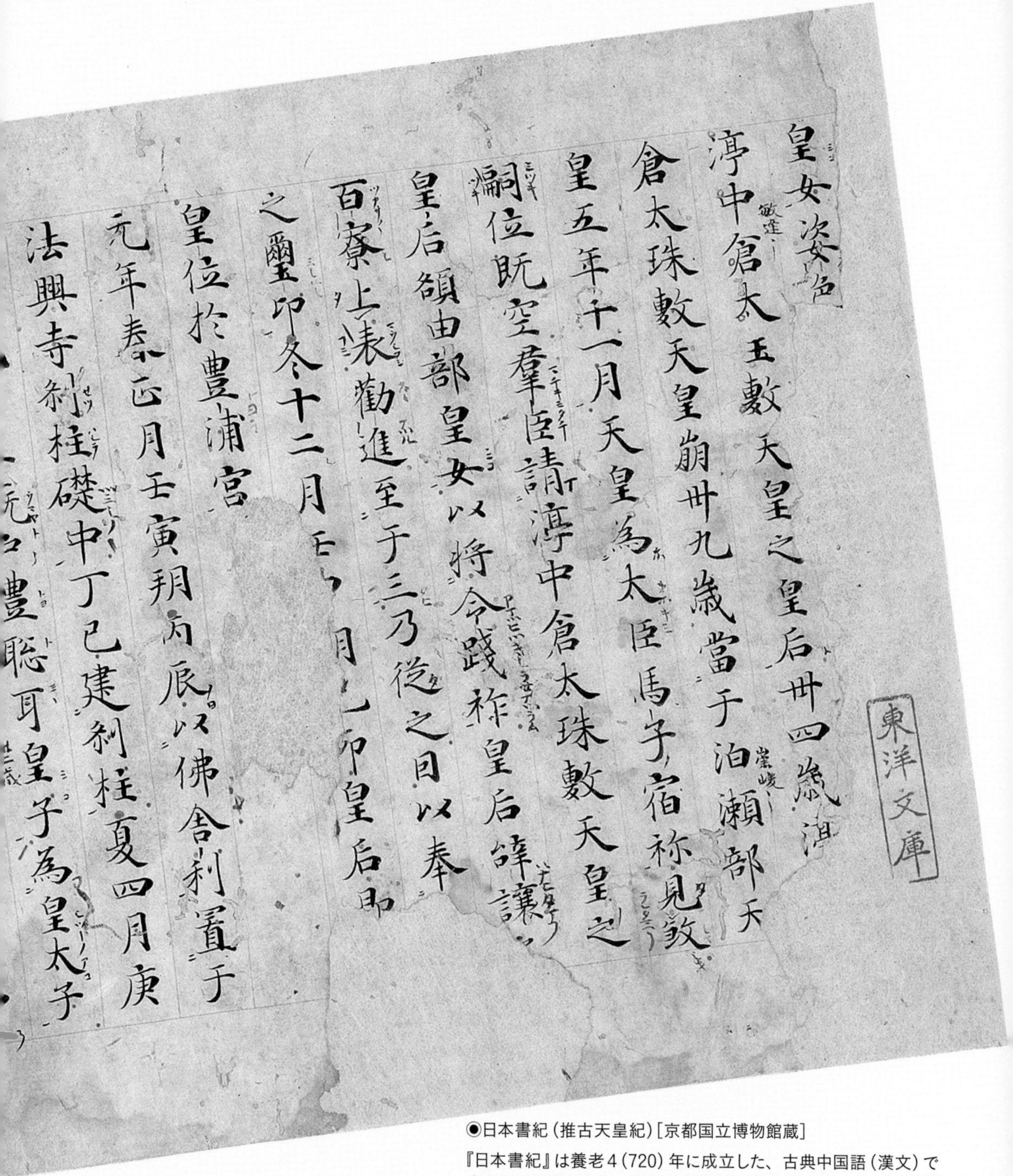

●日本書紀（推古天皇紀）［京都国立博物館蔵］

『日本書紀』は養老4（720）年に成立した、古典中国語（漢文）で書かれた史書である。漢字を表音的に使って書かれた歌謡128首と300余りの訓注が含まれているが、森博達は、それらが、正確な中国語音に基づいて書かれている部分とそうでない部分とに分けることができることを指摘した。「上代特殊仮名遣い」がみられる。

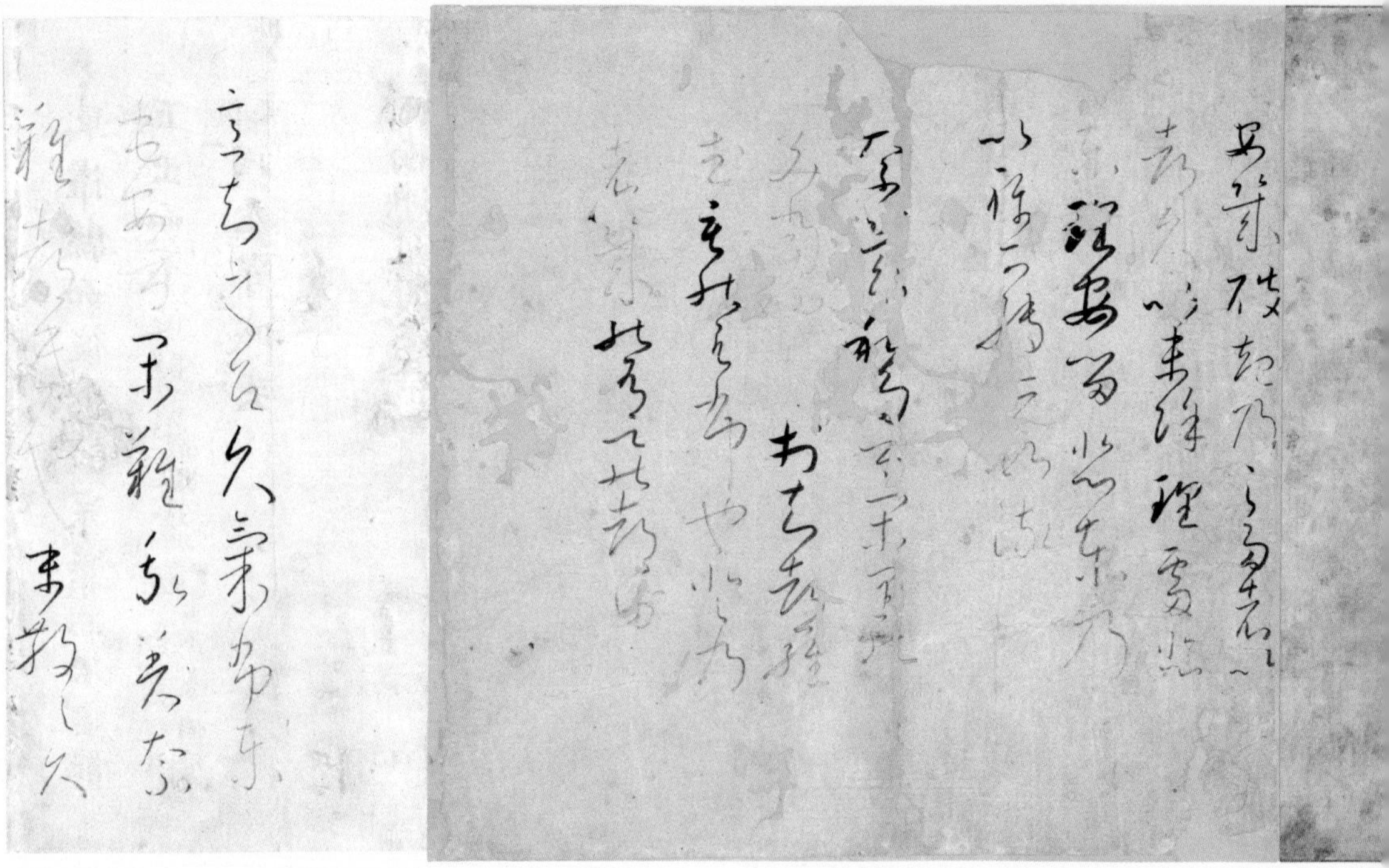

◉秋萩帖［東京国立博物館蔵］

『万葉集』『古今和歌集』などの和歌48首と、王羲之の尺牘57行を書いたもの。冒頭の和歌が「安幾破起乃之多者以呂（あきはぎのしたばいろ）」と始まるところから名づけられた。20枚の紙を貼り合わせており、842.4センチメートルに及ぶ。第2紙以下の紙背には「淮南鴻烈兵略間詁第廿」が書かれている。仮名成立後に書かれたものと推測される。

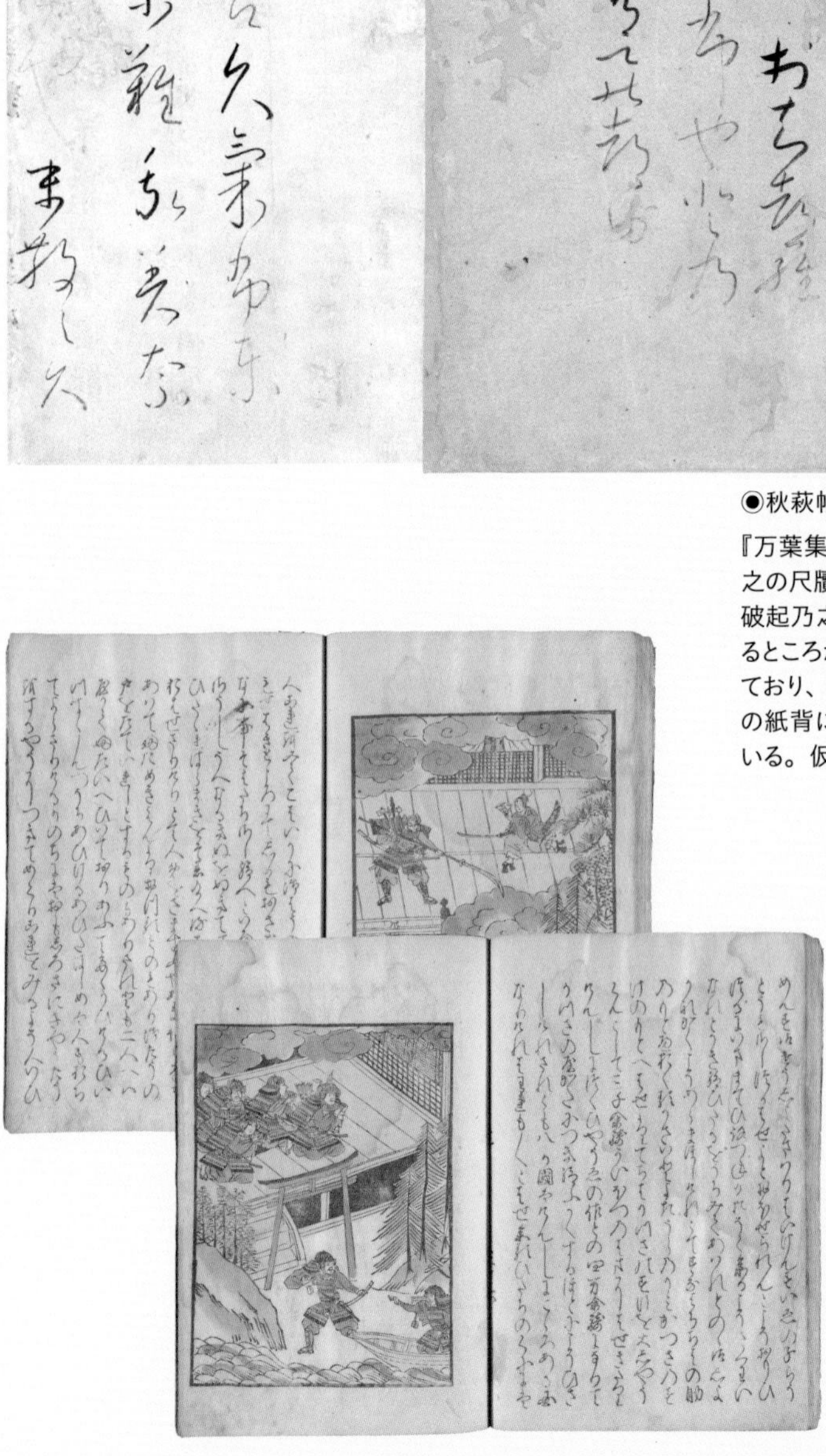

◉丹緑本『ぎけいき（義経記）』8巻
（元和・寛永〔1615-44〕頃刊）
［国立国会図書館蔵］

寛永から万治（1624～1661）頃に、御伽草子や仮名草子などの版本の挿絵に、丹（赤）や緑、黄色などで筆彩色を施したものを「丹緑本」と呼ぶ。製作の時期や題材は奈良絵本と重なることが多い。古活字版や古活字版からつくられた整版本（覆古活字本）などに彩色したものもある。図は古活字版で全体で挿絵が66図ある。『ぎけいき』は源義経の生涯を描いた軍記。

◉奈良絵本『てんじんき』3巻
（慶長〔1596-1615〕頃写）
［国立国会図書館蔵］

室町時代後期〜江戸時代前期頃までにつくられた絵入りの彩色写本を「奈良絵本」と呼ぶ。文字の書き手、絵の画き手、装丁者は異なっていると考えられている。図は菅原道真が神として祀られるにいたった由来を記した「天神縁起」（鎌倉時代初期頃成立）を奈良絵本に仕立てた『てんじんき』で、慶長年間（1596〜1615）に書写されたものと推測されている。

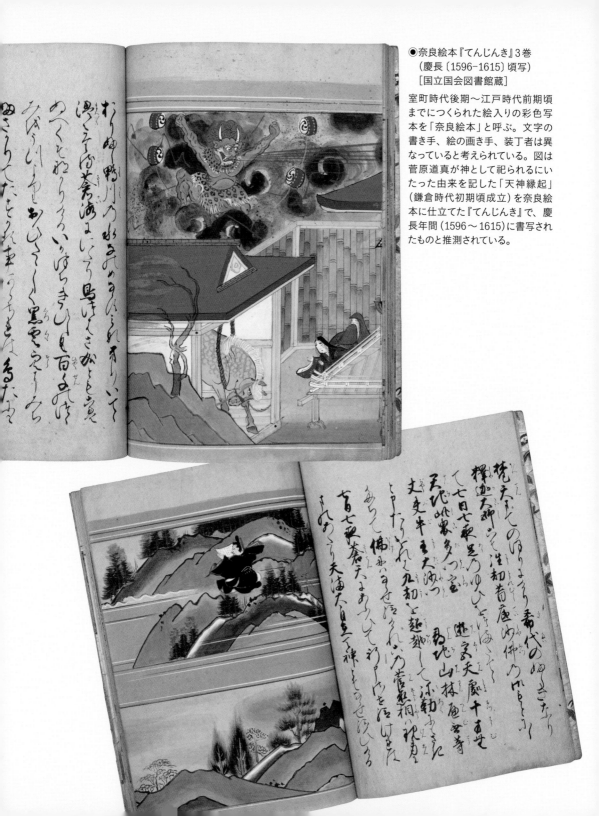

◉草双紙の袋

江戸時代中期から明治初期までの間に出版された絵説き小説版本を総称して「草双紙」と呼ぶ。各丁のほとんどを挿絵が占め、その周囲をほぼ平仮名書きの「本文」が埋めるという形式をとる。図はその草双紙販売にあたって入れられていた袋。袋はデザイン性がたかく、現在見ても楽しい。こうした技術が草双紙を支えていた。

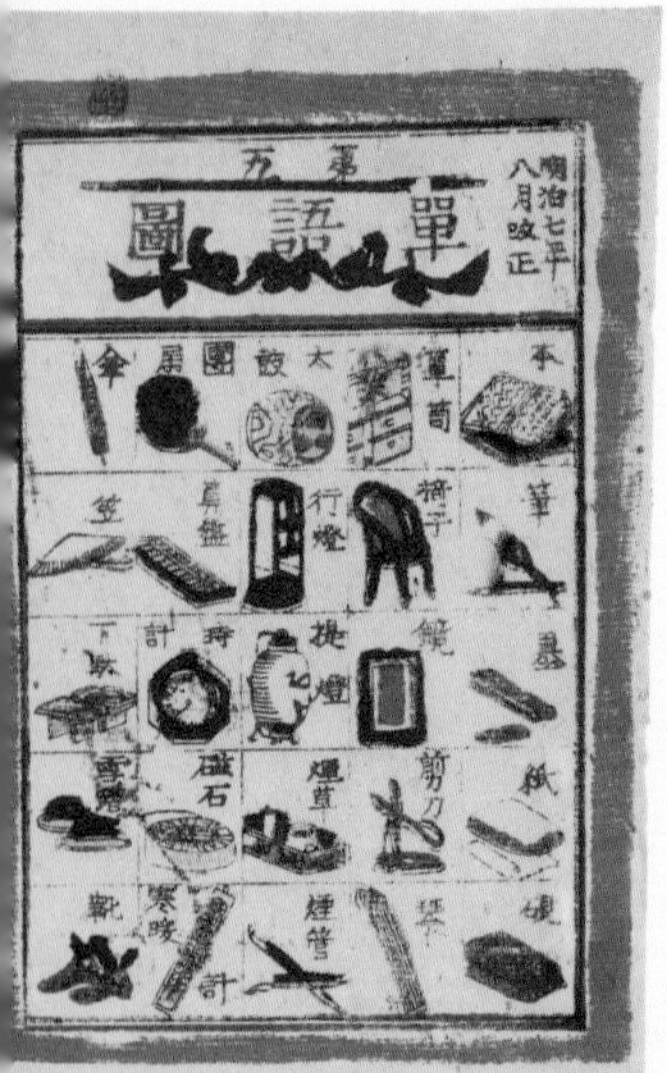

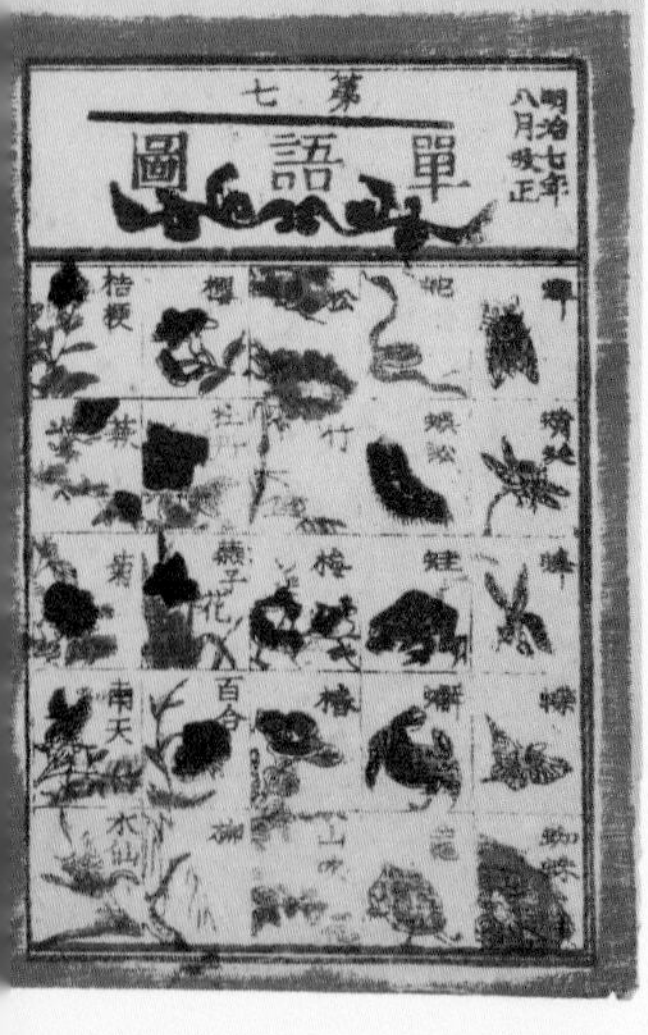

◉明治期の印刷物

図の右は「文部省絵解き」シリーズの「輪軸の活用」。漢語「回転」「運行」にそれぞれ左振仮名「まわす」「めぐりゆく」が施されている。中は明治七年八月改正と印刷されている「単語図」の第五～第八。単語が絵入りで印刷されている。左は「教草いろはうた」と題されたもので、「いざやさとさんよのなかに」「ろふにやくなんによみなともに」「ははとちちとのおしへをば」「にんげんとなりそむかずに」というような七五調にしたてたもの。

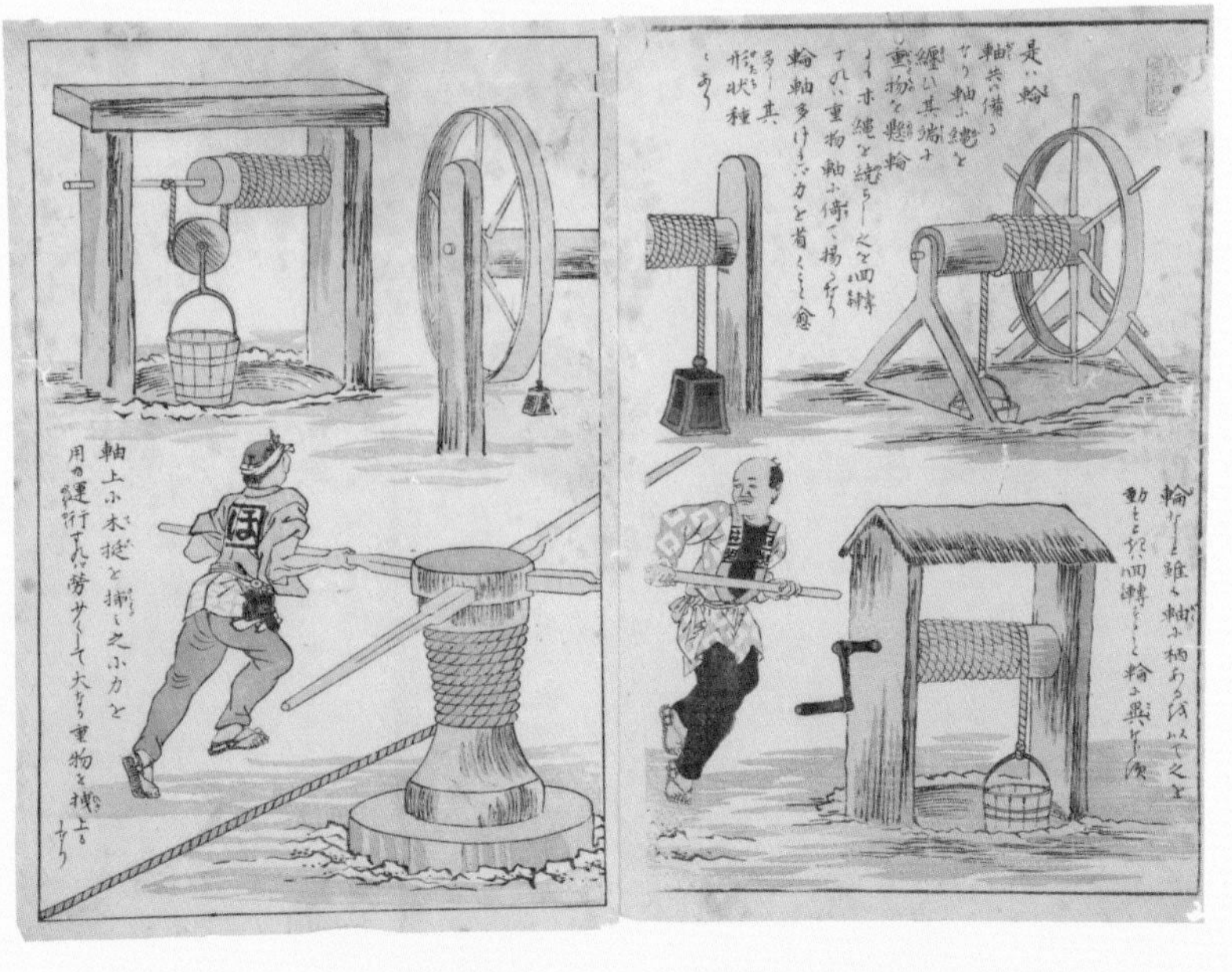

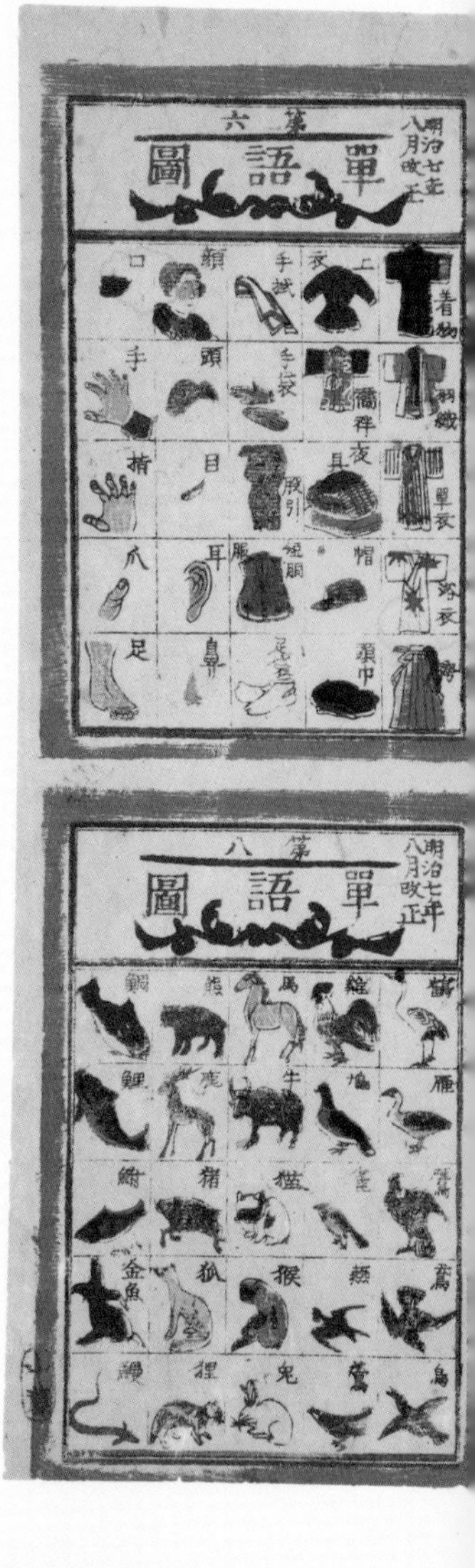

第六
單語圖
明治七年八月改正
着物
羽織
單衣
袷衣
股引
帽
頭巾
口
顔
手
頭
目
耳
鼻
足
爪
指
第八
單語圖
明治七年八月改正

◉ボール表紙本

明治初年から20年代頃にかけて出版された、ボール紙を表紙とする出版物を「ボール表紙本」と呼ぶことがある。本格的な洋装本が出版されるまでの間の形式とみることもできる。内容は、外国小説の翻訳や江戸時代の文学作品の翻刻、明治期につくられた文学作品などさまざまであるが、流通したテキストといってよく、ひろく明治期の日本語を観察するためには恰好の資料となる。

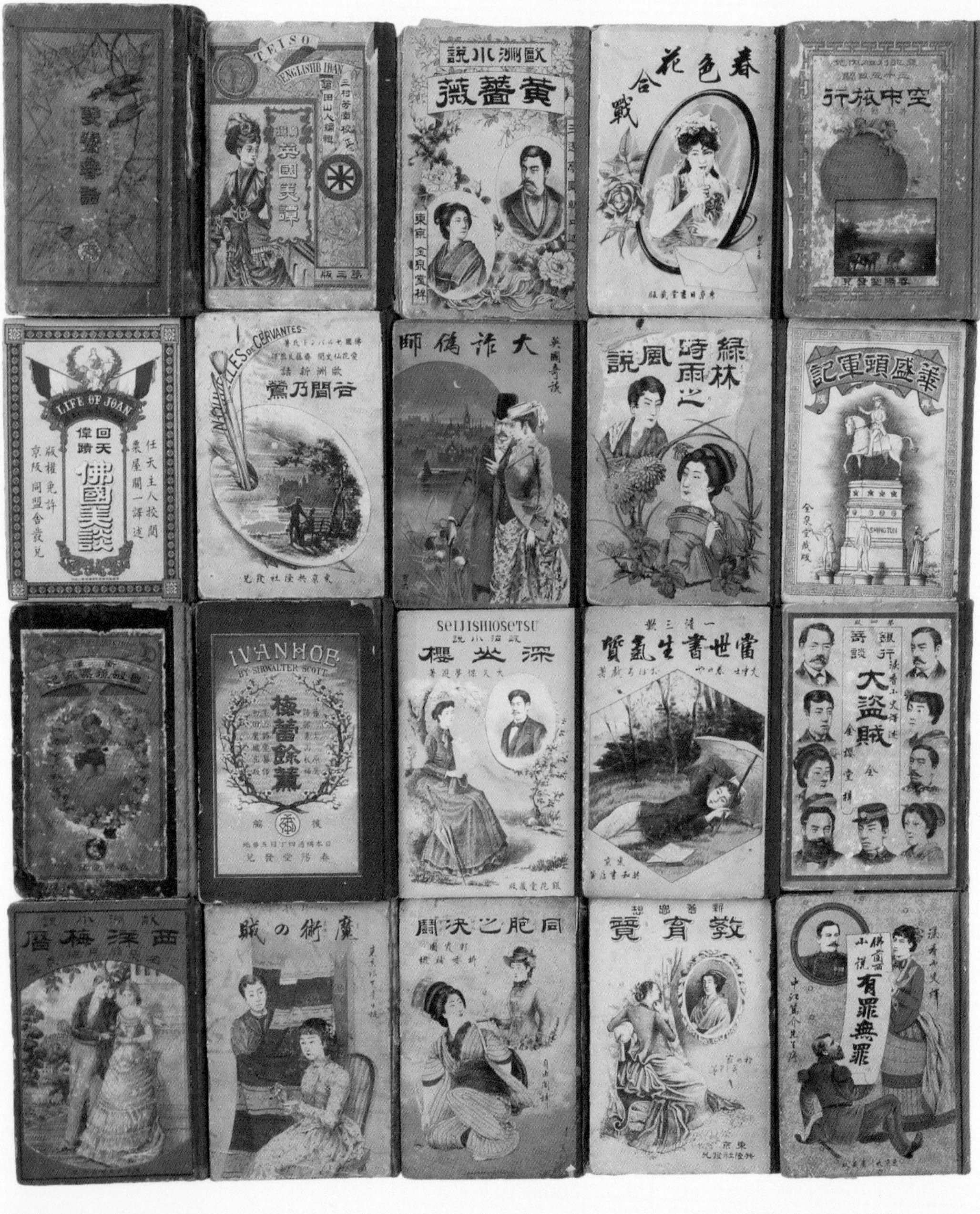

まえがき

現代に生きるわたしたちが、「はなしことば」を話し、「書きことば」を書くように、過去においても、「書きことば」が落ち着いたかたちをもった時期以降は、「はなしことば」と「書きことば」があった、と考えることができる。「はなしことば」を文字化すれば「書きことば」になる、というみかたは原理的にはなりたつが、実際的ではないともいえよう。わたしたちが、「はなしことば」を書きとめる時には、そこで話されていることばすべてを文字化するわけではない。話されている内容＝情報を吟味し、情報に重み付けをして、必要な情報を文字化して残す。それがメモのようなものになれば、重み付けはよりはっきりとし、いわば情報のピークのみを文字化することになる。それを「情報の圧縮」とみるならば、「書きことば」は圧縮された情報であることになる。そして、情報が圧縮されているのだとすれば、それを「解きほぐす」ことができることになる。

本書は「図説　日本語の歴史」をタイトルとしている。「日本語の歴史」が「はなしことば＋書きことば」全体の歴史として説明されることが理想ではあるが、「はなしことば」を記録する手段は、ずっと「文字化」であった。現在であれば、電子的に「はなしことば」を記録し、それを蓄蔵しておくことができるが、そのような技術をもったのは、明治時代以降であり、それ以前の日本語については、結局は文字化された情報を起点にして考えるしかない。つまり文献によらざるをえない。

文献に記された日本語は当然のことながら「書きことば」として記されていることが多く、ごく稀にはそこに「はなしことば」が露出することもあるが、それは機会としても稀であり、言語量としてみれば、片々たるものということになる。

仮名が発生する十世紀初頭以前は、漢字を使って日本語を文字化していた。改めていうまでもなく、漢字は中国語を書くための文字であって、その漢字を使って日本語を書くということは、結局は中国語の「書きことば」＝古典中国語文をはっきりとした雛型とし、あるいは古典中国語文を視野に入れ、あるいはその影響下に、文字化するということであった。つまり漢字を使って日本語を文字化していた時期の「書きことば」は古典中国語文という雛型をもっていたと考えることができる。当然、「書きことば」を支える「論理」も古典中国語文の影響下にあったと考えるのが自然ということになる。

仮名が発生し、仮名によって日本語を書くことができるようになってからしばらくの間は、仮名と漢字とを使って、日本語を文字化するという「試行錯誤」が続いたとみてよいだろう。「文字化」という表現は単に発音された語を文字に置き換えるというイメージを与えるかもしれないが、語を超えた言語単位、「文」や「文章」を考えれば、文字に置き換えるということを超えて、情報を盛る器としての「文体」を獲得するということでもあった。平安時代はその模索の時期であったと考えられており、一般的には鎌倉時代になって、「書きことば」はようやく安定したと推測されている。したがって、平安時代にはいまだ「書きことば」が安定的には成立しておらず、ために『源氏物語』はそれが書かれた時期の「はなしことば」の姿を反映していると考えられている。

鎌倉時代以降は、「書きことば」をとおして、「書きことば」についても「はなしことば」についても考えていかなければならないが、やはり「はなしことば」について考えることはむずかしいといわざるをえない。室町時代以降になると、「はなしことば」をかなりな程度露出させた文献も書かれるようになっていく。

文献はまずは具体的な「モノ」として存在しているのであり、「図説」はその「モノ」としての文献をイメージするためにはきわめて有効であると考える。図からは、一つ一つの文字がどのような「形」として実現しているかを窺うことができる。一つの文献から一つの図を示すことがせいいっぱいではあるが、それでもその「一つの図」という断片＝部分から全体を想像する楽しみもある。

示されている文献に漢字が使われているかどうか、使われているとしたらどのように使われているか、ということは一つの観点になる。仮名が発生した後も漢字を使い続けたということは、文字化に使うことができる字種を複数もった、ということを超えて、日本語の歴史に深くかかわりをもっている。

漢字を使い続けた理由は一つではないだろうが、「漢語を使う」ということが理由の一つであろう。漢語を使う以上その漢語は漢字で書くのが自然である。日本語の歴史を「漢字・漢語を使い続けた歴史」ととらえることもできる。平安時代に編まれた「中国語日本語対訳辞書」ともいえる『和名類聚抄』がその後の辞書に影響を与え続け、江戸時代も終わりにちかづいて、やっと見出し項目を仮名のみで書いた辞書があらわれるということはいわば「象徴的」で、日本語に深く根付いた漢語に着目して、「日本語の歴史」をとらえなおすこともおもしろいかもしれない。

文献は偶然残されたものもあろうが、それを残そうという意志によって残されたともいえるし、文献を残すことができる人も過去においては限られていた。そんなことを考えながら本書を読んでいただくと楽しいだろう。

【図説】日本語の歴史◉目次

第三章 鎌倉・室町時代——66

第四章 江戸時代

第五章 明治・大正時代 126

第一章 奈良時代

日本列島上にヒトが集団生活をし始めた時を特定することはむずかしいが、「その時」には言語を使っていたと推定するのが自然であろう。その「言語」がどのようなものであったかを推定する手がかりもないに等しいが、ごく常識的に、日本語につながる言語だったと考えることにする。そうすると、その時日本語は、それを書くための文字を持っていなかった。そうした「無文字時代」が長く続き、いずれかの時点で日本語は漢字とであう。漢字が模様ではなく、文字であることを認識するためには、漢字が中国語という言語を書きあらわしているという認識が必要となる。漢字を文字として認識し、その次には、それを使って日本語を書くということが試みられたと考えられる。

政治史の奈良時代は、平安京遷都（西暦七九四年）までで、その時代はいわば「仮名以前の時代＝漢字の時代」ということになる。図説の冒頭には「魏志倭人伝」を採りあげているが、これは三世紀に中国で成った文献であるので、便宜的にここに収めた。以下では、「稲荷山古墳出土金錯銘鉄剣」「法隆寺金堂薬師如来像光背銘」「上野国山ノ上碑」「古事記」「日本書紀」「木簡」「正倉院仮名文書甲乙」「万葉集」を採りあげたが、これらは漢字で書かれた文献ということになる。

中国語を書くための文字である漢字によって、中国語ではない言語を書きあらわそうとする場合に、漢字を「表音的使用」することがある。「することがある」というよりも、むしろ「せざるをえない」といったほうがよいかもしれない。中国語を書いている漢字は表語文字として機能しているが、それは漢字を「表意的使用」するということである。

『万葉集』をみると、漢字の「表意的使用」と漢字の「表音的使用」とが併用されていることがよくわかる。漢字が漢字である以上、「表意的使用」は漢字の「本流」といえようが、中国語ではない言語を書くとなれば、「表音的使用」も当然の「道筋」といってよいだろう。

『古事記』『日本書紀』『万葉集』において、表音的に使われた漢字を精査することによって、古代の日本語においては、「イ」「エ」「オ」の母音が二種類存在し、母音がすべてで八つあったという「八母音」の可能性が見出された。これを「上代特殊仮名遣い」と呼ぶ。二種類あった母音は次第に一つになり、現在と同じように五母音になったと考えられている。仮名は、「上代特殊仮名遣い」を反映していない。

漢字によって日本語を書く場合には、「日本語を中国語に翻訳して、古典中国語で書く」（『日本書紀』）「（アウトプットとしては）古典中国語をベースにしながら、日本語らしさをだしたい箇所においては漢字を表音的使用する」（『古事記』）「漢字を表音的使用する」（『万葉集』の仮名主体表記巻）など、いくつかの「やりかた」が考えられる。より小さな言語単位を対象として観察すれば、右の「やりかた」がなだらかにつらなり、いろいろな組み合わせとして実現しているといえよう。それが古代の日本語における「書き方の選択肢」であったと考えられる。

奈良時代の日本語における中国語の影響は「濃厚」であるが、どのような漢語がどのように使われていたかについての語彙面での研究などはまだ十分とはいえない。現代の日本語は「漢語＋和語＋外来語」で成り立っているという「みかた」はごく一般的である。奈良時代の日本語を考えた場合、中国語以外の外来語は考えにくいので、「漢語＋和語」がこの時代の日本語の総体であることになる。日本語を遡っていった時に、和語のみで日本語が成り立っていた時代はあったはずだが、漢字を使って日本語を書くとなれば、漢字についての高度な知識をもち、漢語も使ったと考えるのが自然で、むしろ「漢語＋和語」というかたちを日本語の基本的なかたちと考えるのがよいだろう。

1-1

中国の書物に記された日本語

三世紀の中国の歴史を記した史書で西晋の陳寿（二三三〜二九七）が著わした『三国志』（全六十五巻）は「魏書」（三十巻）、「呉書」（二十巻）、「蜀書」（十五巻）に分かれるが、「魏書」の末尾に「烏丸伝」「鮮卑伝」「東夷伝」を合わせた「烏丸《うがん》鮮卑《せんぴ》東夷伝《とういでん》」が置かれている。「烏丸」は紀元前一世紀から紀元後三世紀にかけて、中国北部（現在の内モンゴル自治区あたり）に居住していた民族で、「烏恒」と書かれることもある。「鮮卑」は紀元前三世紀から六世紀にかけて、やはり中国北部を拠点としていた遊牧騎馬民族。古代中国では、異民族を「東夷・西戎・南蛮・北狄」と四つに分けていたが、古代中国東方の異民族の総称が「東夷」で、「東夷伝」では「夫余《ふよ》・高句麗《こうくり》・東沃沮《とうよくそ》・挹婁《ゆうろう》・濊《わい》・韓《かん》・倭《わ》」の七つの民族について述べており、

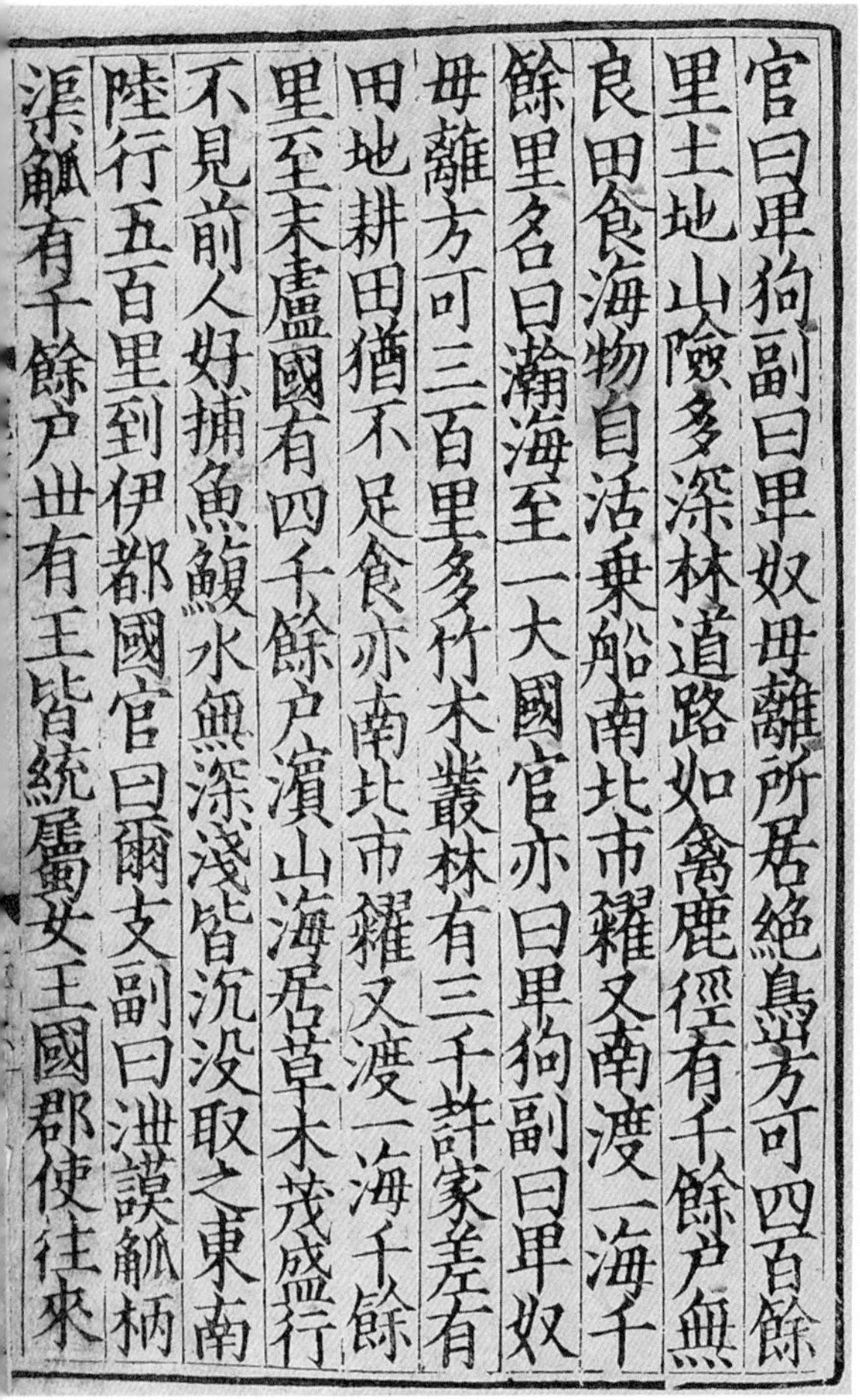
官曰卑狗副曰卑奴母離所居絶島方可四百餘
里土地山險多深林道路如禽鹿徑有千餘戸無
良田食海物自活乗船南北市糴又南渡一海千
餘里名曰瀚海至一大國官亦曰卑狗副曰卑奴
母離方可三百里多竹木叢林有三千許家差有
田地耕田猶不足食亦南北市糴又渡一海千餘
里至末盧國有四千餘戸濱山海居草木茂盛行
不見前人好捕魚鰒水無深淺皆沉没取之東南
陸行五百里到伊都國官曰爾支副曰泄謨觚柄
渠觚有千餘戸世有王皆統屬女王國郡使往來

3世紀

魏志倭人伝

末尾の「倭人在帯方東南大海之中」（倭人は帯方の東南大海の中にあり）から始まる一九八四字が「魏志倭人伝」と通称されている。そもそも、この「魏志倭人伝」は陳寿とほぼ同時代の人物と目されている魚豢《ぎょけん》の『魏略』にその大半を依っていることがわかっている。『魏略』の原本は現在に伝わっていない。

図は宮内庁書陵部に蔵される、「百衲本」として使われたテキスト。図の前には「倭人傳／倭人在帯方東南大海之中。依山島為國邑舊百／餘國漢時有朝見者今使譯所通三十國從郡至／倭循海岸水行歴韓國乍南乍東到其北岸狗邪／韓國七千餘里始度一海千餘里至對海國其大」（倭人は帯方の東南、大海の中にあり、山島に依りて国邑をなす。旧《もと》百余国。漢の時、朝見する者あり、今、使訳通ずる所三十国。郡より倭に至るには、海岸に循《したが》って水行し、韓国を歴《へ》て、乍《あるいは》南し、乍《あるいは》東し、その北岸狗邪韓国に到る七千余里。始めて一海を度《わた》る千余里、対海国に至る。其の大）とあって、図に続く。図の右を翻字

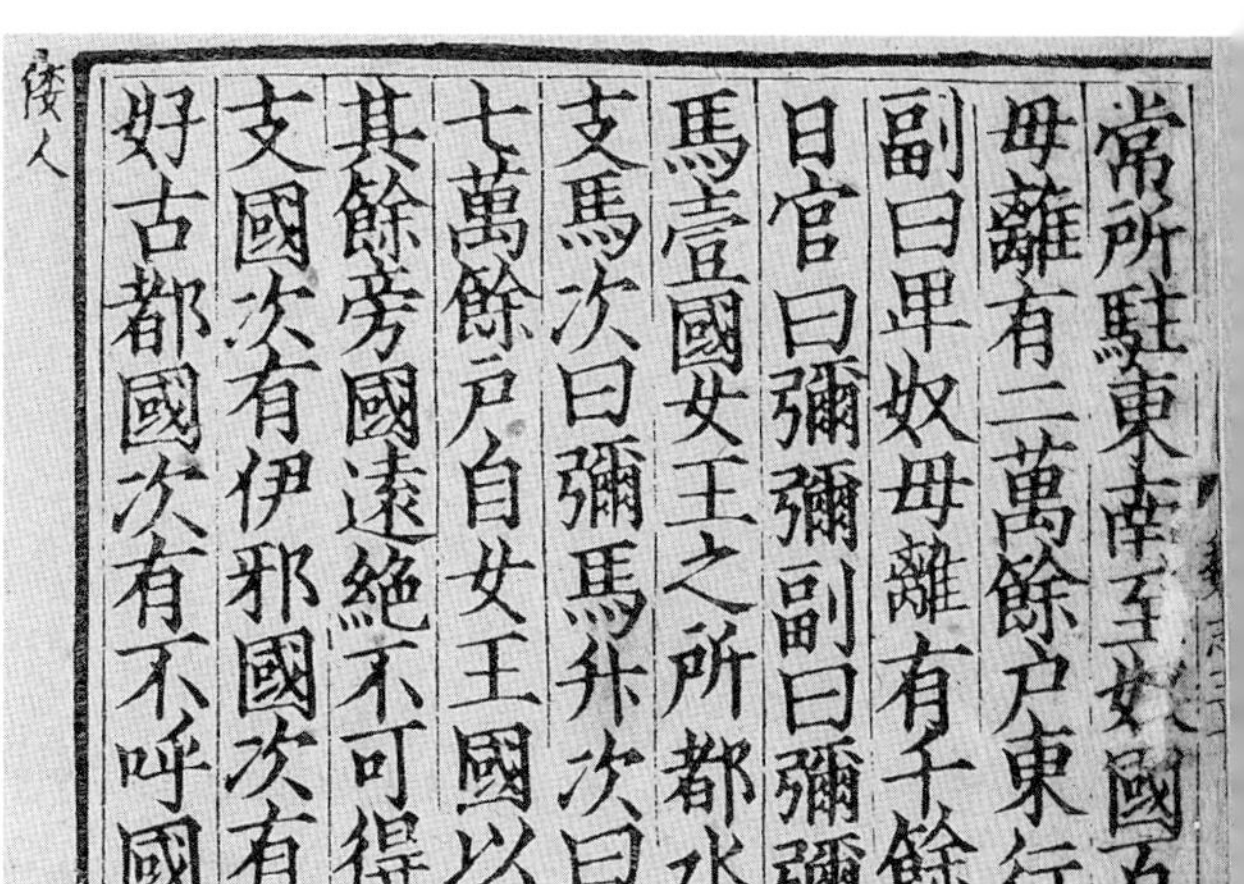
常所駐東南至奴國百里官曰兕馬觚副曰卑奴
母離有二萬餘戸東行至不彌國百里官曰多模
副曰卑奴母離有千餘家南至投馬國水行二十
日官曰彌彌副曰彌彌那利可五萬餘戸南至邪
馬壹國女王之所都水行十日陸行一月官有伊
支馬次曰彌馬升次曰彌馬獲支次曰奴佳鞮可
七萬餘戸自女王國以北其戸數道里可得略載
其餘旁國遠絶不可得詳次有斯馬國次有已百
支國次有伊邪國次有郡支國次有彌奴國次有
好古都國次有不呼國次有姐奴國次有對蘇國

魏志倭人伝（『三国志』第十四冊より）
［宮内庁書陵部蔵］

してみる。

官曰卑狗副曰卑奴母離所居絶島方可四百餘／里土地山險多深林道路如禽鹿徑有千餘戸無／良田食海物自活乗船南北市糴又南渡一海千／餘里名曰瀚海至一大國官亦曰卑狗副曰卑奴／母離方可三百里多竹木叢林有三千許家差有／田地耕田猶不足食亦南北市糴又渡一海千餘／里至末盧國有四千餘戸濱山海居草木茂盛行／不見前人好捕魚鰒水無深浅皆沈没取之東南／陸行五百里到伊都國官曰爾支副曰泄謨觚柄／渠觚有千餘戸世有王皆統属女王國郡使往来

現在では、「（その大）官を卑狗といい、副を卑奴母離という。をる所絶島、方四百余里ばかり。土地は山険にして、深林多く、道路は禽鹿の径の如し。千余戸あり。良田なく、海物を食して自活し、乗船して南北に市糴《してき》す。また南一海を渡る千余里、名付けて瀚海《かんかい》という。一大国に至る。官をまた卑狗といい、副を卑奴母離という。方三百里ばかり。竹木、叢林多く、三千ばかりの家あり。やや田地あり、田を耕せどもなお食するに足らず。また南北に市糴す。また一海を渡る千余里。末盧国に至る。四千余戸あり。山海に浜《そ》うて居る。草木茂盛し、行くに前人を見ず。好んで魚鰒《ぎょふく》を捕らえ、水深浅となく、皆沈没して、これを取る。東南陸行五百里にして伊都国に到る。官を爾支といい、副を泄謨觚・柄渠觚という。千余戸あり。世王あるも、皆女王国に統属す。郡使の往来（常に駐《とど》まる所なり）」と読まれている。

「百衲本」とは異なった版本を寄せ集めて、一つのテキストとして編纂したものを指すが、「百衲本二十四史」は張元済（一八六七〜一九五九）が宋代の善本十五種類、元代の善本六種類、明末清初の刻本三種類など、できるだけたしかな版本を寄せ集めて影印出版したものを指す。傍線を施した箇所が固有名詞を表わしていると思われる。例えば「卑奴母離」は「ヒナモリ（鄙守）」という日本語を書いたものと考えられているが、そうだとすれば、日本語を漢字で書いた早い例ということになる。

1-2

鉄剣に刻まれた日本人の名前

埼玉県の稲荷山古墳は、墳丘の後円部頂上から出土した須恵器の型式（TK47）から五世紀後半ぐらいに造られたと考えられている前方後円墳である。古墳の上部に小さな稲荷社があったことから、稲荷山と呼ばれることがあった。墳丘の全長は一二〇メートルで、高さは十二メートルちかく、長方形状の二重の周溝《しゅうこう》が巡らされている。一九六八年に古墳の後円部の発掘調査をした折に、古墳頂上部の礫郭から銘文を刻んだ鉄剣が出土した。これが図の稲荷山古墳出土鉄剣である。

鉄剣には金象嵌で、表に五十七字、裏に五十八字の漢字が刻まれていた。

表：辛亥年七月中記乎獲居臣上祖名意富
　比垝其児多加利足尼其児名弖已加利
　獲居其児名多加披次獲居其児名多沙
　鬼獲居其児名半弖比
裏：其児名加差披余其児名乎獲居臣世々
　為杖刀人首奉事来至今獲加多支鹵大
　王寺在斯鬼宮時吾左治天下令作此百
　練利刀記吾奉事根原也

稲荷山古墳出土金錯銘鉄剣（裏・部分）「所有：文化庁、写真提供：埼玉県立さきたま史跡の博物館」　左頁は表・裏の全体。

471年　稲荷山古墳出土金錯銘鉄剣

表の銘文を仮に訓読するとおおよそ次のようになると考えられている。「辛亥の年、七月中、記す。ヲワケの臣。上つ祖、名はオホヒコ。其の児、タカリの足尼（すくね）。其の児、名はテヨカリワケ。其の児、名はタカヒシワケ。其の児、名はタサキワケ。其の児、名はハテヒ」「仮に」とは、後に述べるように、この時期に訓読が行なわれていたかどうかが不分明なためである。

「辛亥年」は西暦四七一年だと考えられている。「乎獲居臣（ヲワケの臣）」の祖先の名が、「意富比垝（オホヒコ）」「多加利足尼（タカリのすくね）」「弖已加利獲居（テヨカリワケ）」「多加披次獲居（タカヒシワケ）」「多沙鬼獲居（タサキワケ）」「半弖比（ハテヒ）」「加差披余（カサヒヨ）」と七代連ねられ、その「カサヒヨ」の児の名が「乎獲居臣」だと改めて述べられる。そして この「ヲワケの臣」が「杖刀人首」として「獲加多支鹵大王」を「サヂ（左治＝佐治）」（政治をたすけ、国を治める）していたことが述べられている。したがって、この鉄剣は、「ヲワケの臣」が自らの功績を記念して製作させたものと考えられている。

熊本県和水町江田にある船山古墳から出土した五世紀半ば頃のものと考えられている鉄刀には銀象嵌で七十五文字が刻まれているが、その冒頭に「治天下獲□□□鹵大王」とあり、稲荷山古墳出土鉄剣銘の「獲加多支鹵大王」とともに、「ワカタケル大王」を書いたものと推測されている。「ワカタケル」は雄略天皇の実名（諱）なので、これらは雄略朝（五世紀後半）の頃に製作されたと考えることができる。

この江田船山古墳出土鉄刀銘には典曹《てんそう》人《じん》の「无利弖（ムリテ）」という人物が刀を作ることを命じ、銘文を作ったのは「張《ちょう》安《あん》」という人物で、実際に鉄刀を鍛えた人物が「伊太加（イタカ）」であると記されている。そして、この鉄刀は、「獲加多支鹵大王」＝雄略天皇の側近であった「无利弖」が、有明海の航海権を掌握していたと思われる菊池川中流域の在地の首長に与えたものと考えられている。

日本語の「キ」に「鬼」字、「ケ乙類」に「居」字、「ロ」に「鹵」字、「ワ」に「獲」字をあてる「あてかた」は『万葉集』にはみられず、朝鮮古代文献である『三国史記』において、固有名詞を書くにあたって使われた音仮名と共通している。そのことからすれば、鉄剣銘の作者が朝鮮半島からの渡来人か、それに連なる人物であった可能性がたかいと考えられている。

文章全体は古典中国語文＝漢文で書き、日本の人名などの固有名詞を、中国で行なわれた「仮借《かしゃ》」の原理によって書き、実際の漢字としては、朝鮮半島で使われていた漢字を使う、というこの「書き方」は、雄略朝における「最先端の文章表記」（『古代日本の文字世界』二〇〇〇年、大修館書店、一一九頁）と評価されることがある。

この頃、すなわち五世紀頃に古典中国語文＝漢文を訓読することがなかったかどうかについては、（これまではなかったと考えられているが）日本語の「書きことば」を形成するにあたって漢文訓読が影響を与えているというみかたもあり、今後は慎重に考える必要がある。

古典中国語＝漢文によって（書こうとすることがらを）書いた時期＝第一段階がまずあることは当然のこととして、文章全体は古典中国語＝漢文で書き、そのように発音する（漢文を音読する）。固有名詞のみは日本語の発音がわかるようなかたちで漢字で記すという第二段階を示しているのが、江田船山古墳出土鉄刀銘、稲荷山古墳出土鉄剣銘であるといえよう。

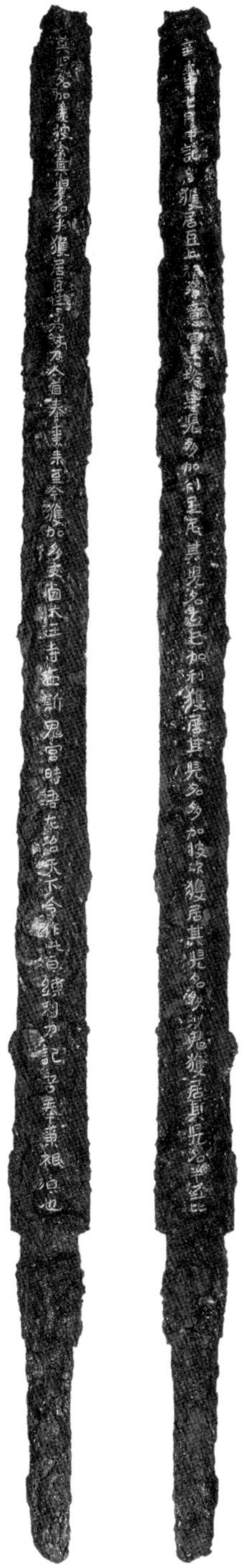
表　裏

1-3 漢字で書かれた日本語の敬語

図の左は法隆寺金堂の薬師如来座像で、右はその光背の裏面に刻まれた九十字の銘文。銘文は縦約三十センチメートル、横約十四センチメートルの範囲に次のように書かれている。

1 池邊大宮治天下天皇大御身勞賜時歳
2 次丙午年召於大王天皇与太子而誓願賜我大
3 御病太平欲坐故将造寺薬師像作仕奉詔然
4 當時崩賜造不堪者小治田大宮治天下大王天
5 皇及東宮聖王大命受賜而歳次丁卯年仕奉

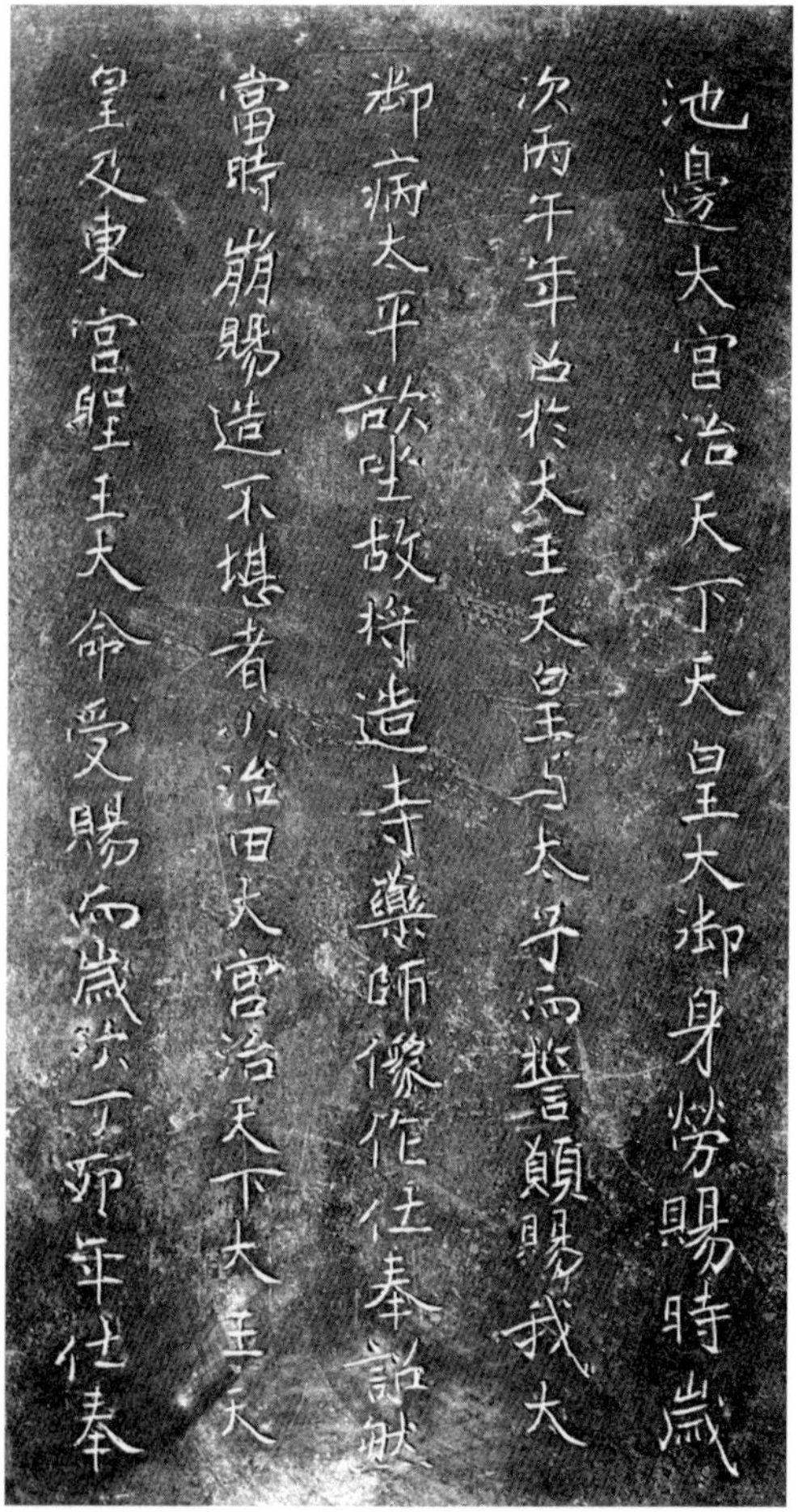

606年 法隆寺金堂 薬師如来像光背銘

「池邊大宮治天下天皇」は「イケノヘノオホミヤニアメノシタシラシメシシスメラミコト（池の辺の大宮に天の下しらしめしし天皇）」といった日本語を書いたものと考えられている。そうであれば、ここでは「アメノシタシラシメシシ」が「治天下」といわば「漢文式」に書かれていることになる。「召於大王天皇与太子」が「オオキミノスメラミコトトヒツギノミコトヲメシテ」といった日本語を書いたものだとすれば、やはり、動詞「メス」にあてられている「召」字が目的語「大王天皇与太子」の前に置かれており、中国語の語順に従っていることがわかる。その一方で、傍線を施した助詞「ト」は「与」によって文字化されている。この行《くだ》りにおける「於」の使用は「破格」ともいえるが、漢訳仏典などにおいては、他動詞の後に「於」を使う例があることが指摘されており、あるいはそうしたこととかかわるか。幾つかみられる「而」は助詞「テ」を文字化したものであると同時に、目的語のまとまりを示す機能をもっているようにみることもでき、ここでの「於」をそれと同様にとらえるみかたも提示されている。

その一方で、3行目の「薬師像作」が

上：金堂薬師如来像　右：金堂薬師如来像光背銘［ともに法隆寺蔵、写真提供：奈良文化財研究所］

「薬師像ヲ作リ」を、4行目の「造不堪」が「造ルニ堪エズ」を、5行目の「大命受」が「大命（オオミコト）受ケ」を書いたものだとすれば、ここでは日本語の語順のままに漢字化をおこなっていることになる。

また1行目の「大御身」や2行目から3行目にかけての「大御病」の「大御」は尊敬の意を表わす接頭語「オホミ」を書いたものと思われ、1行目の「労賜」、2行目の「誓願賜」、4行目の「崩賜」、5行目の「受賜」の「賜」は尊敬の補助動詞「タマフ」を書いたものと思われるなど、中国語にはない言語要素を文字化していることは注目される。

「歳次丙寅年正月生十八日記高屋大夫為分韓婦夫人名阿麻古願南无頂礼作奉也」と銘文に書かれている菩薩半跏像が東京国立博物館に蔵されている。「菩薩半跏像銘」と呼ばれる。「歳、丙寅に次る年の正月生十八日に記す。高屋夫人、分れにし韓婦夫人、名をば阿麻古とまうすが為に、願ひ南无《なむ》頂礼《ちょうらい》して作り奉す」（大意は、丙寅年正月十八日に記す。高屋大夫が、死んだ妻アマコのために仏に願い、ひれ伏して仏像をお作り申し上げる）と読まれているが、「丙寅年」は仏像の様式からみて、六〇六年の可能性がたかいと推測されている。「高屋」は古市《ふるいち》郡（現在の羽曳野市）古市を本貫とする高屋連のことではないかと考えられており、「タカヤ」を書いたものと思われる。末尾の「作奉」の「奏」は謙譲語の「マヲス」を書いたものと推測されており、七世紀の初頭において、このように待遇表現を文字化することがあったことがわかっている。待遇表現を初めとして、日本語の助詞、助動詞を文字化するのは、日本語を書くという側に（意識的か無意識的かは別として）いわば「立った」ためと考えることができ、そのことには注目しておきたい。

大阪府羽曳野市にある野中寺《やちゅうじ》の弥勒菩薩半跏像の銘文には「丙寅年」と書かれており、天智天皇五（六六六）年のものと推定されている。弥勒菩薩半跏像の台座の丸框《まるかまち》＝丸い枠に上下二字ずつ、右から左へと六十二字の銘文が刻まれており、僧侶、信徒ら一一八人が中宮天皇（斉明天皇）の病気平癒を祈願してこの像を造ったことが記されている。この銘文にも「中宮天皇大御身労坐之時（中宮天皇のおほ身労《いたづ》き坐《ま》しし時）」のように書かれている。藤原宮跡から出土する木簡や平城宮跡から出土する木簡にも、待遇表現を文字化したものがあり、七世紀にはそうした「書き方」がひろまっていたことがわかる。

1-4

漢字で書いたメモ

木簡

7世紀半ば

日本において、木片に文字を書いたものをひろく「木簡」と呼ぶ。官司や家政機関で使われる、命令、報告、上申などの伝達用の文書や記録のための帳簿類やメモなど、ひろい意味合いでの文書を書いた「文書木簡」と、輸送する物品に付ける荷札、物品の整理のための付札などの「付札（木簡）」とに分けることができる。その他に、文字の練習である「習書」や落書きに使われた木簡などもある。中国においては、紙の発明とともに、木簡（中国では竹簡）は使われなくなったと考えられているが、日本においては、木簡と紙とが並行して使われていた。

1

2

1　須佐里丹比部百嶋
平城宮木簡２２００号

2　能登郷　戸主粟田公麻呂戸□
粟田荒人調塩三斗
平城宮木簡２８２４号

3　參河国寶飫郡篠束郷
中男作物小擬六斤
天平十八年九月廿日
平城宮木簡３５６号

4　志摩国志摩郡伊雑郷□理里
戸主大伴部小咋調海藻六斤
養老二年四月三日
平城宮木簡２２４８号

１は尾張国知多郡須佐里からの、２は能登郷からの荷札木簡。１では、「丹比部」の「部」は旁りのみが書かれている。４の「大伴部」の「部」も同様。このように「部」字を旁りのみで省略表記することは木簡に少なからずみられる。この書き方は紙の文書にもみられ、早くからそのように書かれていたことがわかる。平仮名の「へ」はこの旁りのみの「部」全体からうまれており、「部」を起点とすると、「部」の部分からうまれたようにみえ、現行の平仮名の中で、唯一部分からうまれた平仮名ということになるが、おそらくそうではないと思われる。ちなみにいえば、片仮名の「へ」も同様に旁りのみの「部」からうまれているので、平仮名と片仮名とが同じかたちになっている。１の「嶋」字では、「山」が小さく左

4 3

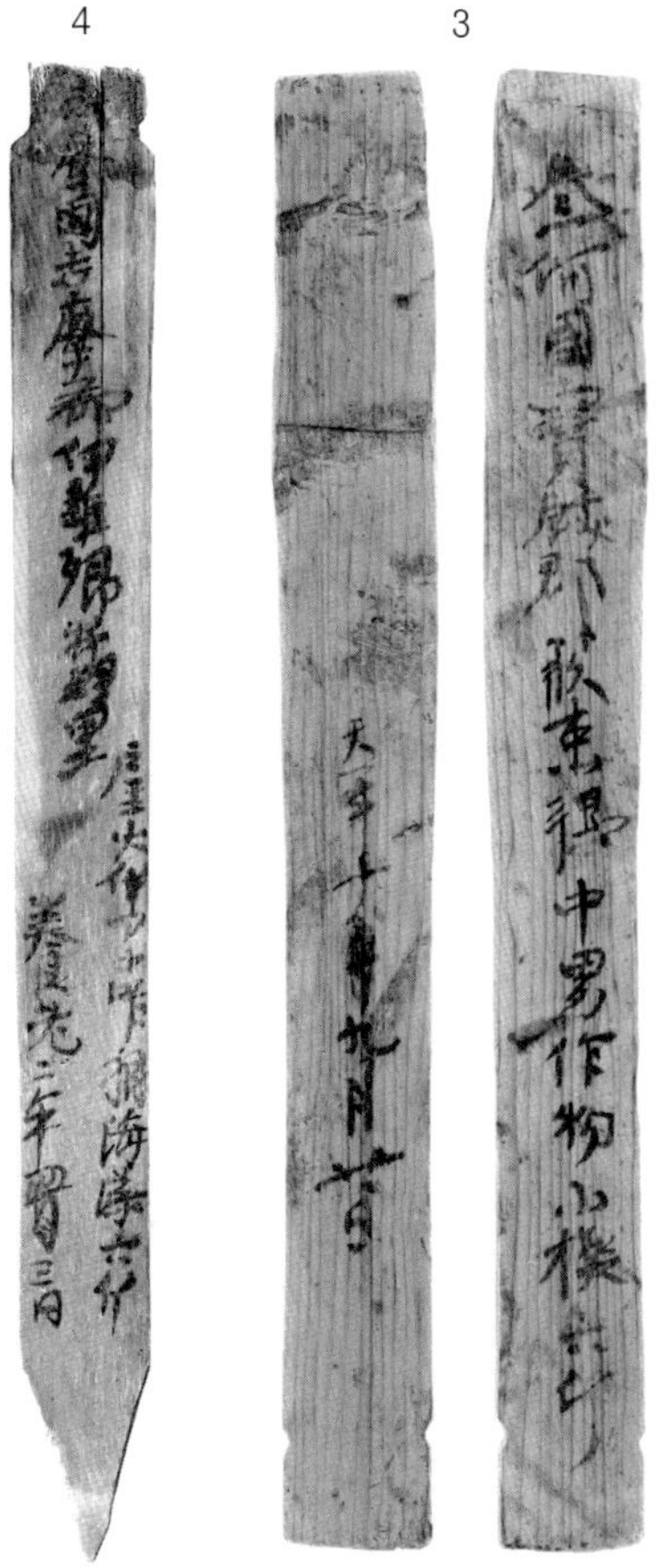

木簡［写真提供：奈良文化財研究所］

上に書かれている。このような書き方があったことがわかる。木簡は文字を書くスペースが限られており、そのために、省略的に漢字が書かれたり、漢字を構成する要素の位置が少し変えられることがあったと思われる。漢字そのもののかたちも、現在よりも「自由度」を内包したものであったのだろう。1も2も楷書体ではないことに注目しておきたい。

3には天平十八（七四六）年、4には養老二（七一八）年という年紀が記されており、当該木簡が書かれた時が具体的にわかる。4はちょうど『古事記』『日本書紀』が書かれた頃の木簡ということになる。『古事記』や『日本書紀』のテキストで、八世紀に書かれたものは存在しておらず、こうした木簡によって、その当時にどのような漢字を書いていたかということが具体的にわかる。

「中男《ちゅうなん》」は十七歳から二十歳の男子で、「中男作物《さくもつ》」とは、中央官庁が必要とする物品を、国郡司が「中男」を使って調達して貢進したもので、「小擬」は寒天の材料となる「イギス」のことと考えられている。「貽貝」「紫菜」「夏鰒」とのみ書かれた木簡もある。それぞれ、「イガイ」「ムラサキノリ」「アワビ」のことと考えられ、そうした品物に付けられていた荷札木簡と思われる。「イガイ」は難波宮木簡においては、「伊加比」と書かれており、それに続く藤原宮木簡では「伊貝」と書かれ、そして平城宮木簡では「貽貝」と書かれている。

長屋王の邸宅跡から出土した木簡には「加須津毛瓜」「醤津毛瓜」「醤津名我」「加須津韓奈須比」などと書かれており、粕漬けのウリや醤《ひしお》漬けのウリ、ミョウガ、ナスが当時あったことがわかる。「加須津毛瓜」では「カスヅケ」を仮名表記し、「ウリ」を正訓表記している。また「カスヅケ」にあてる漢字として、「加・須」は音仮名、「津・毛」は訓仮名で、ひとまとまりの語を書くにあたって、音仮名と訓仮名とを交ぜ使う「音訓交用表記」がされていることがわかる。「音訓交用表記」は『万葉集』においては限定的にしかみられない。

また、難波宮（六四五〜？）跡から「皮留久佐乃皮斯米」と書かれた木簡が出土しているが、これは「ハルクサノハシメ（春草の初め）」というような歌（の一部）を書いたものと思われ、七世紀の半ば過ぎにはすでに歌をこのように書くことがあった、書くことができたということがわかっている。

漢字を使って日本語を書く場合、漢字の使い方としては「表意的使用」「表音的使用」の二つがあるが、それは「二つの選択肢」として考えることができる。

1-5

日本語の語順

7世紀後半
上野国山ノ上碑

群馬県高崎市山名町にある「山ノ《やまの》上《うえ》碑」は黒売刀自《くろめのとじ》を葬った古墳の脇に建てられた墓碑である。高さ一一一センチメートル、幅四十七センチメートル、厚さ五十二センチメートルの細長い自然石に刻まれており、平たい自然石の台石に差し込まれている。現在は覆屋の中に置かれていて、見学者はガラス窓越しに石碑を見ることができる。

同じく高崎市にある「多胡碑」、「金井沢碑」とこの「山ノ上碑」とを合わせて、「上野三碑《こうずけさんぴ》」あるいは「上毛三碑《じょうもうさんぴ》」と呼ぶことがある。碑が建てられた理由は異なっているが、隣接した地域に存在する金石文で、建立された時期も七世紀から八世紀初頭とちかい。

辛巳歳集月三日記
佐野三家定賜健守命孫黒売刀自此
新川臣児斯多々弥足尼孫大児臣娶生児
長利僧母為記定文也　放光寺僧

のように、漢字五十三字が四行に分けて書かれている。「辛巳《しんし》の歳《とし》、集（＝十）月三日記す。佐野の三家《みやけ》と定め賜える建守命の孫、黒売刀自《くろめのとじ》、この新川臣が児《こ》、したたみのすくねの孫《うまご》、大児臣《おおこのおみ》に娶《みあい》して生《うめる》児《こ》、長利僧、母の為に記し定める文《ふみ》そ　放光寺僧」と「読まれて」いる。「辛巳」は天武十（六八一）年に比定されている。

四行目の冒頭にみえている、僧、長利が、母方が佐野（高崎市東南部）の屯倉《みやけ》を管掌した豪族に連なることを示し、その母が新川臣に連なる父親である大児臣と婚姻関係をもち、その両親の子である自身が放光寺の僧であることを記している碑文ということになる。

例えば三行目は、右に示したように、「新川の臣が児、したたみのすくねの孫、大児臣に娶して生める児」と読まれているが、動詞「ミアイシテ」は日本語の語順のままに、漢字化されていることからわかるように、碑文にはいわゆる「返読」

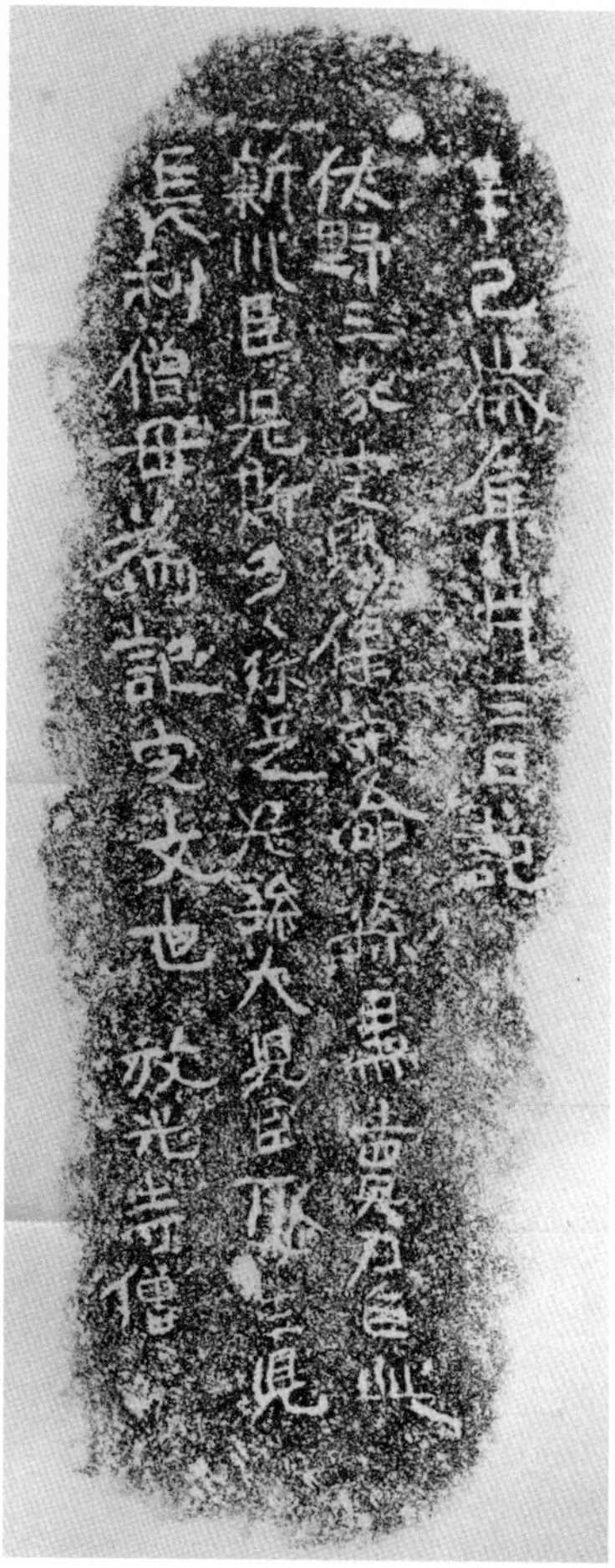

右：山ノ上碑　左：山ノ上碑拓本［写真提供：高崎市教育委員会］

がまったくみられず、文章全体が日本語の語順に従って、漢字化されている。ただし、「大児臣に娶して生める児」を書いたものだとすれば、「大児臣に」の助詞「ニ」は文字化されていない。つまり、中国語とは対応がつかない、日本語の助詞、助動詞類は文字化せず、漢字化できる要素のみを日本語の語順に従って、そのまま漢字化して成ったようにみえる。

　四行目が「長利僧母為記定文也 放光寺僧」と書かれていて、「放光寺僧」の前に少しの空白＝ブランクを設けていることは注目される。碑文に使われている漢字はいわば「平易な漢字」で、一音節を表わしていると思われる「野（ノ）」「三（ミ）」「児（コ）」は『万葉集』においても訓仮名として使用されている。つまり、この碑がつくられた、七世紀の末ちかくから『万葉集』が編纂された八世紀にかけての頃に、和語「ノ（野）」「ミ（三）」「コ（児）」と漢字「野」「三」「児」とは結びつきを形成していたことが推測される。訓仮名は和語＝日本語と漢字との強い結びつきを背景にして成り立つ。そうした意味合いにおいて、興味深い存在といえよう。

　二音節以上の語では、「サダメ」に「定」、「タマフ」に「賜」、「クロ」に「黒」、「オホ～」に「大」、「ハハ」に「母」、「タメ」に「為」字をあてているが、そうした使い方は『古事記』にもみられる。

　三行目においては、固有名詞「シタタミ」が音仮名によって「斯多々弥」と書かれている。二行目においては固有名詞「クロメ」の「メ」には音仮名「売」が使われているが、その一方で「クロ」には「黒」字が使われている。また同じ三行目の固有名詞「オホコ」の「オホ」には「大」、「コ」には「児」があてられていて、やはり訓の固定がある程度進んでいたことが推測される。

　1－3で採りあげた法隆寺金堂薬師如来像光背銘の製作は、像の様式から「丁卯年」（六〇七年）より後の七世紀後半とみる説もあるが、そうであれば、「山ノ上碑」とちかい頃に書かれたことになる。法隆寺金堂薬師如来像光背銘では日本語の語順に従って漢字化された箇所は一部に留まっていたが、この時期には（場合によっては）すべて日本語の語順に従った「書き方」があったことになる。

　しかしまた注意したいのは、残されている文献や「山ノ上碑」のような碑文を、成立した年時に従って並べ、そのように言語に関わる事象が経時的に展開したと考えてしまうことで、そうした判断には慎重でありたい。

1-6 日本語を書いた漢文？

古事記

712年

図は大須真福寺宝生院に蔵される「真福寺本古事記」と呼ばれる『古事記』のテキストで、上中下三帖から成り、応安四（一三七一）年、応安五年に書写されている。『古事記』の成立を和銅五（七一二）年とみれば、成立から六百年以上たった時期に書写されたテキストということになるが、現存最古のテキストである。

江戸時代になると、本居宣長（一七三〇～一八〇一）の校訂したテキストである『訂正古訓古事記』が享和三（一八〇三）年に刊行される。現在刊行されている『古事記』のテキストは、この『訂正古訓古事記』をもとにしてつくられることが少なくない。

『古事記』は、建国にまつわることがらと神武天皇から推古天皇に至る間の伝説等を記した現存最古の典籍で、太安万侶《おおのやすまろ》（?～七二三）によって撰進された。序文は古典中国語文＝漢文で書かれているが、上巻中巻下巻の「本文」は、日本語の語序で漢字を配列したり、中国語にはない日本語の語要素を明示的に文字化したりすることもあり、何より、「内容」として日本語の歌謡を含んでおり、古典中国語文ではなく、日本語の文を書こうとしていることが明らかであるといえよう。古典中国語文ではない、ということをもって「変体漢文」あるいは「和化漢文」と呼び慣わされてきたが、近時は「漢文」ではなく、漢文訓読的発想、漢文訓読的思惟によって裏付けられた「和文」の一種とみるのが適当であるとの考え方が提示されている。

太安万侶の序文には「上古之時、言意並朴、敷文構句、於字即難。已因訓述者、詞不逮心、全以音連者、事趣更長。是以今、或一句之中、交用音訓、或一事之内、全以訓録」（上古の時、言意《ことばこころ》並びに朴《すなお》にして、文を敷き句を構ふること、字におきて即ち難《かた》し。已《すで》に訓に因《よ》りて述べたるは、詞、心に逮《およ》ばず、全く音を以ちて連ねたるは、事の趣き更に長し。是《ここ》を以ちて今、或《ある》は一句の中に、音訓を交え用い、或は一事の内に、全く訓を以ちて録《しる》しぬ）とあって、漢字を使って日本語文を書くことについて記されている。

図の二行目から七行目までの翻字を示す。句読点を補い、細字双行は［ ］に入れて示す。

2 次成神名、国之常立神。［訓常立／亦如上］次豊雲上野神。此二柱神亦独神成

3 坐而隠身也。次成神名宇比地迩上神、次妹須比智迩去神［此二神／名以音］次

4 角杙神、次妹活杙神二柱。次意富斗能地神、次妹大斗乃弁神［此二／神名］

5 ［亦以／音］次於母陀流神、次妹阿夜上訶志古泥神［此二神名／皆以音］次伊※那岐神次

6 妹伊耶那美神［此二神名亦／以音如上］上件自国之常立神以下伊邪那美神

7 以前、并称神世七代［上二柱独神、各云一代次雙十／神十神各合二神云一代也］（略）

※の箇所には「耶」が脱落していると思われるが、こうした誤脱もある。
図でわかるように、何らのレイアウト、区切りもなく漢字が並んでおり、そうした意味合いにおいて、分節的に書かれていない。したがって、まずはどこで一文が切れ、その一文の内部はどのように語に対応しているか、ということを見極めていかなければならない。右の翻字では［ ］で囲んだ細字双行で書かれた部分は「注」の類であるが、例えば3行目の「此二神名以音（この二神の名は音をもちいよ）」はこの「注」に先立って示されている二柱の神名「宇比地迩」「須比智迩」を音《おん》によって「ヨム」ことを指示したもので、これらの神名は「ウヒヂニ」「スヒヂニ」であることになる。また右では漢字の大きさに「差」をつけていないが、「宇比地迩上神」「須比智迩去神」の「上」「去」は図では小字で書かれている。これは「上」の直前の漢字「迩」、「去」の直前の漢字「迩」を、それぞれ上声、去声で発音することを示したものと考えられている。

「以音」（音をもちいよ）はその箇所に限って、漢字字義が捨象されていることを積極的に示しており、そうした「注」があることによって「読み」は助けられる。また、こうした箇所における「音仮名」は字種が比較的絞られていることが指摘されている。

先に述べたように『古事記』はまずは漢字を表意的に使って書くことを基調とし、必要に応じて、音仮名を使って表音的に書くという「方式」が採られている。その音仮名には顕著な整理の跡が認められることが指摘されているが、その一方で、そうした整理が徹底していない面もある。先にあげた序文が示す方針が全巻を覆っている一方で、同一内容であるにもかかわらず表記方法が異なる例もみられる。「注」によって読みにくさを回避していると思われる一方で、どのような箇所に「注」を附けているかという原則がわかりにくい、というように、統一されている面と不統一な面とが混在しており、さまざまな文献資料をもとにして、『古事記』が成ったという推測を裏付ける。

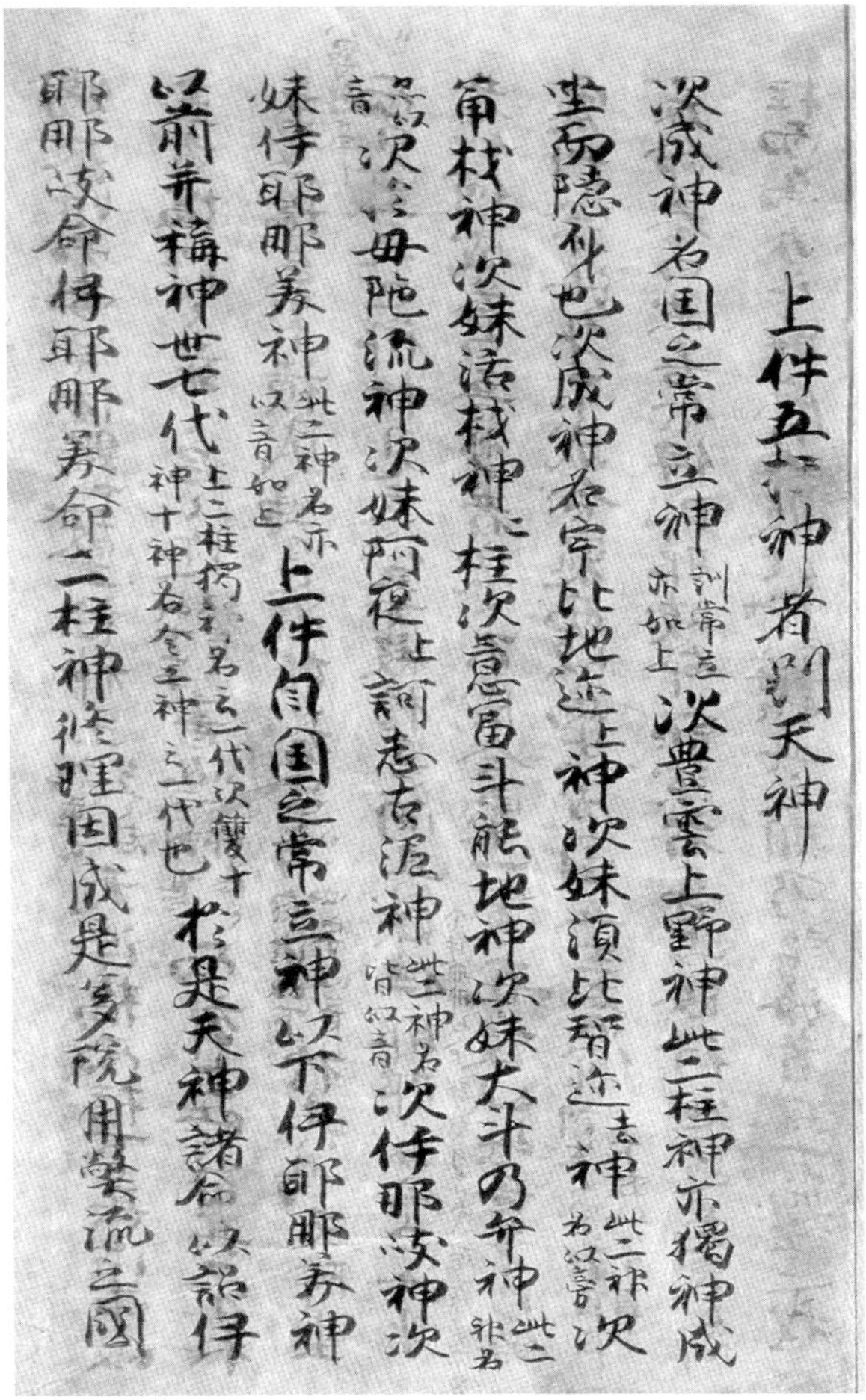

真福寺本古事記［宝生院蔵、写真提供：名古屋市博物館］

1-7 漢文で書かれた日本の歴史

720年 日本書紀

図は京都国立博物館に蔵されている『日本書紀』であるが、旧三菱財閥の本家である岩崎家にかつて蔵されていたところから、「岩崎本」と呼ばれることがある。「推古天皇紀」（巻第二十二）と「皇極天皇紀」（巻第二十四）の二巻が現存するが、図は後者。書風や紙質などからみて、平安時代中期、十世紀から十一世紀にかけて書写されたものと推定されている。縦二十七・六センチメートル、全長は七・八六メートルで、十六紙をつないでいる。本文には、平安中期末ぐらいに施された朱の訓点＝第一次点、院政期に施された朱の訓点＝第二次点他、すべてで五種類の訓点が施されている。『日本書紀』がどのように訓読されていたかを窺うことができる貴重なテキストとなっている。

『日本書紀』も『古事記』と同様に、天武天皇の発意によって編纂が行なわれ、養老四（七二〇）年に舎人親王によって奏上された神代から持統天皇にわたる時代について記述した国史。『古事記』よりも幅広い資料を使い、正格な古典中国語文＝漢文で記されている。現在残されている『古事記』の伝本は必ずしも多くはないが、『日本書紀』は奏上後に宮廷でしばしば講書が行なわれたことがわかっており、訓詁学的な「本文」研究がはやくからなされた。

『日本書紀』には日本語でつくられた歌謡も含まれているが、当然のことながら漢字によって書かれている。例えば、この「皇極天皇紀」では二年十月の条に、「伊波能杯爾、古佐屢渠梅野倶、渠梅多爾母、多礙底騰裒囉栖、歌麻之々能烏贓」という歌謡が載せられている。現在では「岩のへに、小猿米焼く、米だにも、食《た》げて通らせ、かまししのをぢ」と読まれ、白髪交じりの山羊《かましし》に似た山背王が上宮を捨てて深山に隠れることを喩えた歌とされているが、こうした歌謡は、漢字字義を捨象し、漢字を仮名のように使って書かれている。

森博達は『日本書紀』三十巻をα群（十四～二十一、二十四～二十七）とβ群（一～拾三、二十二～二十三、二十八～二十九）の二群に分けた（巻三十はどちらの群に入るかがはっきりしないので含まれていない）。そして、α群は中国原音（唐代の北方音）に基づいて漢字の仮名表記が行なわれており、文章も基本的に古典中国語文で綴られていること、β群は、文章に「和習」（古典中国語文にはみられない日本語的な要素）が少なからずみられ、日本漢字音＝倭音によって漢字の仮名表記が行なわれていることを指摘した。つまり、α群の巻々は、中国語を母語としている人々（あるいは、それに「近い」人々）が書き、β群は、そうではない人々が書いたということが森博達によって、はっきりとしたかたちで示された。「皇極天皇紀」は巻二十四であるので、α群に含まれる。つまりこの巻は中国語母語話者が書いた。

例えば「ヤ」「ク」「モ」という日本語の音を表わすために、それぞれ「椰／耶」「区／矩」「茂／謀」の二種類の漢字が使われている。「椰・区・茂」は先のβ群にのみ使われており、「耶・矩・謀」はα群にのみ使われている。一つの漢字ではな

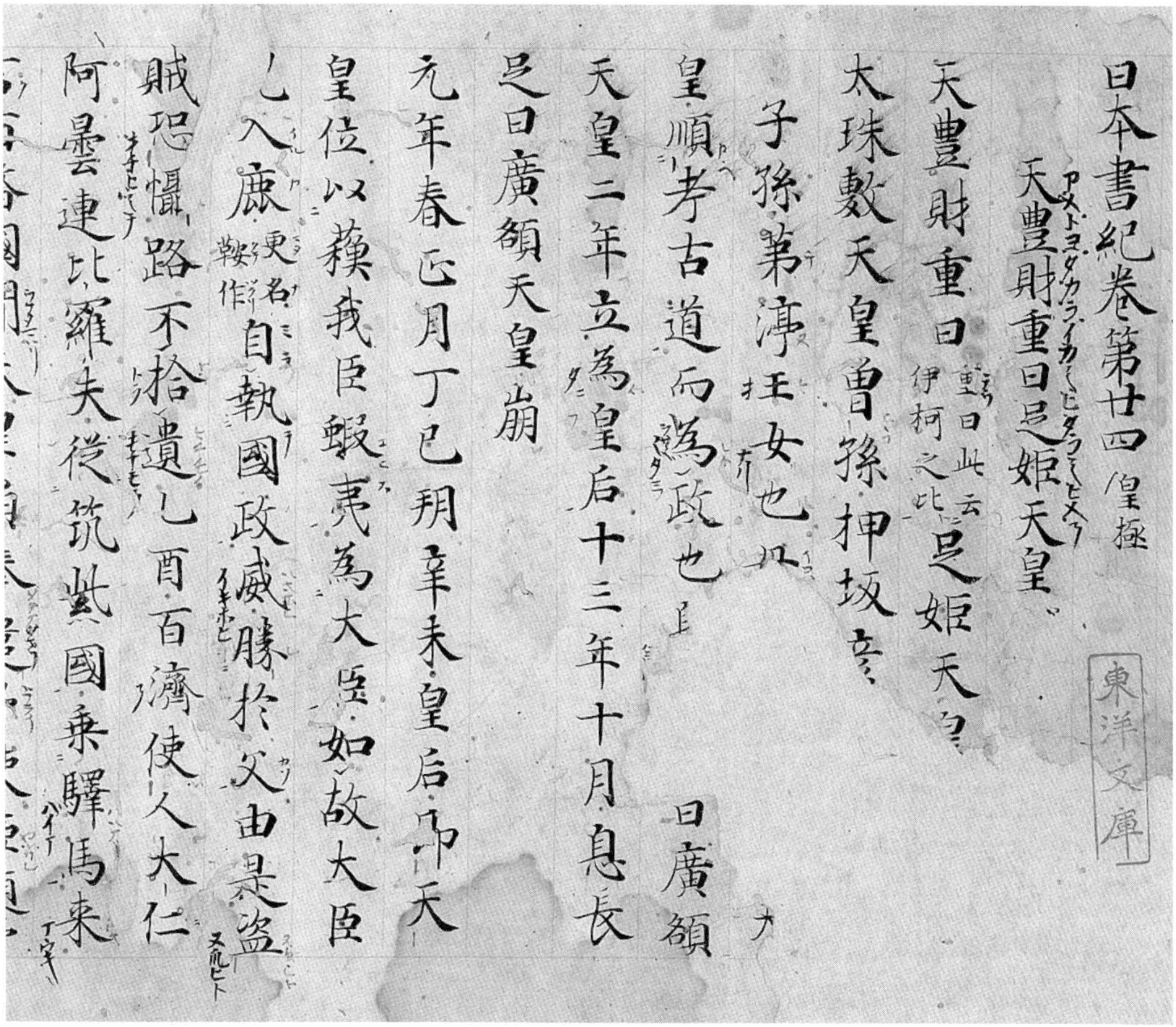

日本書紀（皇極天皇紀より）［京都国立博物館蔵］

く、幾つかの漢字が同じような「動き」を見せており、このような場合は、書き手の文字選択の好みといったようなことではなく、もっとはっきりとした「差」があることが推測される。そのはっきりとした「差」とは「発音の差」とみるのがもっとも自然である。あるいは歌謡の導入部に「歌之曰」「動詞＋之＋歌曰」という表現が置かれているのは、β群の歌謡に限るといった指摘もなされており、さまざまな点において、『日本書紀』が二つの群に分かれることがいわば「証明」されている。

森博達の指摘は、明瞭で、非常に画期的なものであった。この指摘によって、『日本書紀』のようなテキストがどのように書かれていたかということがわかり、古代の文字生活の一端が立体化されたといってよい。

『日本書紀』を読み解く会「読日本紀」が行われた記録が『日本後紀』に記されているが、最初の会は弘仁二（八一一）年六月二日で、九世紀初めには『日本書紀』の解読が始められていた。そのうち、この「読日本紀」が終わった後に宴会が催される様になり、そこで詠まれた和歌が「日本紀《にほんぎ》竟宴和歌《きょうえんわか》」として残されている。

1-8 読めない手紙

762年以前
正倉院仮名文書甲乙

正倉院に、漢字を表音的に使って書かれた文書が二つ収められている。「正倉院仮名文書（甲・乙）」と呼ばれることがあるが、図はその乙にあたるものである。甲、乙ともに裏に書かれている文書などから判断して、天平宝字六（七六二）年以前のものと推測されている。次のようによまれている。下には漢字を示しておく。

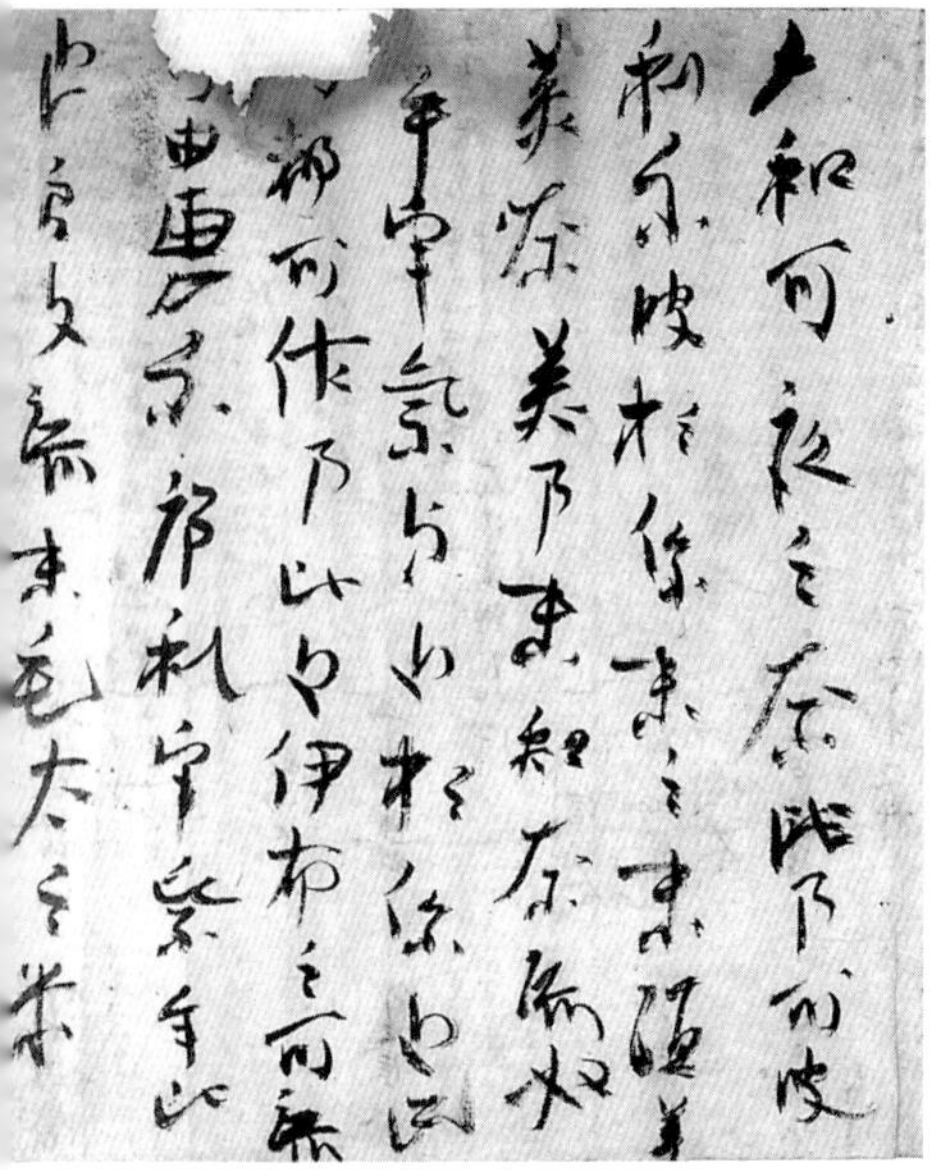

1 めわかやしなひのかは
女和可夜之奈比乃可波
2 りにはおほまします
利尔波於保末之末須
3 みなみのまちなる
美奈美乃末知奈流奴
4 をうけよとおほとこ
乎宇気与止於保止己
5 □つかさのひといふしかる
□都可佐乃比止伊布之可流
6 □ゆゑにそれうけむひ
□由恵尓序礼宇気牟比
7 とらくるまもたしめ
止良久流末毛太之米
8 てまつりいれしめたま
弖末都利伊礼之米太末
9 ふ日よねらもいたさ
布日与祢良毛伊太佐
10 むしかもこのはこみ
牟之可毛己乃波古美
11 おかむもあやふかるか
於可牟毛阿夜布可流可
12 ゆゑにはやくまかりた
由恵尓波夜久末可利太
13 まふ日しおほとこかつかさな
末布日之於保（止）己可川可佐奈
14 ひけなはひとのたけたかひと
比気奈波比止乃太気太可比止
15 □ことはうけつる
□己止波宇気都流

右の「ヨミ」はほぼ確実なものと考えられているが、実は内容がわかりにくい。奥村悦三は「暮しのことば、手紙のことば」（『日本の古代14　ことばと文字』中央公論社）昭和六十三年、において「我が養《やしな》ひの代りには、おほまします南の町なる奴を受けよと大徳《おほとこ》が司《つかさ》の人言ふ。しかるが故

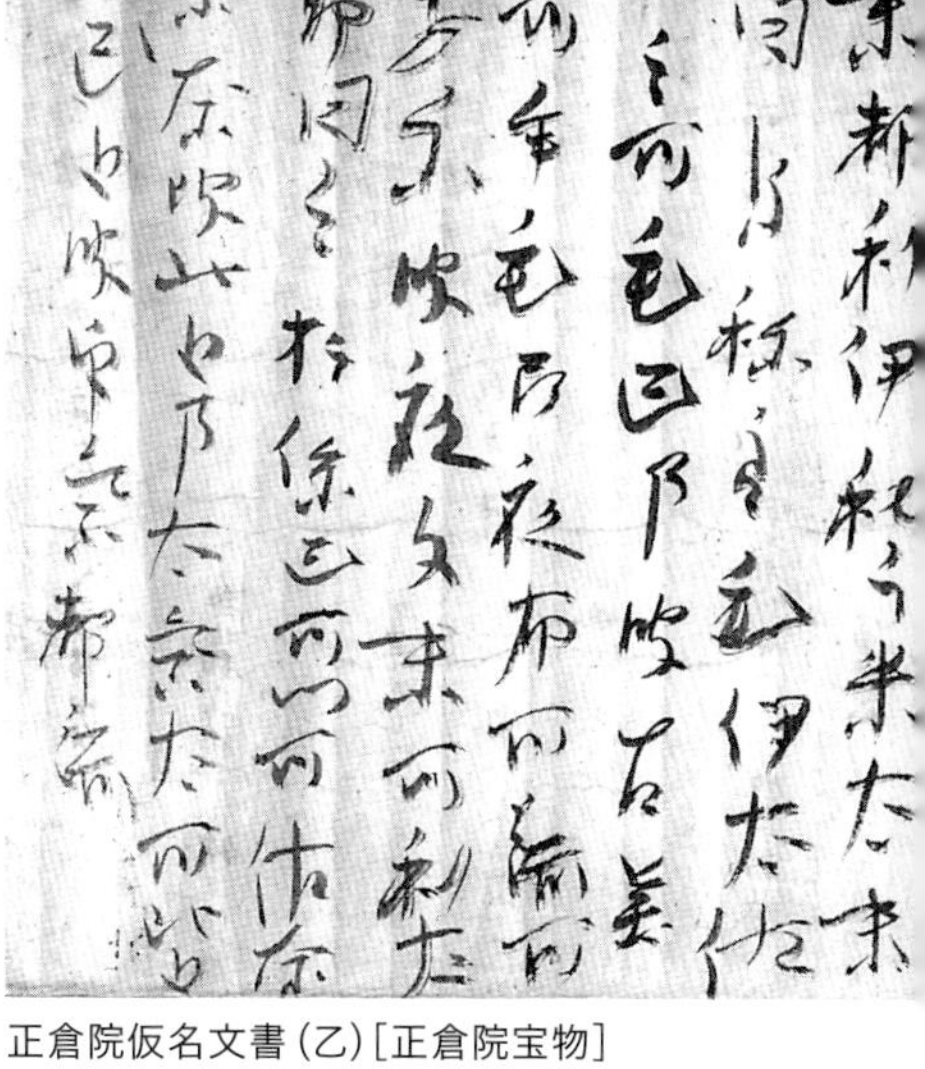

正倉院仮名文書（乙）［正倉院宝物］

に、それ受けむ人ら車持たしめてまつりいれしめ給ふ日、米《よね》らも出《いだ》さむ。しかもこのはこみおかむも危《あや》ふかるが故に、早く退《まか》り給ふべし。大徳が司なひけなはひとのたけたかひとぞ事は受けつる」（三六〇頁）という「よみ」を提示し、その「内容」を「「当方が出す穀（物）の代りに、あなたがおられる南の町の奴を請求せよ」と大徳が司の人が言います。それで、それを請求します。人々に車を持たせて（奴を）お納めくださる日に、米も出しましょう。しかも、この櫃《はこ》を放置しておくのも危険ですから、早くお運びください。大徳が司の《なひけなはひと》の長上が請求します」（三六七頁）と推測している。

文字を発音と結びつけることを「ヨミ」、発音を語ときちんと結びつけることを「よみ」と表記して区別してみたが、正倉院仮名文書甲乙は、「ヨメ」ているが、（確実な線としては）「よめ」てはいないということになる。「ヨミ」はほぼ確実に思われるが、そこに現れた日本語は、例えば『古事記』や『万葉集』をとおして窺うことができる日本語とも異なっているようにみえる。つまり、『古事記』や『万葉集』といった文献には「足跡」を残していない日本語が浮かび上がってきているようにみえる。

奥村悦三は1行目の「やしなひ」と9行目の「よねら」は同じもので、「コメ（米）＝穀」と「奴」（3行目）とを交換しようという提案の文書だという「読み」を提示している。2-9で採りあげた『類聚名義抄』をみると、「穀」字（僧中三十五丁表）に「モミ」の他に「ヤシナフ」という和訓が附されていることが確認できる。また中国の文献によって、「穀」字が「養」という字義をもっていたことも確認できる。「コク（穀）」字字義は日本語に翻訳すると、「ヤシナフ」である。「コメ（米）」は「コク（穀）」である。だから、「コクモツ（穀物）」を「ヤシナヒ」とも呼んだという奥村悦三の考える「道筋」は「道筋」としてはさほど無理があるわけではない。この推測があたっているとすれば、「コメ」の類義語としての「ヤシナヒ」はきわめて翻訳語的であることになる。中国語「コク（穀）」あるいは漢字「穀」を媒介にしているといってもよい。

このように、中国語及び中国語を表わすための文字としての漢字との接触をとおして、当初は、中国語や漢字に寄ったかたちで、それらの側で、それらの「発想」を使いながら、日本語を文字化する、日本語を書くということが行なわれていった、ということは充分に考えられる。「書きことば」が最初からあったわけではないことを示す例としても正倉院仮名文書甲乙は興味ぶかい。

1-9 和歌を漢字で書く

8世紀 万葉集

『万葉集』は、まず「持統万葉」（巻一の持統天皇の撰になる部分：三〜四十九番歌？）が成立し、次に「元明万葉」（巻二の元明天皇の撰になる部分：九十一〜一二三、一四七〜二〇一番歌？）が成立し、「持統万葉」と「元明万葉」とを核にして十五巻（第一部）が成立したと考えられている。その十五巻に一巻を増補して十六巻とし（第二部）、さらに大伴家持の歌日記四巻（第三部）を加えて二十巻となった、というのが現在における共通理解となっている。

『万葉集』の中で、作られた年時がわかる和歌でもっとも新しいものは、巻二十の末尾、すなわち『万葉集』の最後に置かれた大伴家持の四五一六番歌で、「三年春正月一日」という詞書きをもつ。これは天平宝字三（七五九）年にあたると考えられている。『万葉集』を構成しているのは八世紀の日本語と考えることができる。

『万葉集』は漢字で書かれているが、「日本語を文字化するにあたっての漢字の使い方（用法）」には、「漢字字義をなんらかのかたちでいかして使用する＝正訓字用法」と「漢字字義を捨象し、漢字を後世にうまれた仮名のように使用する＝仮名用法」とがある。

四五一六番歌は「新年乃始乃波都波流能家布敷流由伎能伊夜之家餘其騰」と書かれており、これが「新しき年の初めの初春の今日降る雪のいやしけ吉事」と読まれている。第二句「トシノハジメノ」は「年乃始乃」と書かれており、「トシ」に「年」をあて、「ハジメ」に「始」をあてるのが「正訓字用法」で、第五句「イヤシケヨゴト」を「伊夜之家餘其騰」と書くのが「仮名用法」である。

「漢字の使い方」と第一〜三部とを結びつけると次のように整理することができる。

第一部：巻一・二　正訓字主体表記

第二部：巻三〜十五＋十六　巻五・十四・十五は仮名主体表記、その外は正訓字主体表記

第三部：巻十七〜二十　巻十九は正訓字主体表記、その外は仮名主体表記

漢字で書かれた『万葉集』の和歌をどのように「よむ」かということが『万葉集』に関しては重要なことがらになる。この場合の「よむ」には二つの面がある。

一つは、和歌がどのような「内容＝歌意」であるかを理解するという「よむ」。漢字は「表語文字」であるので、和歌がどのような日本語によって構成されているかが具体的につかめていなくても（つまり和歌全体が「発音」できなくても）おおよその「内容」は理解できる場合がある。「新年乃始」はなんとなく〈新年のはじめ〉という「内容」だろうと察しはつく。

もう一つは、発音することができる＝和歌が「ヨメル」。この場合、発音面では和歌の「具体相」をつかんでいることになるが、そのように発音するのがどのような語義をもった語であるかが理解できなければ和歌が「読め」たことにはならない。四五一六番歌の例でいえば、末尾の「餘其騰」は『万葉集』にある程度慣れていて「主要万葉仮名一覧」などをみることができるようになっていれば、「ヨゴト」と発音するだろうということはわ

かる。すなわち「ヨメル」。しかしその「ヨゴト」が〈よいこと〉という語義をもつ語であると理解できなければ、読めていないことになる。これは発音はできるが語義がわからないという状態であることになる。つまり「ヨメ」ているけれども「読め」てはいない状態。『万葉集』のように、日本語が漢字のみで書かれている文献の場合には、「ヨム」＋「よむ」＝「読む」ということになる。

図は「西本願寺本」と呼ばれるテキストで、鎌倉後期に四人によって書かれた「寄り合い書き」されている。二十巻揃っているテキストの中で、書写時期がもっとも古いために、現在刊行されている『万葉集』テキストの底本とされることが多い。漢字の右傍に片仮名で「附訓」されている「片仮名附訓方式」で書かれている。現在残されている『万葉集』テキストは、この「片仮名附訓方式」か、次に採りあげる「平仮名別提方式」のいずれかで書かれており、漢字のみで書かれているテキストはない。『万葉集』における漢字の使い方を整理すると次のようになる。

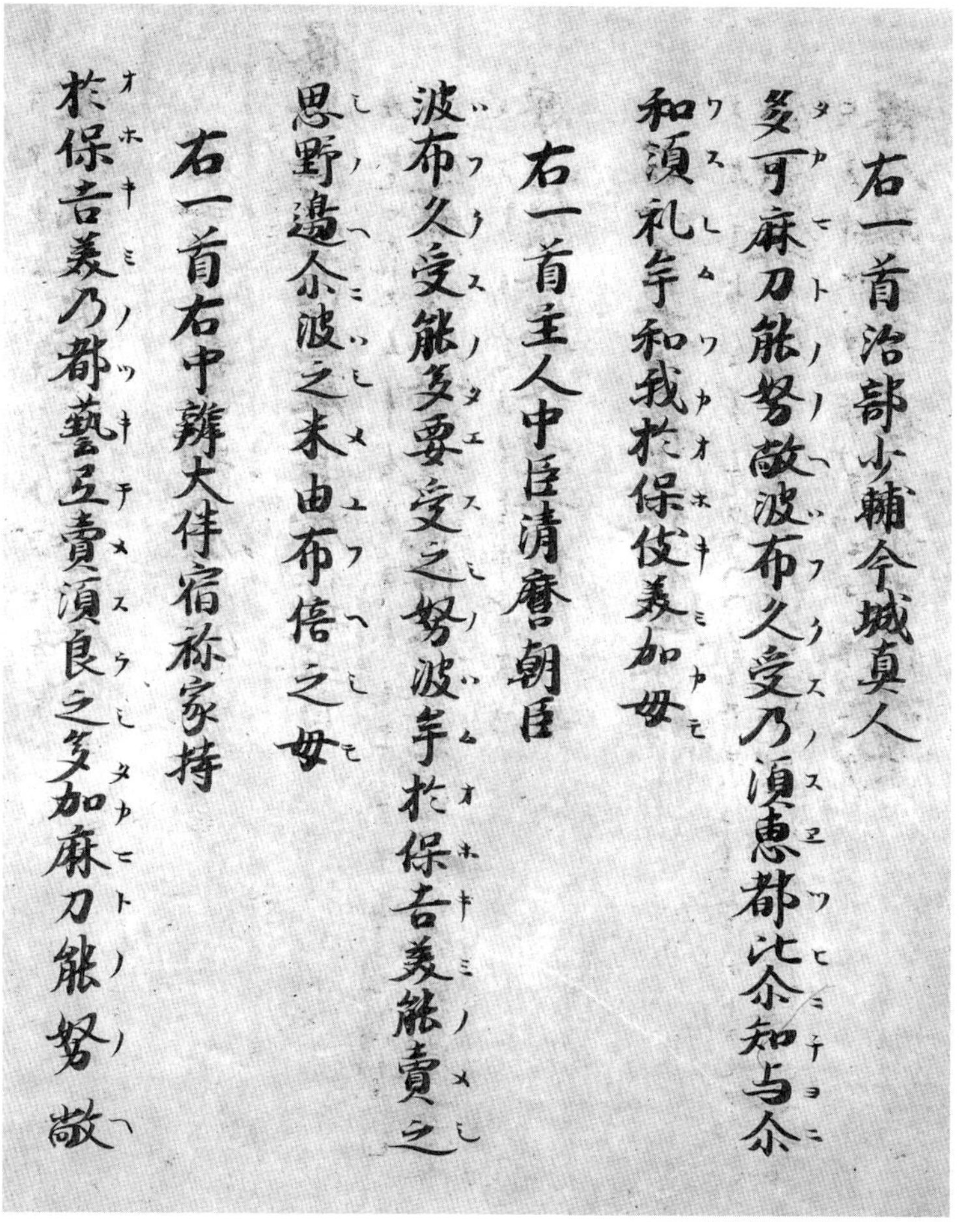

西本願寺本万葉集（巻第二十より）［石川武美記念図書館（旧お茶の水図書館）蔵］

Ⅰ　漢字字義が歌の内容に一致する
（正訓字用法・表意的使用）
a：字音でよむ＝書かれている語が漢語／b：字訓でよむ＝書かれている語が和語

Ⅱ　漢字字義が歌の内容に一致しない
（仮名用法・表音的使用）
a：字音でよむ＝借音仮名／b：字訓でよむ＝借訓仮名

仮名主体表記で書かれている歌では、Ⅱaを中心として、Ⅱbが少し交じる程度。正訓字主体表記で書かれている歌では、Ⅰbを中心にして、Ⅱbが交じる。漢字を使う以上、漢字字義をいかして使うことが自然であると考える。

1-10 漢字と仮名との調和美

桂本万葉集

11世紀書写

図は平安時代中期、十一世紀頃に源兼行によって書かれたと考えられている「桂（宮）本」と呼ばれるテキストで、この「桂（宮）本」の断簡は栂尾切《とがのおぎれ》と呼ばれる。「桂（宮）本」の他に、平安中後期に書写されたと目されている「藍紙《らんし》本」、元暦元（一一八四）年の校合奥書をもつ「元暦校本」、平安後期書写と目されている「金沢本」、天治元（一一二四）年及び大治四（一一二九）年の書写奥書をもつ「天治本」が平安時代書写の『万葉集』テキストとして知られ、「桂（宮）本」とともに「五大万葉集」と呼ばれることがあるが、これらはいずれも漢字書きされた歌の左傍に平仮名書きした歌を添える「平仮名別提方式」で書かれている。

巻第四のみが書かれており、巻第四の三〇九首のうち、三分の一にあたる一〇九首分、四九三行が現存している。現在の「桂（宮）本」にない二百首のうち約半分は断簡（栂尾切）として諸家に分蔵されている。

「桂（宮）本」は縦二十七・〇センチメートルの大きさの各種の色替わりの料紙十六枚を継ぎ合わせて、全長は七九六・〇センチメートルとなっている。料紙の色としては、藍、白、淡紫、淡茶、淡藍などがあり、装飾下絵として、鳥、芒、樹木、水、芦、柳、蝶、岩、竹、藤などが金銀泥によって描かれている。図でわかるように、漢字は行書または行書味を帯びた楷書で書かれ、平仮名は行書にちかく書かれており、漢字と平仮名との調和が意識されているように思われる。装飾料紙に、流麗な漢字と平仮名とで書かれた『万葉集』の和歌は、まさしく平安時代の「心性」のもとに書かれ、そうしたテキストとして「生命」を与えられているといえよう。

この「桂（宮）本」は料紙紙背の紙継ぎ部分に伏見天皇（一二六五～一三一七）の花《か》押《おう》が記されていることによって、鎌倉時代の能書としても知られる伏見天皇遺愛の品であったことがわかる。その後、「桂（宮）本」は加賀大納言前田利家の夫人である芳春院の蔵するところとなり、それを関白豊臣秀次（一五六八～一五九五）が一覧し、巻頭と巻末の奥書部分を切断させ、手鑑に貼ったことが伝えられている。そして、前田利家の子である利常が、自らの第四女であるおふく姫（富子）が桂宮智忠親王に輿入れした縁から、この本を親王に献じた。桂宮家は明治十四（一八八一）年に断絶することになり、その折に宮中に献上され、現在に至っている。

『万葉集』が八世紀に成立し、それから二百年ほど後の十世紀の半ば、天暦五（九五一）年には、村上天皇の宣旨によって、源順、清原元輔、紀時文らの「梨壺の五人」が、『万葉集』の歌に訓点を施す大規模な事業が始められている。このことからすれば、この時期にすでに漢字のみで書かれた『万葉集』は「読み」にくいものになっていたことが窺われる。漢字から平仮名、片仮名がうみだされたということからすれば、素材としての文字という面においては、「漢字」と「仮名」とは連続している。しかし、「漢字によって日本語を書く」ということと「仮名によって日本語を書く」ということとは、漢字の運用能力の高低ということとは別に、原理として、あるいは理念として、連続しない面をもっていたと思われ、そうしたことから案外と早く『万葉集』は「読め」なくなっていったのではないだろうか。
　図は『万葉集』の五八三番歌と五八四番歌の箇所。翻字を示す。

月草之徙安久念可母
我念人之事毛告不来　　五八三番歌
つきくさのうつろ
ひやすくおもふかもわか
おもふ人のこともつけこぬ

春日山朝立雲之不居日無見巻之欲
寸君毛有鴨　　五八四番歌
かすかやまあさたつくものゐぬひなく
みまくのほしきゝみにもあるかな
大伴坂上郎女歌一首
出而将去時之波将有乎故妻恋為乍
立而可去哉　　五八五番歌

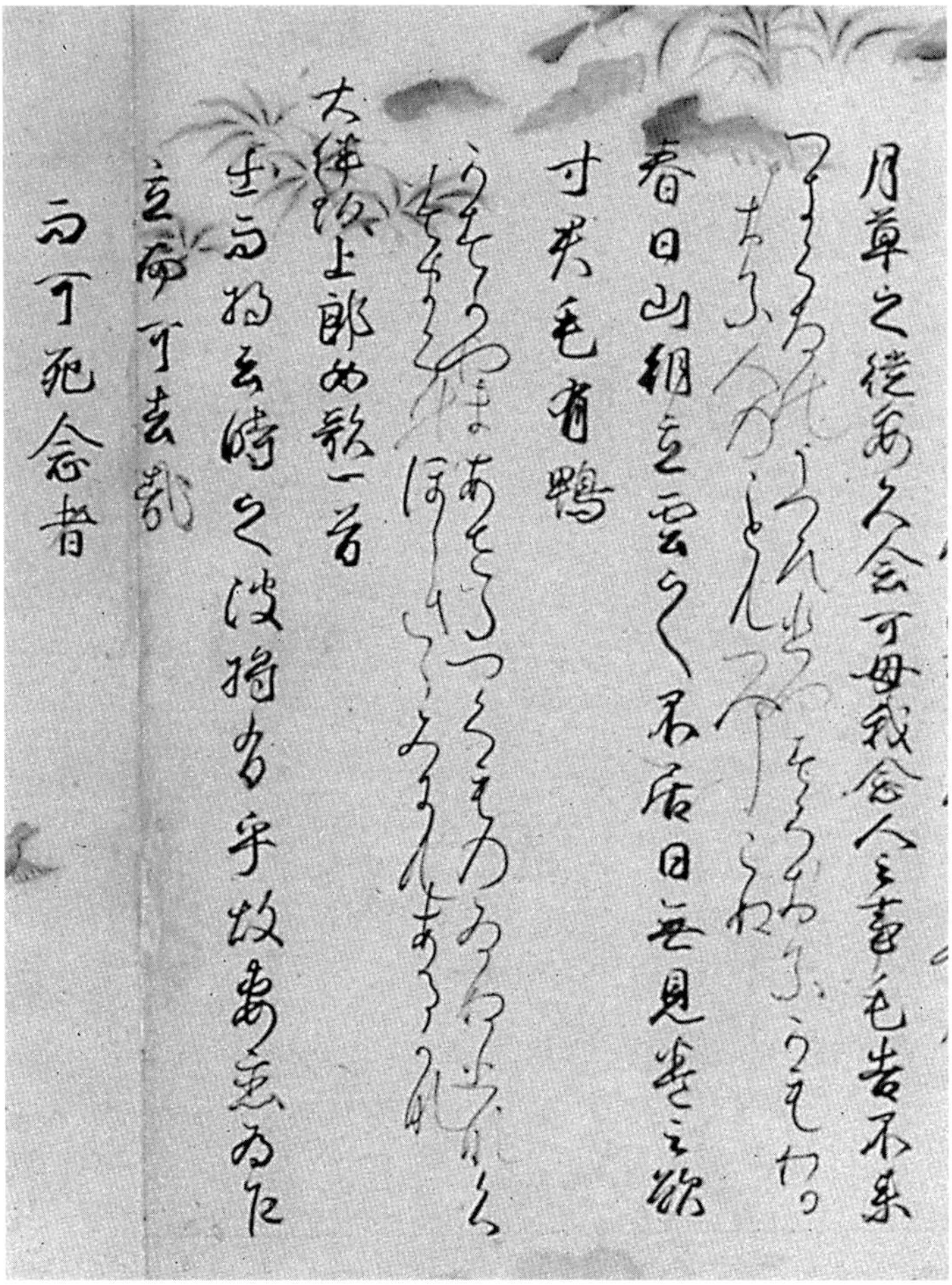
桂本万葉集［宮内庁蔵］

　五八三番歌は二行に書かれているが、二行は上の句、下の句とは対応していない。このような書き方もあったことがわかる。
　五八四番歌の第五句は「君毛有鴨」で、現在は「君にもあるかも」と読まれている。「鴨」は「カモ」を書いたものとみるのがもっとも自然であるが、添えられている平仮名書きには「（ある）かな」とあって、ここでは「かな」と読まれている。
　紀貫之が書いたものとされていたが、近年の研究では、十一世紀中頃の能書源兼行《かねゆき》が書いたものと考えられている。書道の名品、「高野切第二種」や「関戸本和漢朗詠集」などもこの桂本『万葉集』と同筆と考えられている。「五大万葉」中最古の写本として注目されている。

第二章

平安時代

『古今和歌集』が一番目の勅撰和歌集として奏覧されたのが延喜五（九〇五）年と考えられている。この『古今和歌集』には仮名で書かれた「仮名序」が添えられている。また仮名で書かれた日記文学の嚆矢といってよい『土左日記』は承平五（九三五）年頃書かれたと考えられている。このように、いわば「新しい文字」である仮名によって日本語を書くようになったのが平安時代といってもよい。

歌謡は『古事記』『日本書紀』にもすでにみられており、しかもそれは漢字を表音的に使って書かれることが一般的であった。その漢字を「新しい文字」に換えて、『古今和歌集』は書かれた。『土左日記』には和歌も含まれているが、何より、和歌ではない「散文」を日本語で綴ったという点に注目したい。「日本語で綴った」のだから、当然それは「書きことば」ということになるが、奈良時代の「書きことば」がいずれにしても古典中国語文という「器」をベースにしていることからすれば、その「器」からすぐに完全に解き放たれるということはないにしても、とにもかくにも「新しい文字」にふさわしい「新しい器」を模索したのが『土左日記』であったと思われる。その「新しい器」の模索は、この時代を通じて続けられることになり、ある場合は書き手の個的な特徴を濃厚に反映させ、ある場合は、「内容」が「器」を選び、というような、いわば「紆余曲折」を経ながら、次第に落ち着いた「器」にむかっていったと思われる。

『和名類聚抄』は『土左日記』が書かれた前年にあたる承平四（九三四）年頃に成ったと考えられている。本文中で述べているように、この辞書は漢語を見出し項目として、それに「漢文注＋和名」という形式の語釈を附している。つまり枠組みとしては、「中国語日本語対訳辞書」ということになるが、この『和名類聚抄』が日本の辞書に大きな影響を与えた。それは、右で述べたような、辞書としての整った形式を備えていることにも起因するであろうが、平安時代以降、大袈裟にいえば、現代まで、結局は「中国語日本語対訳辞書」という、この形式が有効であったということを示唆しているのではないだろうか。そしていうまでもなく、その底流にあるのは、漢字である。日本語を書く文字として、仮名がうまれた後も漢字を使い続けた。つまり日本語を書く文字として漢字は最初から（おそらく）最後まで使われ続けるということが日本語の歴史の特徴の一つであると考える。改編本系の『類聚名義抄』は漢字と和訓との対応という、これも現代までずっと継続する「かたち」をはっきりと示しており、『色葉字類抄』は豊富な漢語が日本語の中で使われていたことを示している。

「新しい文字」「新しい器」は漢字のみでは書きにくかった、「話しことば」的な語や表現をも（ある程度は）書くことを可能にした。『今昔物語集』や『打聞集』にはそうした語や表現があらわれてきている。そうはいっても、それは文字化された、つまり書かれた「話しことば」なのであって、文献から「話しことば」を推測するむずかしさは、ずっと続いていくといってもよい。

鈴鹿本『今昔物語集』は「漢字片仮名交じり」で書かれているが、自立語的なものを漢字で、付属的なものを片仮名で書いている。これは一つの到達といってよく、「古い器」と「新しい器」とをなだらかにつなげた「落ち着いた器」の、あるかたちといえよう。和漢混淆と呼ばれることもあるこのかたちは次の時代に引き継がれていく。

2-1 空海のつくった辞書

篆隷万象名義

827~835年頃

図1は『篆隷万象名義《てんれいばんしょうみょうぎ》』の巻一の冒頭箇所であるが、「東大寺沙門大僧都空海撰」(「海」は「毎」の下に「水」を書いている)とあることをもって、本書の編者は弘法大師空海(七七四~八三五)であると考えられている。書籍目録類にも「篆隷字書」の名で、空海の著作として掲げられていることが指摘されている。日本人の編んだ現存最古の辞書と目されている。現存本は六帖から成っており、前半(一・二・三・四帖)は空海の撰で、後半(五・六帖)は冒頭に「続撰惹曩三仏陀」とあって、後人の撰と考えられているが、具体的にどのような人物がいつ撰したかは不明。空海は延暦二十三(八〇四)年に留学僧として入唐し、大同元(八〇六)年に多数の典籍を持って帰朝する。その語学力をもとにして、天長四(八二七)年頃から承和二(八三五)年頃までの間に『篆隷万象名義』が撰述されたものと考えられている。

図は高山寺に蔵されている本であるが、「永久二年六月以敦文王之本書写之了」という書写奥書があり、古写本としては唯一のもので、江戸期以降の写本もすべてこの高山寺本の写しである。永久二年は西暦一一一四年。

部首分類体の字書で、中国の顧野王《こやおう》(五一九~五八一)撰『玉篇』と内容、構成がちかく、幾つかの『玉篇』テキストに依拠して編まれたと考えられている。一万六二〇〇字が採りあげられている。「篆隷万象名義」という書名は、「篆書」と「隷書」とを示すことを目的とした字書であることを思わせる。現存テキスト(高山寺本)において、篆書は一〇三五字(全体の約六パーセント)に示されているにすぎないが、もともとは全見出項目に対して示されていたと推測されている。「篆書」を掲げたのは、後漢の許慎《きょしん》(五八?~一四七?)の編んだ『説文解字』が篆書を掲げているためというみかたがある。そうであるとすると、『説文解字』と『玉篇』とをつなぐようなかたちで、『篆隷万象名義』が編纂されていることになる。『玉篇』は奈良時代に日本にもたらされており、当時の「文字生活」においてもっとも使われたテキストであったと推測されている。

図書寮本『類聚名義抄』において「弘云」というかたちで引用されているテキストはこの

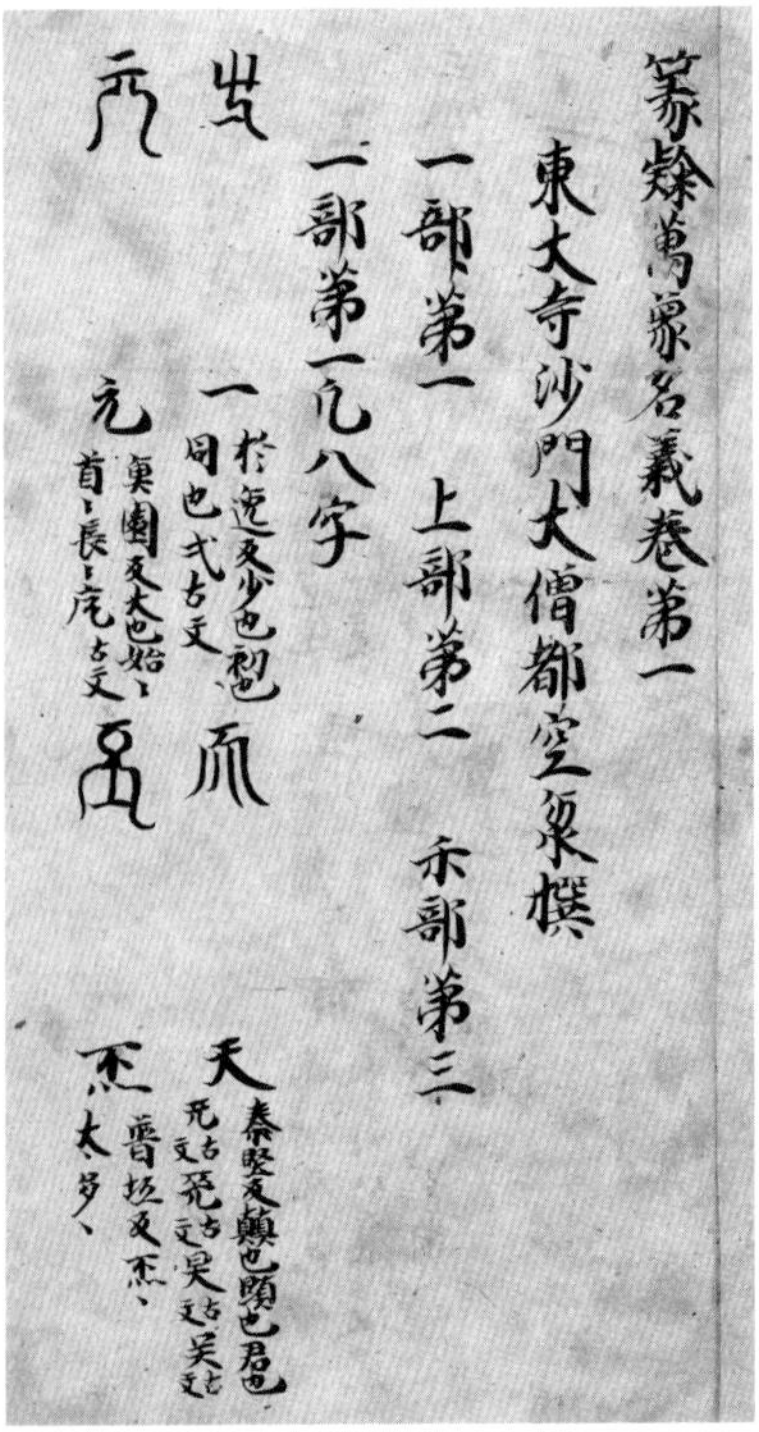

図1　篆隷万象名義(巻一・冒頭)[高山寺蔵、写真提供:京都国立博物館]

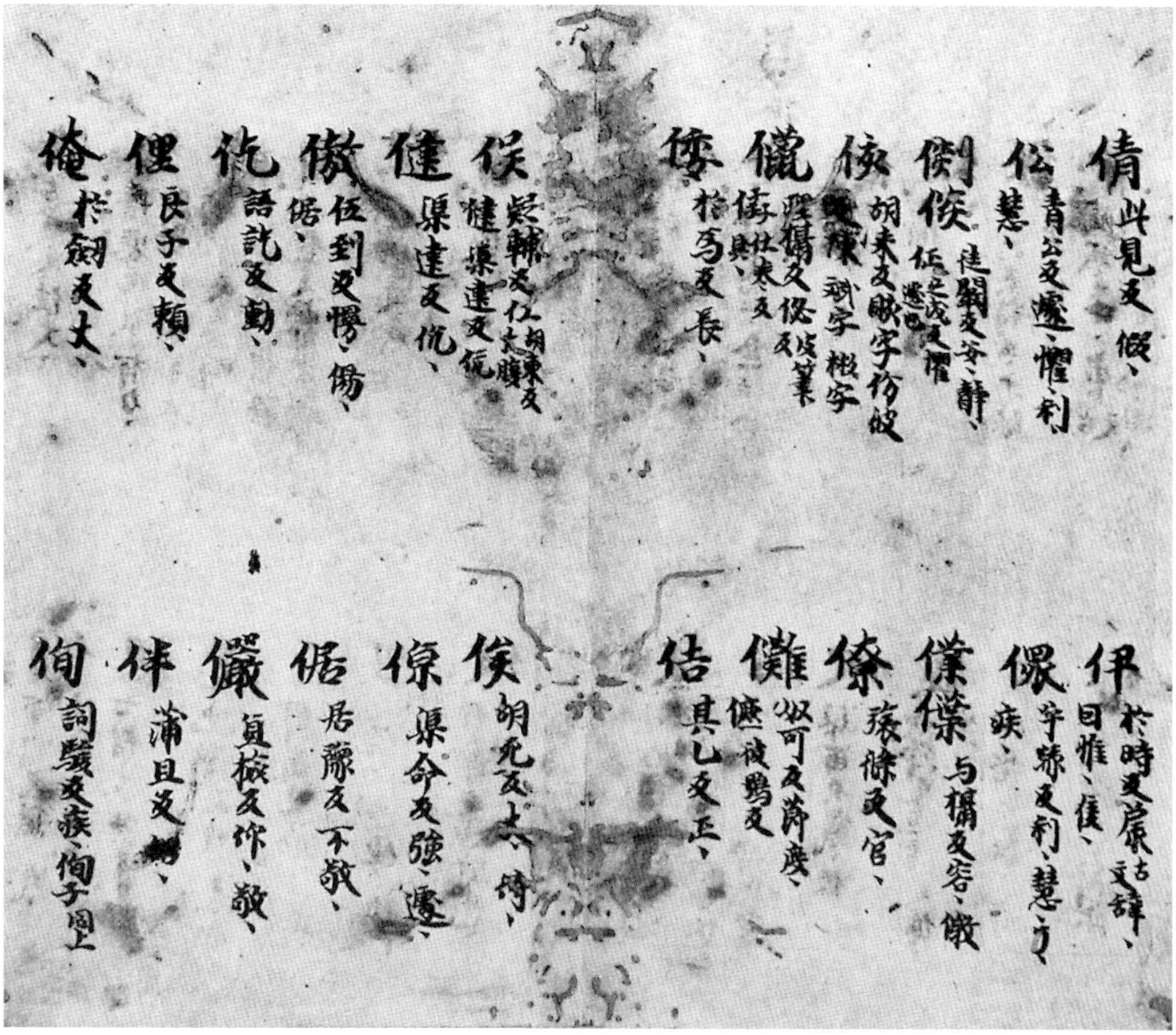

図2　篆隷万象名義［高山寺蔵］

『篆隷万象名義』であることがわかっており、二つの辞書の具体的な繋がりが認められるケースとなっている。

　図書寮本『類聚名義抄』では『篆隷万象名義』の第四帖まで（前半部）の引用は「弘云」とし、第五帖からを引用する場合には「玉」すなわち『玉篇』と表示しており、『篆隷万象名義』の成り立ちについて正確に理解していたことが窺われる。本書が依拠した原本系『玉篇』は中国では早い時期に失われ、日本に巻八・九・十八・十九・二十二・二十四・二十七の残簡が伝わっているのみで、原本系『玉篇』がどのようなものであったかを窺うことができる文献としても本書は貴重な存在となっている。

　中国においては、宋代の一〇一三年に、原本系『玉篇』を簡略にした『大広益会玉篇』が編まれたが、『篆隷万象名義』も同じように、出典名を省き、漢文注を刈り込むなど、原本系『玉篇』の記述を簡略にして編まれている。和訓はみられず、中国語辞書のダイジェスト版の段階に留まる。

2-2

日本最初の漢和辞書

新撰字鏡

898～901年頃

平安時代初期の昌泰年間（八九八～九〇〇）に昌住という僧侶によって編まれたと考えられている日本最初の漢和辞書。天治元（一一二四）年に書写された「天治本」と呼ばれるテキストが宮内庁書陵部に蔵されている。「天治本」のような十二巻系統本から和訓が附されている見出し項目のみを抜き出した「群書類従本」（**図1**）「享和本」（**図2**）のような「抄本」もある。天治本の複製は、大正五（一九一六）年に山田孝雄の攷異并索引一冊を附して刊行された『天治本新撰字鏡』（六合館、昭和八年に再刊）が最初のもので、昭和十九年には京都大学文学部国語学国文学研究室編『新撰字鏡』（全国書房）が出版され、さらに昭和四十二年にはここに図として示した「群書類従本」「享和本」とを併せた同研究室編『天治本新撰字鏡増訂版』（臨川書店）が出されたが、これらはいずれも大正五年の複製本の再複製本である。

天治本は一六〇部に分けられているが、単漢字を「天部」「人部」「衣部」のように部首に分類した部と、語句・漢字を「親族」「小学篇字」（国字）「重点」「連字」「臨時雑要字」のように分類した部とから成る。「重点」には「浪々」「烈々」のように、同字が重なる語が載せられている。『一切経音義』『切韻』『玉篇』からの引用が多く、特に前二者の引用からは、それぞれのテキストの原態を窺うことができることが指摘されている。

図2は「人部」の末尾ちかくである。「估」字を使って説明する。まず反切によって「官戸反」と発音が示され、「商也佐也助也交易也」と漢字字義が示されている。そして末尾に「阿支奈不」（アキナフ）と和訓が示されている。貞苅伊《さだかりい》徳《とく》『新撰字鏡の研究』（一九九八年、汲古書院）は『新撰字鏡』に関する必読文献であるが、同書によると、このあたりはいずれのテキストからの引用か不明の由。「侄」字においては、「豆与志」（ツヨシ）「万太志」（マタシ）「己波志」（コハシ）三つの和訓が置かれており、漢字と和訓との対応が「一

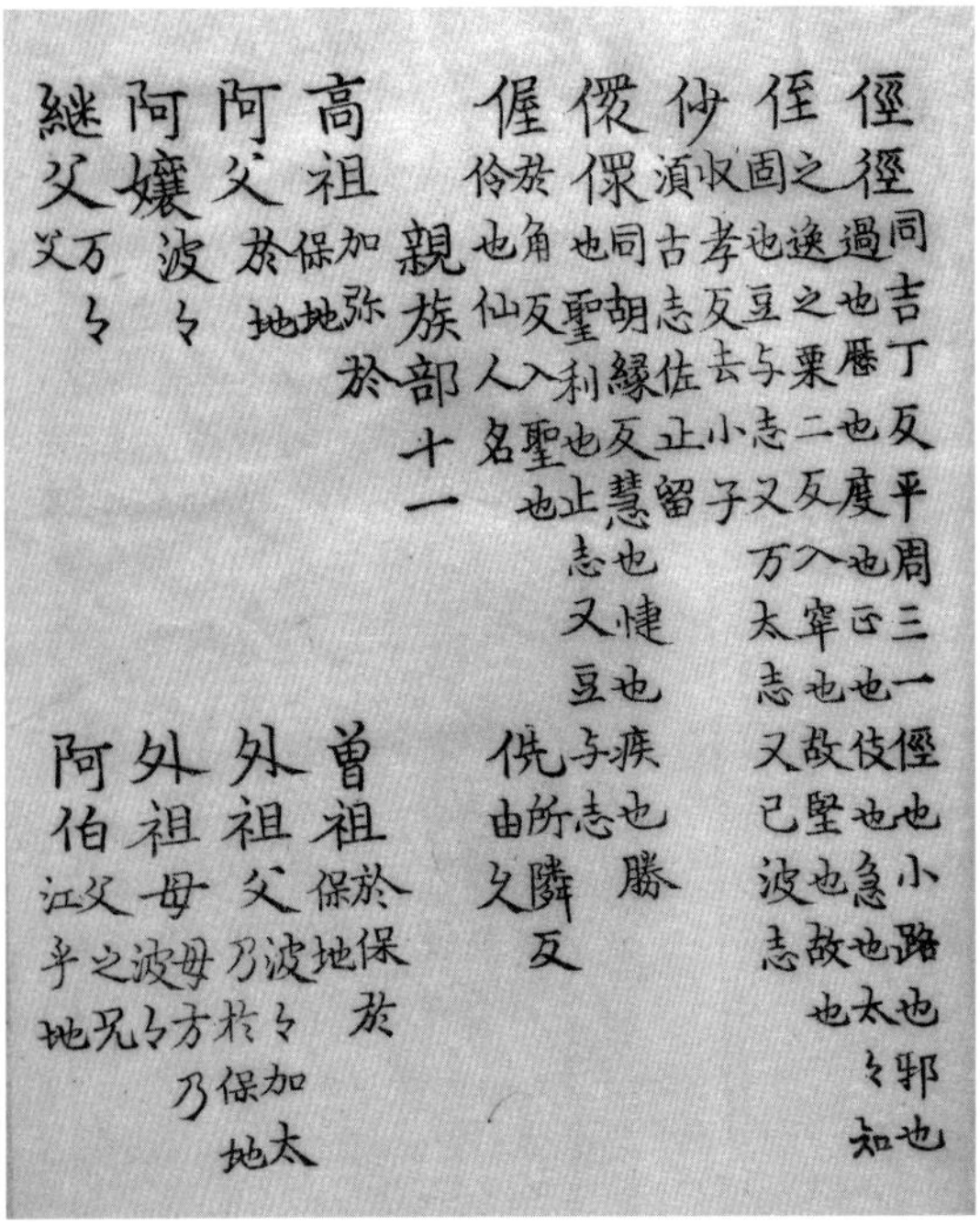

図1 新撰字鏡（群書類従本）

対多」という場合が少なくない。

　また図には「偬偬」「徑徑」のように漢字二字が示され「同」と注が附されていることがある。この場合、上字下字が「同字」と判断されていることになる。しかし例えば「徑」と「徑」との場合であれば、「徑」字字義は〈いそぐ〉で、「徑」字字義は〈こみち〉であるというように、現代においては別字と判断されているものも含まれている。ただし、その場合であっても、中国において「同字」と「判断」されたことがあったことを示唆する記事であると推測する。「僭僭」も「二同」と注されており、はやくから「朁」と「朁」とが通用可能な漢字構成要素であったことがわかる。

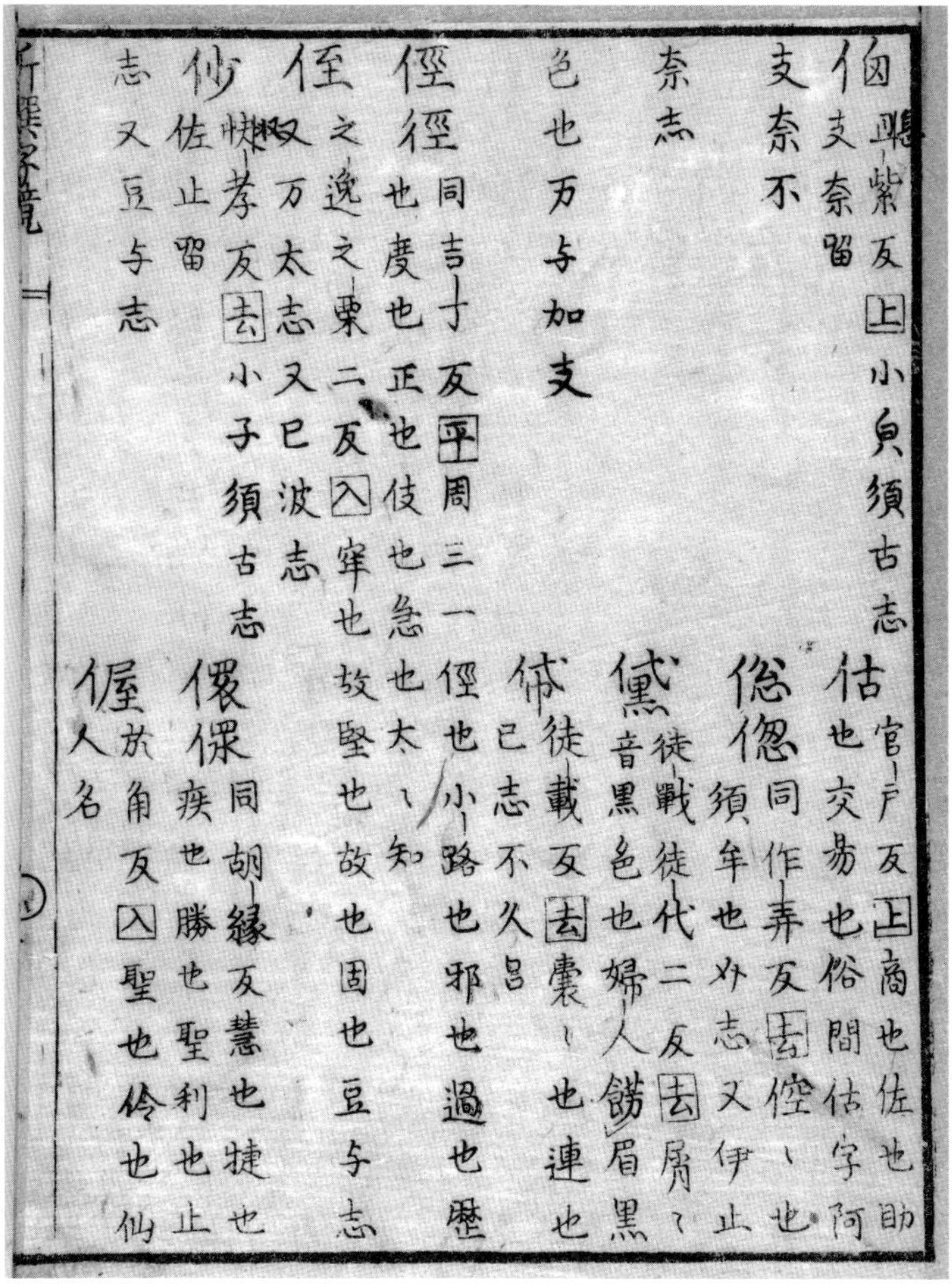
図2　新撰字鏡（享和本）

　単漢字を見出し項目とし、それに発音注を附し、語義を説明するという形式は中国語辞書の形式であり、そこに和訓を配置することによって、「漢和辞書」すなわち「中国語日本語対訳辞書」と呼べるような形式を（なんとか）つくっていることになる。しかしこれはまだ「中国語辞書＋和訓」というかたちにちかいともいえる。いずれにしても、中国語辞書（字書）を下敷きにしながら、「漢和辞書」と呼ぶことができるような形式の辞書／字書をつくりだすプロセスが窺われる。『新撰字鏡』には三七〇〇ほどの和訓がみられ、「コ」「ゴ」については、上代特殊仮名遣いの区別が認められることがわかっている。
　和訓には『文選』や『遊仙窟』の訓も含まれている。「小学篇」には国字あるいは国訓と思われる例が少なからずみられる。「臨時雑要字」にみられる用字や和訓は、『和名類聚抄』に引用されている『弁色立成』や『楊氏漢語抄』とちかいことが指摘されており、『漢語抄』のような、上代に存在した字書に拠っていることが推測されている。

2-3

最初の勅撰和歌集

905年

古今和歌集

『古今和歌集』は、醍醐天皇の命によって紀友則（生没年未詳）、紀貫之（?〜九四五）、凡河内躬恒《おおしこうちのみつね》（生没年未詳）、壬生忠岑《みぶのただみね》（生没年未詳）の四名が編んだ勅撰和歌集（二十巻）である。仮名序に「延喜五年」とあるので、延喜五（九〇五）年が奏覧の年と考えられている。

現存するテキストはきわめて多く、多様である。藤原定家は『古今和歌集』を繰り返し書写していることが諸テキストの奥書等によってわかるが、現存している定家筆本（と思われる本）は**図1**に示した、冷泉家時雨亭文庫蔵の「嘉禄二年本」と、伊達家に旧蔵（現在は安藤積産合資会社蔵）されていた「伊達本」（**図2**）との二本のみ。仮名は十世紀初頭までにうまれたと推測されているが、原テキストはその仮名を中心にして書かれていたと思われる。

図3は現代においても仮名書道の手本として使われることのある「高野切《こうやぎれ》」第一種と呼ばれる『古今和歌集』のテキストである。十世紀初頭から十一世紀半ば頃までに書かれたと推測されているが筆者は未詳。素性《そせい》法師の「はるたてはゝなとやみらんしらゆきの／かゝれるえたにうくひすのなく」（六番歌）が書かれているが、ここには漢字は使われていない。

「関戸本」と呼ばれる、やはり十一世紀後半頃に書かれたものと推測されているテキストもある。筆者は未詳。「かゝり火にあらぬわかみのなそもかくなみたのかはにうきてもゆらむ」（五二九番歌）「かゝりひのかけとなるみのわひしきはなかれてしたにもゆるなりけり」（五三〇番歌）「はやきせにみるめおひせはわかそてのなみたのかはにうゑてみましを」（五三一番歌）「おちたきつかはせにうかふたかたもおもはさらめやこひしきことを」（異本九番歌）などのように、このテキストもほとんど仮名で書かれている。「関戸本」は白紙以外に、紫、茶、緑などの染め紙に書かれており、美しい仕上がりのテキストが目途されていると思われる。

綴葉装《てつようそう》二帖に仕立てられ、巻上の奥に「元永三年七月廿四日」の識語があることをもって「元永本」と呼ばれているテキストは美を凝らした装飾料紙に書かれている。

藤原定家の書いた『古今和歌集』は歌をほぼ一行に書き、書き切れないところは末尾に折り返すようなかたちで書かれている。和歌を一行に書いていることともかかわる

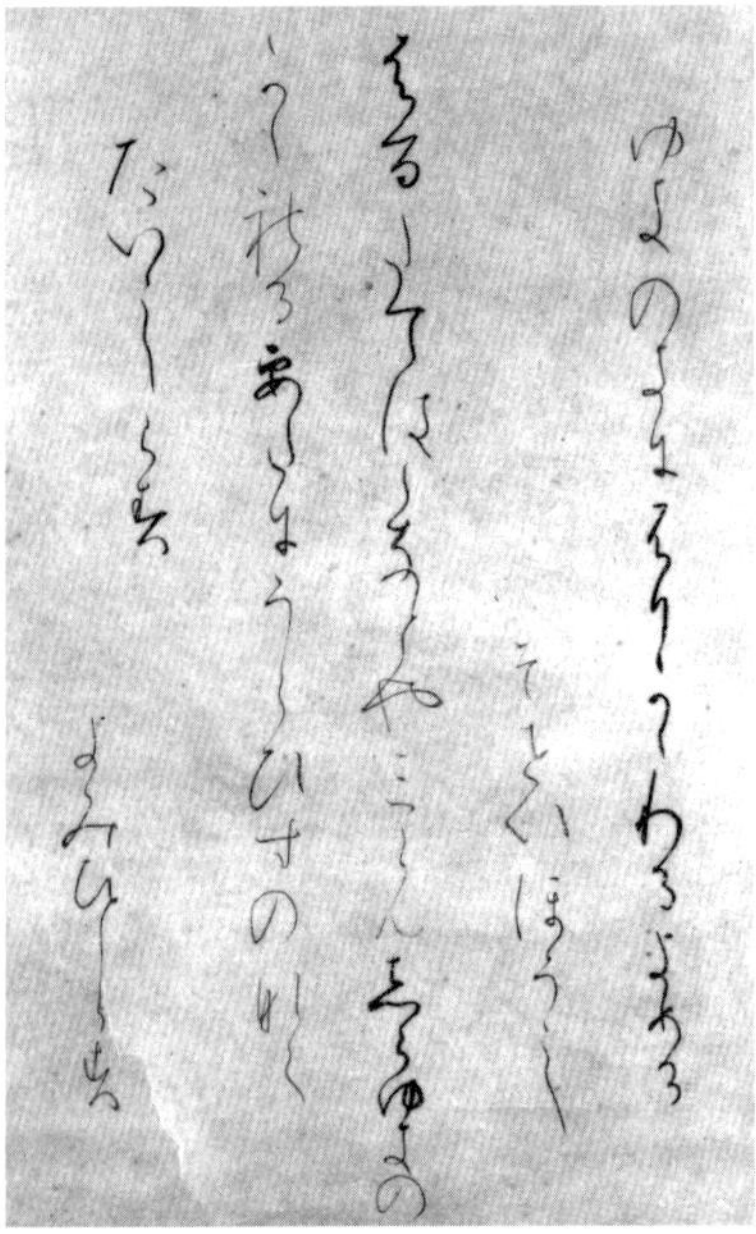

図3　高野切（第一種）［三井記念美術館蔵］

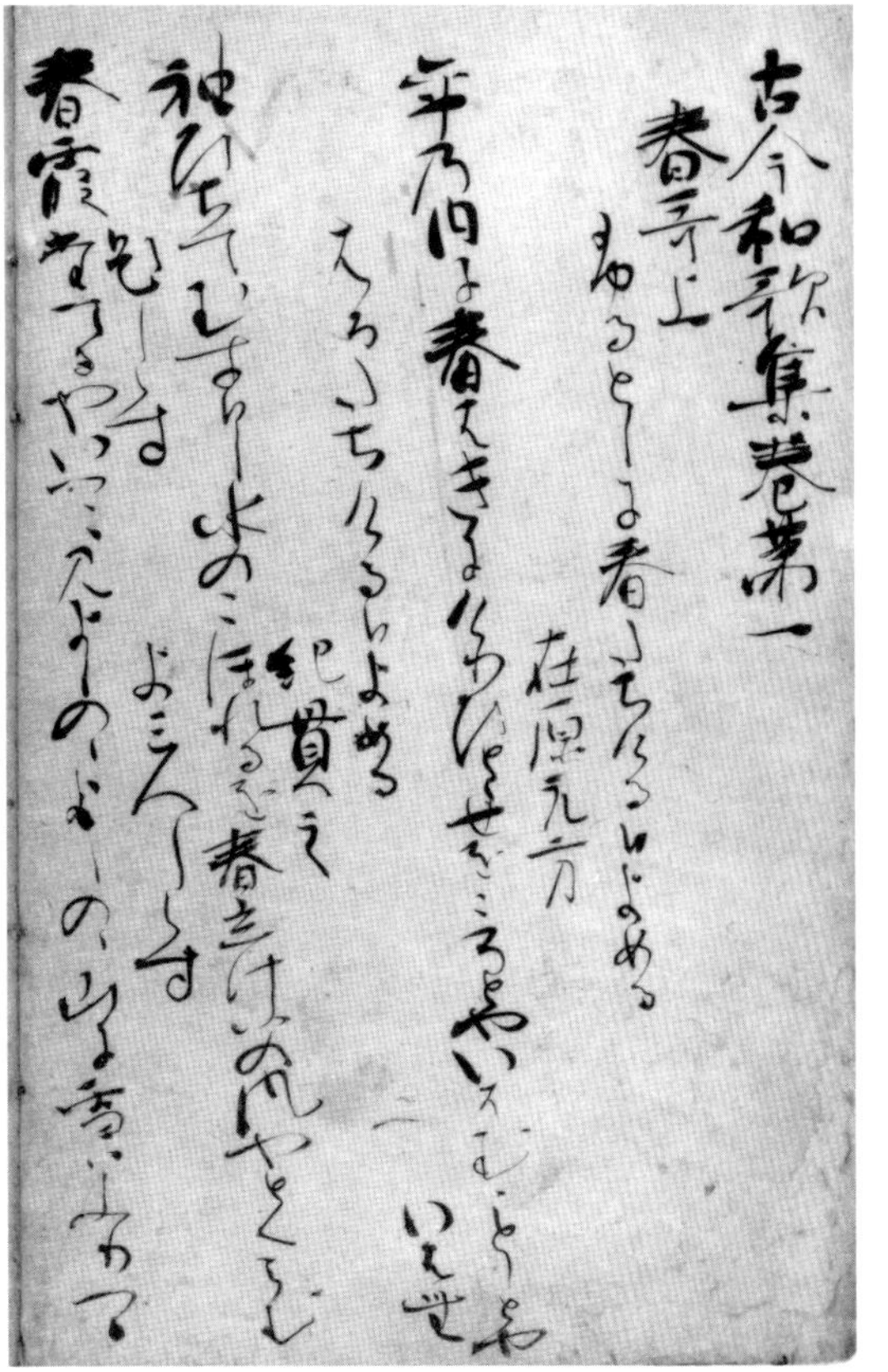

図1　嘉禄二年本古今和歌集［冷泉家時雨亭文庫蔵］

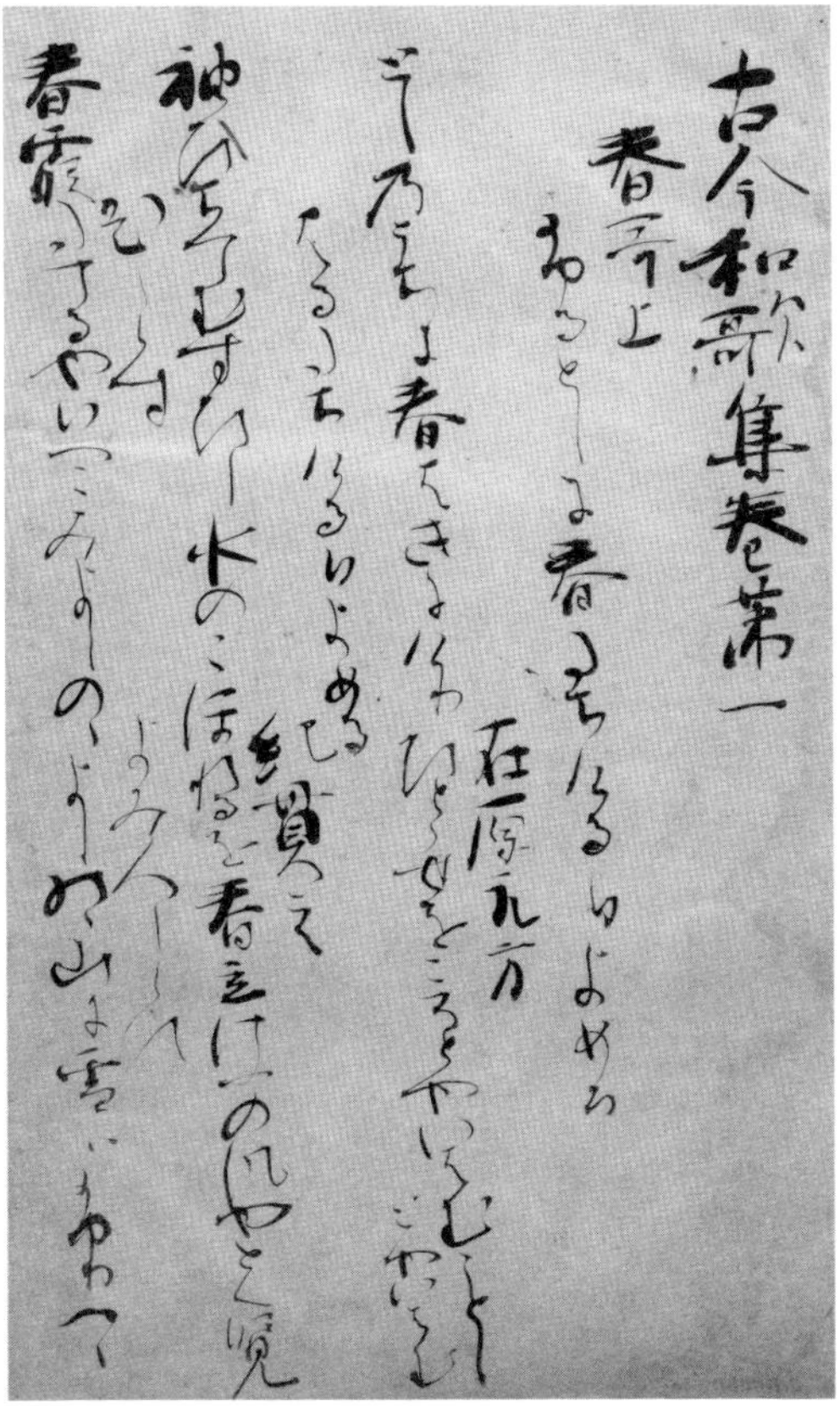

図2　伊達本古今和歌集［安藤積産合資会社蔵］

と思われるが、ある程度漢字を使って書いている。「嘉禄本」では「年の内に」と書き、「伊達本」では「としのうちに」と書いており、両本で書写原本が異なっていたとも考えられるが、漢字で書くか仮名で書くかということがある程度までは「選択的」であった可能性もある。

　室町時代中期頃から、連歌師の活躍もあって、二条家流の「貞応二年本」がひろく流布していた。それは冷泉家に蔵されている「嘉禄二年本」が門外不出の本であったこともかかわっていると指摘されている。そしてこの「貞応二年（七月）本」が二条家流の古今伝授にも用られた。現存する『古今和歌集』テキストの多くが、「貞応二年本」の奥書を持っていることも指摘されている。

　「嘉禄二年本」は秘本であったが、後土御門天皇（在位一四六四～一五〇〇）、後柏原天皇（在位一五〇〇～一五二六）、後奈良天皇（在位一五二六～一五五七）は、定家自筆「嘉禄二年本」を借覧したことが冷泉家に残されている宸翰によってわかっている。陽明文庫に蔵されている為相筆本、国立歴史民俗博物館に蔵されている高松宮旧蔵本は、「嘉禄二年本」の忠実な写本である。

2-4 四十八の仮名

『和名類聚抄』の編者として知られる源《みなもとの》順《したごう》（九一一〜九八三）の家集『順集』は三十六人集に収められている。この『順集』はさまざまな特色のある歌を収めていることで知られているが、その中に「あめつちの歌」と呼ばれる沓冠《くつかむり》歌《うた》四十八首がある。沓冠歌は、一首の頭字と尾字とを揃えてつくられた歌のことを指すが、次に示すように、「あめつちほしそら」以下の四十八の仮名を首尾に置いてつくられている。濁点を補った。

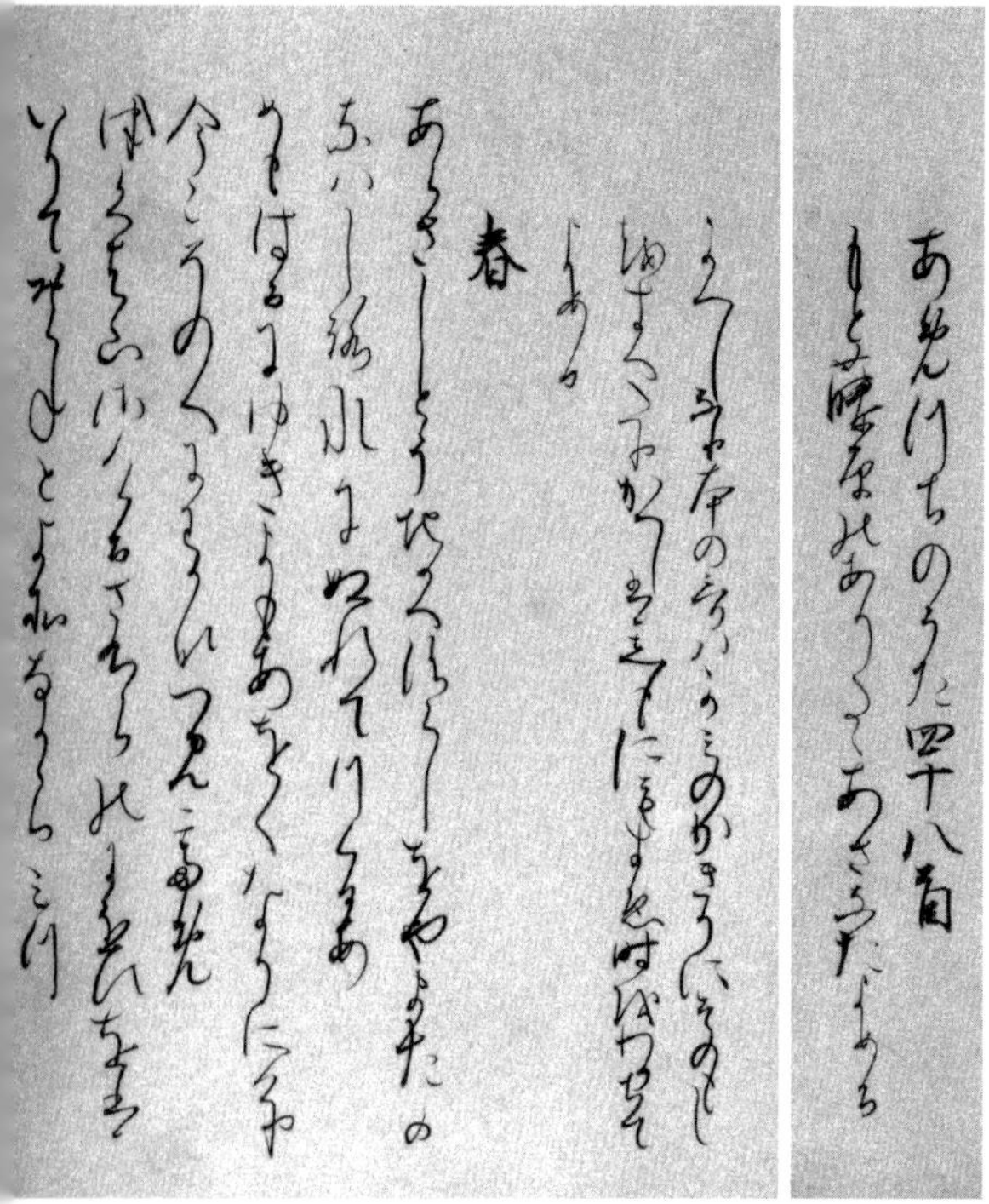

あらさじとうちかへすらんをやまだの
なはしろ水にぬれてつくるあ
めもはるにゆきまもあをくなりにけり
今こそのべにわかなつみてめ
つくば山さけるさくらのにほひをばい
りておらねとよそながらみつ

10世紀頃

あめつちの歌

ちくさにもほころぶ花のしげきかない
づらあをやぎぬひしいとすぢ
ほのぼのとあかしのはまをみわたせば
春のなみともいづるふねのほ
しづくさへ梅のはながさしるよかな雨
にぬれじとときみやかしゝ
そらさむみむすびしこほりうちとけて
いまや行らんはるのたのみそ
らにもかれ菊もかれにしあきののも
えにけるかなさほの山づら
やまも野もなつくさしげくなりにけり
などか末しきのべのかるかや
まつ人も見えねば夏もしらゆきやなほ
ふりしげるこしのしらやま
かたこひも身をやきつゝもなつむしの
あはれわびしきものをおもふか
はつかにも思ひかけてはゆふたすきか
ものかはなみたちよらじとは
みをつめばものおもふらしほととぎす
なきのみまどふさみだれのやみ
ねをふかみまだあらはれぬあやめくさ
人をこひちにえこそはなれぬ
たれによりいのるせぜにもあらなくに

あさくいひなすおほあさのはた、
、にはみればやをたでおいてあれにけり
からくしてだいきみがとはぬに、

「あめつち（天・地）ほしそら（星・空）やまかは（山・川）みねたに（峰・谷）くもきり（雲・霧）むろこけ（室・苔）ひといぬ（人・犬）うへすゑ（上・末）ゆわさる（硫黄・猿）」までは、二音節名詞を二語ずつの組で並べようとしていることが窺われるが、これ以降「おふせよ　えのえを　なれゐて」はどのような意味であるかもわかりにくく、複数の「よみ」が提示されているが、二音節名詞を並べることを諦めて調子だけを整えたようにもみえる。

右の四首目「ちくさにも（千草にも）」は「ぬひしいとすぢ（縫ひし糸筋）」と終わる。頭字は「ち」で発音は「チ」、尾字の発音は「ヂ」であるはずで、そうであれば、沓と冠とは発音ではなく、仮名を単位として整えられていることになる。

「あめつちの歌」には「え」が二つ含まれているが、これはア行のエ［e］とヤ行のエ［je］との区別があった時期にこの誦文がつくられたことを示していると考えられている。

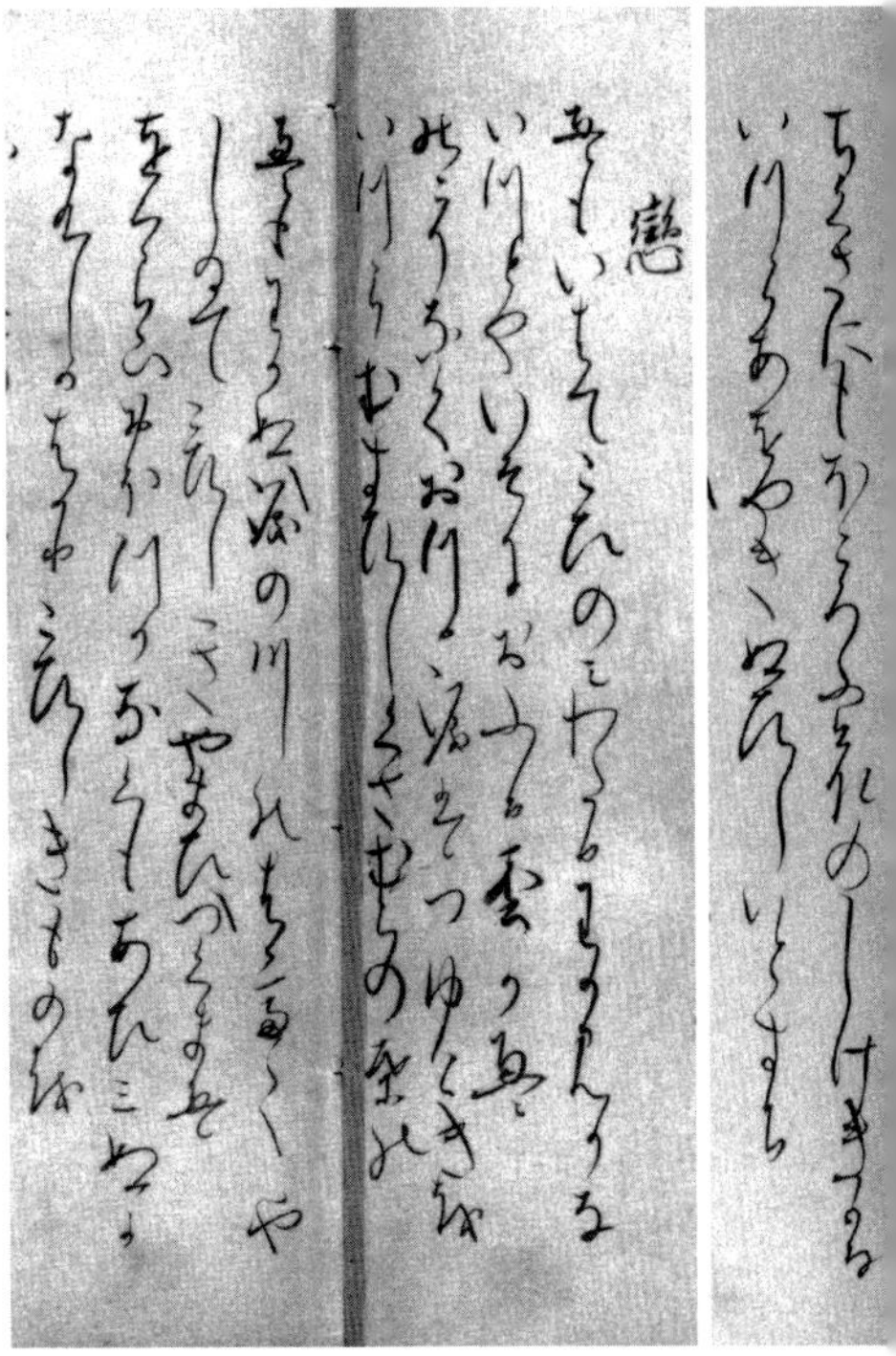
三十六人歌集　順集より［宮内庁書陵部蔵］

源為憲《ためのり》（?〜一〇一一）撰『口遊《くちずさみ》』には天禄元（九七〇）年の序が附されているが、為憲の子に一般常識を授けるための教科書様のものとして編まれたと考えられている。この中に「大為尓伊天奈徒武和礼遠曽支美女須土安佐利※比由久也末之呂乃宇知恵倍留古良毛波保世与衣不祢加計奴」という誦文がある。冒頭の「大為尓」から「たゐにの歌」と呼ばれる。※の箇所には「於」が脱落していると推測されている。「田居に出て、菜摘む我をぞ君召すと、あさり追ひ行く山城の、打ち酔（ゑ）へる子ら、藻葉乾せよ、え舟かけぬ」という五七調の誦文として理解されることが多い。この誦文の後ろに「今案、世俗誦阿女都千保之曽、里女之訛説也。此誦為勝」（句読点を補った）と記されている。「阿女都千保之曽」は「あめつちほしそ」で、「あめつちの歌」を指していると思われ、その「あめつちの歌」を「里女之訛説」とみなしている。「於」を補うと、この「たゐにの歌」は四十七字から成っていることになる。しかし「田居に出て」以下「藻葉乾せよ」まで五七調であるのに、最終句の「衣不祢加計奴（え舟かけぬ）」が六音句になっていることなどからヤ行のエにあたる「江（え）」が脱落しているのではないかという説もある。そうであれば、この「たゐにの歌」も「あめつちの歌」もともに、ア行の「エ」とヤ行の「エ」とが区別を保っている時期につくられた誦文で、「いろは歌」に先行するものということになる。

2-5 中国語日本語対訳辞書の嚆矢

934年頃　和名類聚抄

『和名類聚抄《わみょうるいじゅしょう》』は承平四（九三四）年頃に源　順《みなもとのしたごう》（九一一〜九八三）が醍醐天皇第四皇女勤子内親王の命によって、内親王の読書のための手引きとなるような辞書として編んだ。中国語の見出し項目に語釈を配し、（置ける場合は）和名を置いている。辞書としての「体例」は次のようになっている。

一　見出し項目を大きな「部」に分け、その内部をさらに「類」に分け、意義分類体を採っている。

二　漢詩文をよむのに必要な語を見出し項目としながら、「世俗」にも目を向けている。

三　見出し項目となっている中国語＝漢語と「和名」とを結びつけているので、枠組みとしては「中国語日本語対訳辞書」のような形式を採っている。

四　（結果的に）『和名類聚抄』は後世編まれた辞書に大きな影響を与えて続けた。

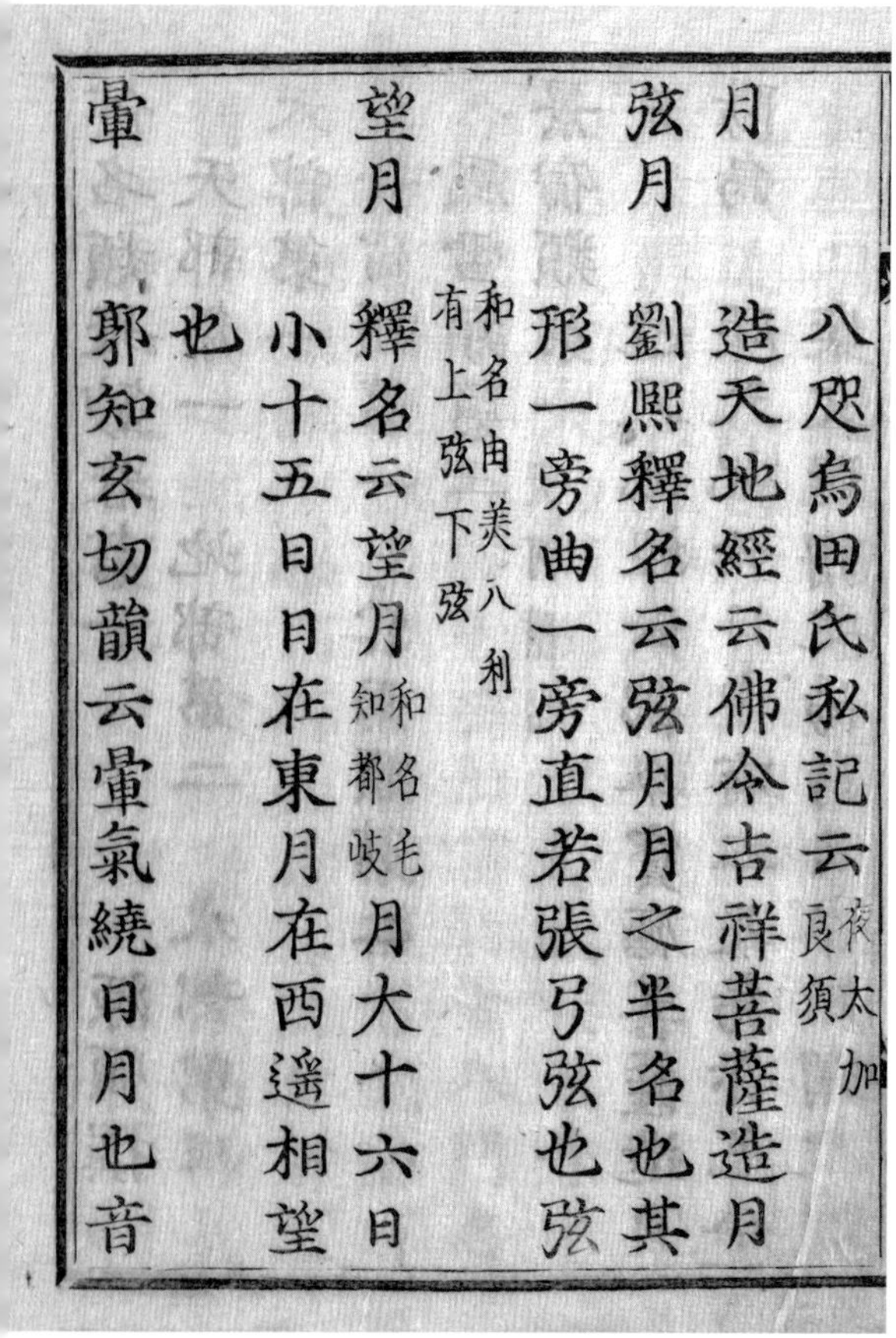

八咫烏田氏私記云夜太加良須
月　造天地經云佛令吉祥菩薩造月
弦月　劉熙釋名云弦月月之半名也其
形一旁曲一旁直若張弓弦也弦
和名由美八利
有上弦下弦
望月　釋名云望月大十六日和名毛知都岐
小十五日日在東月在西遥相望
也
暈　郭知玄切韻云暈氣繞日月也音

図には「明星　兼名苑云歳星一名明星此間云［阿加／保之］」とある。これを使って説明すれば、見出し項目が「ミョウジョウ（明星）」という中国語＝漢語ということになる。そして、『兼名苑』という中国の書物に「歳星一名明星」という記事がある。「サイセイ（歳星）」は木星のこと。その別名が「明星」。ここではいわゆる「万葉仮名」で「阿加保之」と書かれているが、『和名類聚抄』が編まれたのは、十世紀の半ば少し前なので、すでに仮名が発生していた。したがって、使おうと思えば仮名を使うことができた。『和名類聚抄』の「万葉仮名」は『万葉集』以後の「万葉仮名」ということになる。

図は江戸時代（元和年間頃）に印刷出版された古活字版。江戸時代になっても、まだ『和名類聚抄』は出版されていた。

『和名類聚抄』の「語釈」は基本的に、中国文献にその見出し項目となっている語がどのように使われ、どのように理解されているか、ということを示している。これは中国の「類書」の形式を踏襲しているようにみえる。具体的に別の箇所の記事を掲げてみる。

貂　天　テン
黒貂　布流木　フルキ
火鼠　比禰須三　ヒネズミ
鼷鼠　阿末久知禰須美　アマクチネズミ
鼱鼩　乃良禰　ノラネ
鼯鼠　毛美　俗云無佐々比　モミ　俗云　ムササビ

「貂」に対して「黒貂」は「毛色が黒い貂」とみるのが自然。となると、「貂」の「和名」が「天＝テン」で、「黒貂」の「和名」が「フルキ」であることとには「平行性」がないことになる。しかも「テン」は（現在も使う語形であるが）和語的でないにもかかわらず「和名」とされている。「フルキ」は『源氏物語』末摘花巻において、末摘花が「ふるきの皮衣」を上着として着ている描写がある。「ノラネ」は「ノラ＋ネ」と分解できそうにみえる。そうだとすると「ネズミ」はもともとは「ネ」か。現在でも「ヤマネ」と呼ばれる動物がいるが、これは「ヤマ（山）＋ネ」であろう。ただし『和名類聚抄』の「和名」に「ヤマネ」はみられない。「モミ俗云ムササビ」も興味深い。ここでは「モミ」という語形と「ムササビ」という語形とが示され、かつ後者は「俗云」と注記されている。同じ語義をもつ語は一つ存在すればよいので、このように「二つの呼び名」があるということは、そこに「層」があることを推測させる。他の形式として「一云」もあるので、「俗云」「一云」を幾つか挙げてみる。「鼻梁」の場合、「和名」が示されずに、「俗云」が示されている。「牛馬病」に挙げられている見出し項目には「和名」が示されずに、「俗云」が示されていることが少なくない。牛馬の病気は具体的な（つまりなにほどか口頭語的な）「呼び名」をすでにもっていることが推測されるが、それは「和名」といえるものではなかったために、「和名」なしに「俗云」が示されているか。そう考えると、「和名」は「書きことば」として安定した語形とまではいえないにしても、何程かはそうした「傾向」をもっていたか。いずれにしても興味深い。

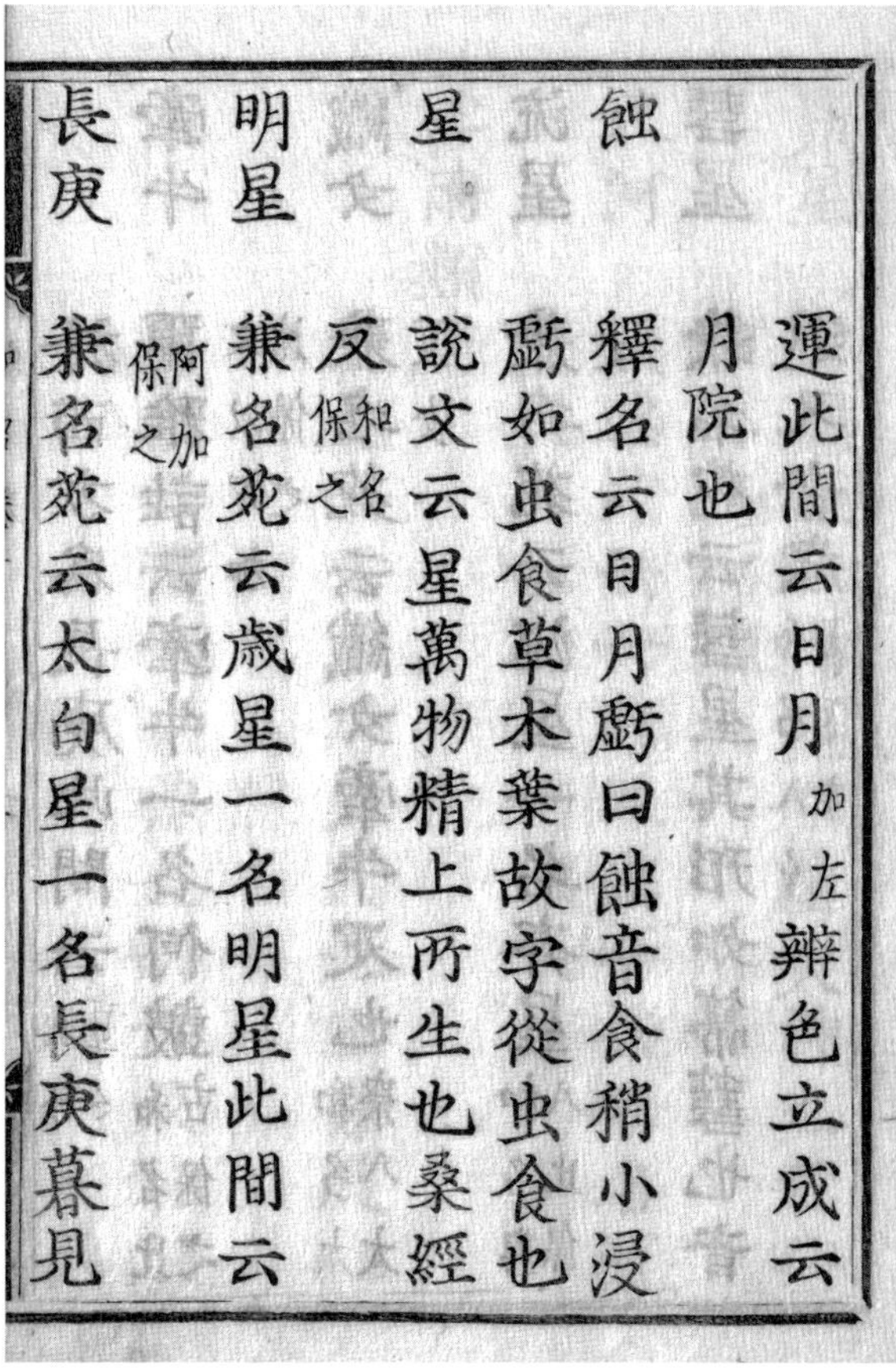
運此間云日月加左辨色立成云
月院也
蝕　釋名云日月虧曰蝕音食稍小浸
虧如虫食草木葉故字從虫食也
星　説文云星萬物精上所生也桑經
反和名保之
明星　兼名苑云歳星一名明星此間云
阿加保之
長庚　兼名苑云太白星一名長庚暮見

和名類聚抄［国立国会図書館蔵］

2-6 原初の仮名

土左日記
935年頃

紀貫之（八六八？〜九四五？）自筆の『土左日記』が明応元（一四九二）年までは存在していたことがわかっている。その貫之自筆本が少なくとも四回書写されている。

文暦二（一二三五）年：藤原定家……現存

嘉禎二（一二三六）年：藤原為家（藤原定家の息）……現存

延徳二（一四九〇）年：松木宗綱……その転写本（日本大学図書館蔵本など）現存

明応元（一四九二）年：三条西実隆……転写本（三条西家旧蔵本など）現存

これら四つの「根幹写本」の中では藤原為家の書写がもっともよく貫之自筆本の状態を保存していると思われる。この為家筆本は一九八四年に「発見」された。その「発見」までは、為家筆本を江戸期に忠実に模写したと思われる「青谿書屋《せいけいしょおく》本」が為家筆本に準じるテキストとして研究に使用されてきた。

藤原定家筆本は末尾に、貫之自筆本の状態等を記している。定家の記述によって、貫之自筆本は次のようなものであったことがわかる。

一：料紙は白紙（素紙）で、表面を滑らかにしておらず、罫線もない。

二：紙の大きさは高さが三十三・三センチメートルほど、横は五十一・五センチメートルほどの紙を二十六枚貼り継いであった。（ちなみにいえば、定家筆本の大きさは高さが　十五・九センチメートル、横が十五・五センチメートルなので、貫之自筆本よりもかなり小さな料紙に写している）

三：表紙は本文と同じ白い料紙を一枚貼り継いだもので、端を少し折り返しているが、竹は入っておらず、紐もついていなかった。

四：和歌を別行とせず、「定行」に書き、ただし「闕字《けつじ》」があった。和歌の下は「闕字」なしで、続けて書いてあった。定家筆本は和歌を別行（二行）に書いているので、定家は、（少なくとも和歌の書き方については）貫之自筆本の書き方を踏襲しようというつもりがなかったこともわかる。貫之自筆本の大きさから、貫之自筆本の一行の字数は二十二〜二十四字であったと推定されており、定家筆本の一行の字数は十二〜十五字程度なので、これも貫之自筆本よりもかなり少ない。

冒頭部分を並べてみる。

定：をとこもすといふ日記といふ物／をゝむなもして心みむとてする／なり

為：をとこも（傍書毛）す（傍書数）なる日記といふものを／をむなもしてみんとてするなり

日：おとこも〈数〉なる日記といふものをゝむなもしてみんと／てするなり

三：をとこもすなる日記といふものをゝむなもし／て見んとてするなり

定家筆本の「本文」が異なることがわかる。根幹四写本のうちで、定家筆本だけが異なるので、貫之自筆本は根幹写本三本のかたちだったと推測できる。そうだとすれば、定家は書写にあたって、貫之自筆本の「本文」を変えたことになる。自身が書写した翌年に為家に、もう一度、しかも臨模させたのは貫之自筆本の状態を記録しておくためだったというみかたもある。また、定家は「もの」に漢字をあてて「物」と書いている。こうした箇所も少なくない。

四回の書写は、鎌倉時代に二回、室町時代に二回おこなわれているので、時期によって「本文」をどうとらえるかという「心性」が異なる可能性があることは考えておかなければならない。

実隆筆本につらなる三条西家旧蔵本には「古代仮名猶科蚪（古代の仮名はなお科蚪のごとし）」という奥書がみられるが、これは貫之自筆本の仮名を写した三条西実隆の「印象」を記したものと思われる。

上図がどの程度貫之自筆本の「面目」を伝えているかについては推測するしかないが、それでも、大きさが整わない仮名は「高野切」などを一方に置くと、室町時代人であった三条西実隆に、「古拙」というような印象を与えてもおかしくないと思われる。

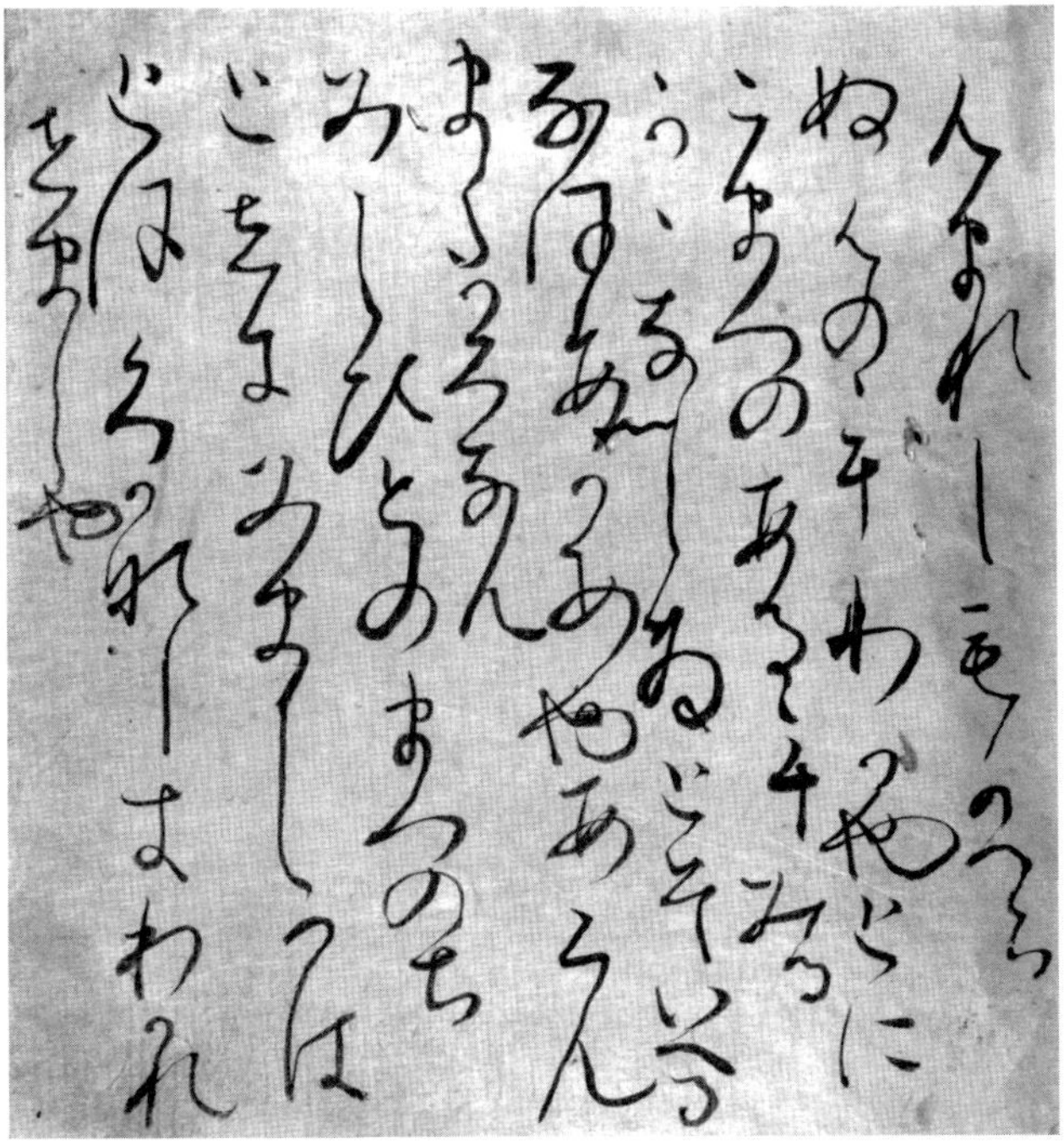

定家筆土左日記（臨模・表）［前田育徳会蔵］

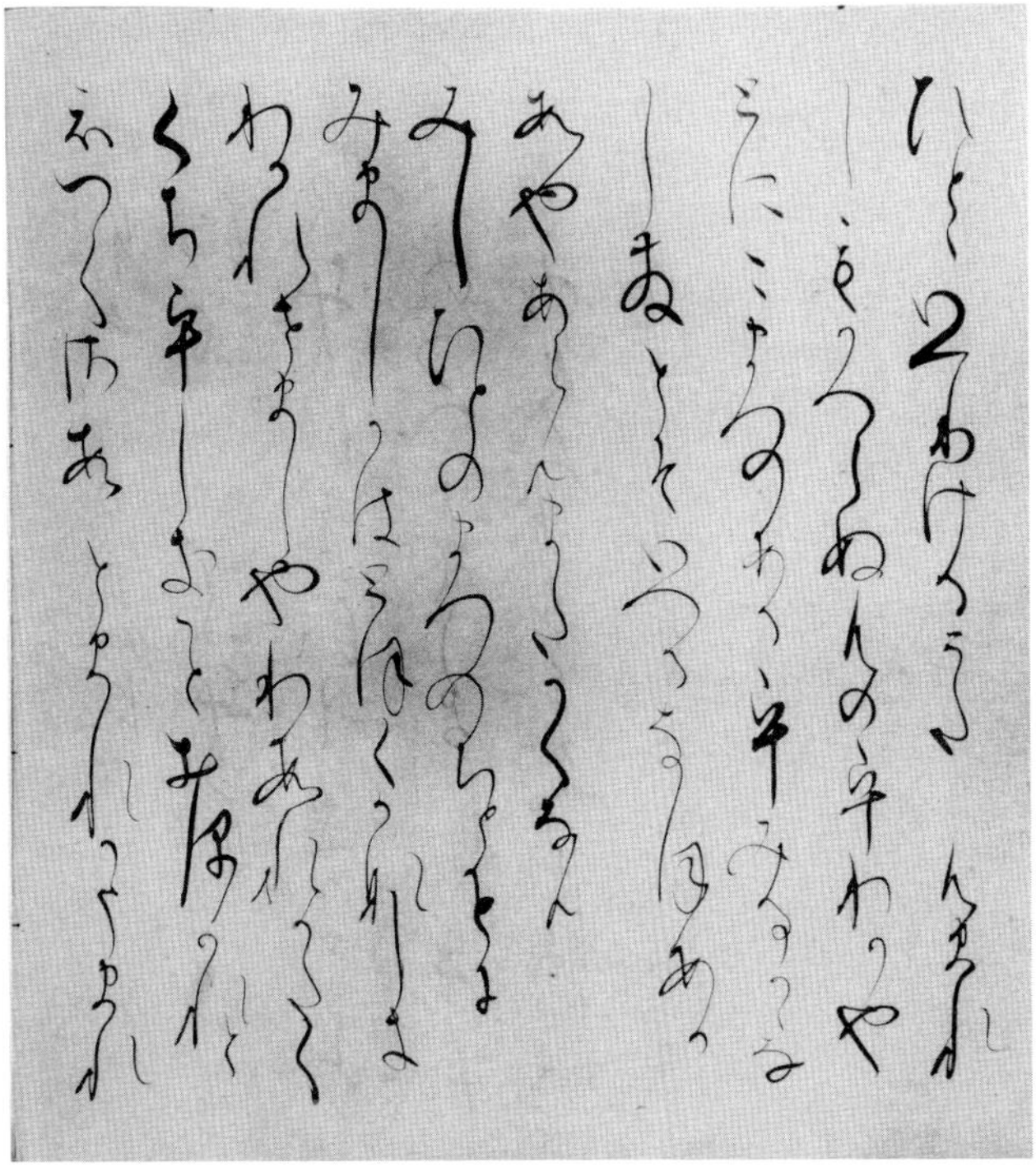

青谿書屋本土左日記［出典：東海大学蔵桃園文庫影印叢書第九巻『土佐日記・紫式部日記』東海大学出版会、一九九二年］

2-7 十一世紀の日本語

1008年頃 源氏物語

『紫式部日記』の記事から寛弘五（一〇〇八）年には少なくとも「若紫」「蓬生《よもぎう》」などの帖が確実に存在し、男性貴族の間でも読まれていたこと、ある程度まとまった分量をもつ冊子ができあがっていたことが窺われる。そのことからすると、十一世紀の日本語によって書かれている作品ということになる。ただし五十四帖すべてが「等質」であるとはむしろ考えられていない。

徳川黎明会、五島美術館等に蔵されている『源氏物語絵巻』の詞書きのある部分は平安時代に書かれたものと推測されているが、写本として残っている『源氏物語』テキストで、平安時代に書写されたものはない。**図1**は『源氏物語』「青表紙本」の中で最も信頼すべきテキストとされている大島雅太郎旧蔵本（大島本）である。現在は公益財団法人古代学協会が蔵しており、新日本古典文学大系の底本となっている。資料から窺われるように、大島本には夥しい書き入れがみられる。『源氏物語』のテキストの系譜は藤原定家がかかわった「青表紙本」、源光行《みつゆき》・親行《ちかゆき》によって校訂された「河内本」、これらのどちらでもない「別本」と、三つに大きく分けて考えられてきた。これらの中、「青表紙本」が多くの活字本の底本になっている。大島本は飛鳥井雅康（一四三六～一五〇九）が大内政弘のために書写したものと考えられている。そして大内政弘から吉見正頼に伝えられ、「桐壺」「夢浮橋」の二帖が聖護院《しょうごいん》道増《どうぞう》、道澄《どうちょう》筆のものに差し替えられたことがわかっている。

図2は天理図書館に蔵されている伝藤原為家筆とされるテキスト。鎌倉時代中期頃の書写と推測されている。「青表紙本」に属するテキストと考えられている。「青表紙本」「大島本」と「伝為家筆本」とを対照してみる。

ひかる源氏名のみこと〳〵しういひけた
れたまふとかおほかなるにいとゝかゝ
るすき
ことゝもをすゑの世にもきゝつたへて
かろ
ひたる名をやなかさむとしのひ給ける
かくろ
へことをさへかたりつたへけむ人のも
のいひさか
なさよ（大島本）

光源氏名のみこと〳〵しういひけた
れたまふとかおほかなるにいとゝかゝる
すきことゝもをすゑのよにもきゝつたへ
てかろひたるなをやなかさんとしの
ひたまひけるかくろへことをさへかたり
つたへけん人のものいひさかなさよ
（伝為家筆本）

（この箇所に関しては）発音すれば両者は等しい。そうした意味合いにおいては両者は同じ「本文」であるといってよい。しかし、すぐにわかるように、一行の字詰めは異なり、漢字で書くか、仮名で書くかということも異なる。鎌倉時代に書写された、しかも何らかのかたちで「校訂」を経たテキストから、「モノ」としての具体的な原テキストの様相を窺うことは難

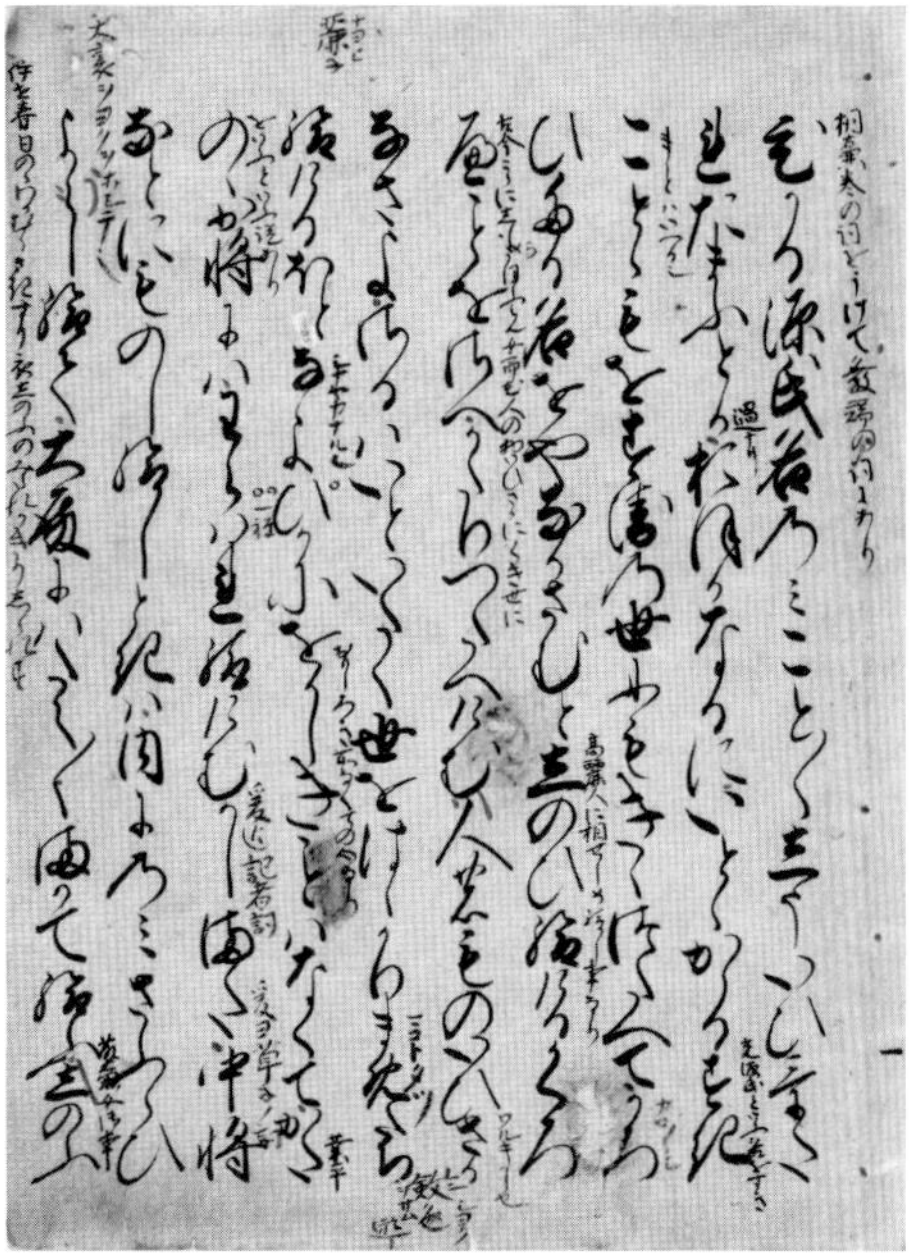

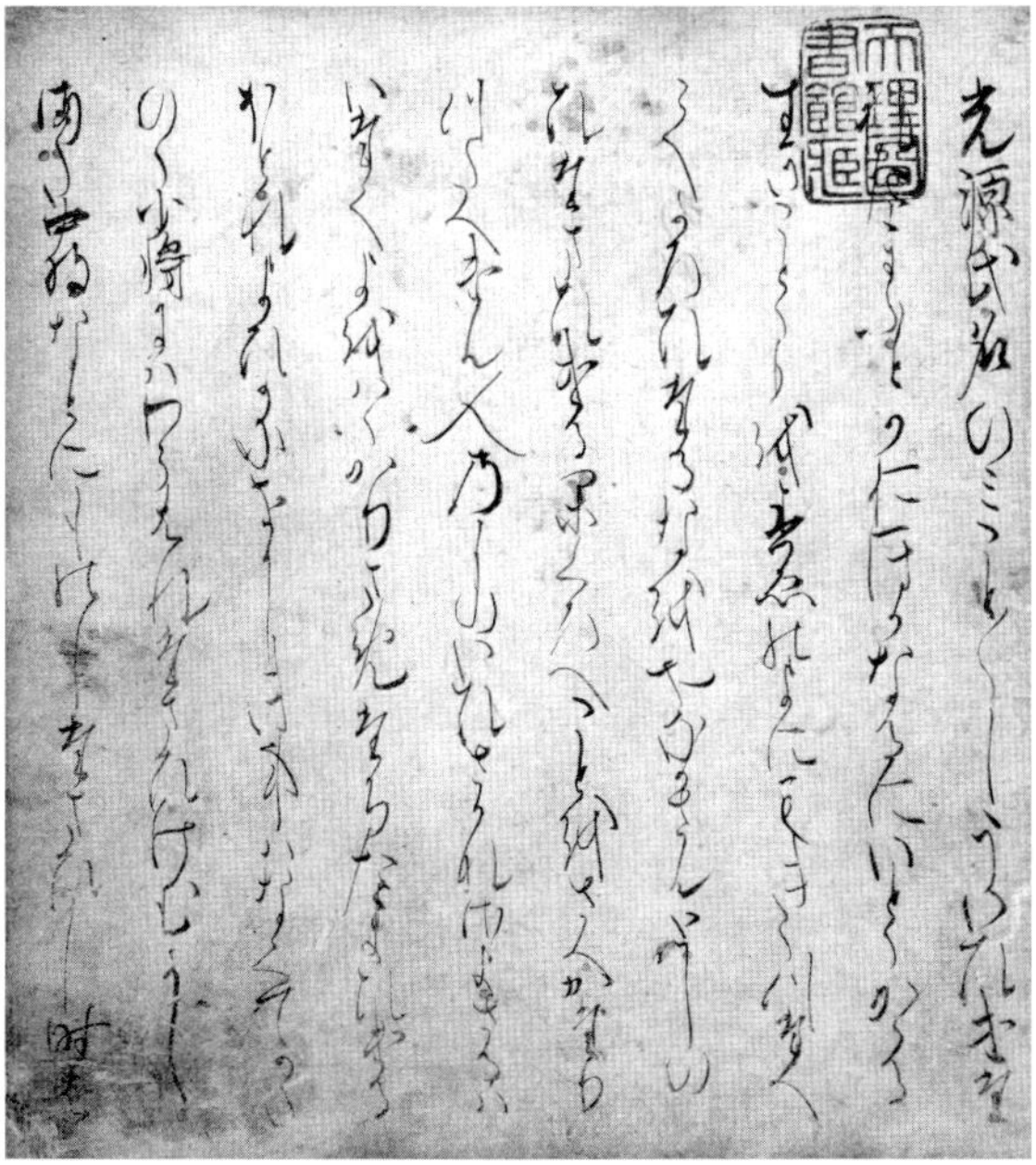

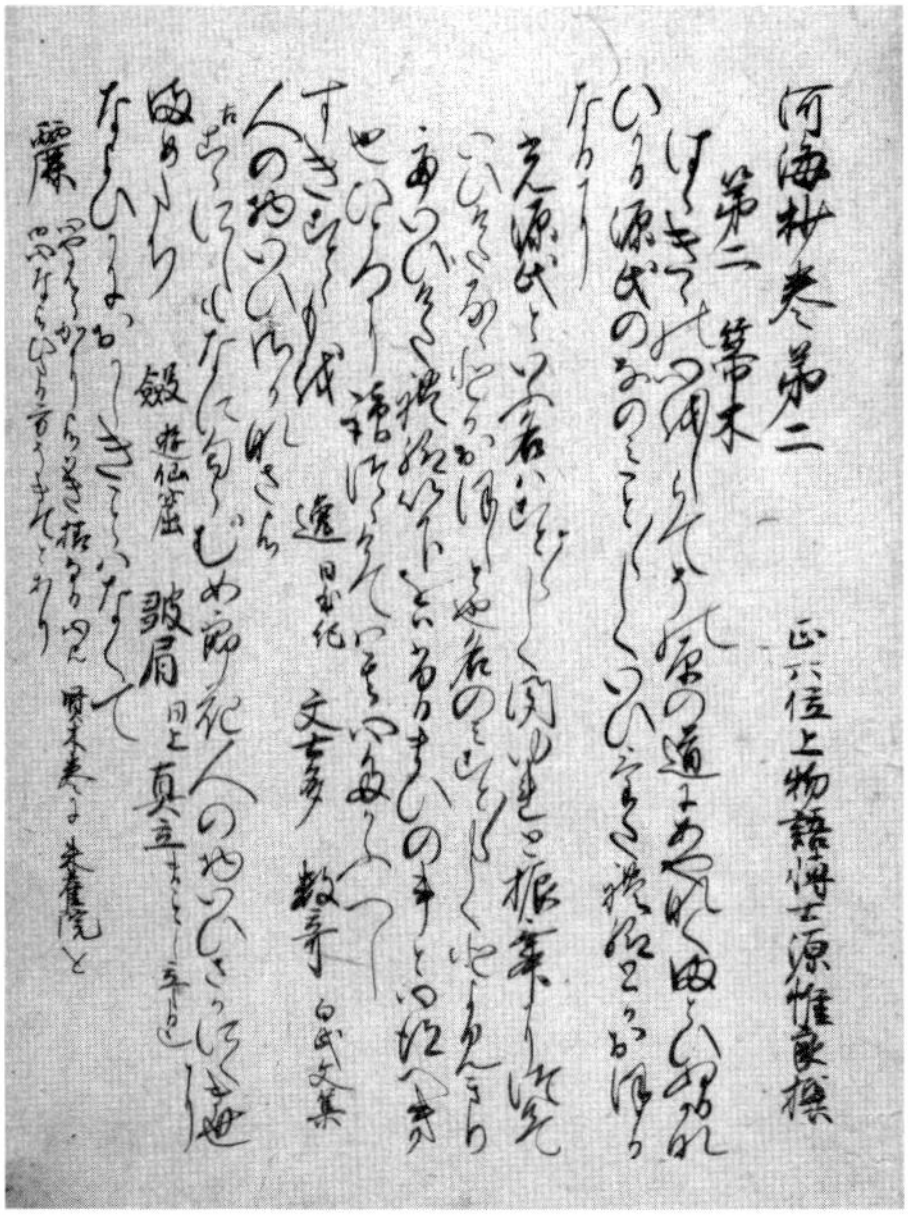

図1（右上）　大島本源氏物語（「帚木」冒頭）［古代学協会蔵］
図2（左上）　伝為家筆本源氏物語（「帚木」冒頭）［天理大学附属天理図書館蔵、出典：天理図書館善本叢書和書之部第十四巻『源氏物語諸本集一』八木書店、一九七三年］
図3（左下）　河海抄（「帚木」冒頭）［天理大学附属天理図書館蔵、出典：天理図書館善本叢書和書之部第七十巻『河海抄伝兼良筆本一』八木書店、一九八五年］

しい。仮に原テキスト（というものがあったとして）は「漢語以外は仮名で書かれていた」という仮定を設けたとすれば、伝為家筆本は、原テキストにちかく書かれており、大島本は、（書写時期相応に）漢字を和語にあてているとみえる。

「大島本」にみられる夥しい書き入れのあるものは「本文」の注釈にあたるようなものであるが、**図3**は『源氏物語』の注釈書『河海抄』。『河海抄』は四辻善成《よつつじよしなり》（一三二六～一四〇二）が著した。『源氏物語』の初期の研究を批判的に総合した大著で、これ以降の『源氏物語』注釈にも大きな影響を与えた。

2-8 現存最古のいろは歌

1079年奥書 金光明最勝王経音義

『金光明《こんこうみょう》最勝王経』は、四天王をはじめとする諸天善神による国家鎮護の教説を説く経典で、天平十三（七四一）年に聖武天皇が国ごとに国分寺と国分尼寺を建立することを命じた際に、国分寺の塔に金字で書かれた『金光明最勝王経』を安置することを定めた。そのような経典である『金光明最勝王経』に使われている漢字を抜き出して、発音や和訓を注記した注釈書が『金光明最勝王経音義』である。図は承暦三（一〇七九）年の奥書きをもつ大東急記念文庫蔵本。経典の出現順に約四五〇の単漢字を掲出し、それに字音注、字義注、万葉仮名による和訓を附す。

　音義の前には、万葉仮名で書かれた現存最古の「いろは歌」が置かれている（**図1**）。「い」は大きな「以」に平声点、小さな「伊」に上声点がさされるといったように、一つの音節を大きな字と小さな字とで書き、それぞれ異なった声調の声点がさされている。ただし、「ま」では大きな字「万」（平声点）の下に小さな字「末」（上声点）と「麻」（上声点）とが書かれている。他に「け・ふ・め・し・ゑ・ひ・も」においては二つの小さな字が書かれている

　図2には「次可知濁音借字」とあって、「婆毗父倍菩駄地頭弟□我義具下吾坐自受是増」と「バビブベボダヂヅデ（ド）ガギグゲゴザジズゼゾ」の濁音四行が示されている。それに続いて「次可知」「二種借字」とあって、二種類の符号によって、漢字音の撥音韻尾を区別していることを説明している。「レ」のような形状の符号によって喉内韻尾［ng］を、その下の「∧」のような形状の符号によって舌内韻尾［n］を表記している。そして「件レ音宇ニハ異也」と述べ、［ng］韻尾と［u］とが異なること、また別の箇所では「∧音ムニハ異也」と述べ、［n］と［m］とが異なることを記している。

　図3においては、「五音又様」「五音」として片仮名で五音図が二種示されている。「五音又様」では「ラリルレロ／ワヰフヱヲ／ヤイユエヨ／アイウエオ／マミムメモ／ナニヌネノ／ハヒフヘホ／タチツテト／カキクケコ／サシスセソ」とある。行の順が現代とは異なっている。

　音義部分では、例えば「鮮［仙也／阿坐耶可仁］」「潔［結也／伎良々々之］」などとあり、

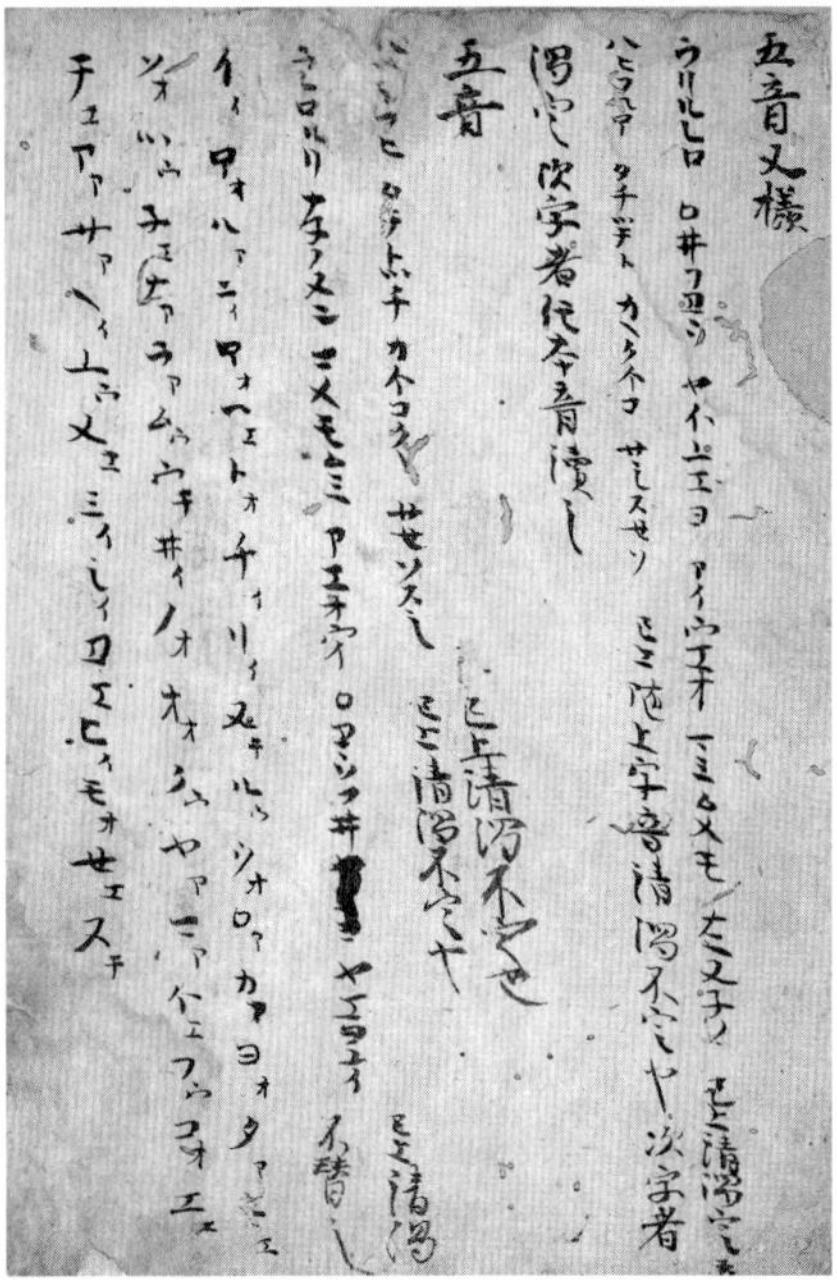

図3

図1

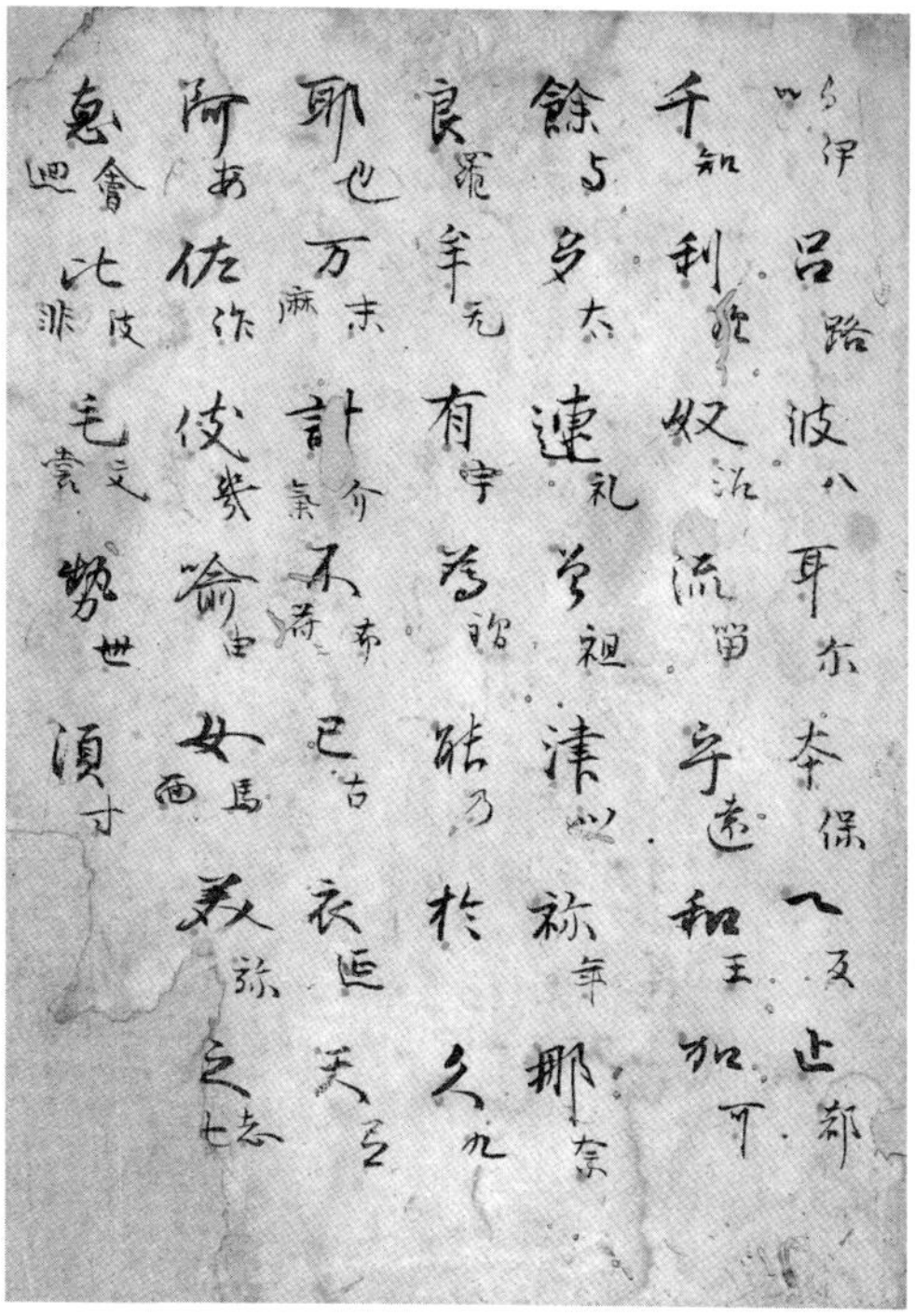

図2

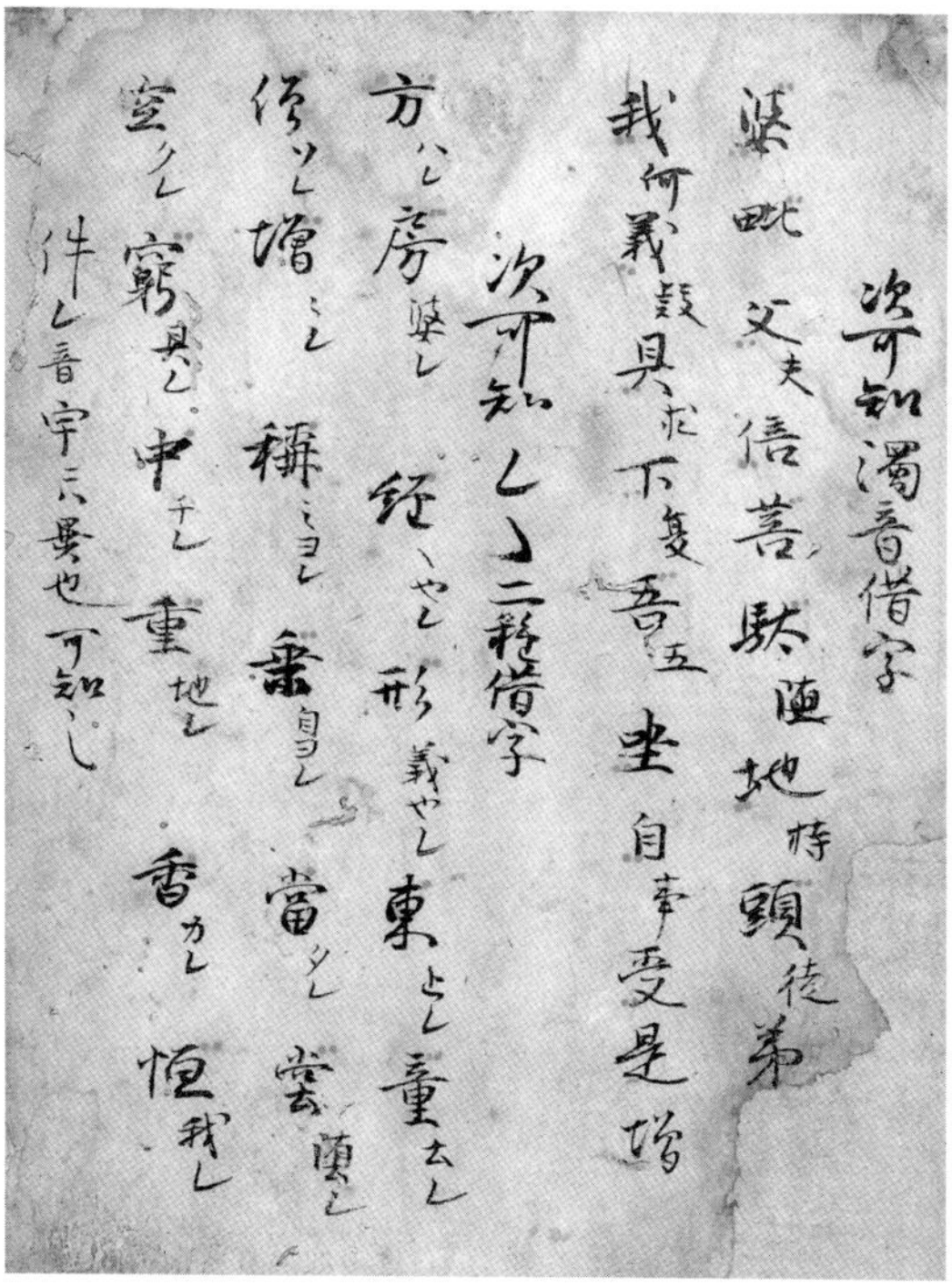

図1〜3　金光明最勝王経音義より［大東急記念文庫蔵］

前者は「鮮」字の音を「仙（セン）也」と説き、和訓「アザヤカニ」を示す。後者では「潔」字の音を「結（ケツ）也」と説き、和訓「キラキラシ」を示している。「仙也」「結也」のような同音漢字注記の場合、主に呉音を示している傾向があることが指摘されている。

「懐　己衣太利」（七丁裏四行目）では和訓「コエタリ」が「己衣太利」と書かれているが、「衣」はア行のエに使う漢字で、ここではヤ行のエにア行のエの仮名があてられていることになる。「躁　佐八久」（五丁表三行目）では、「サワク」の「ワ」に「ハ」に使う漢字「八」があてられており、「悴　ツ為由」（十丁裏一行目）では、「ツヒユ」の「ヒ」に「ヰ」に使う「為」字があてられている。あるいは「前　万恵」（十三丁表三行目）では「マヘ」の「ヘ」に「ヱ」に使う「恵」字があてられており、「馥　加保留」（三丁裏三行目）では「カヲル」の「ヲ」に「ホ」に使う「保」字があてられている。

本書には、夥しい書き込みがみられるが、書き込みには万葉仮名はみられない。他の音義類を参照した書き込みである可能性も指摘されている。

2-9 日本化する漢和辞書

1100年頃 類聚名義抄

原撰本系『類聚名義抄《るいじゅみょうぎしょう》』（図1：図書寮本）は一一〇〇年頃できあがっていたと考えられ、改編本系『類聚名義抄』（図2：観智院本）も十二世紀後半にはできあがっていたと推測されている。書名は『和名類聚抄』と空海撰『篆隷万象名義』とにかかわるとのみかたもある。

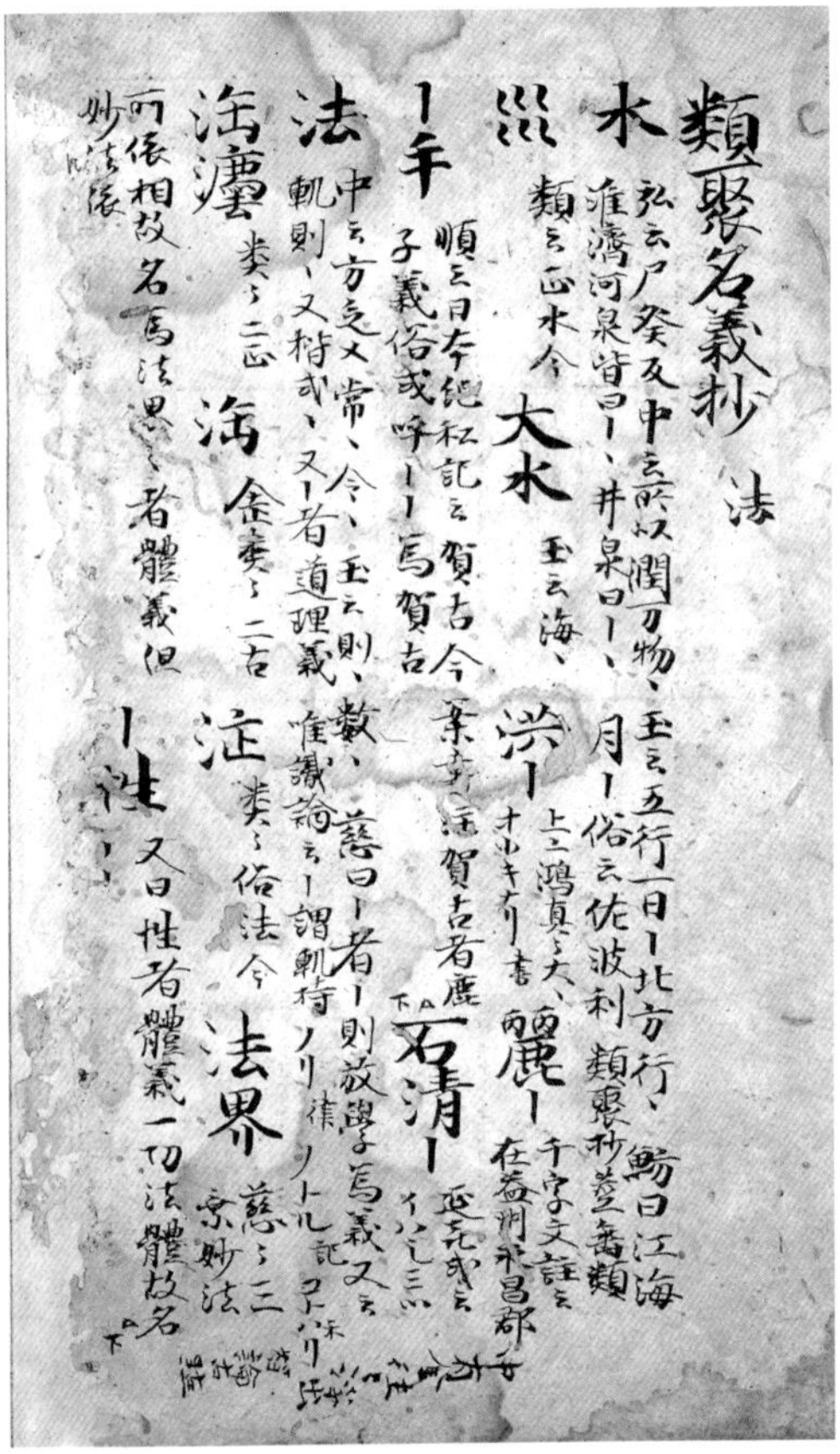

図1　図書寮本類聚名義抄［宮内庁書陵部蔵］

図1でわかるように、原撰本には「仮名」がほとんど使われていない。見出し項目「洪水」「石清水」には「オホキナリ」「イハシミツ」、「法」にも「ノリ」「ノトル」「コトハリ」とあり、まったく仮名を使わないわけではないがきわめて少ない。見出し項目「水手」では「順云日本紀私記云賀古」とあって、漢語「スイシュ（水手）」に対する和語（和訓）として「カコ」がいわゆる「万葉仮名」表記されている。原撰本が成立したのは、一二世紀なので、この「万葉仮名」は『万葉集』以降、仮名発生後の「万葉仮名」であることには注意したい。

原撰本（図書寮本）の語釈には「X云」が多くみえるが、「弘云」は弘法大師『篆隷万象名義』、「中云」は興福寺の学僧松室仲算《ちゅうざん》（九三五〜九七六）撰『法華経釈文』三巻、「玉云」は『玉篇』、「真（真興）云」は真興《しんごう》（九三三〜一〇〇四）撰『大般若経音訓』四巻（逸書）、「慈（慈恩）云」は慈恩大師窺基《きき》（六三二〜六八二）『法華音訓』『法華玄賛』等、「广（玄応）云」は玄応撰『一切経音義』二十五巻、「干云」は唐の顔元孫撰『干禄字書』一巻、「川云」は源順『和名類聚抄』、「公云」は藤原公《きん》任《とう》（九六六〜一〇四一）撰『大般若経字抄』、「益云」は宋の陳彭年《ちんほうねん》等撰『大広益会玉篇』（一〇一三年頃成立）（宋本玉篇）であることが指摘されている。これらの他に「間接引用」もある。こうしたことから具体的にわかるが、原撰本は中国で編まれたさまざまな辞書体資料、日本で先行して編まれている辞書体資料（具体的には『和

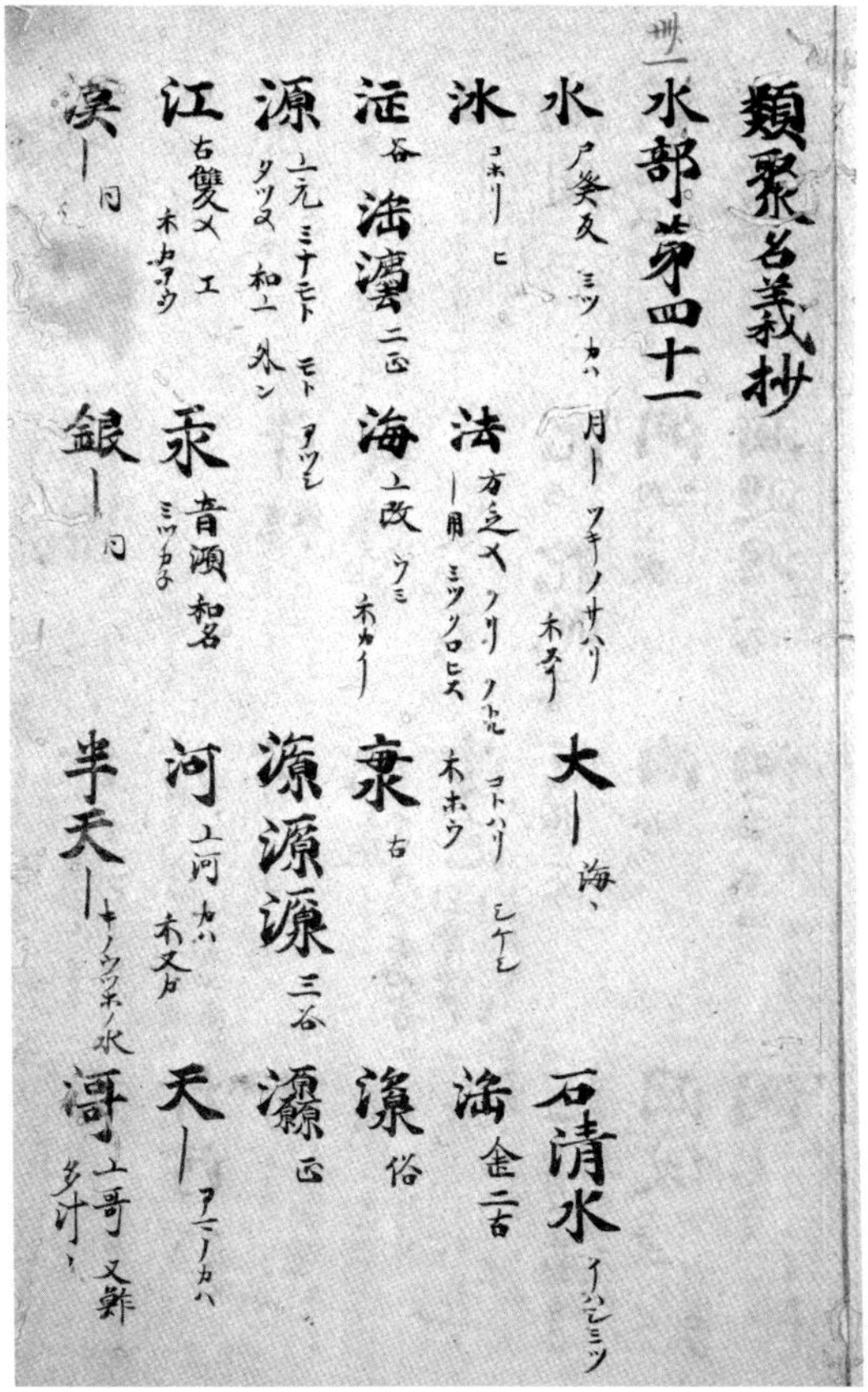

図2　観智院本類聚名義抄［天理大学附属天理図書館蔵、出典：天理図書館善本叢書和書之部第三十三巻『類聚名義抄観智院本法』八木書店、一九七六年］

名類聚抄』）をとりこんで成っていることがわかる。これは辞書体資料の資料上の特徴ともいえる。『和名類聚抄』はこれ以降に編まれる辞書体資料にも直接、間接にとりこまれ、日本の辞書に影響を与え続ける。

改編本と原撰本とを対照すると、改編本では、原撰本にあった「漢文注」すなわち中国文献からの引用を省いていることがわかる。そして「和訓」を片仮名で書いている。改編本は、原撰本と比べると、日本語側にいわばシフトしていることが窺われる。それでも見出し項目「大水」では原撰本の「玉云海也」を「海也」とし、出典名は省いたが、「漢文注」はそのままにしている。

改編本では「源」を見出し項目として「語釈」を附し、続いて三つの字形を示し「三谷」、さらに一つの字形を示して「正」と注記している。これはそこに示した三つの字形が「源」の「俗体」（谷は俗の省略）、次の字形が「正体」であることを示している。このように、改編本は漢字字体についての「情報」を少なからず含んでいる。

見出し項目「法」に、原撰本の時点で、「ノリ」「ノトル」「コトハリ」三つの和訓がみえているが、改編本では、さらに「シケシ」「ミツクロヒス」二つの和訓がみえている。したがって、改編本は、単に原撰本の「漢文注」を省いたわけではないことがわかる。原撰本の見出し項目は単漢字に限られているわけではなく、二字漢字列、三字漢字列の見出し項目もかなり含まれているが、それらは改編本においては省かれる傾向にある。

見出し項目「法」に配された和訓「ノトル」には上上上の声点が差されている。この、和訓に差された声点が当該時期のアクセントを窺う資料として有用であることが、金田一春彦『国語アクセントの史的研究』（一九七四年、塙書房）などで示されている。同じ語は同じアクセントであることが当然なので、類似の語形をもった語に本源的なつながりがあるかどうかを考える場合には有効である。ただし、アクセントを示すために、声点が差されているわけではないことは当然で、アクセントを示すことによって、その和訓がどのような語であるかを示そうとしていると思われる。

2-10 片仮名書き

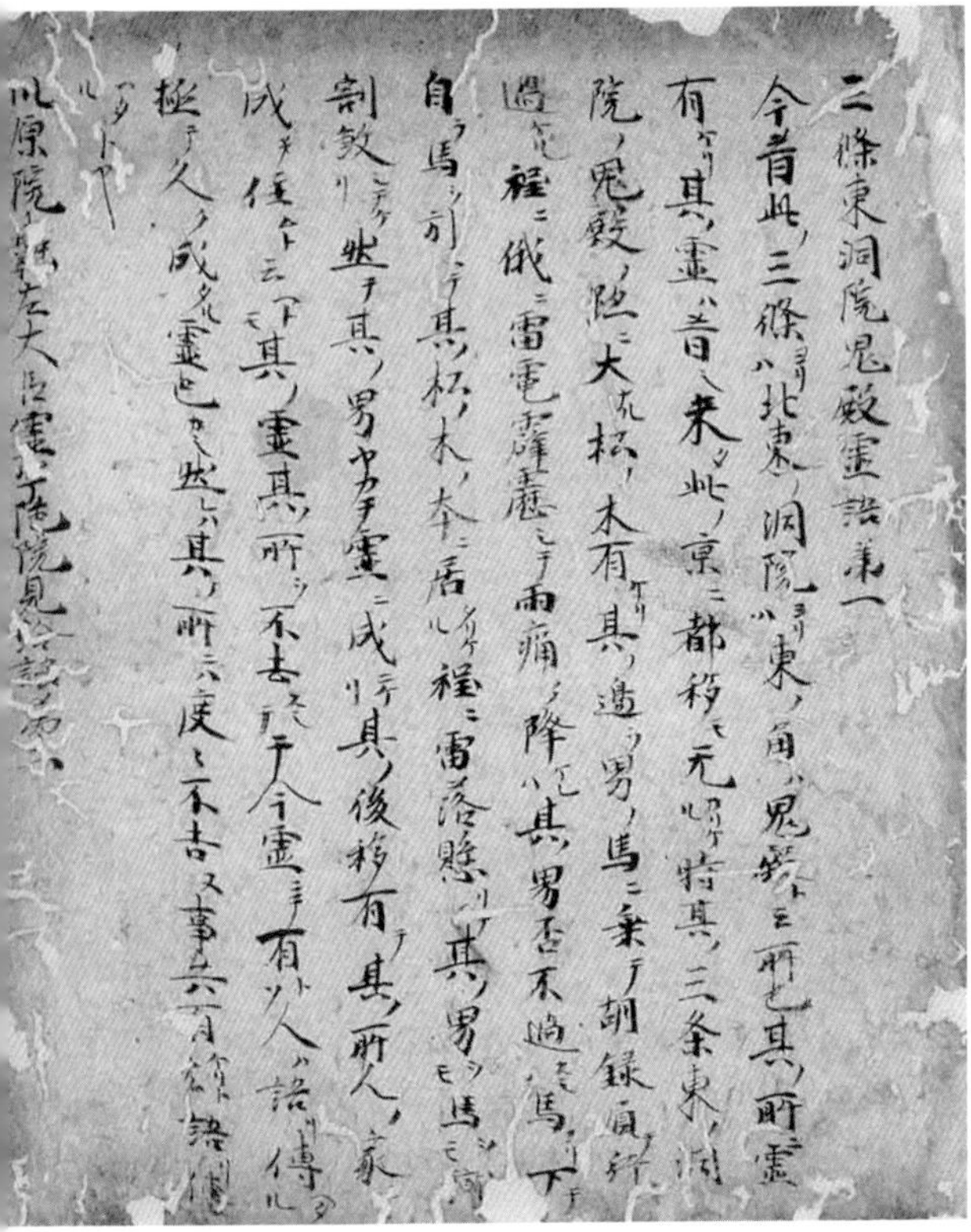

『今昔物語集』は三十一巻から成る説話集であるが、現存するテキストはいずれも巻八、巻十八、巻二十一の三巻を欠き、二十八巻が現在残されている。編者は未詳。成立は十二世紀の初め頃と推定されている。図は、鎌倉中期頃書写とされる鈴鹿三七旧蔵本（鈴鹿本、現在は京都大学に蔵されている）で、現存諸テキストのほとんどすべてがこの鈴鹿本につらなると考えられている。ただし、鈴鹿本で現存するのは、巻二、五、七、九、十、十二、十七、二十七、二十九の九巻のみ。鈴鹿本につらなる古本系テキストは鈴鹿本のように、片仮名宣命書《せんみょうが》きで書かれている。流布本系テキストは「漢字片仮名交じり」あるいは「漢字平仮名交じり」で書かれ、

12世紀初め頃 鈴鹿本今昔物語集

宣命書きをとらない。「今ハ昔」と始まり「トナム語リ伝ヘタルトヤ」で終わる形式を採る説話集で、書き始めの「今ハ昔」が書名となったものと思われる。この書名が編纂当初からのものであるかどうかは不分明であるが、鈴鹿本には「今昔物語集」とある。

現存説話数は一〇四〇で、巻一〜五が天竺（インド）、巻六〜十が震旦（中国）、巻十一〜三十一が本朝（日本）の説話を集成し、本朝の部はさらに巻十一〜二十が仏法の部、巻二十二〜三十一が世俗の部に分けられる。内容は多彩を極め、登場するものも、鬼、動植物などまで森羅万象といってもよい。実際に巷間に流布していた話を直接採集した場合もあろうが、仏教経典や史書、先行する説話集から採集したと思われるものも少なくない。『三宝感応要略録』『法苑珠林』『経律異相』『冥報記』『大唐西域記』『過去現在因果経』『孝子伝』『日本国現報善悪霊異記』『日本往生極楽記』『地蔵菩薩霊験記』『三宝絵詞』などが出典として指摘されてい

る。漢文で書かれたこれらのテキストから説話を抜き出し、それを翻訳したものと考えられている。テキストを構成する言語量は膨大で、古代語から近代語へと移行する過渡期に編まれたテキストとして重要なものである。

図右の最終行からは巻第二十七の第二「川原の院の融《とほる》の左大臣の霊を宇陀の院見《あらはし》給《たまへる》語」が始まる。翻字を示してみる。

今昔、川原ノ院ハ、融ノ左大臣ノ造テ住給ケル家ナリ。陸奥ノ国ノ塩竈ノ形ヲ造テ潮ノ水ヲ汲入テ、池ニ湛ヘタリケリ。様々ニ微妙ク可咲キ事ノ限ヲ造テ住給ケルヲ、其ノ大臣失テ後ハ、其ノ子孫ニテ有ケル人ノ宇陀ノ院ニ奉タリケル也

然レハ、宇陀ノ院、其ノ川原ノ院ニ住セ給ケル時ニ醍醐ノ天皇ハ御子ニ御セハ度々行幸有テ微妙カリケリ

右でいえば、「微妙ク」「微妙カリケリ」がどのような語を書いたものかということがわからなければ具体的な日本語の語形がつかめない。これらは「メデタシ」を書いたものと考えられており、「御セハ」は「オハシマセバ」を書いたものと考えられている。説話題の「見」は「アラハス」とよまれているが、観智院本『類聚名義抄』の「見」字（仏中四十二丁表）の和訓中に「アラハス」とあること、あるいは三巻本『色葉字類抄』「阿篇」「辞字」部中の「顕　アラハス／アラハル」から始まる単漢字の列挙中に「見」字があることをよみの根拠とする。日本古典文学大系『今昔物語集』一～五は『類聚名義抄』『色葉字類抄』に丹念にあたって、漢字列に「よみ」を与えている。図でわかるように、鈴鹿本は漢字に振仮名を施していない。そこで使われている漢字列を「よむ」ために、『類聚名義抄』や『色葉字類抄』が有効であるということは、両書に蓄積されている「情報」と鈴鹿本の書き手のリテラシーとの間に何らかの共通性があるということでもある。

坂井衡平『今昔物語集の新研究』（大正十二年、誠之堂書店）以来、天竺・震旦部と本朝部とを対照し、文体や使用語彙、文法的事象にどのような差があるかを考究することが継続的に行なわれてきており、一定の成果をあげている。

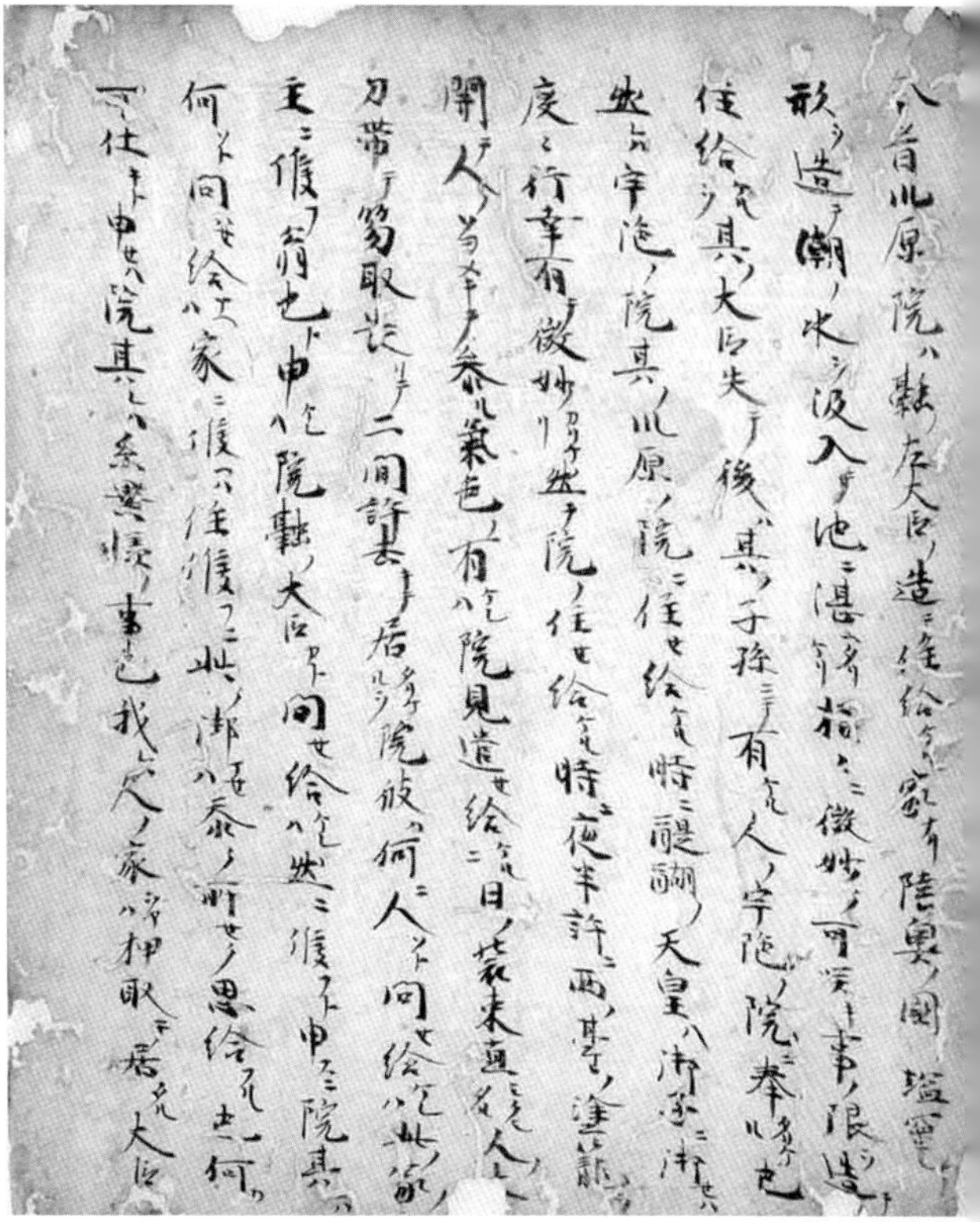
鈴鹿本今昔物語集［京都大学附属図書館蔵］

2-11 漢文的要素と和文的要素との混淆

打聞集

1111〜1134年頃

図は京都国立博物館に蔵されているテキストであるが、このテキストの表紙には「打聞集［下帖／付日記因縁］」と書かれており、『打聞集《うちぎぎしゅう》』と名付けられたテキストの「下帖」にあたることがわかる。このテキストが『打聞集』の唯一の現存本として知られている。表紙には「桑門栄源」とも書かれているが、これは比叡山の僧侶で、このテキストを筆写し所持した人物かと推測されている。このテキストは紙の裏側＝紙背《しはい》にも文字が書かれており、そうした紙背文書にみられる年紀のうちで、最も新しいものが天永二（一一一一）年で、表紙には長承三（一一三四）年の文字がみえるので、この間に書写され、それをさほど遡らない時期に『打聞集』が成立したと推測されている。

図でわかるように、表意的に使用した漢字を大書し、仮名を小書きする、「宣《せん》命《みょうが》書き」と呼ばれることのある「書き方」を採り、「漢字片仮名交じり」で書かれている。二十七条の説話がみられるが、二十一条は『今昔物語集』と、九条が『宇治拾遺物語』と「同話」であることがわかっている。経典や仏像などにかかわる逸話を話柄とすることが多く、啓蒙的仏教説話集といった趣がある。

図の六行目（通算三四二行目）からが、第二十一条にあたるので、句読点を補って翻字を示す。□は文字が判読できない箇所。

6 昔、天竺ノ人、寶カヒニ銭セニ五千
巻ヲ子ニ以セテ遣ル。大河ノ邊ニ銭
ヲ以テ行。舩ニ乗リ
7 タル人来。舩ノ方ヲ見ハ、龜五、頸
ヲ捧ケテ有リ。銭以ル人、立留リテ、
ソハ、何龜ソト問ハ、害シテ
8 □ニセムトスル也ト云ハ、銭以ル人、
其龜カハムト云ハ、舩ノ人云ク、イ
ミシキ大切事ニテツリ得龜也
9 サレハ、イミシキアタヒナリトモエ
ウリタイマツラシト云。猶強ニ手摩
テ、此五千巻ノ銭ニ、、龜五カヒト
10 リテ去。心ニ思様、我カ祖ノ寶カヒ
ニ隣国遣ツル銭ヲ龜ニカヘテヤミヌ
レハ、祖イカニ腹立給
11 スラムト思ヘト、サリトテサリトテ、
祖ノ許ニ□イカテ有ヘキナラネハ、
祖許帰ニ、道ニ人對（アヒテ）云様、
其コニ
12 銭ニ龜ウリツル人ハフ員ニ河中テ舩
ウチ返テ死トナム談ケルヲ聞テ、祖
屋ニ帰至、此銭
13 龜ニカヘツル由語ト思程ニ祖云様、
ナトテ此銭ヲハ返ヲコセタルソト問。
子答、銭返奉ス。銭ハ然々
14 也。其由申トテ、歸參ナリト云。祖
云、黒衣着人、各銭千巻ツ、取テナ
ム以来ツル。此ノ銭也トテ
15 □出タレハ、此銭未ヌレナカラ有。
早クカヘテ免ツル龜、銭川ニ落入ヲ
見テ、五龜、各千巻ツ、、祖ノ
16 □ニ、子歸ヌ先ニ以到リケリ。龜ノ
奇有事ニ注タルナリト、有僧語シナ
リ。

6行目「銭セニ」の「セニ」は漢字「銭」の訓にあたるもので、「全訓捨て仮

名」と呼ばれることのある書き方である。9行目の「銭ニ、」は「ゼニニ」を書いたもので、「ニ」は送り仮名で、「、」は助詞「ニ」にあたる「ニ」。6行目の「以セテ」は「モタセテ（持たせて）」を書いたものと思われるので、ここでは「以」字は「モタ」という音を導いているだけで漢字字義は「活かされていない」ことになる。同じ行の「五千巻」は「ゴゼングワン（五千貫）」を書いたものと思われ、ここでは「クワン（貫）」と同じ発音をする別字「巻」が書かれている。12行目の「フ員」は「フウン（不運）」を書いたものと考えられている。このように漢字を使って日本語を書きながら、漢字字義を「活かさず」に書くという書き方がみられ、このテキストはやや「音声寄り／発音寄り」に位置を占めていると思われる。

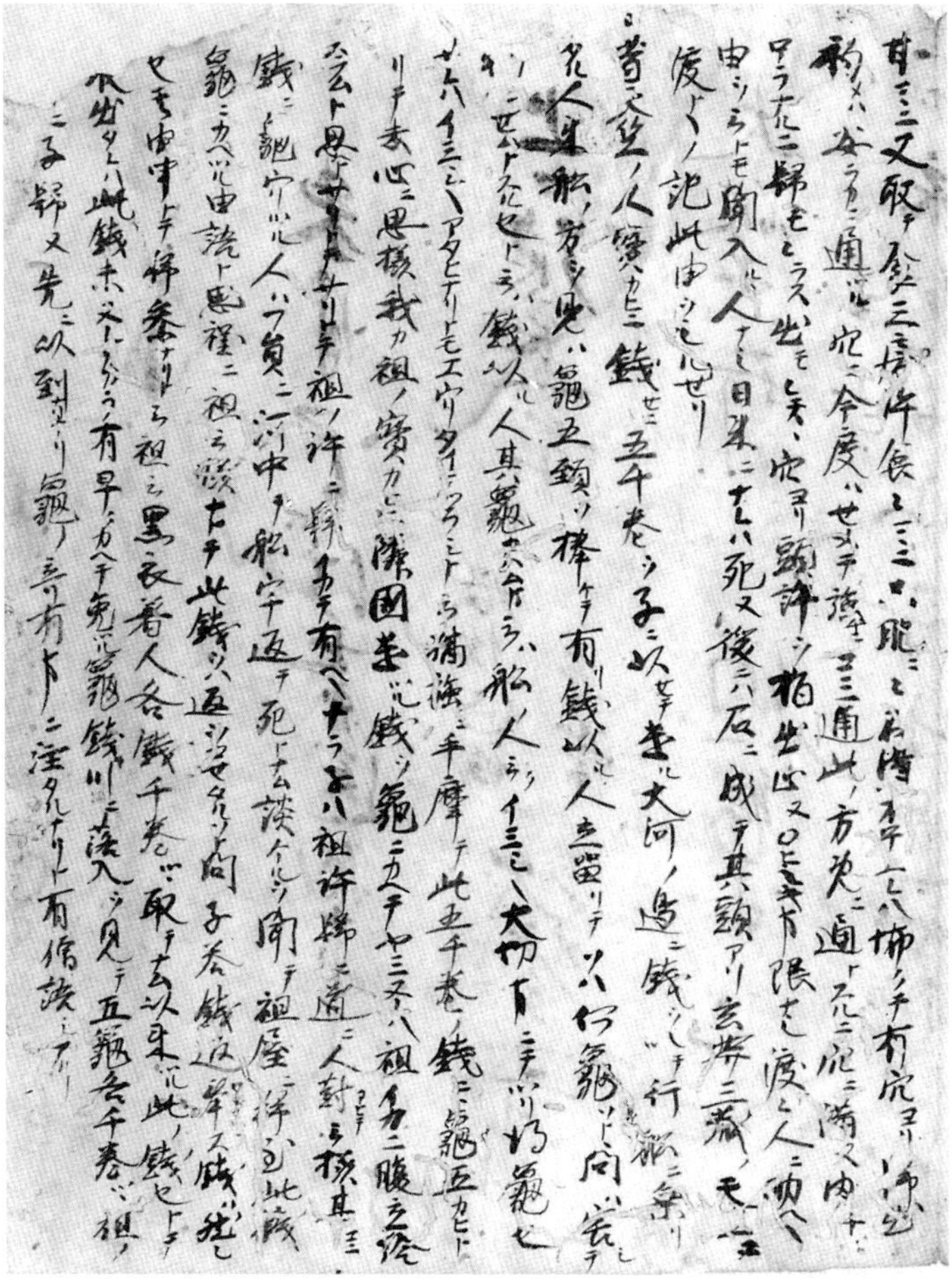
打聞集（下帖・第二十一条より）［京都国立博物館蔵］

　8行目「ツリ得龜也」は「釣り得たる亀なり」を書いたものと推測されているが、そうであれば、「得」に接続している助動詞がまったく文字化されていないことになる。これはあたかも、中国語に翻訳できない日本語の要素を漢字に置き換えていないような書き方にもみえ、そうみると、中国語文＝漢文寄りの「文字社会」で成ったと推測することになる。しかし、その一方で、逆接の接続表現に「トイフトモ」「トイヘドモ」を使わずに、接続助詞「ド」を使う点においては、「和文的」であるともいえ、漢文的要素と和文的要素とが混淆している。

　もともとは中国語を書くための文字であった漢字は、中国語と「親和性」がつよく、漢字を使うことによって、「書かれたことば」が中国語寄りになる（なってしまう）のはむしろ自然なことといえよう。『打聞集』は日本語の書きことばの成り立ちを考えるためには恰好の資料といってよい。

2-12

いろは分類＋意義分類体の辞書

12世紀半ば頃

色葉字類抄

二巻本と三巻本とがあり、三巻本は二巻本から成ったと考えられている。十巻本『伊呂波字類抄』もあり、従来は三巻本から十巻本がつくられたと考えられてきたが、現在ではそのみかたは否定されている。二巻本『色葉字類抄』の巻上の上の末尾には「伊呂波字類抄」と書かれており、「色葉字類抄」と「伊呂波字類抄」とが、絶対の区別を有していたかどうかも不分明である。『色葉字類抄』の前身として『節用文字』という書名をもつテキストも知られている。また『世俗字類抄』(二巻本・七巻本)という書名のテキストも『色葉字類抄』とかかわっていると考えられているが、これらのテキスト相互の関係については諸説ある。『色葉字類抄』の成立には『和名類聚抄』がかかわっていることがわかっている。『色葉字類抄』は後に成った『節用集』の成立に影響を与えていることも指摘されている。

三巻本は、橘忠兼という人物によって天養から治承の間(一一四四〜一一八一)に編まれたことがわかっている。ただし橘忠兼についてはどのような人物であったかわかっていない。**図1**でわかるように、朱で丸が三つ書かれて「波」とある。次に朱で丸が二つ書かれて「天象」とある。『色葉字類抄』の基本的な組織構成は次のようになっている。

伊・呂・波・仁・保……篇　朱三点
天象・地儀・植物・動物・人倫
……部　朱二点
歳時・居処并居宅具・鬼神類
……類　朱一点(かならずしも明瞭ではない)

『色葉字類抄』は見出し項目としておさめようとしている語の一番目の音《おん》によって「いろは」分類をする(篇)。そのグループの内部を「天象・地儀・植物・動物」といったグループにさらに分ける(部)。その内部をさらに「類」に分けるというように、「発音＝いろは分類＋意義分類」

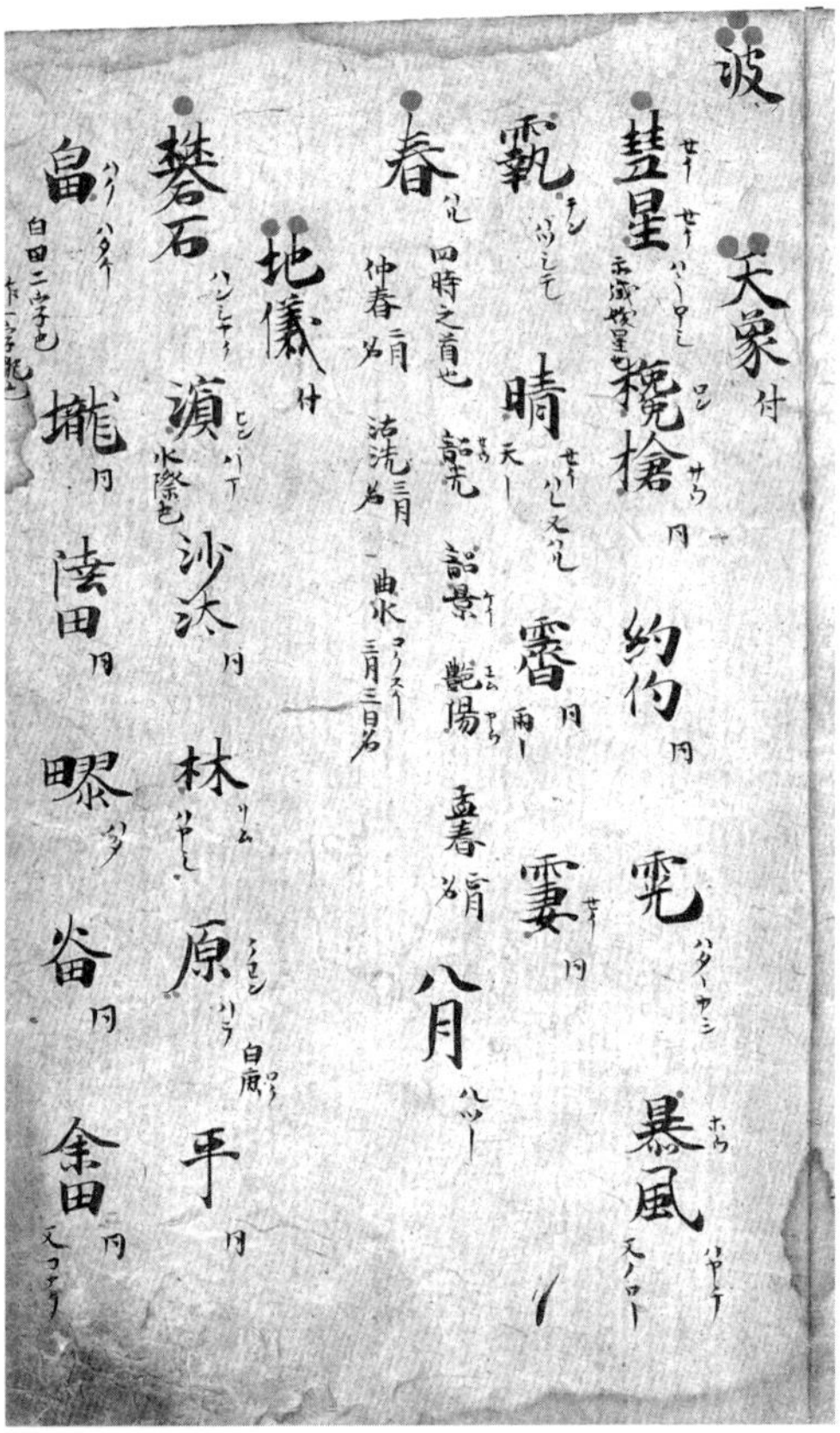

図1　色葉字類抄(三巻本・「波」篇より)［前田育徳会蔵］

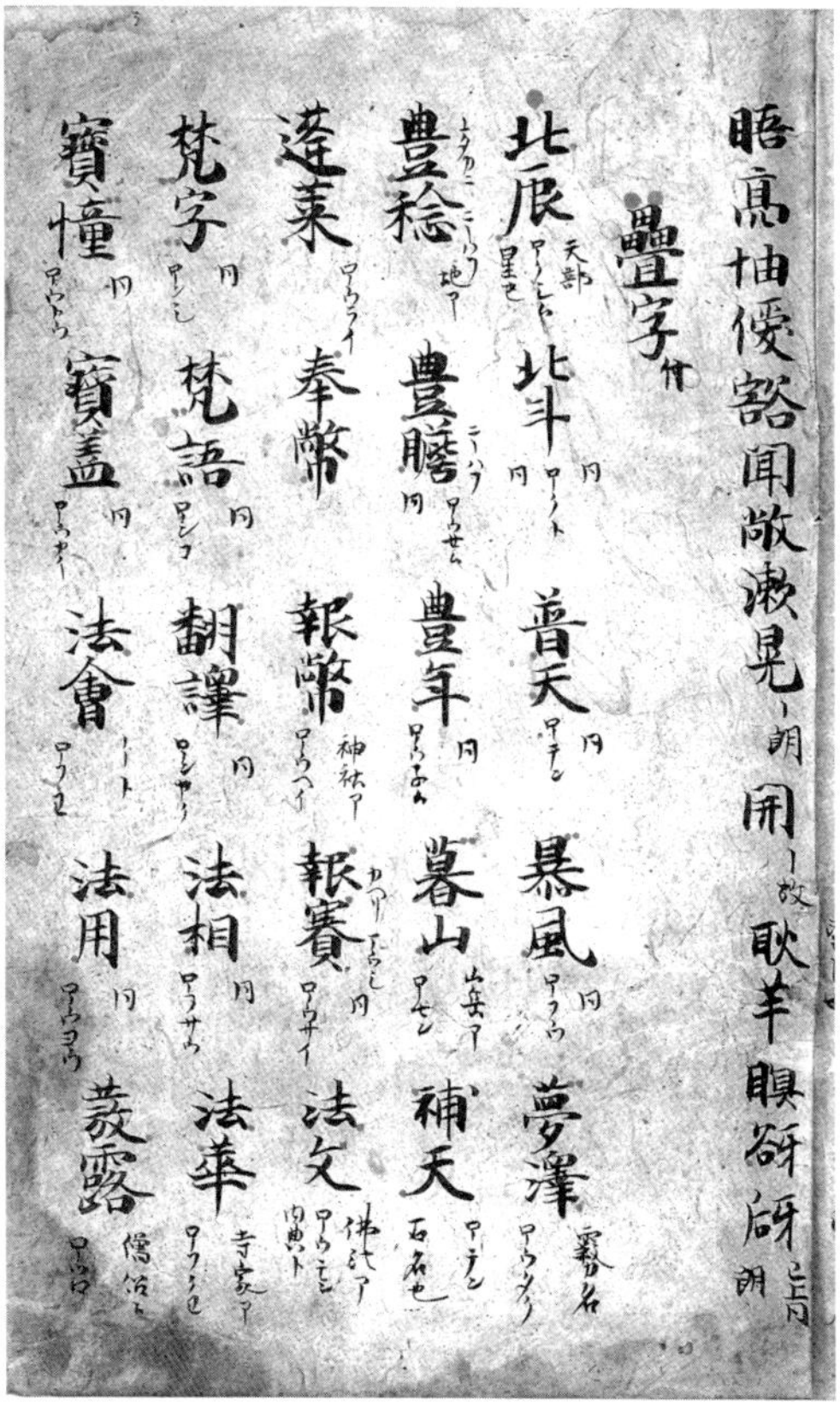

図2　色葉字類抄（三巻本・「保」篇より）［前田育徳会蔵］

という「体例」を採る。「部」には右に示した以外に人体・人事・飲食・雑物・光彩・方角・員数・辞字・重点・疊字・諸社・諸寺・国郡・官職・姓氏・名字があって二十一部に分けられている。

　見出し項目「セイセイ（彗星）」を例にすれば、和訓として「ハヽキホシ」とある。「ハハキホシ」は「ハ」から始まるので、「波」篇を探す。「ハハキホシ」は『色葉字類抄』の部でいえば、「天象」部に属しそうな語なので、「天象」部を探すと、そこにあるという「手順」がひとまずは考えられる。『色葉字類抄』は「いろは分類」しているので、自分の求める語の発音がわかっていなければ「ひけない」。発音がわかっている語を調べて、いきつくのが「彗星」という漢字列であるので、『色葉字類抄』は「漢字で書くための辞書」とみなされることが多い。原理的にはそうなるが、「辞字」部では、同じ訓をもつ単漢字を列挙している。例えば「保」篇では「亡ホロフ」に続いて「滅・喪・殲・無・殉・削・死・逃・勿・殘・歿」など二十三の単漢字が並べられ、最後に「已上亡也」とある。この二十三の単漢字は「ホロフ」という和訓をもっている漢字と思われるが、この二十三の漢字のどれを使ってもよい、ということを示そうとしているとは考えにくい。二十三の最初には「亡」字が置かれているが、最初に置かれた字が「ホロブ」という和語ともっとも強く結び付いている漢字、すなわち「ホロブ」を定訓としている漢字であるとの指摘がある。

　図2は「保」篇の「疊字」部である。「疊字」は二字漢字列で、三字以上の漢字列は「長疊字」として区別されている。したがって、単漢字、二字漢字列、二字以上漢字列ははっきりと区別されていたことがわかる。ここで「疊字」としてくくられている語には漢語も和語もあり、「漢語／和語」という語の出自ではなく、二字の漢字で書かれているところが「くくり」のポイントであることがわかる。つまり『色葉字類抄』は漢字で書かれた語をその書かれたかたちのままに見出し項目としている。

　図2の「北辰」の下には「天部／ホクシム／星也」とある。「天部」は「疊字部」に置かれた見出し項目をさらに意義分類したもので、「豊稔」の下には「地部」とある。他には「山岳部」「神社部」「仏法部」「寺家部」「僧侶部」などがみえている。

2-13

和文体の説話集

古本説話集

1126～1201年頃

テキストに内題がなく、「古本《こほん》説話集」と仮称していたものが通称となっている。編者は未詳。大治元（一一二六）年から建仁元（一二〇一）年の間に成立したとする説がある。上下二巻を一帖としており、識語はない。鎌倉中期頃書写と考えられている。説話集で、上巻四十六話は和歌説話、下巻二十四話は仏教説話で、下巻に天竺（インド）の説話三話が含まれるが、それ以外は本朝の説話。

『今昔物語集』との共通説話が三十六、『宇治拾遺物語』との共通説話が二十三あり、『打聞集』や『栄華物語』、『大鏡』などとも共通する説話がある。図（上巻二十七話）からわかるように、「平仮名漢字交じり」で書かれており、文体も、『今昔物語集』が和漢混淆文体であるのに対して、和文体を採る。しかし「いはく」「しかるを」などのいわゆる漢文訓読語彙も含んでいる。図の翻字（七行目から）を示す。

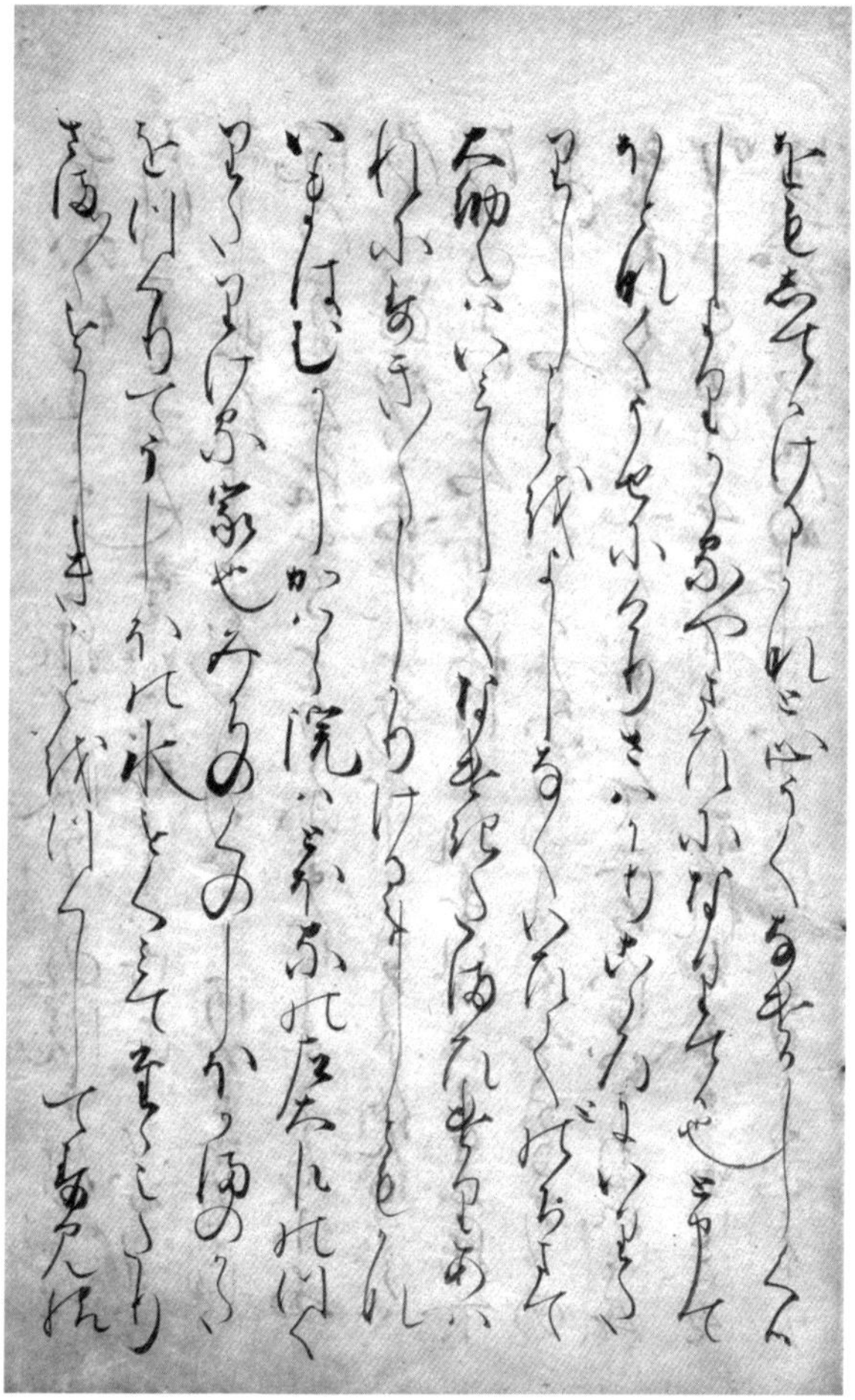

いまはむかしかはら院はとほるの左大
臣のつく
りたりける家也みちのくのしほかまの
かた
をつくりてうしほの水をくみてたゝえ
たり
さま〳〵をかしきことをつくしてすみ給
ける おとゝうせ給て後うたの院にはたて
まつりたる也たいこ御かとは御こにて
おはし
ましけれはたひ〳〵行幸ありけりまた
院のすませ給けるをりによなかはかり
に西
のたいのぬりこめをあけてそよめきて
ひとのまいるやうにおほされけれはみ
させ給へは

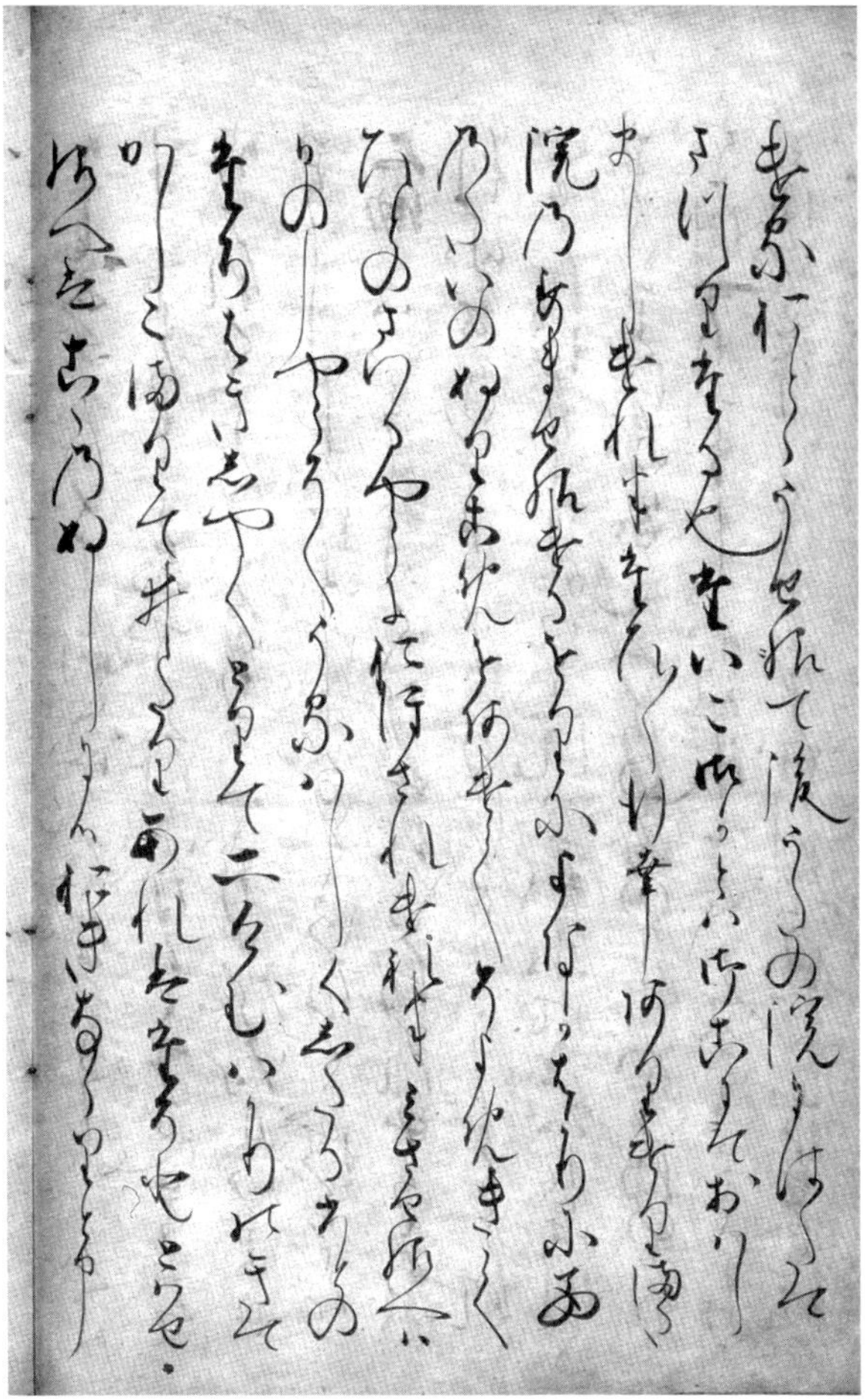

古本説話集（上巻二十七話より）［東京国立博物館蔵］

ひのしやうそくうるはしくしたるひとの
たちはきしやくとりて二けむはかりの
きて
かしこまりてゐたりあれはたそとはせ
給へはこゝのぬしに候おきなゝりと申

2-14で採りあげた『今昔物語集』との共通説話である。前半は『俊頼髄脳』と重なり合いをもち、また『袋草紙』にも類話があることがわかっている。『今昔物語集』に「微妙ク可咲キ事」とある箇所は「をかしきことをつくして」となっており、「微妙ク」に対応する表現を欠いている。「かはら院は」は『今昔物語集』に「川原ノ院ハ」とあるように、「カワラノインハ」を書いたものとみるのが自然で、そうだとすれば、助詞「ノ」が文字化されていないことになる。あるいは、「たいこ御かとは」が『今昔物語集』に「醍醐ノ天皇ハ」とあるように「ダイゴノミカドハ」を書いたものであるならば、ここでも助詞「ノ」が省かれ、文字化されていないことになる。

「ゑいくわ（栄華）」（上・一話）「きやくす（逆修）」（上・二十話）「ちやうもむ（聴聞）」（同前）「くやう（供養）」（上・二十一話）「みやうふ（名簿）」（同前）「すりやう（受領）」（上・二十八話）「せうそこ（消息）」（同前）「しむわう（親王）」（上・三十五話）「すけ（出家）」（上・三十九話）「かうけ（豪家）」（上・四十四話）など、漢語の仮名書きもみられる。連体形終止や係り結びの不整もみられる。「キコユ」「ハベリ」ではなく、「マヲス」「サフラフ」を多用している。「シヤ尻」（上・二十二話）は俗語を思わせる。「たしたてゝ」（上・二十八話）が「ダシタテテ（出し立てて）」を、「たけは」（同前）が「ダケバ（抱）」を書いたものだとすれば、語頭に濁音が位置する語が使われていたことになる。下巻の五十六話には「母」を「はわ」と書いた例がみられる。語中尾に位置するハ行音がワ行音となる「ハ行転呼音現象」が西暦一〇〇〇年頃から起こったことが指摘されているが、それでも「わ」を使って書く例は稀であるので、「はわ」は珍しい例といえよう。

第三章

鎌倉・室町時代

日本語を古代語と近代語とに二分した場合、その過渡期（中世語）にあたるのが鎌倉・室町時代の日本語ということになる。古代語の特徴が崩壊し始めるのが、鎌倉時代、近代語の特徴が芽生え始めるのが室町時代とみると「図式的」過ぎるが、おおよそはそのように理解してよいと考える。

鎌倉・室町時代には、今日の眼に「辞書」と映るさまざまな文献が編まれている。「本文」では『字鏡』『和玉篇』『節用集』をとりあげた。『字鏡』『和玉篇』は原則的に単漢字を見出し項目としてとりあげ、それに和訓を中心とした語釈を配する。このかたちそのものは平安時代の『類聚名義抄』と同じである。それは、漢字にかかわる情報を得ることがいつの時代においても重要であったことを示している。しかしまた、『和玉篇』においては、多くの和訓を列挙するというよりも少数の和訓を置いているようにみえることからすれば、とりあげた『和玉篇』が印刷して出版されているということは当然かかわっているとして、漢字の実際的な使用経験の蓄積の中で、和訓が絞られつつあることを推測させる。

常用漢字表は、一つの漢字に一つまたは二つの訓を認めていることが多い、それは現代における「定訓」といってもよい。ある漢字をみた時に、誰もが思い浮かべる訓は定まった訓といえる。鎌倉・室町時代を考えた場合、常用漢字表のような表は存在するはずもないが、そうした中でも、漢字と訓との結びつきは次第に落ち着いたものとなっていたことが推測できる。『落葉集』において、単漢字の右側、あるいは左側に置かれた和訓はその時期の「定訓」であるという論があることを「本文」内で紹介しているが、それが認められるのであれば、漢字と日本語との関係も「落ち着いた」ものになりつつあるといえよう。『節用集』は、漢語、和語、そして漢字の関係が複雑なかたちになり、かつその複雑さの中で、成熟をみせつつあることを示す。『節用集』が見出し項目としているのは、「漢字で書かれた語」であって、『和名類聚抄』が漢語を見出し項目としているのとは異なる。固有の日本語である和語、借用語である漢語という、いわば語の出自の別は、いわばずっと変わらずあることになるが、そうした「出自」ではなく、「漢字で書かれた」ということを見出し項目の「条件」としていると思われる『節用集』という辞書の出現には注目したい。正宗文庫本『節用集』のト部言語門には「徒然（トゼン）」という見出し項目があり、同じくツ部言語門には「徒然（ツレヅレ）」という見出し項目がある。漢語「トゼン」も和語「ツレヅレ」も同じ漢字列「徒然」で書く、書くことができるという「二重性」は鎌倉・室町時代以降、江戸時代、明治時代といわば「深み」をましていくといってよい。そして、その延長線上に現代の日本語がある。

漢字と和訓とが安定した結びつきを得たように、といってよいかどうかはわからないけれども、漢語と和語とも、ある安定した結びつきを得つつあったとみたい。そうした意味合いにおいては、鎌倉・室町時代は最初の「和漢の時代」といってよいのかもしれない。『落葉集』は漢字と平仮名とで印刷されているため、日本語をアルファベットで印刷したキリシタン版といっても、それほど目をひかないかもしれないが、キリシタン版は、室町時代の日本語についてさまざまな知見を与えてくれる。

3-1

和漢混淆文の先駆

1212年 方丈記

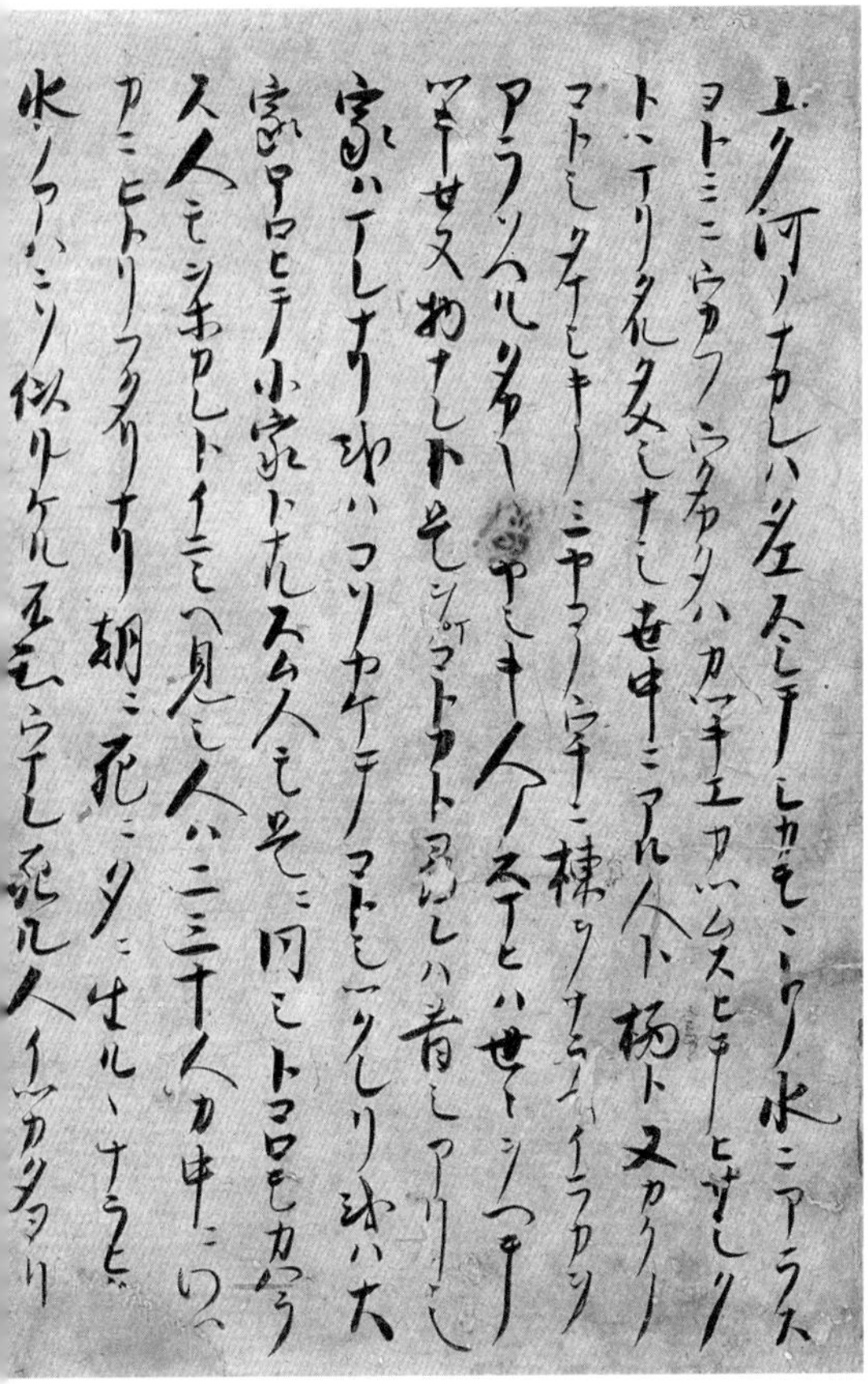

『方丈記』は鴨長明（一一五五〜一二一六）が建暦二（一二一二）年に著わしたと考えられている。テキストは広本と略本とに分けて考えられているが、広本をさらに古本系統本と流布本系統本とに分けることが多い。図は京都府船井郡丹波町字下山の雲晴山大福光寺に蔵されているところから大福光寺本《だいふくこうじぼん》と呼ばれる古本系のテキストで、巻末に「右一巻者鴨長明自筆也／従西南院相伝之／寛元二年二月日／親快證之」とあるために、鴨長明自筆本とみなされることがあった。寛元二年は長明の没後三十年にあたる。親快は醍醐寺覚洞院などの院主をつとめた学僧。『方丈記』は慶滋保胤《よししげやすたね》の『池亭記《ちていき》』の影響下にあることが指摘されている。大福光寺本の総字数は八一四五字である。

古本系のテキストとしては、他に、尊経閣文庫蔵本（漢字平仮名交じり）や山田孝雄蔵本（漢字片仮名交じり）、三條西公正旧蔵学習院大学蔵本（漢字平仮名交じり）などがある。

翻字を示す。

ユク河ノナカレハタエスシテシカモ、トノ水ニアラス／ヨトミニウカフウタカタハカツキエカツムスヒテヒサシク／ト丶マリタルタメシナシ世中ニアル人ト栖ト又カクノ／コトシタマシキノミヤコノウチニ棟ヲナラヘイラカヲ／アラソヘルタカキ□ヤシキ人ノスマヒハ世々ヲヘテ／ツキセヌ物ナレト是ヲマコトカト尋レハ昔シアリシ／家ハマレナリ或ハコソヤケテコトシツクレリ或ハ大／家ホロヒテ小家トナルスム人モ是ニ同シトコロモカハラ／ス人モヲホカレトイニシヘ見シ人ハ二三十人カ中ニワツ／カニヒトリフタリナリ朝ニ死ニ夕ニ生ル丶ナラヒ□□／水ノアハニソ似リケル不知ウマレ死ル人イツカタヨリ／キタリテイツカタヘカ去ル又不知カリノヤトリタカ／為ニカ心ヲナヤマシナニ丶ヨリテカ目ヲヨロコハシムル／ソノアルシトスミカト無常ヲアラソフサマイハ丶アサカ／ホノ露ニコトナラス或ハ露ヲチテ花ノコレリノコル／トイヘトモアサ日ニカレヌ或ハ花シホミテ露ナヲキ／エスキエストイヘトモ夕ヲマツ事ナシ予モノヽ／心ヲシレリシヨリヨソチアマリノ春秋ヲヽクレル／アヒタニ世ノ不思議ヲ見ル事ヤヽタヒ〳〵ニナリヌ／去安元三年四月廿八日カトヨ風ハケシクフキテシ／ツカナラサリシ夜イヌノ時許ミヤコノ東南ヨリ／火イテキテ西北ニイタルハテニハ朱雀門大極殿

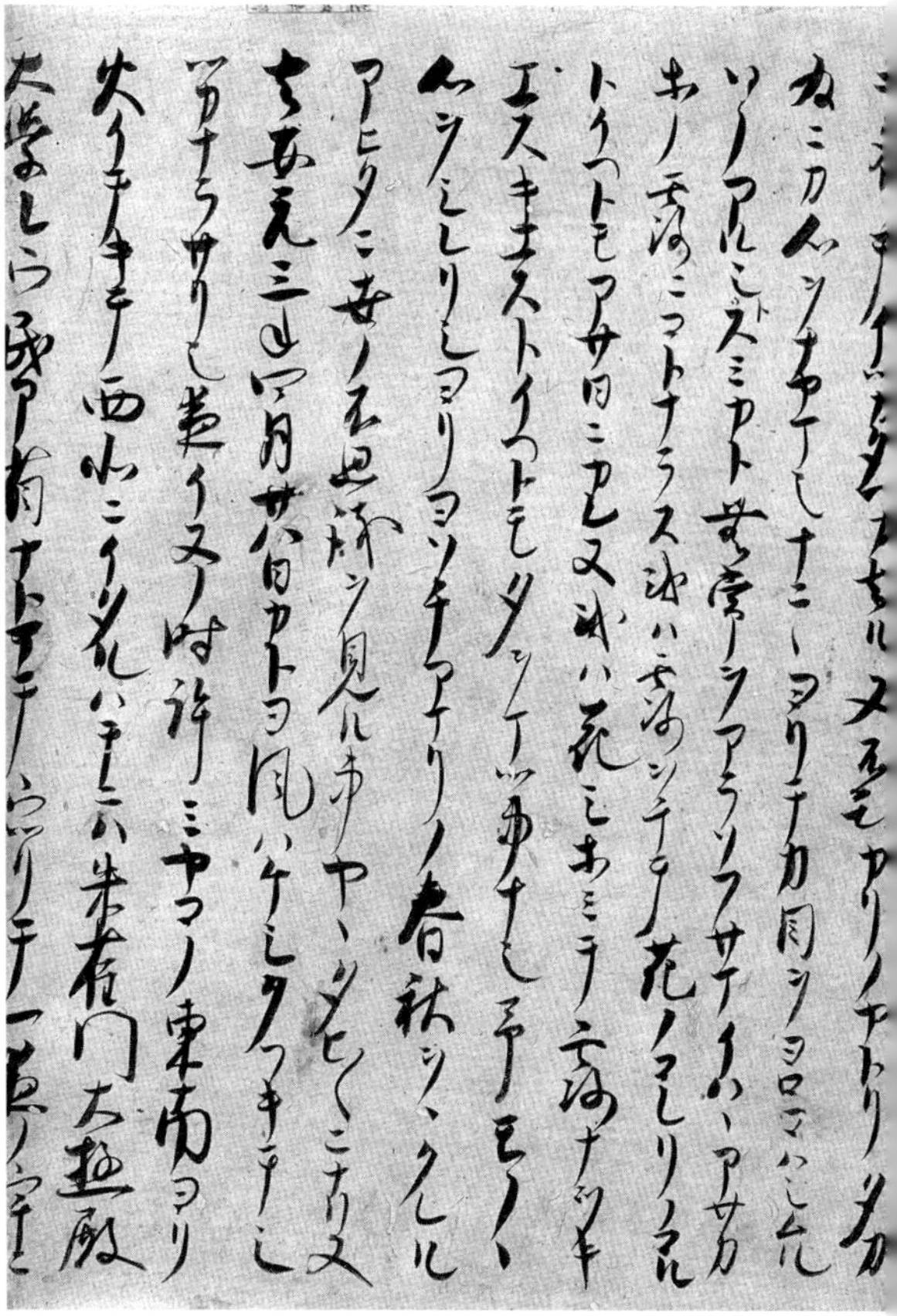

大福光寺本方丈記［大福光寺蔵、写真提供：京都国立博物館］

図で分かるように、六行目の「マコトカト尋レハ」の「マ」は小さな圏点を挿入符として、おそらく後から挿入されたものと思われる。「マコト」という語の語頭の仮名を書き損なったのは、本書が写本で、何らかのテキストを写していたということを思わせる。別の所では「樋口富小路」とあるべき箇所の「樋」字を「桶」と書く。このように誤字と思われる箇所を含み、また意味不通の箇所もある。

「片仮名漢字交じり」で書かれており、二行目の「カツ」の「ツ」に使われている字形、三行目の「ト、マリタル」の「マ」に使われている字形、五行目の「タカキ」の「キ」に使われている字形、八行目の「ホロヒテ」の「ホ」に使われている、漢字「保」の旁りの部分を採った字形、九行目の「ワツカニ」の「ワ」に使われている字形は古体の片仮名である。和漢混淆文の先駆とされる。十一行目「不知」は「シラズ」を書いたものと思われるが、このような「漢文式表記」を交え、かつこの箇所は、漢文訓読調の倒置文になっている。

九行目「ヲホカレト（多かれど）」、十五行目「露ヲチテ（落ちて）」、十六行目「露ナヲキエス」の「オホシ」「オツ」「ナホ」の古典かなづかいは「おほし」「おつ」「なほ」であるので、これらは「ハ行転呼音現象」によって発音が変わった、その変わった形を露出した書き方を採っていることになる。

「資財」「灰燼」「邊際」「領所」「瑞相」「飢渇」「邊地」「進退」「僮僕」「福家」などが「シザイ」「カイジン」「ヘンサイ」「リョウショ」「ズイソウ」「キカツ」「ヘンチ」「シンタイ」「ドウボク」「フッケ」を書いたものであるとすれば、こうした漢語が使われていることになる。

3-2

問答体対話形式の百科事典

塵袋

1264～1288年頃

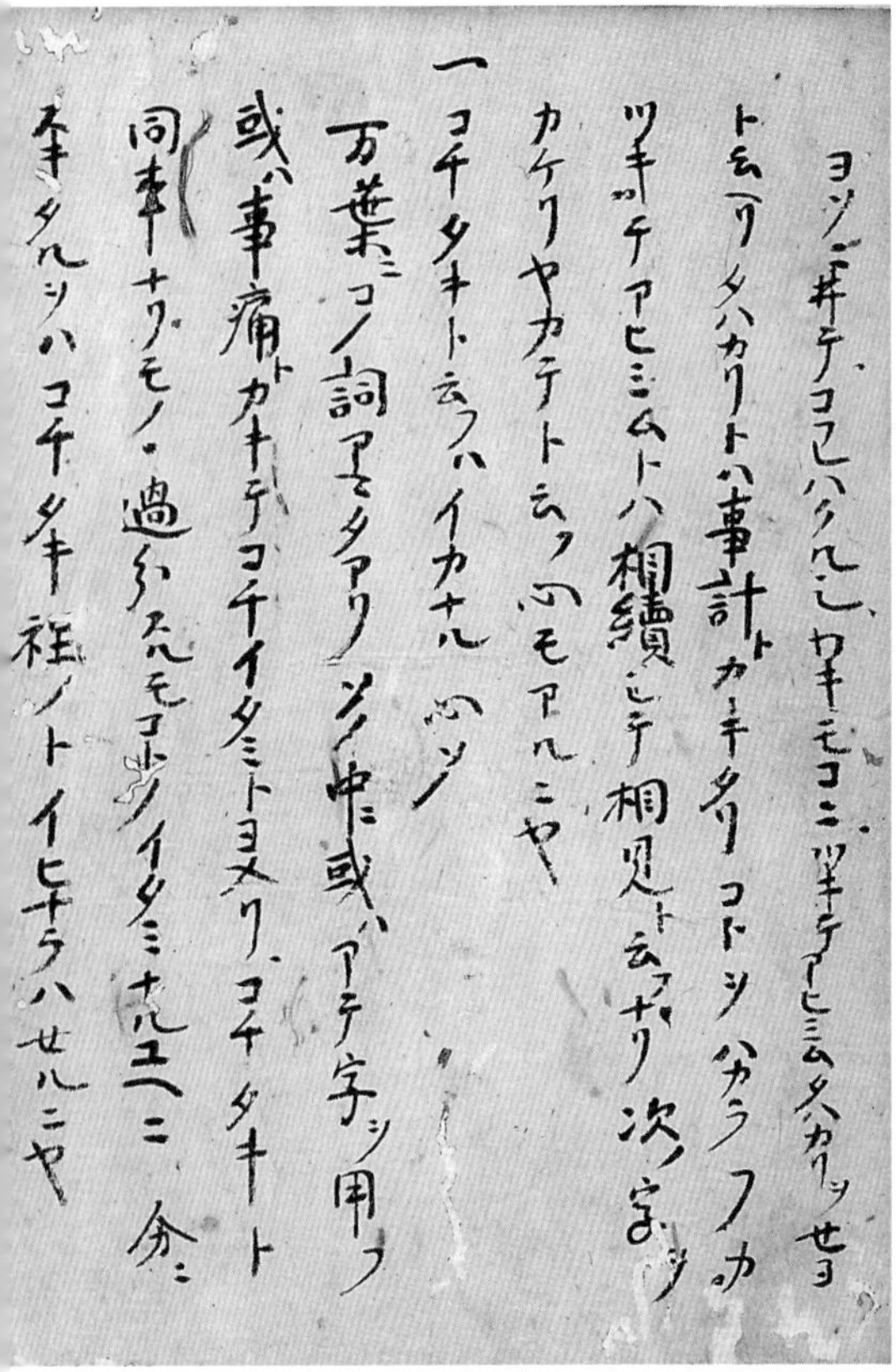

『塵袋《ちりぶくろ》』の編者は未詳で、文永から弘安にかけての頃（一二六四～一二八八年）に成立したと推測されている。図は、永正五（一五〇八）年に印融が書写したテキストで、東京国立博物館に蔵されている。印融書写のこのテキストは少なくとも二度の転写を経ていると推測されることが木村紀子によって指摘されている。

さまざまなことがらについて、問答体対話形式によって説明を施すという体裁を採っており、内容的には「類書」あるいは百科事典的な面をもつ。問答体対話形式はやはり鎌倉時代、文永頃に成った『名語記《みょうごき》』などにも共通している。

現存するテキストは、巻一が「天象・神祇・諸国・内裏」、巻二が「地儀・植物」、巻三が「草・鳥」、巻四が「獣・虫」、巻五が「人倫」、巻六が「人体・人事」、巻七が「仏事・宝貨・衣服・管絃」、巻八が「雑物」、第九が「飲食・員数・本説・禁忌」、巻十が「詞字」、巻十一が「疊字」をそれぞれ話題とし、全十一巻二十四部門から成っている。文安頃に成ったと推測されている『壒嚢抄《あいのうしょう》』は『塵袋』に倣って編集されており、『塵袋』を原拠とする記事が多い。この『壒嚢抄』に『塵袋』から抜粋した二〇一箇条を加え、七三七条として、天文元（一五三二）年二月には『塵添壒嚢抄《じんてんあいのうしょう》』が刊行されている。いうまでもなく書名は「塵袋を添えた壒嚢抄」ということである。

天保の頃に、薩摩藩士であった山田清安が高野山で、この印融写本を得、それを天保十五（一八四四）年に神谷三園《かみやさんえん》が書写し、その神谷三園書写本が黒川春村に書写されるというようなかたちで、転写されひろく知られていくようになった。神谷三園書写本は、刈谷藩医であった村《むら》上忠順《かみただまさ》（一八一二～一八八四）の蔵書を中心とした刈谷の村上文庫に蔵されている。山田清安が蔵していた印融写本は、その没後に、東京帝室博物館の初代館長にもなった町田久成《まちだひさなり》（一八三八～一八九七）の手にわたり、町田久成によって東京帝室博物館に献納され、現在に至っている。

図でわかるように、一つ書きで問いを掲げ、改行してその答えを説明していくという記述形式を採っている。図の一部を翻字しておく。句読点を補う。

一　コチタキト云フハイカナル心ソ。万葉ニコノ詞アマタアリ。ソノ中ニ、或ハアテ字ヲ用フ。或ハ事痛トカキテコチイタミトヨメリ。コチタキト同事ナリ。モノヽ過分スルモ、コトノイタミナルユヘニ、分ニスキタルヲハコチタキ程ノトイヒナラハセルニヤ。

一　トモカウモト云フハ其ノ字如何。左右トカキテトモカクモトヨム。万葉ニハ、藤原ノ朝臣八束（ツカ）哥ニ、イモカイヘニサキタルハナノムメノハナミニシナリナハ左右将為（トモカクモセム）

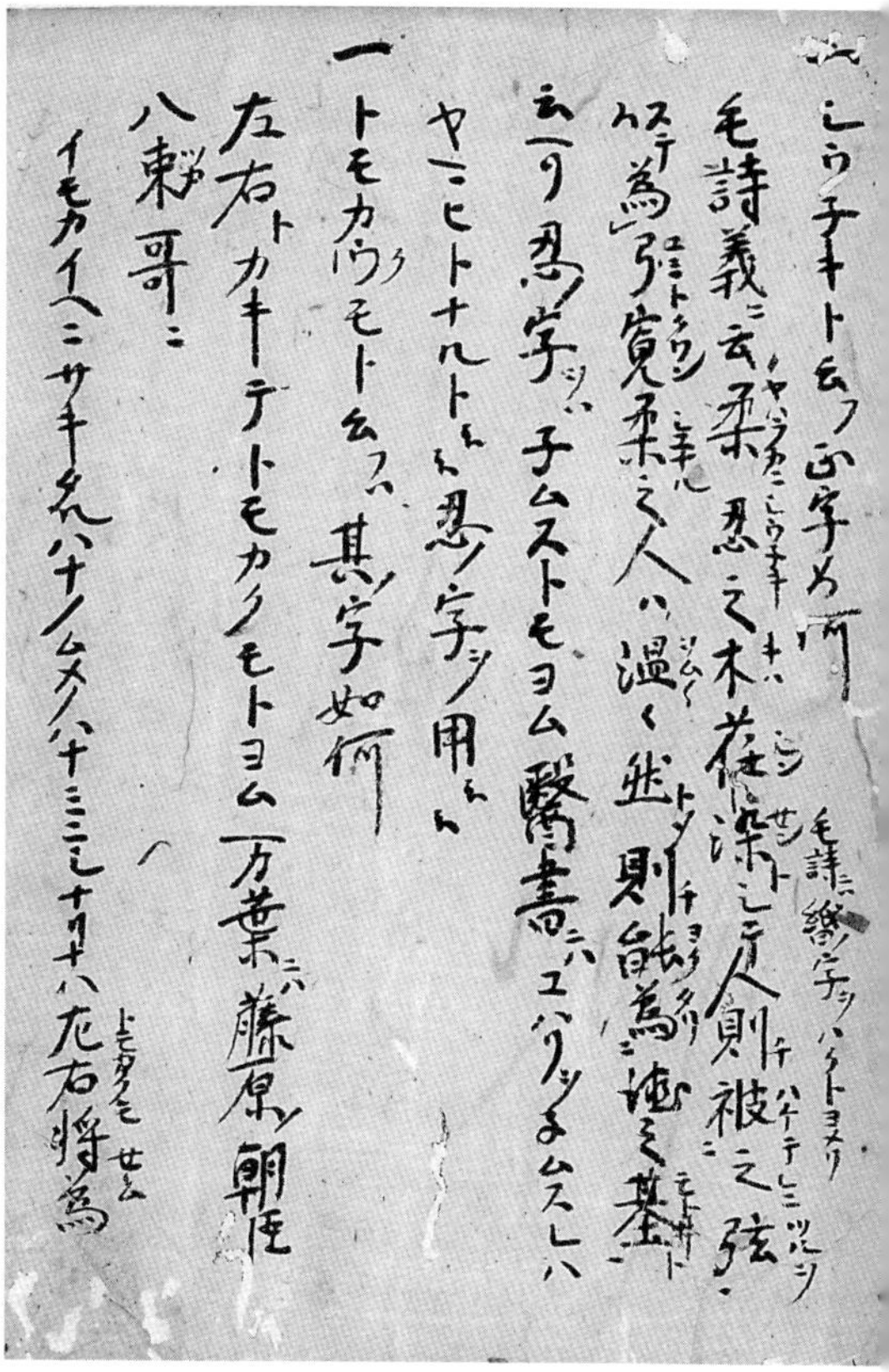

塵袋（印融写本）［東京国立博物館蔵］

例えば『万葉集』の一一四番歌の第五句「事痛有登母」は現在「コチタクアリトモ」とよまれ、一三四三番歌の第一句「事痛者」は現在「コチタクハ」とよまれている。見出し項目「トモカウモ」で採りあげられているのは、三九九番歌で、現在では「妹が家に咲きたる花の梅の花実にし成りなばかもかくもせむ」とよまれている。現在のよみとは異なるが、漢字列「左右」と「トモカクモ（トモカウモ）」との結びつきは、例えば「左右（トモカクモ）」（堺本『節用集』）のように、『節用集』類にみられる。

右では『万葉集』にふれていることを話題としたが、国書では、他に『日本紀（日本記）』『和名類聚抄』にふれることが多く、中国の文献としては『文選』が多く採りあげられている。

図には「アテ字」という表現がみえている。見出し項目「一　モノヽウスキヲヘエ〱トアルト云フハ正字如何」においては「正字」という表現がみえており、語をどのように漢字によって文字化するかということを話題とすることが少なくない。これは、「漢字によって語義等を理解する」という「理解様式」があったことを示していると思われる。『日本国語大辞典』第二版は、見出し項目「へえへえ」に、『名語記』の例とともに、この『塵袋』の例を掲げている。

3-3 鎌倉時代の漢和辞書

字鏡

成立年代未詳

図は鎌倉時代後期頃の書写と目されている『字鏡』で、東洋文庫に蔵されている。巻首と巻尾を欠く零本。第八目篇の途中から第七十雑篇の途中までが現存している。『本朝書籍目録』にある「仮名玉篇」がこの『字鏡』にあたるというみかたもある。縦に六行、横に四段を区切って書写されている。巻首の補紙の中央に「世尊寺殿伊房卿　字盡」と記した極札《きわめふだ》が貼られていることから「世尊寺（本）字鏡」と呼ばれることもある。

漢字を字形に基づいて分類し、部首をたて、そのもとに単漢字を並べ、字ごとに字音、和訓を注記し、場合によって漢字字義を漢文注のかたちで説き、字体についての情報を記したもの。和訓は漢字で示されることもある。部首内では類似した字形をグループ化しているようにみえる箇所がある。

図は「行篇」の冒頭であるが、例えば二番目に採りあげられている「衡」字では、まず「カウ音」と片仮名で字音が注記され、それに続いて「魚康反」「戸康反」と反切の形式で字音が示されている。この字の場合、字の右に「ヨコサマ」「イタツラ」と和訓が片仮名で示されているが、通常は字下に和訓が片仮名で並べられている。当該字においては「ハカラフ」「ハサム」「ワツカ」「ヨコタフ」「クヒキ」「カウカフ」「ヨロシ」「ヒトシ」「タヒラカナリ」「ハカリ」「ハカリノオモシ」などの和訓がみられる。また「カウ音」の右傍には三つの字体が示され、最初の二つには「正」、三つ目の字体には「今作」とあって、これらが字体注にあたる。当該字では「横大木也」のような漢文注がみられる。図の「行」字でわかるように、きわめて多くの和訓が示されることがある。その一方で、図には和訓が示されていない字、ほとんど記事をもたない字もみえている。

これまでの研究によって、本書が『一切経音義』、天治本『新撰字鏡』、『和名類聚抄』、図書寮本『類聚名義抄』、観智院本『類聚名義抄』（またはこれらと同系統のテキスト）とつながりをもつものであることが指摘されている。そして、中世期に成立した『倭玉篇』の原態及び『倭玉篇』の一つと位置づけられている「音訓篇立《おんくんへんだて》」などは、この『字鏡』をもとにして成った抄録本とみなすことができ、そうした意味合いにおいて、『倭玉篇』の淵源と位置づけることができることなどが指摘されている。ただし、成立年代や編者については定説をみない。

例えば現在であれば「カツオ」にあてられる「鰹」字（第十八魚（篇））には「鰹［ケン音　古年反／カツヲ　伊加魚名］」（五十七丁裏五行目）とあって、片仮名で和訓「カツヲ」が示される一方で、漢字で「伊加（イカ）」とある。天治本『新撰字鏡』の「鰹」字には「伊加魚名」という記事がみられ、この『字鏡』の記事は天治本『新撰字鏡』の記事に由来する可能性がたかい。あるいはまた「春」字（第二十六奉篇）には「カタシ」「ツク」「ツイシネ」「イネツク」といった片仮名で書かれた和訓とともに「稲豆久」（イネツク）とあるが、天治本『新撰字鏡』の「春」

字には「稲豆久」とある。和訓という一つのカテゴリーに属する情報を記すにあたって、片仮名と漢字（万葉仮名）とが使われているということは、それぞれが別の「ソース」から持ち込まれたことを示唆する。「後」字に「禾コオ」（上巻・二十四丁表二行目）とあったり、「祇」字に「キイ音」（下巻・二十四丁裏一行目）とするのは、長音を示していると思われるが、前者は観智院本『類聚名義抄』にも同様にみえているので、『字鏡』編纂時の字音を示しているとは限らない点には注意が必要である。「戉」字（下巻・六十三丁裏三行目）及び「戈」字（下巻・六十六丁裏一行目）の和訓に「カイソク」とみえ、「閣」字（下巻・十六丁表一行目）に「ロウナリ」、「闒」字（下巻・十五丁表二行目）に「ロウノト」とあるものが、それぞれ「カイゾク（海賊）」、「ロウ（楼）ナリ（也）」「ロウ（楼）ノト（戸）」であるとすれば、これらの漢語、及び漢語句が和訓として置かれていることになる。「殯」（下巻・九十二丁表六行目）には「シヌル」とあり、これはいうまでもなく「シヌ」の連体形にあたっているところから、連体形が終止の形として使われることが多くなった時期の様相を示している。

『字鏡』に限らず、辞書体資料は編集されており、そのことからすれば、当該資料がつくられた時期以前の「言語情報」をそこにとりこむことができるという点にはつねに留意しておく必要がある。『字鏡』は和訓にしても、字音にしても、古いものと新しいものとが混在していることが指摘されており、そこにとりこまれている「言語情報」の見極めが必要となるが、そうした意味合いにおいては辞書体資料の典型とみることもできる。

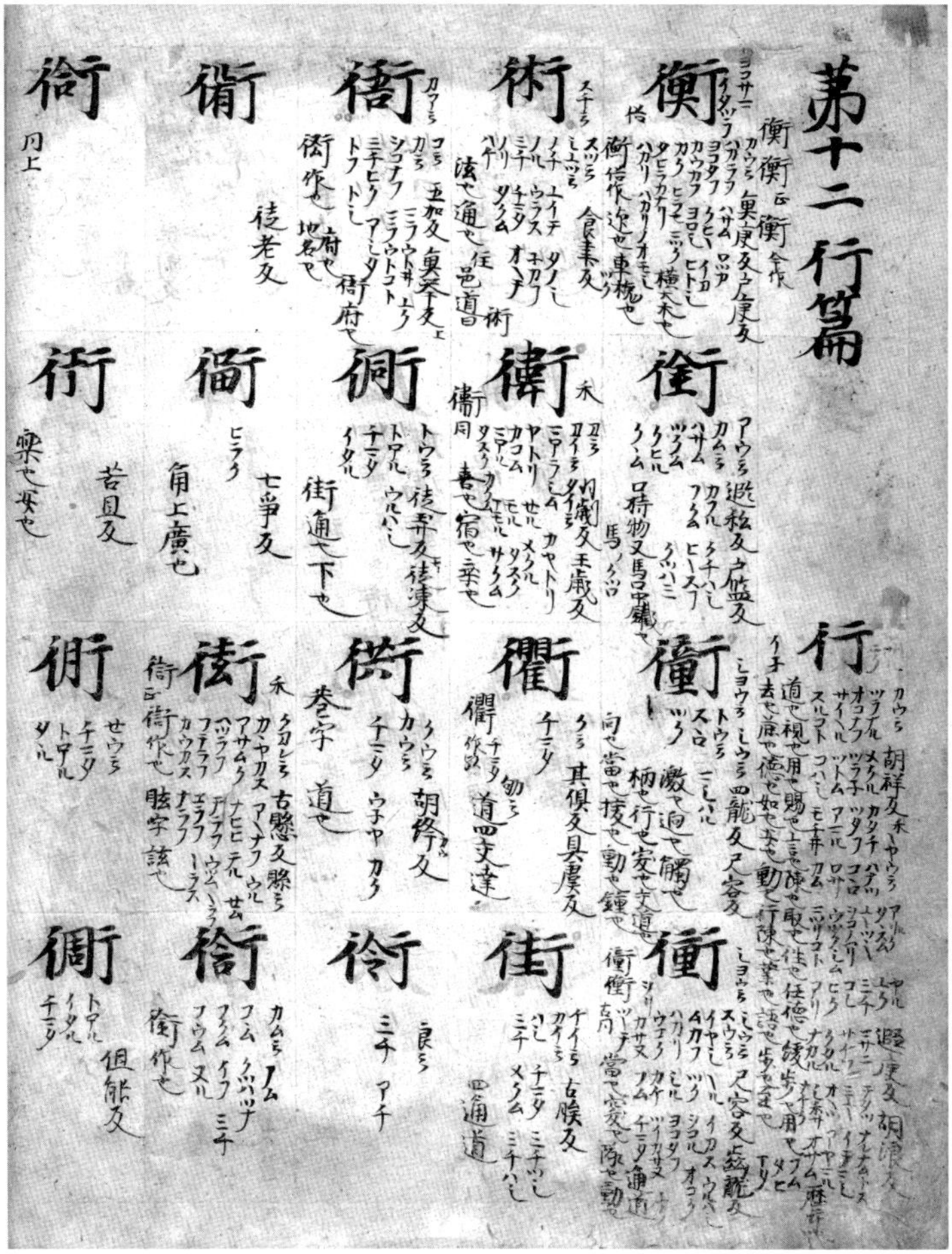

字鏡（「行篇」より）［（公財）東洋文庫蔵］

3-4 日本語の過渡期

徒然草

鎌倉時代末期頃？

吉田兼好（生没年未詳）が著わした『徒然草』は元徳・元弘（一三二九〜一三三三）頃、鎌倉時代末期に書かれたというみかたがある。本文を流布本系統と正徹《しょうてつ》本系統に分けることがあるが、図は静嘉堂文庫に蔵されている正徹筆本。正徹（一三八一〜一四五九）は室町時代中期の歌人。正徹本とは段章の配列が大きく異なる伝東《とう》常縁《つねより》筆本もあり、『徒然草』自体が複雑な伝来過程をもつことが推測される。

　中古語に則って書かれているので、鎌倉時代の「擬古文」ともいえる。その中に、当時の「話しことば」で使われていたと思われる、連体形終止、希望の助動詞「タシ」、ナリ活用型形容動詞の連体形「〜ナ」などが散見する。鎌倉時代は古代語から近代語への移行が始まった時期と位置づけることができ、そうした意味合いにおいて、古い言語形式と新しい言語形式とが併用され、同居している様相を窺うことができる。（以下の引用においては、正徹本以外のテキストによって補った箇所を［　］に入れた。）例えば、第五十段には「昨日は西薗寺にまいりたりし今日は院へまいるへし」とあるが、「ニ」を使った後で同じような構文において「へ」を使っており、このような場合に「ニ」「へ」が併用されていたことが窺われる。

　正徹本は、平仮名に漢字を交える「平仮名漢字交じり」で書かれている。「あひきやう（愛敬）」（第一段）「てうと（調度）」（第十段）「もんせん（文選）」「なんくわ（南華）」（十三段）「ようい（用意）」（四十四段）「とんよく（貪欲）」（五十八段）のように漢語を仮名書き、あるいは「さう人（雑人）」（四十一段）のように、仮名漢字混ぜ書きすることもあるが、漢語の多くは「女房」（四十四段）「強盗」（四十六段）「火急」（四十九段）「酒宴」（五十三段）「造作」（五十五段）「山林」「畜類」（五十八段）「療治」「能書」「学匠」「弁舌」（六十段）のように漢字で書かれている。

　図は「何こともふるき世のみそしたはしき。今やうはむけにいやしうこそ成ゆくめれ」から始まる二十二段。この段では古代への憧憬が述べられているが、「文の「ことばなどぞ、昔の反古どもはいみじき。ただ言ふ」こと葉もくちをしうこととなりもてゆくなれ」と述べた上で、「いにしへは車もたけよ［火かかげよ］とこそ言ひしを、今やうの人は、もちあげよ、かきあげよ」といふ」「主殿れう人数たてといふへきを立あかししろくせよといひ最勝講の御ちやうもん所なるをは御かうのろとこそいふをかうろなといふくちをし

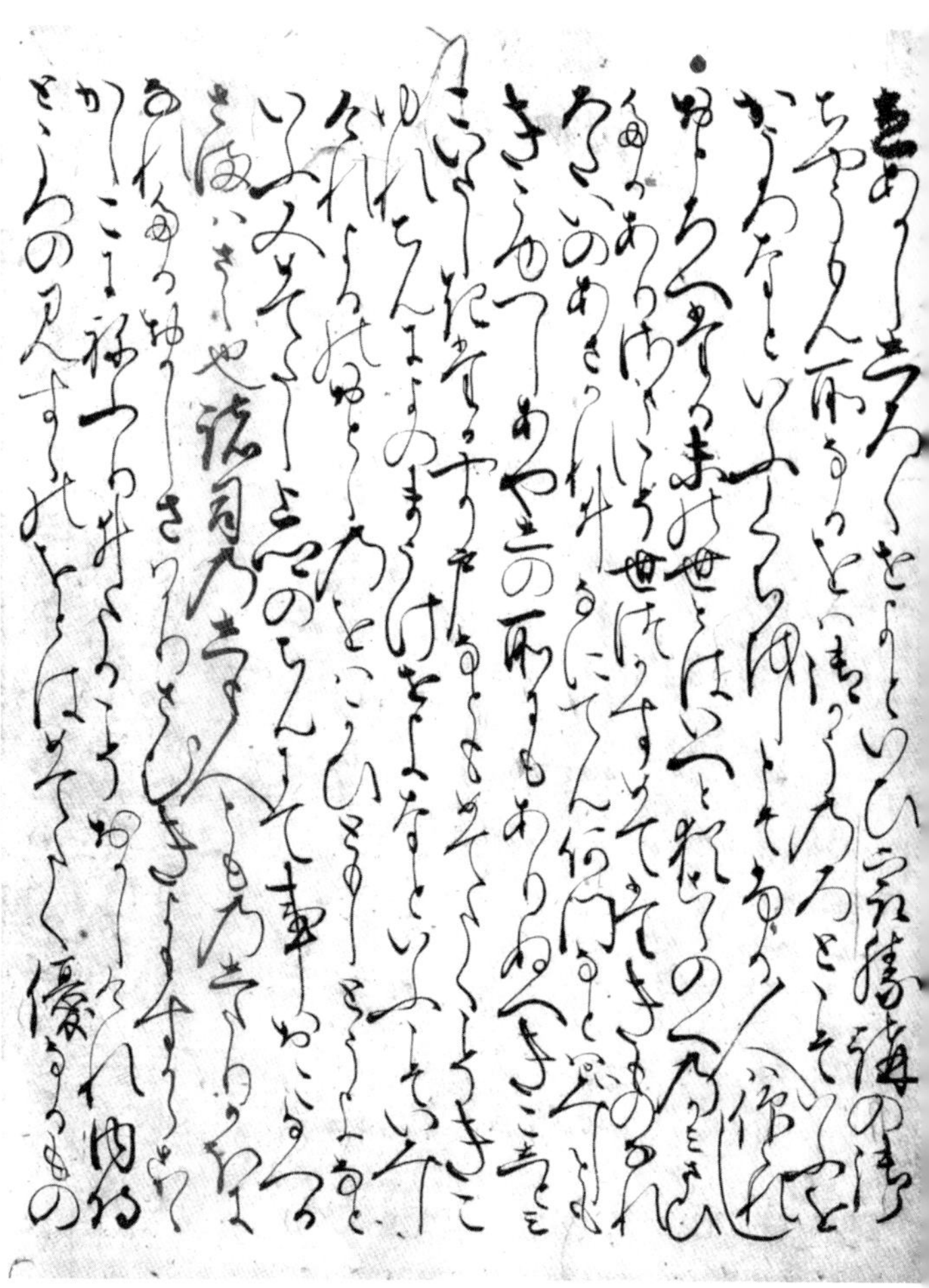

正徹本徒然草（第二十二段より）［静嘉堂文庫蔵］

とそふる人は仰られし」と具体的に記している。

「いにしへ」は牛車に牛を付ける時に「車もたげよ」と言い、灯火の灯心をかきたてる時に「火かかげよ」と言っていたのを、今は「もちあげよ」「かきあげよ」と言う、と歎く。後者はそれぞれ「車」「火」というヲ格をかいており、かつ「モタグ」に対して「カカグ」に対して「カキアグ」という動詞が使われており、そこに「変化」を感じていたか。「御かうのろ（御講の廬）」を「かうろ（講廬）」と言うのは、「御」をかいた上に、「かうのろ」を縮約した「かうろ」という語形を「くちをし」と感じたかと思われる。あるいは第一六〇段においては「額を打つ」「桟敷を打つ」は「よからぬ」いいかたで、それぞれ「額掛くる」「桟敷かまふる」と言うと述べ、「護摩焚く」も「わろ」く、「修する」「護摩する」と言うと述べる。

これらは吉田兼好の「言語観」であるので、当該時期の日本語使用者すべてが同じように感じていたかどうかはわからないが、こうした記述がなければ窺うことができない貴重な記事といえよう。

第六十二段「延政門院」の「ふたつ文字牛の角文字すぐな文字ゆがみ文字とぞ君はおぼゆる」の「ふたつ文字」が「こ」、「牛の角文字」が「い」、「すぐな文字」が「し」、「ゆがみ文字」が「く」であると解釈されているが、こうした平仮名の別称も（どの程度一般的な呼称であったかは別として）興味深い。

第一三六段においては「医師《くすし》篤成《あつしげ》」が源有房（一二五〇～一三一九）に『しほ』といふ文字は、いづれの偏にか侍らむ」と問われて、「土《ど》偏《へん》に候」と答えて、「才のほど、すでに顕れにたり」と言われてしまう話がとりあげられている。「鹽」と「塩」とにかかわる話であることは確かと思われるが、この話をどう解釈するかについては、山田俊雄、小松英雄に論がある。

3-5

意識された「てには」

手爾葉大概抄

成立時期未詳

『手爾葉《てには》大概抄《たいがいしょう》』の著者は未詳で、成立時期も未詳。成立時期については、鎌倉時代末期というみかたもあるが、その一方で、江戸時代初期のものというみかたもあり、定まらない。図は国立国会図書館蔵亀田次郎旧蔵本。現存する『手爾葉大概抄』はこの書の注釈書のような趣のある『手爾葉大概抄之抄』と合冊になっている。藤原定家の作とされることもあったが、現在では否定されている。本書には奥書のようなかたちで、「手尓葉大概抄傳来」が記されており、そこには「為家—為世—頓阿—経賢—堯尋—堯孝—常縁—宗祇」とあって、本書がどのような「世界」で求められ、編まれ、受け継がれていたかを窺わせる。

漢字六四四字で書かれた漢文で、「てには」についてまとまった記述をしている書としてもっとも古いものであるが、記述が簡略なために、内容が理解しにくい面もあり、「抄之抄」を参照しながら理解することが多い。

「和歌の手爾葉は唐土の置字也」と始まり、まず和歌で使われる「てには」を「唐土」の「置字」すなわち助字に準える。そして「詞は寺社の如く、手爾葉は荘厳の如し。荘厳の手爾葉を以て、寺社の尊卑を定む」と述べ、「詞」と「手爾葉」といういわばカテゴリーを設け、それぞれを「寺社」、「荘厳」に喩える。ここでの「荘厳（ショウゴン）」は〈仏像などを美しく厳かに飾ること。あるいはその飾る物〉のことで、「手爾葉」（の使い方）によって「寺社の尊卑」が定まると述べている。続いて、「詞は際限有りと雖も、これを新たにし、これを自在する者は手爾葉也」と述べ、有限の「詞」に新たな価値を与えるものが「手爾葉」であることを述べる。以下では「云ひ切る詞」についての具体的な記述が続く。「筒留（つつ留め）」「見由留（見ゆ留め）」「古曽（コソ）」「屋（ヤ）」「曽（ゾ）」「加（カ）」「刎字（はね字）」「物遠（モノヲ）」などについて述べるが、これらは室町期に成った連歌論書やてには秘伝書において採りあげられることが多い「てには」である。このことも、本書の成立が鎌倉時代末ということを疑わせる。

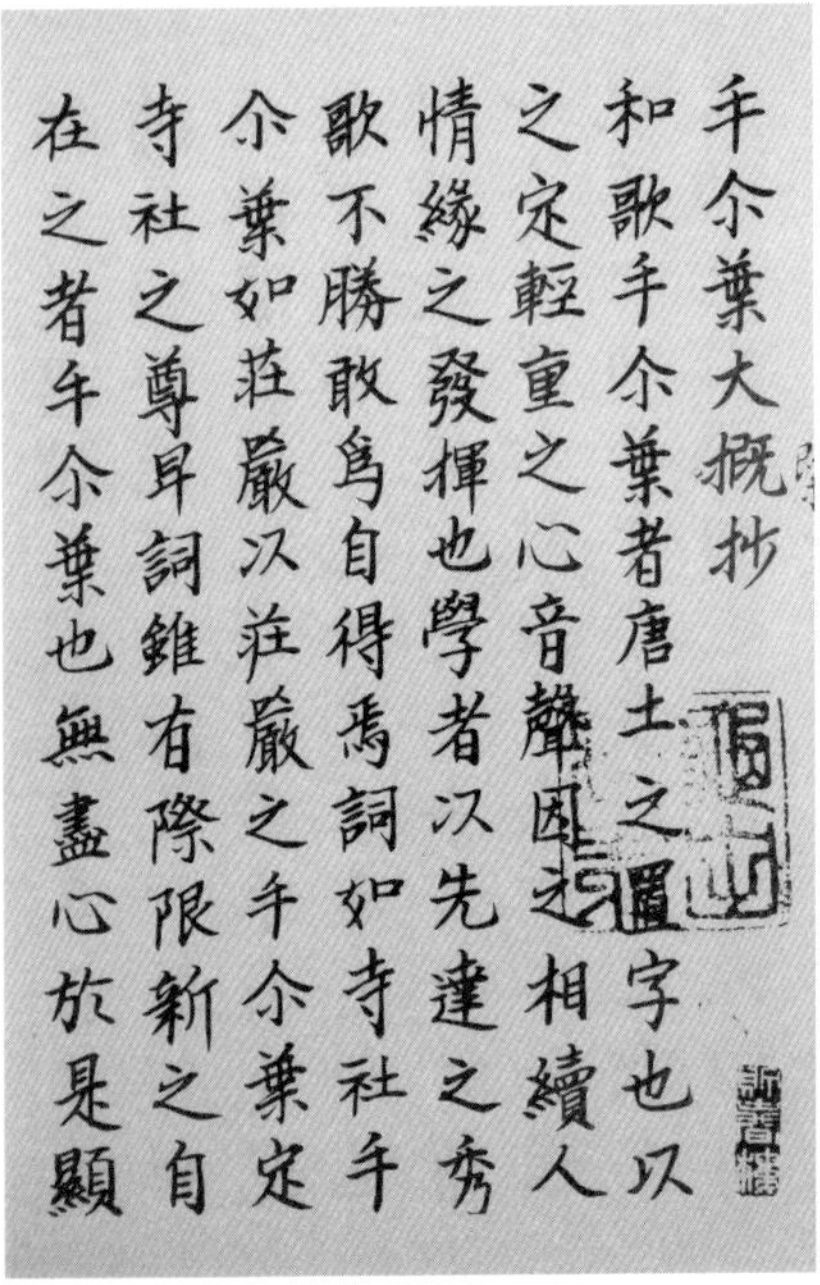
手尓葉大概抄
和歌手尓葉者唐土之置字也以
之定軽重之心音聲因之相續人
情緣之發揮也學者以先達之秀
歌不勝敢爲自得焉詞如寺社手
尓葉如荘厳以荘厳之手尓葉定
寺社之尊卑詞雖有際限新之自
在之者手尓葉也無盡心於是顯

「コソ」が「兄計世手（エケセテ）之通音」で、「ゾ」が「宇具須津奴（ウクスツヌ）之通音」であるというのは、「コソ」の「結び」が已然形になり、「ゾ」の「結び」が連体形になると

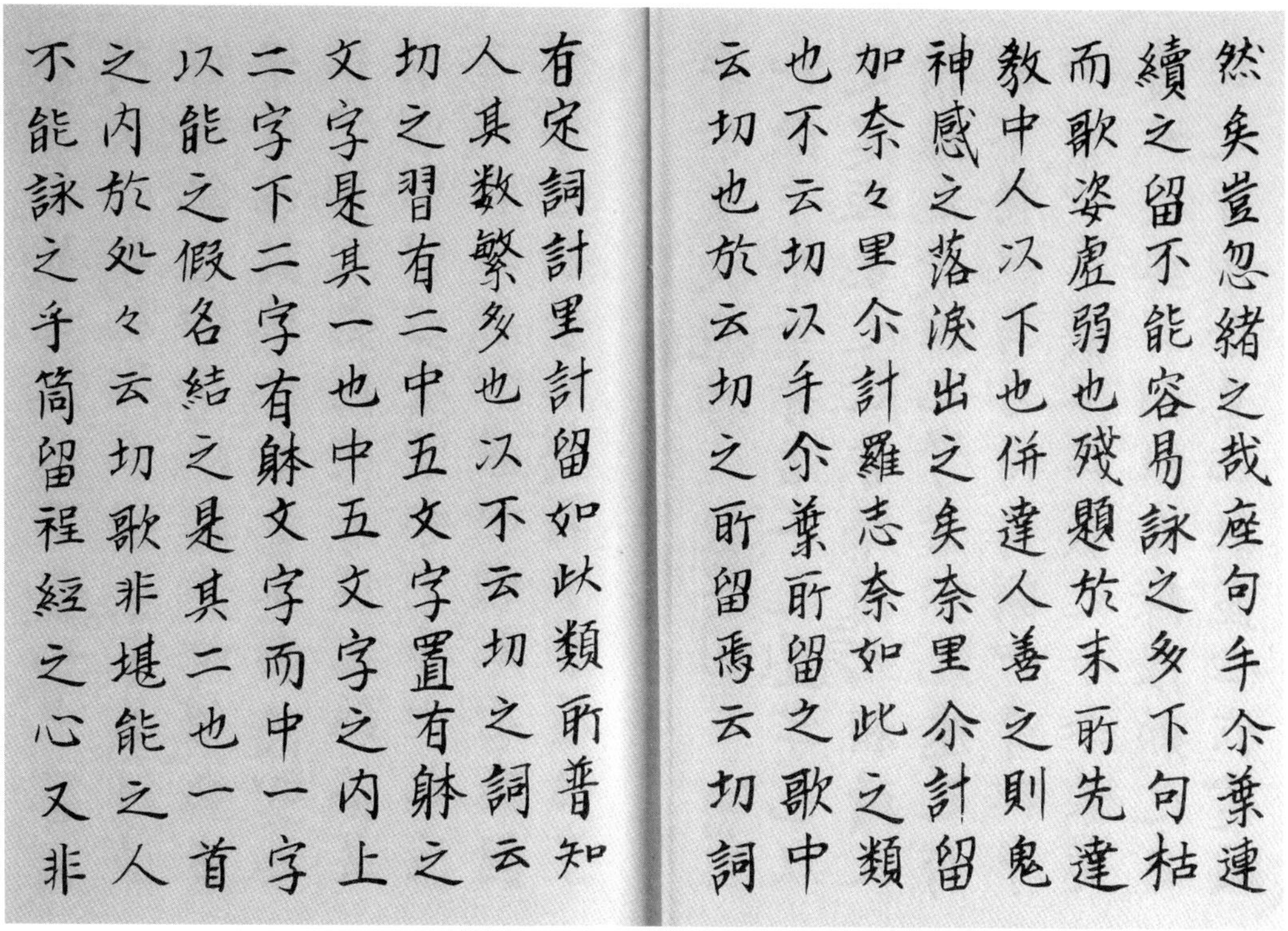
然矣豈忽緒之哉座句手尓葉連
續之留不能容易詠之多下句枯
而歌姿虚弱也残題於末所先達
教中人以下也併達人善之則鬼
神感之落涙出之矣奈里尓計留
加奈々里尓計羅志奈如此之類
也不云切以手尓葉所留之歌中
云切也於云切之所留焉云切詞
有定詞計里計留如此類所普知
人其數繁多也以不云切之詞云
切之習有二中五文字置有躰之
文字是其一也中五文字之内上
二字下二字有躰文字而中一字
以能之假名結之是其二也一首
之内於処々云切歌非堪能之人
不能詠之手筒留程經之心又非

手爾葉大概抄［国立国会図書館蔵、出典：『手爾葉大概抄　手爾葉大概抄之抄』和泉書院、一九七九年］

いうことを述べているとみることができ、注目に値する。「ヤ」に「十品」、「カナ」に「六品」の別があるというみかたにも注目したい。『手爾葉大概抄之抄』はこうした記述について、例歌を示しながら解説しており、その例歌、解説によって『手爾葉大概抄』の記述が理解しやすくなる箇所が少なくない。

時枝誠記は『国語学史』（昭和十五年、岩波書店）において、この『手爾葉大概抄』の「詞如寺社手爾葉如荘厳」の行りについて、「ここに於いててにをはは詞と対立して考へられ、而もそれには次元上の相違のあることが認められて居るのである。この考は、中世に於けるてにをはの語源説にも現れ、てにをはは出葉であるとし（春樹顕秘抄）、その葉によつて、何れの木といふことを知ることが出来ると考へた。（中略）この思想は江戸時代に及んで、本居宣長が、てにをはを以て玉を貫く緒にたとへ、衣を縫ふ技に比し、又鈴木朖が、てにをはを以て心の声であるとして、物をさしあらはす他の語と対比して居ることにも現れて居るのであつて、国語学史上極めて重要な又顕著な思想である」と述べている。

3-6

古態を残す平家物語

1419～1420年書写
延慶本平家物語

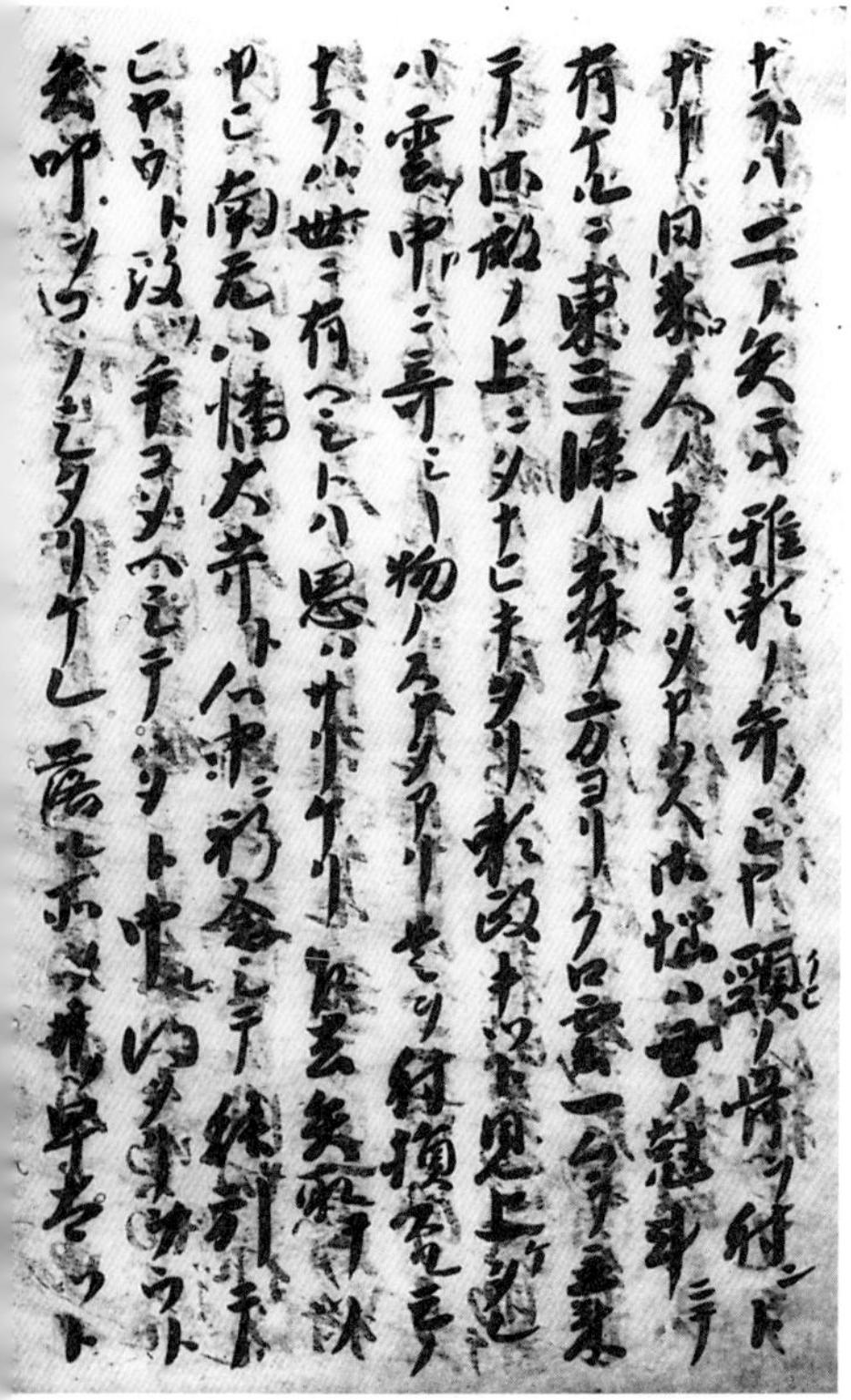

『徒然草』第二二六段には、後鳥羽院の頃に、学識者として誉れの高かった「信《しな》濃《の》前司《ぜんじ》行長《ゆきなが》」が『白氏文集』の「楽府」についての討論の場で失敗をしたために、遁世をしてしまい、当時「一芸ある者」を召し抱えていた慈鎮和尚がこの「信濃前司行長」の面倒をみており、その「信濃入道」が「平家の物語」を作って、生仏という盲目の僧に教えて語らせたということが記されている。この記事から、「信濃前司行長」が『平家物語』の作者とされたこともあったが、現在では「作者未詳」とされている。

図は大東急記念文庫に蔵されている「延慶《えんぎょう》本」と呼ばれるテキスト（全六巻十二帖）の第二巻の「頼政ヌヘ射ル事」と題されている行りにあたる。延慶二（一三〇九）年に書写されたテキストを応永二十六（一四一九）年から翌年にかけて書写したテキストである。図でわかるように「漢字片仮名交じり」で書かれている。

『平家物語』にはさまざまな表記体のテキストが残されているが、それらをおもに内容から「語り本系」と「増補本系」とに分けることが長くおこなわれてきた。その分け方でいえば、「延慶本」は「増補本系」に属している。「延慶本」は内容が雑多で、未整理にみえるが、かつてはそれが増補されたためと考えられていた。しかし、最近の研究では、それは編集の初期段階を示しているためと考えられ、「延慶本」は現存する『平家物語』テキストの中では古い形態を残していると推測されている。

図の翻字及び、それに続く四行を適宜句読点を補って示す。

ナラハ、二ノ矢ニハ雅頼ノ弁ノシヤ頸《クビ》ノ骨ヲ射ント
ナリ。日来ロ、人ノ中ニタカハス、御
悩ハ、丑ノ剋計ニテ
有ケルニ、東三條ノ森ノ方ヨリ、クロ
雲一ムラ立来
テ、御殿ノ上ニタナヒキタリ。頼政、キ
ツト見上ケタレ
ハ、雲ノ中カニ、奇シキ物ノスカタア
リ。是ヲ射損スルモノ

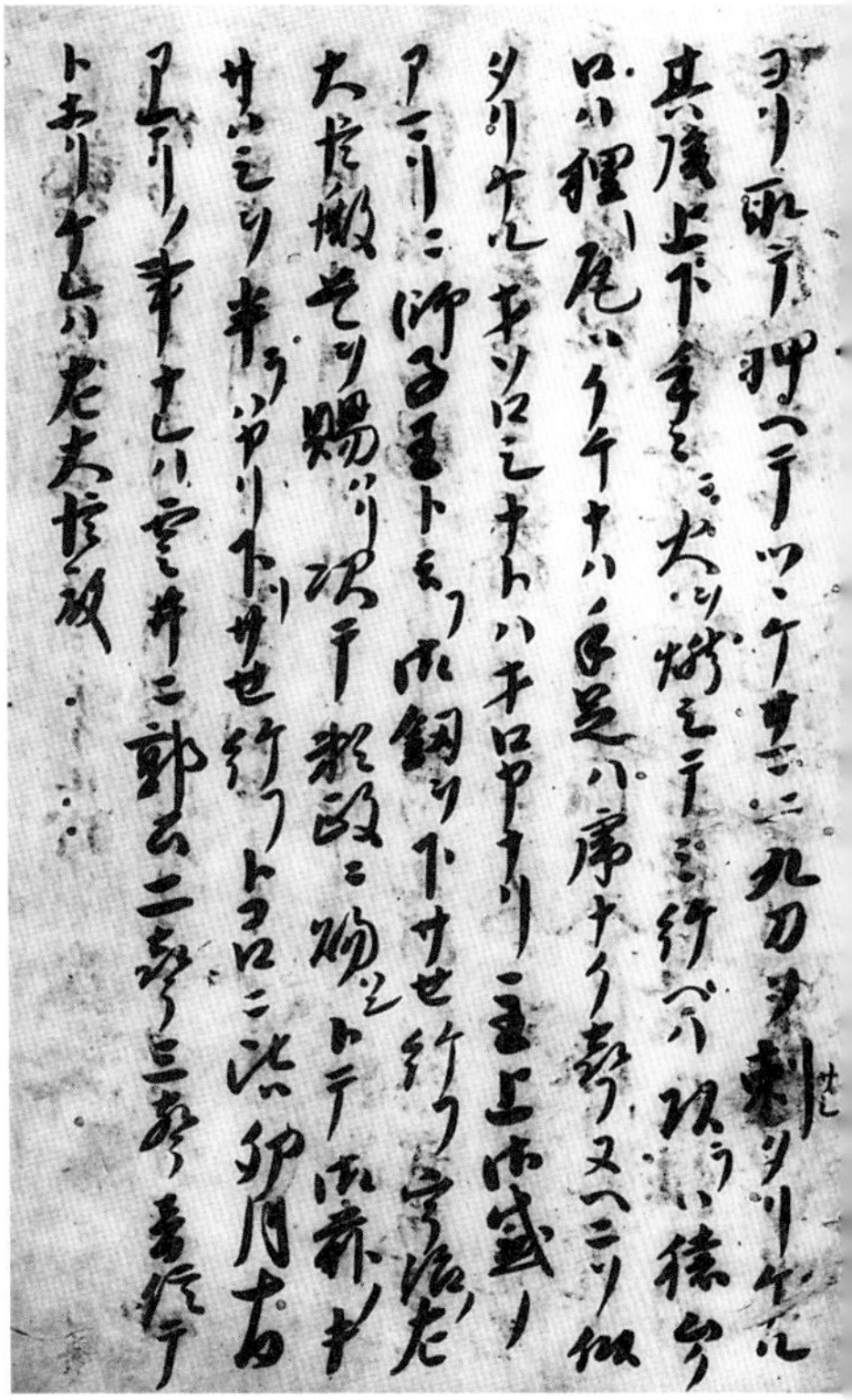

延慶本平家物語［大東急記念文庫蔵］

ナラハ、世ニ有ヘシトハ思ハサリケリ。
乍去、矢取テ、ツ
カヒ、南无八幡大菩薩ト心中ニ祈念シ
テ、能引テ
ヒヤウト放ツ。手コタヘシテ、ハタト
中ル。得タリヲウト
矢叫ヲコソシタリケレ。落ル所ヲ井ノ
早太、ツト
ヨリ取テ押ヘテツヽケサマニ九刀ソ刺《サシ》
タリケル
其後上下手々ニ火ヲ燃シテミ給ヘハ頭
ラハ猿、ムク
ロハ狸キ、尾ハクチナハ、手足ハ虎、ナ
ク聲、ヌヘニソ似
タリケル。オソロシナトハオロカナリ。
主上、御感ノ
アマリニ、師子王ト云フ御釼ヲ下サセ
給フ。宇治ノ左
大臣殿、是ヲ賜ハリ、次テ頼政ニ賜ハ
ントテ御前ノキ
サハシヲ半ラハカリ下リサセ給フトコ
ロニ、比ハ卯月十日
アマリノ事ナレハ、雲井ニ郭公、二聲
三聲音信テ
トホリケレハ、左大臣殿
　郭公名ヲモ雲井ニアクル哉
ト仰ラレカケタリケレハ、頼政、右ノ
ヒサヲツキ、左ノ袖
ヲヒロケテ、月ヲスコシソハ目ニカケ
ツヽ
　弓ハリ月ノイルニマカセテ
ト仕リ、御釼ヲ賜テ、マカリ出ツ。

右の文章中では、「キネン（祈念）」「シユジョウ（主上）」「ギョカン（御感）」「ギョケン（御釼）」などが使われている程度で、漢語がそれほど多く使われているわけではないが、右の文章に続く箇所では、「シンキン（宸襟）」「センレイ（先例）」「コクウ（虚空）」「タイシュツ（退出）」「チギョウ（知行）」「ムホン（謀叛）」などの漢語が使われており、漢語と和語とを使った「和漢混淆文体」で書かれている。右の範囲では濁点が使われていない。

「日来ロ」（ヒゴロ）の「ロ」、「狸キ」（タヌキ）の「キ」や「頭ラ」（カシラ）の「ラ」は「捨て仮名」と呼ばれたりするが、語形を明示するために添えられていると思われる。図をみると、この「キ」はやや斜めになった縦棒一本が書かれている。これは片仮名「キ」に使われた「異体仮名」である。

　和歌は二字程度さがった位置から書かれている。これは和歌がそれ以外の箇所と、言語上異なるという意識に基づく書き方と考えられる。貫之自筆の『土左日記』においては、和歌が別行に書かれていなかったことが、藤原定家の記述によってわかっており、和歌の書き方も時期によって変化していった。

3-7 百二十句にわけた平家物語

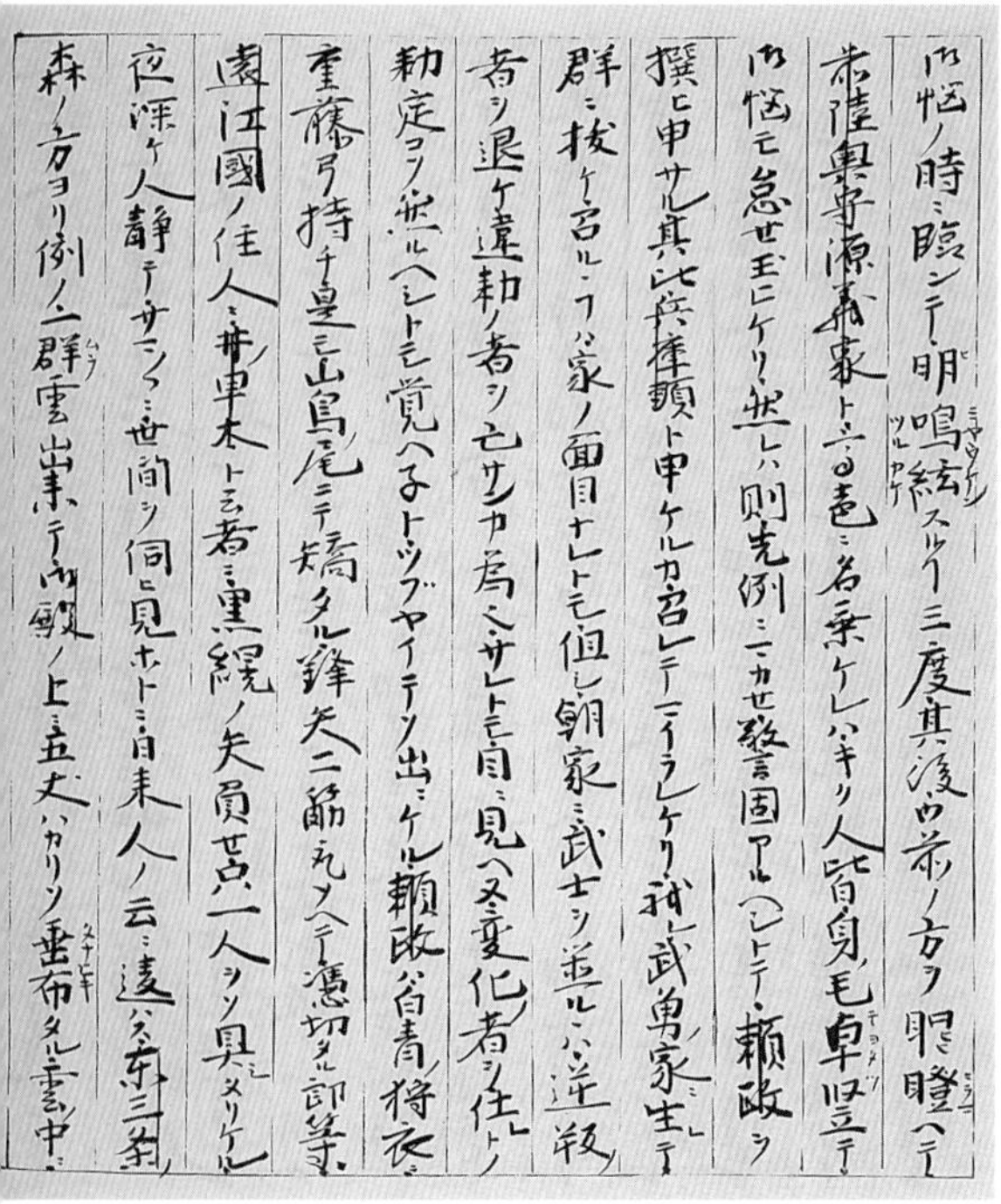

図は慶應義塾大学附属研究所斯道文庫に蔵されているテキストで、各巻を十句に分け、全体を十二巻百二十句という構成としているところから「百二十句本」と呼ばれるグループに属するもの。国立国会図書館に蔵されている一本、京都府立総合資料館に蔵されている一本なども、この百二十句本にあたる。両テキストはいずれも「漢字平仮名交じり」で書かれている。

斯道文庫本は室町後期頃の写本と目されており、図で分かるように「漢字片仮名交じり」で書かれている。十二巻のうち、巻八を欠く十一巻が現存している。各巻の巻頭には「平戸藩蔵書」「子孫永宝」「楽歳堂図書記」の方形朱印が捺されており、平戸城主松浦静山の蔵書であったことがわかる。天理図書館に蔵されている

室町後期頃写
斯道文庫本平家物語

江戸初期頃の百二十句本の写本はかつて鍋島家に蔵されていたところから「鍋島本」と呼ばれているが、佐賀県立図書館にも江戸中期頃の百二十句本の写本が蔵されている。佐賀大学には、鍋島御三家の一つである小城《おぎ》鍋島家が蔵していたところから「小城鍋島文庫本」と呼ばれている、やはり百二十句本の江戸初期頃の写本（巻十一欠）もあり、百二十句本は九州地方とかかわりが深いように思われる。右図（巻第四、四十句）を翻字してみる。「／」はその箇所で改行されていることを示す。

御悩ノ時ニ臨ンテ、明鳴絃（右ミヤウケン／左ツルカケ）スルコト三度、其後、御前ノ　方ヲ＊瞪《ニラマ》ヘテ／前陸奥守源義家ト、高声ニ名乗ケレハ、キク人皆、身ノ毛モ卓《ヨ》竪《タツ》テ／御悩モ怠セ玉ヒケリ。然レハ則、先例ニマカセ、警固アルヘシトテ、頼政ヲ／撰ヒ中サル。其比、兵庫頭ト中ケルカ、召レテマイラレケリ。我レ、武勇ノ家ニ生レテ／群ニ抜ケ、召ル丶、コトハ、家

ノ面目ナレトモ、但シ、朝家ニ武士ヲ置ルヽハ、逆叛ノ／者ヲ退ケ、違勅ノ者ヲ亡サンカ為也。サレトモ目ニ見ヘヌ、変化ノ者ヲ仕レトノ／勅定コソ然ルヘシトモ覚ヘネト、ツブヤイテソ出ニケル。頼政ハ、白青ノ狩衣ニ／重籐弓持チ、是モ山鳥ノ尾ニテ矯タル、鋒矢ニ筋取ソヘテ、憑切タル郎等／遠江國ノ住人、井ノ早太ト云者ニ、黒縨ノ矢負セ、只一人ヲソ具シタリケル／夜深ケ人静テ、サマ〳〵ニ世間ヲ伺ヒ見ホトニ、日来人ノ云ニ違ハス、東三条ノ／森ノ方ヨリ例ノ、一群《ムラ》雲出来テ、御殿ノ上ニ五丈ハカリソ垂布《タナヒキ》タル。雲ノ中ニ／危《アヤシキ》者ノ姿アリ。

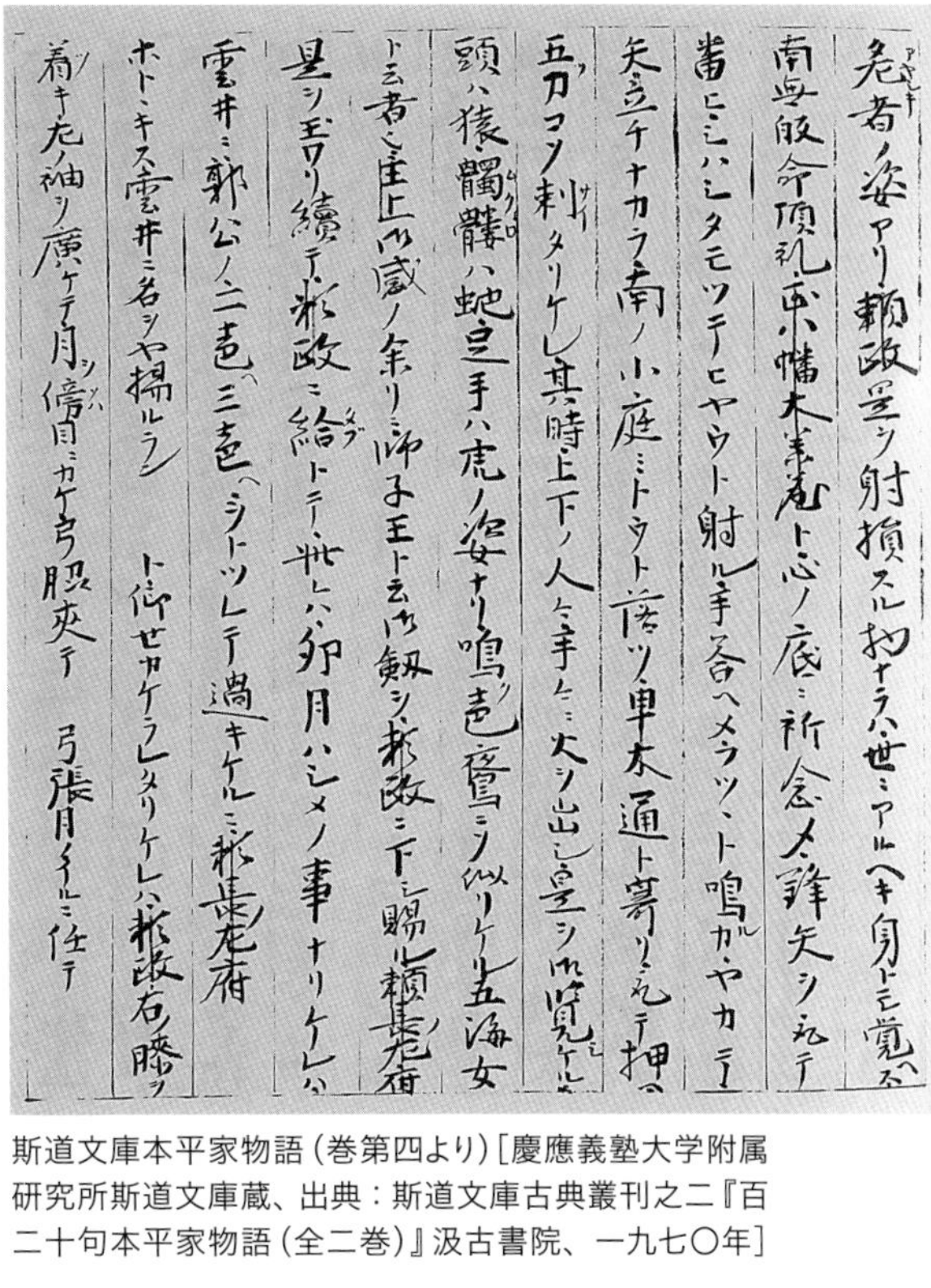

斯道文庫本平家物語（巻第四より）［慶應義塾大学附属研究所斯道文庫蔵、出典：斯道文庫古典叢刊之二『百二十句本平家物語（全二巻）』汲古書院、一九七〇年］

図及び翻字でわかるように、漢字には振仮名が施されていることがあり、左右両振仮名が施されることもある。濁点は時に使われるといった程度で、右では「ツブヤイテ」一箇所のみに濁点が使われている。右の翻字では、現在使われている句読点を、現在と同じように使ったが、テキストにおいては、一種類の区切り符号が使われているのみ。漢字は楷書体にちかく書かれているが、場合によってはやや行書味を帯びている。右の範囲では、人名には中央に、地名には右側に一本朱線が引かれている。二行目の「モヨタツ」はテキストでは朱によって書かれている。

一行目の「明」字には片仮名の「ヒ」のような符号が附されているが、これは「見消（ミセケチ／ミセゲチ）」（＝いったん書いた文字を残したかたちで消す）の符号で、このテキストの書き手は、「ミョウケン（鳴絃）」という語の「ミョウ」にいったんは「明」字をあてようとしたことがわかる。しかしそれはふさわしくないので、消した。同じ一行目の「瞪《ニラマ》ヘテ」の上、翻字では「＊」とした箇所には、図でわかるように、目篇の漢字を書こうとして、それを「ヒヒ」という符号で消し、改めてその下に「瞪《ニラマ》ヘテ」と書いている。このテキストにはこうした「訂正」が少なからずみえており、慎重かつ厳密に書写したというよりは、ある程度の速度をもって書写されたと推測される。

振仮名が施されている漢字列には「火《ヒ》ノ衝暗方《ホノクラキカタ》」（第一句）「誘引《イサヤ》」（第三句）「無人望《スケナク》」（同前）「流草《サスカ》」（同前）「搔詢《カキクトキ》」（第四句）「昆空《ヒタスラ》」（第五句）など、必ずしもよく使われているものではないものが散見する。

3-8

読書の抜き書きか？

節用集

1469～1487年頃？

『節用集』は『下学集』という名の辞書を受けて、文明年間（一四六九～一四八七）前後に成立したと考えられている。『節用集』は江戸時代になると印刷出版され、多くのテキストが現在残されている。それは明治時代にまで続いた。江戸時代に出版された『節用集』は近世『節用集』と呼ばれることがあるが、ここで扱うのは室町時代に成ったと考えられている古本『節用集』と呼ばれるものである。この古本『節用集』は五十ぐらいのテキストが残されている。**図1**は「岡田真本」と呼ばれるテキストの「わ部」末尾と「か部」冒頭箇所。

『節用集』は、まず見出し項目とする語の発音によって「いろは」分けをする。多くのテキストは「ヰ」「オ」「ヱ」を部としてたてない四十四部構成をとっている。「い部」の冒頭が見出し項目「伊勢《イセ》」から始まるテキストを「伊勢本」、「印度《インド》」から始まるテキストを「印度本」、「乾《イヌキ》」から始まるテキストを「乾本」と呼んで三つの系統に分けてテキスト群をとらえることが一般的になっている。例えば「正宗文庫本」では「伊勢《イセ》」から「壹岐《イキ》」まで国名が並んでいるが、これらの見出し項目をまとめて「附録」にもっていくと、「印度《インド》」が「い部」冒頭の見出し項目になる。**図2**は「印度本」である「佐々木本」。そのように書写した人物がいた、と考えれば、この人物が「伊勢本」から「印度本」をうみだした人物（編集者）ということになるが、古辞書に関して「編集（者）」という表現を使う場合には、注意したい。

各テキストにおいてほぼ共通してみられる門は「天地・時節・草木・人倫・身体・官名・人名・畜類・財物・衣服・飲食・言語進退」の十二門。他に「色字・数量」門などもある。『節用集』諸テキストが「一元的」にうまれているのだとすれば、「伊勢本」のもっとも古いタイプのテキストが『節用集』の原型にちかいことになる。そうであれば「伊勢本」のもっとも古いタイプであると考えられている「正宗文庫本」が『節用集』の原型にちかいことになる。その前提で『節用集』という辞書体資料をとらえると、次のようなことがわかる。

一…『節用集』は漢字列（＝漢字で書かれた語

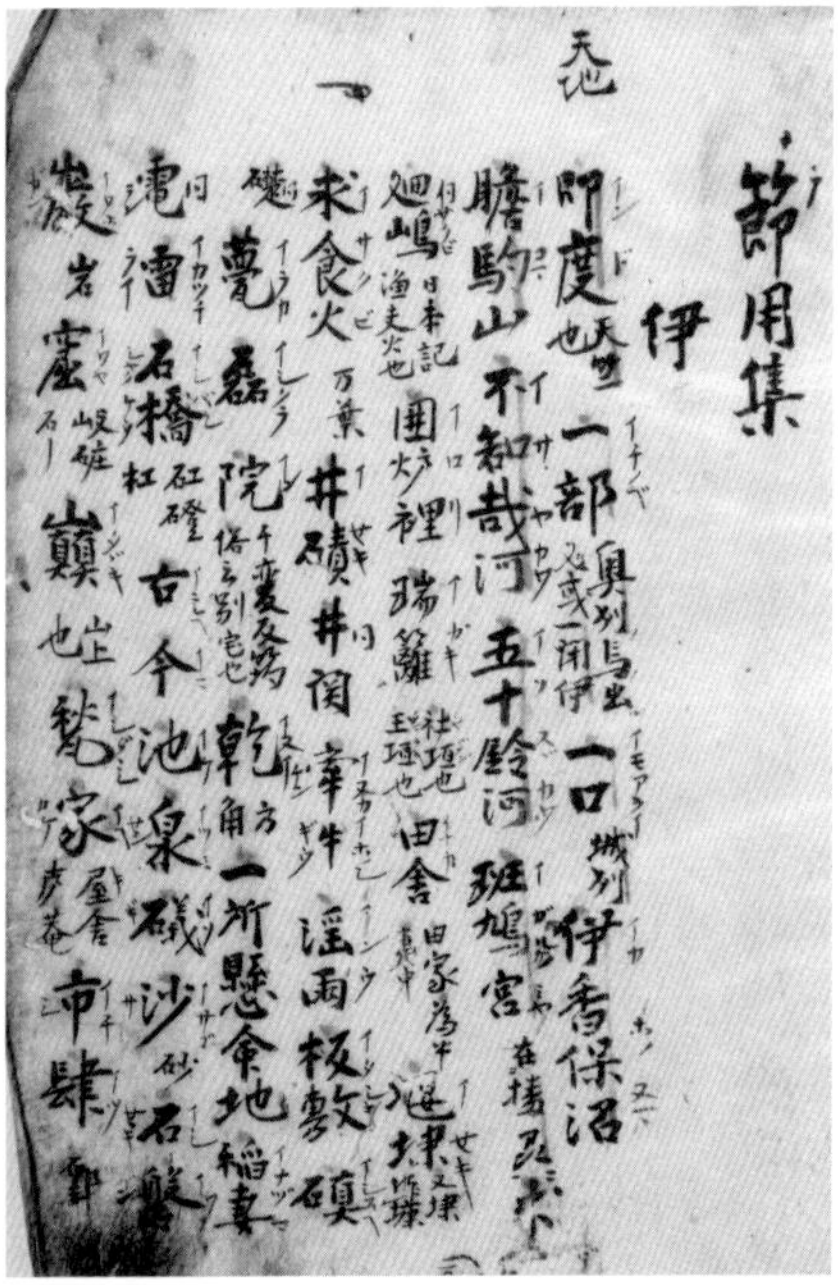

図2　佐々木本節用集（「い部」より）

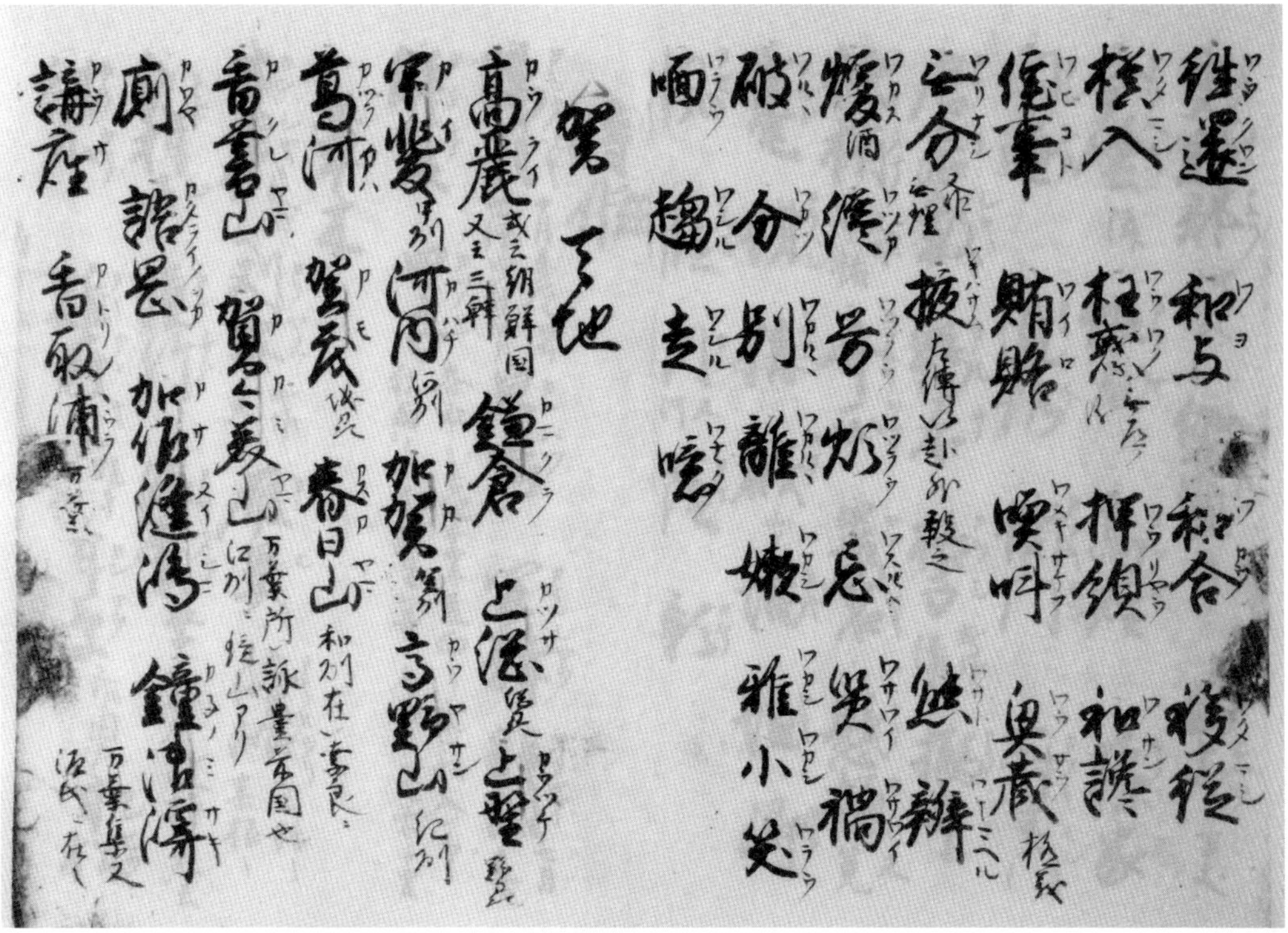

図1　岡田真本節用集（「わ部」「か部」より）

句）を見出し項目とし、それに振仮名を施している。

二‥二字漢字列が先に置かれていて、一字漢字列が後ろに置かれる「傾向」がある。したがって、見出し項目としてまず考えられたのは二字漢字列であると推測される。

三‥見出し項目に対して「語釈」が置かれていないことが多い。したがって、『節用集』においては「語釈」は必須のものではなかった。

四‥見出し項目を語種という観点からみると、漢語も和語も見出し項目として採られている。

五‥「晩鐘《イリアイ》［或入逢又／作日没］」のように、一つの（和）語にあてる漢字列を複数示す場合がある。図には「災《ワサワイ》」「禍《ワサワイ》」、「別《ワカル》」「離《ワカル》」「嫩《ワカシ》」「稚《ワカシ》」「小《ワカシ》」などがみえており、単漢字に関しても同様。

六‥『節用集』は「書くための辞書」であるとみなされることが多いが、このことについては慎重に考えたい。

もともとは中国語文献や日本語文献の「読書の記録」、抜き書きのようなものであり、その抜き書きを編輯して配列をしたものが『節用集』である、というような可能性も考えてみたい。

3-9

日本の『玉篇』

室町時代前期頃？

和玉篇

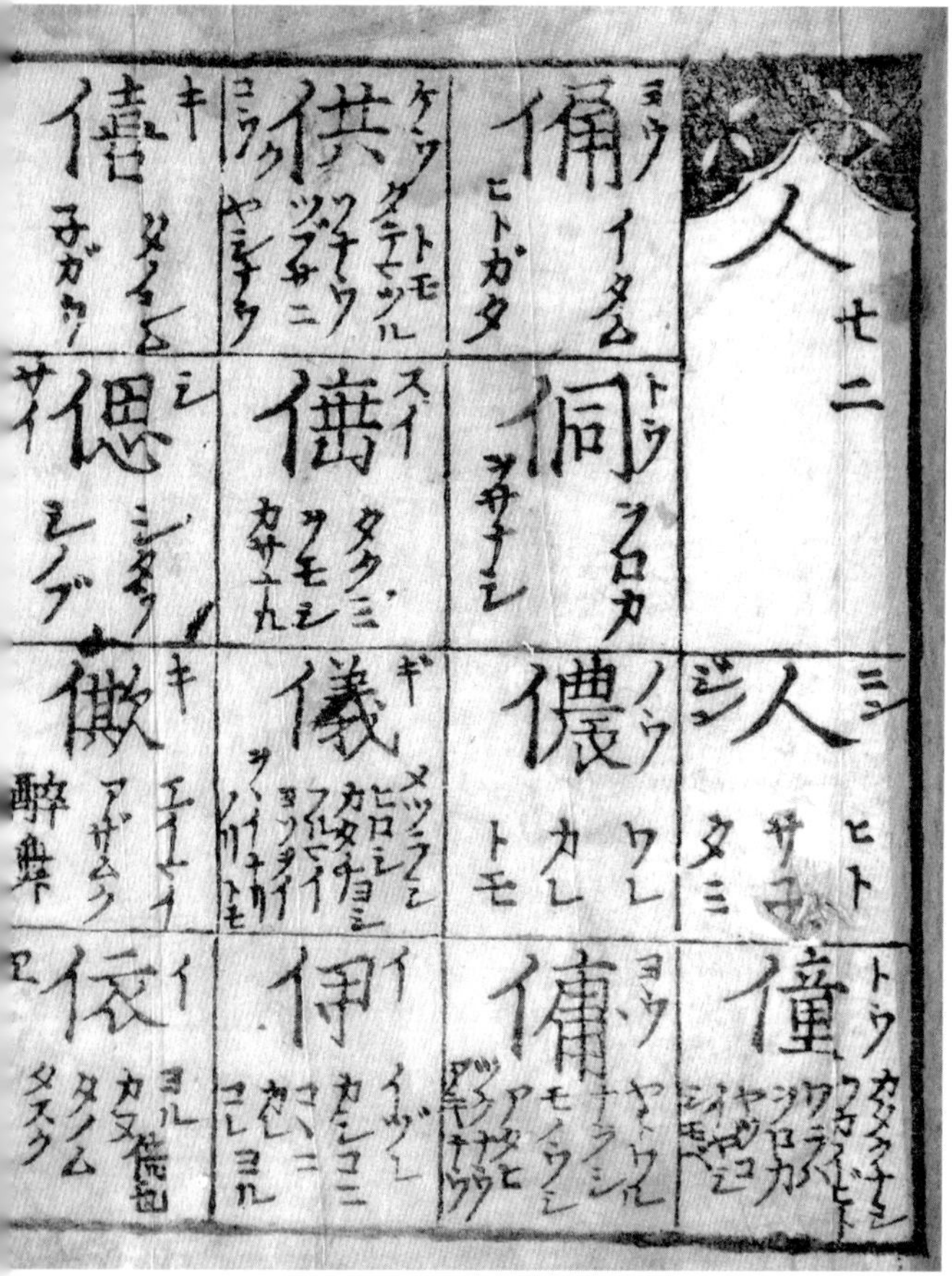

中国、梁の顧野王《こやおう》（五一九〜五八一）が大同九（五四三）年頃に編んだとされる『玉篇』（ぎょくへん／ごくへん）と名付けられた辞書がある。後に宋の大中祥符六（一〇一三）年には陳彭年らが増補改訂した『大広益会玉篇』が刊行されている。この『大広益会玉篇』があるので、大同九年のものに連なるテキストを原本系（『玉篇』）と呼ぶことがある。原本系『玉篇』は日本にも伝えられており、その残巻が伝存している。

2-1で採りあげた『篆隷万象名義』は原本系『玉篇』を節略して編まれたと考えられている。原本系『玉篇』は日本の上代の文字生活に大きな影響を与え、『新撰字鏡』や『和名類聚抄』『類聚名義抄』にもさまざまなかたちでとりこまれている。「倭（和）玉篇」（わごくへん／わぎょくへん）は『玉篇』に倣って編まれた日本（＝倭・和）の漢字辞書につけられた一般称であったと思われ、室町時代前期頃までに成立していたであろう一群の漢字辞書が「倭（和）玉篇」と呼ばれている。具体的には大永四年写の「玉篇要略集」、室町中期頃写の「篇目次第《へんもくしだい》」（内閣文庫蔵）、東京大学国語研究室蔵「音訓篇立《おんくんへんだて》」、同「類字韻」など、さまざまな名がつけられている。

部首分類体をとる。図は、慶長頃に出版されたと思われる版本の「人」の部の冒頭。図でわかるように、見出し項目となる漢字を大きく掲げ、このテキストでは、漢字音を字の左右に置き、字下には和訓を並べている。「俳」字においては、「―優」とあるが、これは「ハイユウ（俳優）」という漢語を併せて掲げたもの。「儆く」字には「エイマイ」「アザムク」

と二つの和訓が置かれ、さらに「酔舞」とある。この「酔舞」は「僛」字の字義を説明した「漢文注」と思われるが、『説文解字』の「僛」字の語釈には「酔舞皃从人欺聲詩曰屢舞僛僛去其切」とあり、この語釈につらなるものと思われる。和訓の「エイマイ」は「酔舞」を訓読したものと思われる。「佳」字には「善也」とある。これも「佳」字字義を説明した「漢文注」にあたる。慶長九年に日本で出版された和刻本『大広益会玉篇』にあたると、「佳」字には「革崖切／善也」とある。また「僛」字には「丘其切酔舞皃／詩屢舞僛僛」とある。辞書は先行して編まれた辞書の情報を受け継いでいくが、この場合、中国で編まれた『大広益会玉篇』が『説文解字』の「情報」をかなりな程度とりこんでいて、その『大広益会玉篇』を受けて編まれた日本の「倭（和）玉篇」が（結果として）中国の『説文解字』の「情報」をとりこんでいたかたちとなっていることがわかる。したがって、「倭（和）玉篇」と呼ぶ場合の「和」が具体的にどのようなかたちで実現しているかについては精密にとらえる必要がある。

「儀」字には「メツラシ」「ヒロシ」「カタチヨシ」「フルマイ」「ヨソヲイ」「ヲヽイナリ」「ノリ」「トモ」とある。「儀」字には「ノリ（規）」という字義があるが、末尾の「ノリ」「トモ」は人名に使われる場合の訓を示したものと推測される。そのように考えて、末尾の「ノリ」「トモ」を別にすると、「儀」字には六つの和訓が配置されていることになる。このテキストは横長の紙面を七行に分け、各行を四つに分けた大きさの「格」を設けてそれを一つの漢字にあてている。したがって、その「格」内に収まるように「情報」が整理されているはずで、和訓の数も七つ程度が上限になる。その一方で、「侗」字には「ヲロカ」「ヲサナシ」二つの和訓しか置かれていない。「償」には「ツクナウ」、「傾」には「カタムク」、「侯」には「キミ」、「你」には「ナンヂ」、「侮」には「アナドル」、「倣」には「ナラウ」、「偽」には「イツワリ」、「佐」には「タスク」と、和訓が一つしか置かれていない。こうした場合に着目すれば、「定訓」と呼べるような和訓について窺うことができる可能性があると思われる。

その一方で、「畷　田中穴隙也」や「畾　田間也」のように、和訓が置かれていない漢字もある。こうした漢字の字義は和語の語義と結びつきにくかったということがひとまずは予想される。

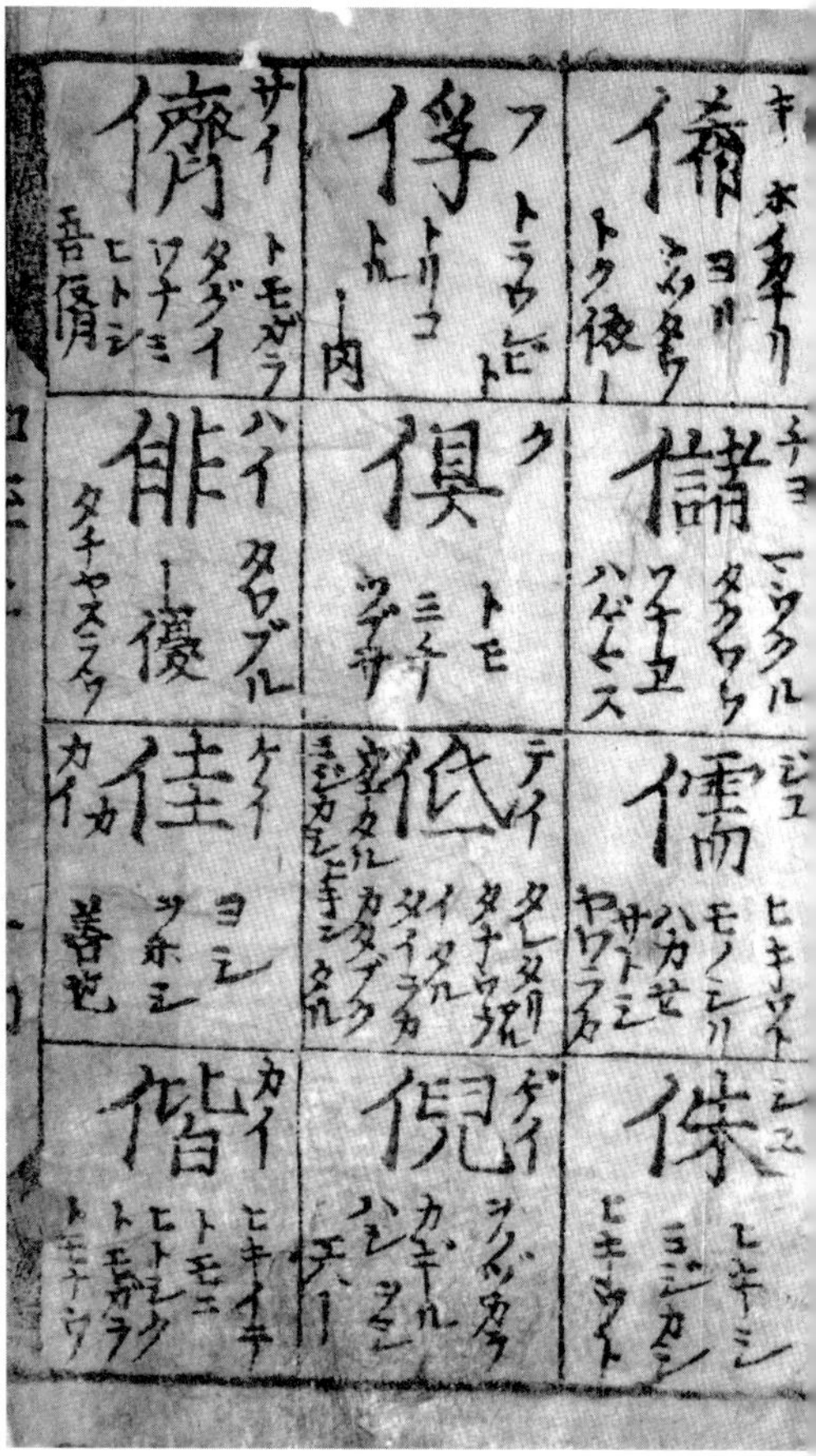
和玉篇（「人」の部より）

3-10

中世の話しことば

15世紀

史記抄

室町期の仏家、儒家、神道家、公家などの人々が、漢文体で書かれた国書、漢籍、仏典などを講義するに際し、あらかじめ準備した講義の手控えや、講義を筆録した聞き書き、それらを集大成して編纂されたテキストなどを「抄物《しょうもの》」と呼ぶ。抄物の多くは、「話しことば」や俗語を多く交じえて記されており、漢字片仮名交じりで書かれることが多い。中世期の「話しことば」を窺うための文献として重視されてきた。

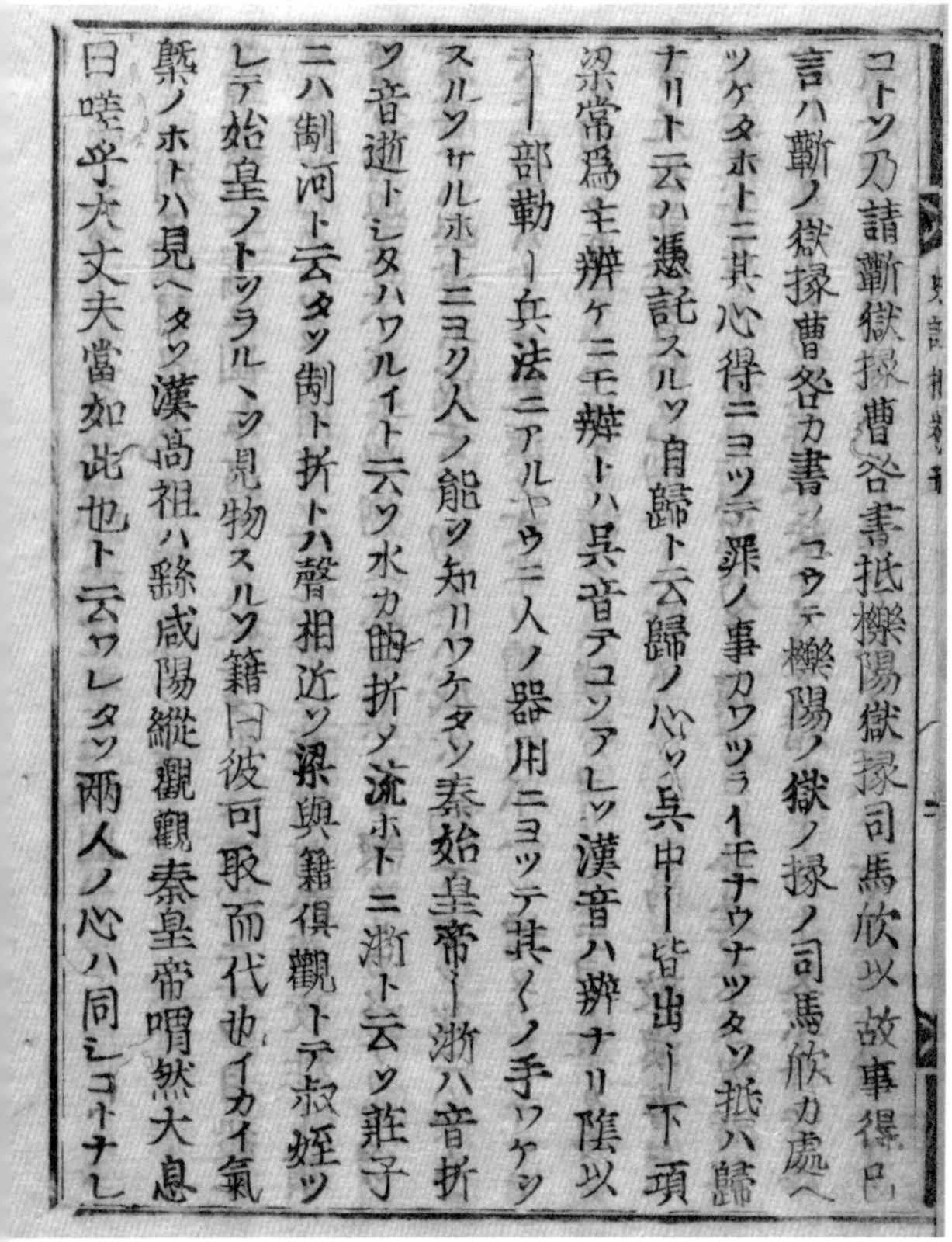
コトツ乃請蘄獄掾曹咎書抵櫟陽獄掾司馬欣以故事得已
言ハ蘄ノ獄掾曹咎カ書ノコウテ櫟陽ノ獄ノ掾ノ司馬欣カ處へ
ツケタホトニ其心得ニヨツテ罪ノ事カワツライモナウナツタソ抵ハ歸
ナリト云ハ遷記スルソ自歸ト云歸ノ心ソ兵中ー皆出ー下項
梁常爲主辨ケニモ辨トハ兵音テコソアレソ漢音ハ辨ナリ陰以
ーー部勒ー兵法ニアルヤウニ人ノ器用ニヨツテ其ゝノ手ワケシ
スルソサルホトニヨク人ノ能ソ知リワケタソ秦始皇帝ー游ハ音折
ソ音逝トシタハワルイト云ソ水カ曲折ノ流ホトニ淛ト云ソ莊子
ニハ制河ト云タソ制ト折トハ聲相近ソ梁與籍俱觀トテ叔姪ソ
レテ始皇ノトヲラル、ヲ見物スルソ籍曰彼可取而代也イカイ氣
槩ノホトハ見ヘタソ漢高祖ハ繇咸陽縱觀觀秦皇帝喟然大息
曰嗟乎大丈夫當如此也ト云ワレタソ兩人ノ心ハ同シコトナレ

図は桃源瑞仙《とうげんずいせん》（一四三〇〜一四八九）が著した『史記抄』（『史記桃源抄』）で、その名のとおり、『史記』の注釈書＝抄物である。桃源瑞仙は近江国市村（現在の愛知郡）に生まれ、十二歳の時に京都五山の一つである相国寺に入った。応仁の乱（一四六七〜一四七七）のために、京都を離れた時期があったが、文明十三（一四八一）年、五十二歳の時に再び京都に戻り、後に相国寺住持となった。蕉了、蕉雨、春雨などを号とする。公卿たちに蘇東坡の詩を講じていたことが三条西実隆の日記『実隆公記』に記されている。図は内閣文庫本であるが、京都大学附属図書館清家文庫に、清原宣賢・業賢父子を含め、数人の寄合書で、大永（一五二一〜一五二七）頃書写と推測されているテキストが蔵されている。

図は『史記抄』巻五で、『史記』巻七項羽本紀にあたる箇所（二丁裏〜三丁表）。二丁表には「項／籍少時學書不成去學劒又不成」（項籍は若い頃に文字を習ったが、ものにならず、それをやめて剣を習ったがこれもものにならなかった）とある。これは『史記』の本文を引用しているが、それに続いて「漢書ト讀クセカ多チカウタソ」とあって、『漢書』の本文では「學書不成去學劒又不成去」となっていることを述べている。

このように、『史記』の本文と『漢書』の本文との違いについてもふれることがある。それについて、「増タカワルイテモ／ナク損シタカヨイテモナイソ」（文字が多いのが悪いというわけでもなく、少ないのがよいというわけでもない）と述べる。

三丁表の末尾「氣ヲ／クレテハカナウマイ」、三丁裏十一行目「人カツカマイソ」では助動詞「マイ」が使われている。この他にも助動詞「マジイ」「ベイ」「ベシイ」が使われている。「マイ」が四段動詞の終止形ではなく未然形に接続した例があることが指摘されている。ラ行変格活用動詞は四段型の活用をしており、動詞の活用の種類は八種類となっている。ハ行・ワ行の二段型活用動詞は、ほとんどがヤ行に活用している。例えばハ行下二段活用をする「カンガフ（考）」であれば、連体形が「カンガフル」ではなく「カンガユル」という形を採り、ワ行下二段活用をする「ウフ（植）」であれば、連体形が「ウウル」ではなく「ウユル」という形を採る。また助詞の「ノ」と「ガ」とでは「ノ」の方が待遇度がたかく使われている。係助詞「コソ」は已然形で受けることが多い。

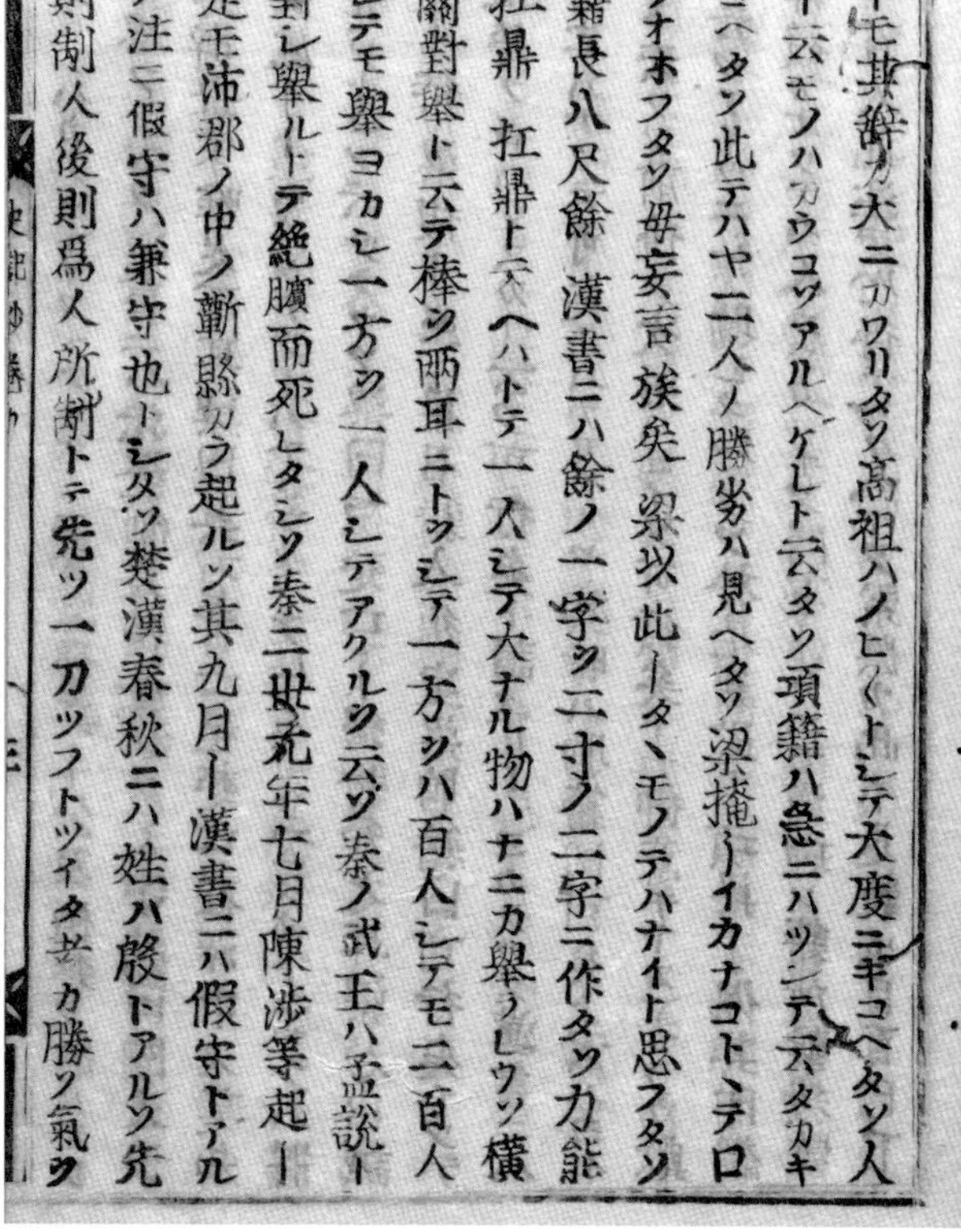
トモ其辭ノ大ニカワリタゾ高祖ハノヒ〳〵トシテ大度ニキコヘタゾ人
ト云モノハカウコソアルヘケレト云タゾ項籍ハ急ニハツシテ云タカキ
コヘタゾ此テハヤ二人ノ勝劣ハ見ヘタゾ梁掩ヽイカナコト、テロ
ゾオホフタゾ毋妄言族矣 梁以此ータ、モノテハナイト思フタゾ
籍長八尺餘 漢書ニハ餘ノ一字ゾ二寸ノ二字ニ作タゾ力能
扛鼎 扛鼎トハハトテ一人シテ大ナル物ハナニカ舉ウレウゾ横
關對舉ト云テ棒ゾ兩耳ニトヲシテ一方ゾハ百人シテモ二百人
シテモ舉ヨカシ一方ゾ一人シテアクルゾ云ゾ秦ノ武王ハ孟説ト
對シ舉ルトテ絶臏而死シタゾ秦二世元年七月陳渉等起ー
是モ沛郡ノ中ノ蘄縣カラ起ルゾ其九月ー漢書ニハ假守トアル
ゾ注ニ假守ハ兼守也トシタゾ楚漢春秋ニハ姓ハ殷トアルゾ先
則制人後則爲人所制トテ先ツ一カツフトツイタ共カ勝ツ氣ゾ

史記抄（巻五より）［内閣文庫蔵］

二丁裏四～五行目には「項／梁常為主辨」（項梁は常に主辨となった）という本文に関して「ケニモ辨トハ呉音テコソアレソ漢音ハ辨ナリ」とある。「主辨」は取締役のことであるが、引用では意味がわからない。「辨」字は漢音が「ヘン・ハン」、呉音が「ベン」であるので、（本書をテキストとして、講義を聞きながら）上の「辨」には「ベン」、下の「辨」には「ヘン」または「ハン」という振仮名を施すということがあったことが推測される。右のように、呉音、漢音に関わる記述が散見しており、注目される。「マックラ（真暗）」（五・二十五丁表）の「マッ～」という接頭語は現代でも使われているが、「マッサイショ（真最初）」（六・四十六丁裏）「マッソノ（真其）」（十一・五十七丁裏）「マッナカ（真中）」（十・七十丁表）「マッヘイチ（真平地）」（四・四十一表）「マッポナジ（真同）」（二・六十一丁裏）などの語形が使われており、漢語、和語を問わず「マッ～」が上接していることがわかり、語彙面でもさまざまな知見を得ることができる。

3-11 ハ行子音がわかった!

1516年頃?

後奈良院御撰何曽

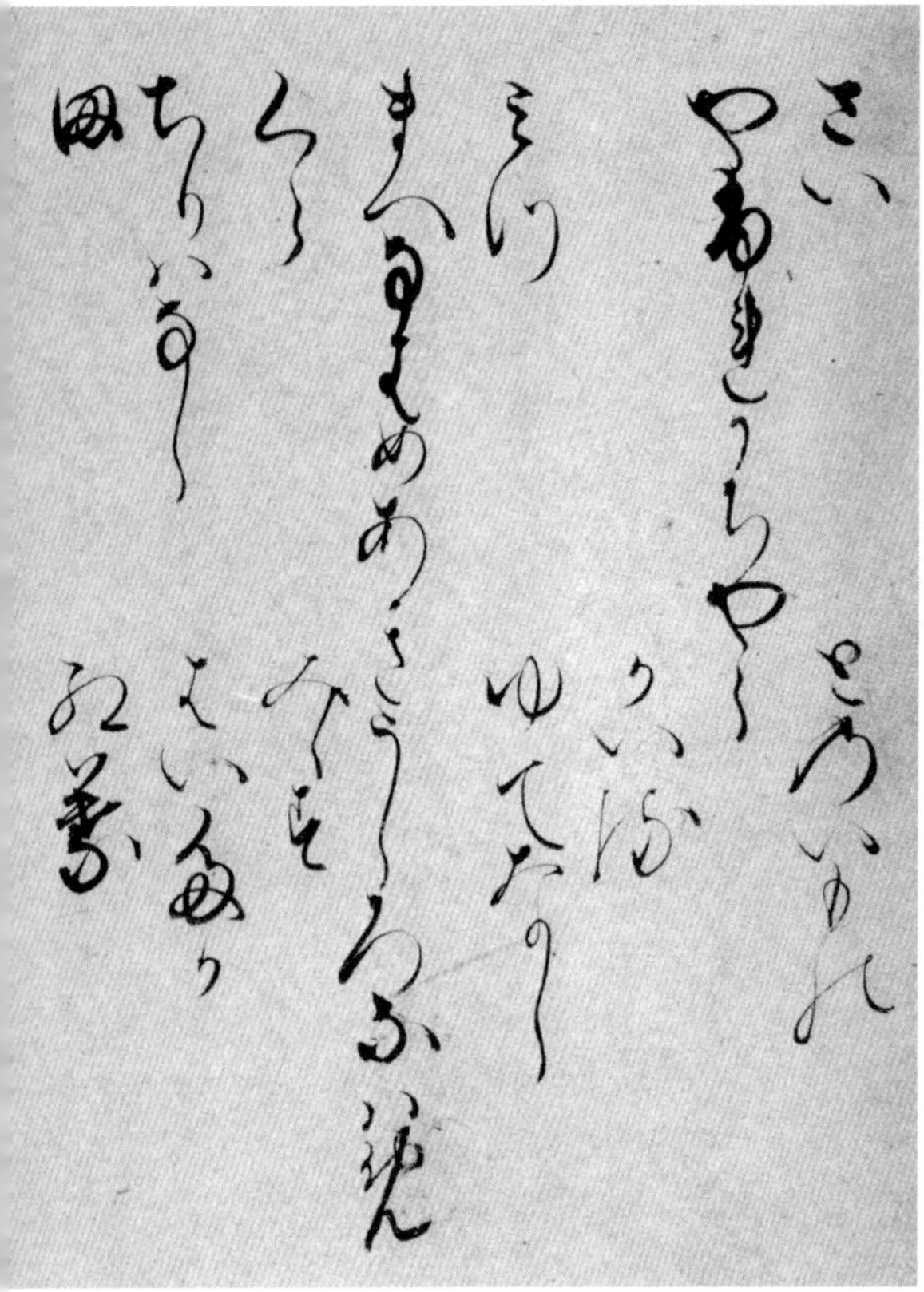

「後《ご》奈《な》良《ら》院《いん》御《ぎょ》撰《せん》何《な》曽《ぞ》」と呼ばれることがあるが、この書名は後人が附したものと考えられている。図は天理図書館に蔵されているテキストであるが、このテキストの表紙には「なぞたて」(謎立て)とある。天理図書館蔵本は、後奈良天皇の宸筆と考えられている。このテキストの奥書には「永正十三年正月廿日」とある。永正十三年は西暦一五一六年にあたり、この頃成立したと思われる。中世の「なぞなぞ」を集めたもので、『中世なぞなぞ集』(一九八五年、岩波文庫)に翻字と謎の解説が収められている。

図の二つ目の謎として「やぶれかちやう/かいる」がみえている。「破れ蚊帳」とかけて「かいる」と解く、その心は?といったような謎であるが、破れた蚊帳(かちょう/かや)からは蚊が入ってしまう、つまり「蚊入る」だが、そもそも示されている「かいる」は「カエル(蛙)」の母音交替形である。つまり、この時期には現在「カエル」とよんでいる動物が「カイル」ともよばれていた。仮名のみで書かれていると謎がどのようなおもしろみをもっているかもわかりにくいが、この謎は「破れ蚊帳」答えは「蛙」とでも書き直せばわかりやすくなる。しかしこの謎によって、当該時期に「カイル」という語形があったことがわかる。

その次の「みつ　ゆてなし」は書き直せば「水　茹で梨」ということで、茹でた梨が実際にあったかどうかわからないが、その心はといえば、「湯ではない」すなわち「湯でなし」ということである。

図の最後にみえている「はゝには二たひあひたれとも/ちゝには一ともあはす」は「母には二たび会ひたれども、父には一度も会はず」で、答えには「くちびる」(唇)とある。この謎が当該時期の日本語の発音を推測する手がかりとなった。その心は、「ハハ」という語を発音す

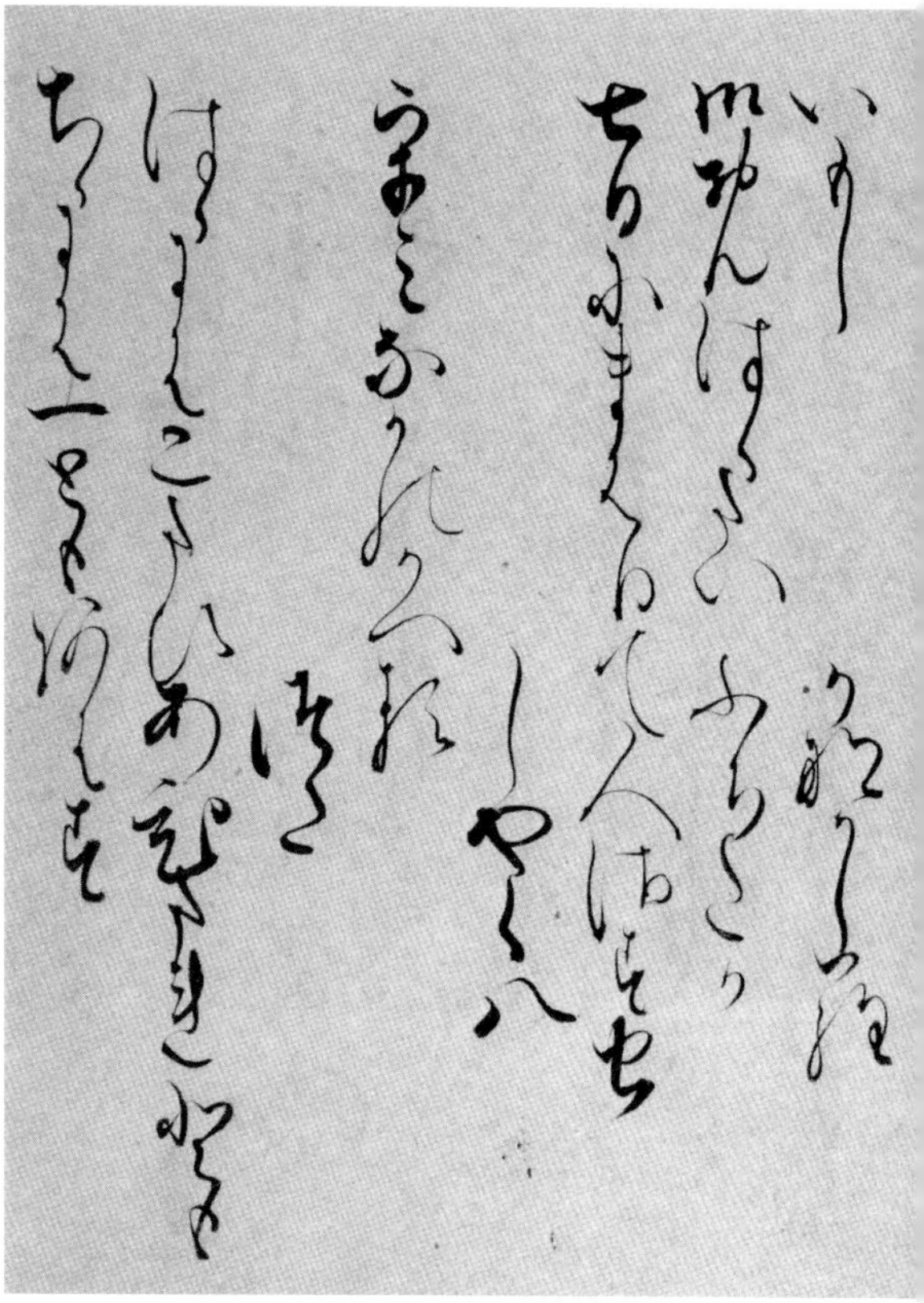

後奈良院御撰何曽［天理大学附属天理図書館蔵、出典：天理図書館善本叢書和書之部第六十四巻『なぞ　狂歌　咄の本』八木書店、一九八四年］

るにあたって、唇が二度合わさるが、「チチ」という語を発音するにあたっては、唇が一度も合わない、ということと考えられている。現代日本語においては、「ハハ」を発音しても唇は一度も合わない。これはハ行の子音が現在は喉音の［h］であるからで、それ以前には両唇音［f］であったと考えられている。室町期に来日したイエズス会の宣教師たちがつくった、いわゆる「キリシタン文献」においては、日本語が中世ポルトガル式のローマ字綴りで綴られているが、そこでは「ハハ」は「fafa」と綴られている。

他には「嵐は山を去って軒の辺にあり」答え「風車」という謎もあり、これは漢字「嵐」から山をはずすと「風」になり、漢字「軒」の「偏」は「車」なので、答えに結び付くというもので、漢字を分解的にとらえた「字謎」である。あるいは「いつみにみつならうしてりうかへる」（泉に水無うして竜帰る）の答えが「しろうり（白瓜）」で、漢字「泉」から「水」をなくすと「白」になり、「りう（竜）」を倒置すると「うり」で、両者を合わせると「しろうり」となるという「字謎」もある。

「はらのなかの子のこゑ」は「腹の中の子の声」で、答えは「はしら（柱）」。「子」という漢字の「声」すなわち字音は「シ」で、これを「ハ」と「ラ」との「なか」＝間に入れると「ハシラ」となる。漢字音のことを「声」と呼ぶことは平安時代からあって、中世の謎でも漢字音あるいは漢字の音読みを「声」と表現している。「かとのなかの神なり」（門の中の雷）の答えが「からいと（唐糸）」であるが、「カ」と「ト」の間に「雷」（ライ）を入れると「カライト」となる。ここでは、特に「雷」字の字音を入れるという「指定」がなく、そのことからすれば、現在は「カミナリ（雷）」という和語の語形のみを使っているが、この時期には「カミナリ」の他に「ライ」という漢語の語形も使われていたことが推測される。

「うほとる鳥の物わすれ」（魚取る鳥の物忘れ）の答えが「うどむ（饂飩）」であるが、「魚取る鳥」は「ウ（鵜）」で、「物忘れ」は「鈍（ドン）」であるということで、両者を合わせると「ウドム」となる。さまざまな「なぞなぞ」から当時の日本語を窺うことができる。

3-12

イエズス会宣教師のつくった漢和辞書

1598年

落葉集

『落葉集《らくようしゅう》』は慶長三（一五九八）年に長崎で刊行されている。内容は「落葉集本篇」と「色葉字集」とから成る前編と「小玉篇」の後編に二分される二編三部構成をとる。**図1**は「落葉集本篇」、**図2**は「小玉篇」である。現在までにわかっているものとして、ローマイエズス会蔵本、大英図書館蔵本、スコットランドクロフォード家蔵本、パリ国立図書館蔵本（小玉篇を欠く）、ライデン大学図書館蔵本（小玉篇を欠く）、天理図書館蔵本がある。図は天理図書館蔵本。イエズス会目録中で「abridor」（活字制作者）と指定されているイチク・ミゲルを中心として仮名・漢字の根本的な改鋳が行なわれたとの推測が豊島正之「日本の印刷史から見たキリシタン版の特徴」（『キリシタンと出版』八木書店、二〇一三年）によってなされている。豊島正之は「一五九八年のうちに、日本イエズス会は二千五百字を越える漢字活字の新鋳に至り、それらの「総数見本帳」として、漢字字書「落葉集」を刊行した」（前掲書一五三ページ）と述べている。

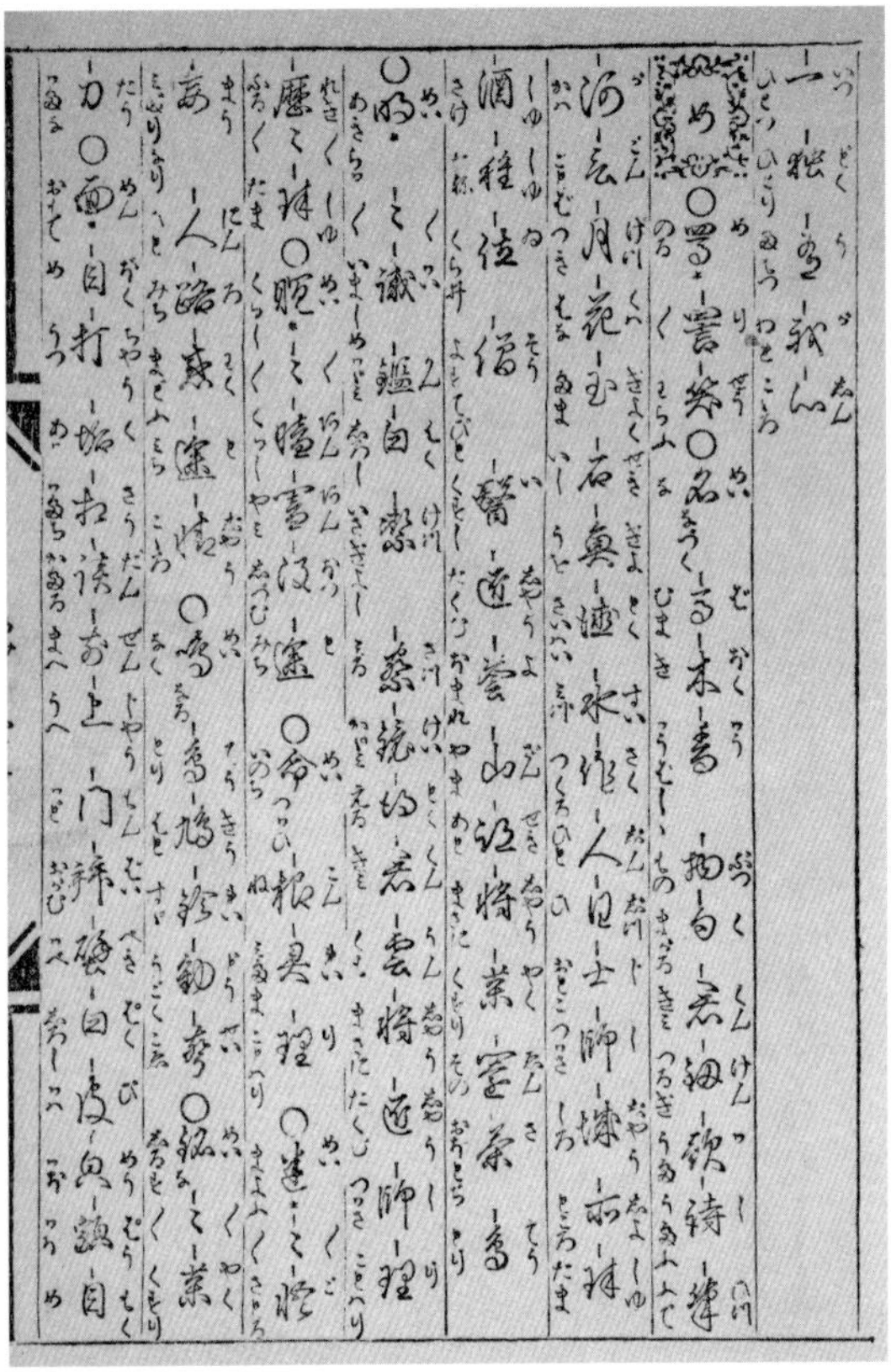

図1　落葉集本篇［天理大学附属天理図書館蔵、出典：天理図書館善本叢書和書之部第七十六巻『落葉集二種』八木書店、一九八六年］

図でわかるように、漢字は楷書体ではなく、行書体や草書体にちかい字体である。これは、「実際に流通している漢字字体」にちかい字体ということと思われる。

前編前半（落葉集）は、漢字の音から漢字字形と和訓とを検索できるように、「いろは順」の部をたてている。前編後半（色葉字集）は、和訓から漢字字形と漢字の音とを検索できるように、やはり「いろは順」の部をたてている。ただし「ゐ・お・え」の部は「い・を・ゑ」に統合し、四十四部とする。これは多くの古本『節用集』と同じである。後編（小玉篇）は漢字字形から音訓を求める形式を採る。「小玉篇」は「倭玉篇」に倣ったもので、謙称と思われる。「小玉篇」は一〇五の部首をたてている（ただし第二十四を欠く）。部首をさらに意義分類していることが特徴で、「天文・地理・人物・声色・器財・草木・飲食・鳥獣・言語・衣服・冠弁・雑字」の十二門をたてるが、やはり古本『節用集』にちかい。

図1を使って説明する。二行目から「め」部が始まる。まず漢字「罵」が見出し項目となっており、漢字音「め」が右振仮名として施され、左振仮名には和訓「のる」が施されている。「※」の後に「罵詈」「罵笑」という漢語が並べられ、共通している「罵」字の代わりに「―」が置かれ、やはり右振仮名として漢字音「り」「せう」が、左振仮名として「〱＝のる」「わらふ」が施されている。「メショウ（罵笑）」は『大漢和辞典』も採りあげていない語であるが、左振仮名「のる＋わらふ」がその語義を説明しているという「仕組み」になっている。一つの和訓だけでは、漢語語義が充分に説明できないことはいうまでもなく、場合によって、当該漢語の語義とは離れた和訓が並ぶこともある。したがって、十全ではないともいえるが、それでも和訓を媒介にして、漢字、漢語を理解するという「仕組み」を貫いているといえよう。単漢字を挙げ、その単漢字を上字とする語＝熟語を掲げていることは現在の漢和辞典に通じる。この『落葉集』では漢字の音から漢字を検索できるようになっている。『落葉集本篇』と『色葉字集』とを併せた前編には母字が一六七二字、熟字が一一八二三字収められていることが指摘されており、この時期の辞書中でも群を抜いている。図の最終行の「面」を母字とする熟字の中に「面拝」「面壁」「面白」「面皮」「面貌」があるが、その下字にはそれぞれ「ぱい」「ぺき」「ぱく」「ぴ」「ぱう」とあって、半濁音符が使われている。

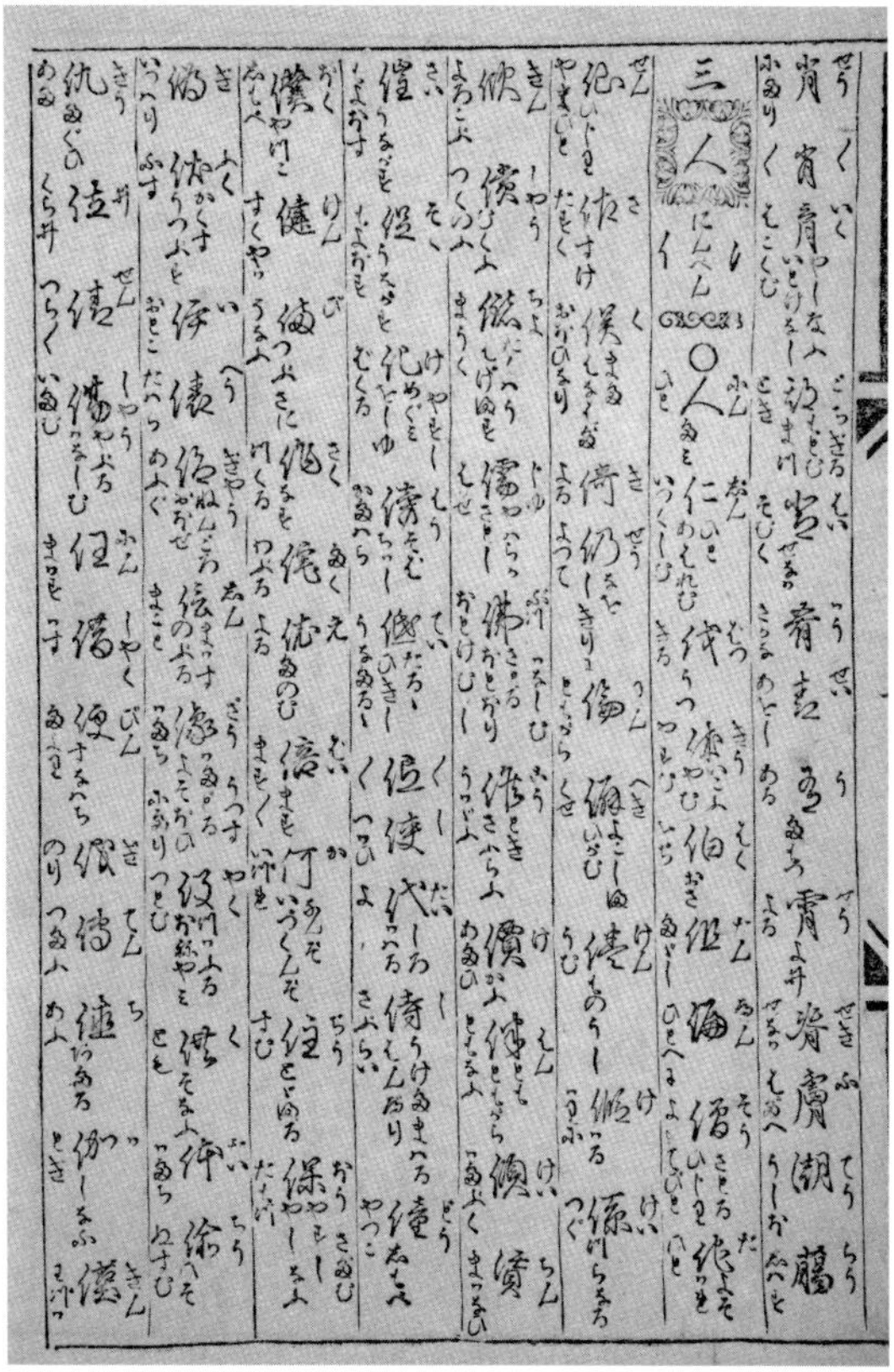

図2　小玉篇［天理大学附属天理図書館蔵、出典：同前］

図2は「小玉篇」で、二行目から「にんべん」が始まる。「にんべん」の漢字を並べているが、例えば六行目の一番下に「保」字がある。右振仮名「ほう」はこの字の音で、左振仮名には「たもつ」とある。単漢字の右もしくは左に位置する和訓が当該時期の「定訓」（標準的な訓）であるという指摘が山田俊雄によってなされており、それを前提とすれば、『落葉集』にみられる和訓の精密な観察によって、さまざまな知見が得られることが期待できる。

3-13

日本語ポルトガル語対訳辞書

1603年

日葡辞書

図は『日葡辞書』と呼び習わされている辞書で、本編が慶長八（一六〇三）年に、補遺が翌慶長九年に長崎において出版されている。イエズス会宣教師と日本人信者とが協力して編んだ。刊本はオックスフォード大学ボドレイ文庫、ポルトガルのエヴォラ公立図書館、パリ国立図書館、マニラの聖ドミンゴ修道院に蔵されており、写本がポルトガルのアジュダ図書館に蔵されている。図はエヴォラ公立図書館蔵本。この『日葡辞書』をドミニコ会修道士エスキベルがスペイン語に訳したものが『日西辞書』（一六三〇年、マニラ刊）、フランスの東洋学者レオン・パジェスがフランス語に訳したものが『日仏辞書』（一八六二〜一八六八、パリ刊）である。

当時の「話しことば」を中心にして、方言や文書語、詩歌語などもとりこみ、本編に二五九八五語、補遺には六八八六語を収録しており、重複した見出し項目を除くと見出し項目総数は三二三一〇語であることがわかっている。見出し項目として採用した日本語をポルトガル式のアルファベット綴りで示し、ポルトガル語で「語釈」を加える。現在では、ポルトガル語部分を日本語に翻訳した『邦訳日葡辞書』（一九八〇年、岩波書店）が土井忠生、森田武、長南実によって出版されている。以下、「語釈」はこの『邦訳日葡辞書』に従う。森田武編の『邦訳日葡辞書索引』（一九八九年、岩波書店）、『日葡辞書提要』（一九九三年、清文堂出版）もある。

日本語をローマ字綴りで示しているので、漢字や仮名で書いたかたちからはわからない、語の発音がわかることが少なくない。また「話しことば」を中心にして語が集められているので、日本人が記した日本語の文献にはあまり使われていない（が当時は使われていた）語の存在がわかる。例えば、「Cacayacaxi,su,aita.」（カカヤカシ、ス、イタ）という見出し項目には「光り輝かせる、あるいは、きらきらと光らせる」とあって、現在「カガヤカス」と発音している語であると思われる。この語の第二拍目は、この当時（まで）清音であったことがわかる。あるいは「Cacubet」という見出し項目がある。語釈には「相違」とあるので、「カクベツ（各別）」という漢語であることが推測されるが、末尾が「t」となっている。『日葡辞書』では「ツ」を「tçu」と書いており、そのことからすれば「t」は母音を伴わない閉音節としての「t」であると思われる。図には「ヒョウゲモノ」「ヒョウゲタモノ」がみえているが、このような語も見出し項目となっている。あるいは「Fesubi」という見出し項目があり、そこには「鉄製の鍋・釜にくっついている煤。下の語。上ではナベスミ（鍋墨）と言う」とある。「下《しも》」は九州、「上《かみ》」は京都をさすと考えられており、ここでは「ヘスビ」という方言が見出し項目となっている。

「S」という略号が附された見出し項目があるが、「S」は「Scriptura」の略で、文書語であることを示している。また「P」という略号が附された見出項目は「Poesia」すなわち詩歌語であることを示している。例えば「イキョク（委曲）」「ウツネン（鬱念）」「エンジ（遠寺）」「オウカン（往還）」「オンジュン（恩潤）」というような漢語が文書語とされているが、「カルガユエニ」「サシオク」「シラグ（精）」「ソロ（候）」「タエナル（妙）」などの和語も文書語となっている。「オチコチ（遠近）」「カリマクラ（仮枕）」「サオシカ」「ササガニ」「タマガキ（玉垣）」などの和語が詩歌語となっている一方で、「ソンカ（村家）」「チクカン（竹竿）」「チヘン（池辺）」「チョウコン（朝昏）」「チョウダン（釣灘）」といった漢語も詩歌語とされており、「詩歌」は和歌に限らないことが推測される。

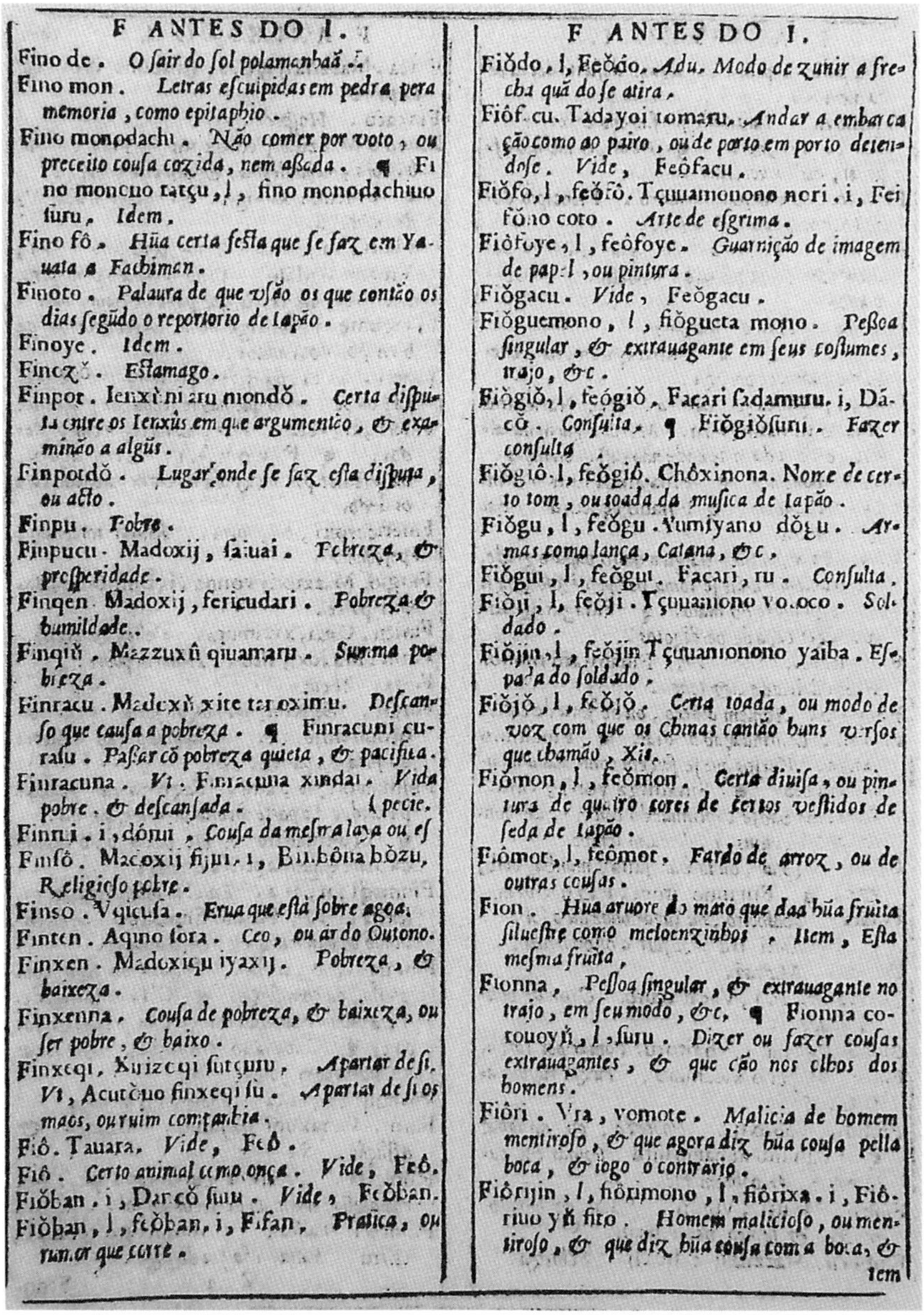

F ANTES DO I.

Fino de. O ſair do ſol polamanhaã.

Fino mon. Letras eſcuipidas em pedra pera memoria, como epitaphio.

Fino monodachi. Não comer por voto, ou preceito couſa cozida, nem aſſada. ¶ Fino moneno tatçu, l, fino monodachiuo furu. Idem.

Fino fô. Hũa certa feſta que ſe faz em Yauata a Fachiman.

Finoto. Palaura de que vſão os que contão os dias ſegũdo o reportorio de Iapão.

Finoye. Idem.

Finozŏ. Eſtamago.

Finpor. Ienxǔ ni aru mondŏ. Certa diſputa entre os Ienxǔs em que argumentão, & examinão a algũs.

Finpotdŏ. Lugar onde ſe faz eſta diſputa, ou acto.

Finpu. Pobre.

Finpucu. Madoxij, ſaiuai. Pobreza, & proſperidade.

Finqen. Madoxij, fericudari. Pobreza & humildade.

Finqiŭ. Mazzuxû quiamaru. Summa pobreza.

Finracu. Madoxŭ xite tanoximu. Deſcanſo que cauſa a pobreza. ¶ Finracuni curaſu. Paſſar cõ pobreza quieta, & pacifica.

Finracuna. Vt. Finracuna xindai. Vida pobre. & deſcanſada.

Finrui. i, dórui. Couſa da meſma laya ou eſpecie.

Finſô. Madoxij fijiri. i, Binbôna bôzu, Religioſo pobre.

Finso. Vqicuſa. Erua que eſtá ſobre agoa.

Finten. Aqino ſora. Ceo, ou ár do Outono.

Finxen. Madoxiqu iyaxij. Pobreza, & baixeza.

Finxenna. Couſa de pobreza, & baixeza, ou ſer pobre, & baixo.

Finxeqi. Xuizeqi ſutçuru. Apartar de ſi. Vt, Acutŏuo finxeqi ſu. Apartar de ſi os maos, ou ruim companhia.

Fiô. Tauara. Vide, Feô.

Fiô. Certo animal como onça. Vide, Feô.

Fiŏban. i, Darcŏ ſuru. Vide, Feŏban.

Fiŏban, l, feŏban. i, Fifan. Pratica, ou rumor que corre.

F ANTES DO I.

Fiŏdo, l, Feŏdo. Adu. Modo de zunir a frecha quãdo ſe atira.

Fiôf cu. Tadayoi tomaru. Andar a embarcação como ao pairo, ou de porto em porto detendoſe. Vide, Feôfacu.

Fiŏfo, l, feŏfô. Tçuuamonono nori. i, Feifŏno coto. Arte de eſgrima.

Fiôfoye, l, feôfoye. Guarnição de imagem de papel, ou pintura.

Fiŏgacu. Vide, Feŏgacu.

Fiŏguemono, l, fiŏgueta mono. Peſſoa ſingular, & extrauagante em ſeus coſtumes, trajo, &c.

Fiŏgiŏ, l, feógiŏ. Facari ſadamuru. i, Dãcŏ. Conſulta. ¶ Fiŏgiŏſuru. Fazer conſulta.

Fiŏgiô. l, feŏgiô. Chôxinona. Nome de certo tom, ou toada da muſica de Iapão.

Fiŏgu, l, feŏgu. Yumiyano dŏgu. Armas como lança, Catana, &c.

Fiŏgui, l, feŏgui. Facari, ru. Conſulta.

Fiŏji, l, feŏji. Tçuuamono vomoco. Soldado.

Fiŏjin, l, feŏjin Tçuuamonono yaiba. Eſpada do ſoldado.

Fiŏjŏ, l, feŏjŏ. Certa toada, ou modo de voz com que os Chinas cantão huns verſos que chamão, Xis.

Fiŏmon, l, feŏmon. Certa diuiſa, ou pintura de quatro cores de certos veſtidos de ſeda de Iapão.

Fiômot, l, feômot. Fardo de arroz, ou de outras couſas.

Fion. Hũa aruore do mato que daa hũa fruita ſilueſtre como meloenzinhos. Item, Eſta meſma fruita.

Fionna. Peſſoa ſingular, & extrauagante no trajo, em ſeu modo, &c. ¶ Fionna cotouoyŭ, l, ſuru. Dizer ou fazer couſas extrauagantes, & que cão nos olhos dos homens.

Fiôri. Vra, vomote. Malicia de homem mentiroſo, & que agora diz hũa couſa pella boca, & logo o contrario.

Fiôrijin, l, fiôrimono, l, fiôrixa. i, Fiôriuo yŭ fito. Homem malicioſo, ou mentiroſo, & que diz hũa couſa com a boca, & tem

日葡辞書［エヴォラ公立図書館蔵、出典：『エヴォラ本日葡辞書』清文堂出版、一九九八年］

3-14

イエズス会宣教師の歴史教科書

1592年 天草版平家物語

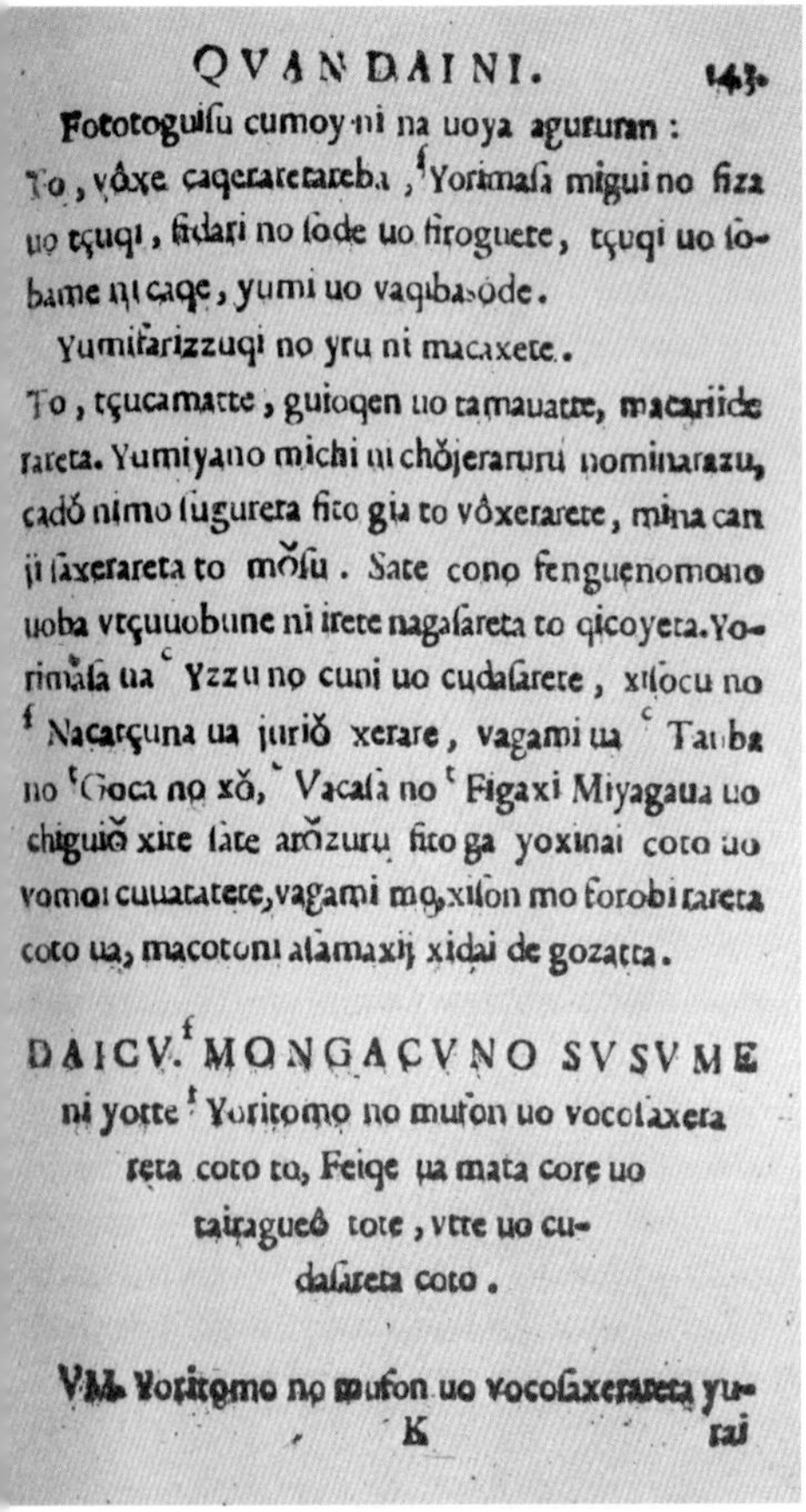
QVANDAINI. 143.

Fototoguisu cumoy ni na uoya agururan :

To, vôxe caqeraretareba, Yorimasa migui no fiza uo tçuqi, fidari no sode uo firoguete, tçuqi uo sobame ni caqe, yumi uo vaqibasode.

Yumifarizzuqi no yru ni macaxete.

To, tçucamatte, guioqen uo tamauatte, macariide rareta. Yumiyano michi ni chôjeraruru nominarazu, cadô nimo sugureta fito gia to vôxerarete, mina canji saxerareta to môsu. Sate cono fenguenomono uoba vtçuuobune ni irete nagasareta to qicoyeta. Yorimasa ua Yzzu no cuni uo cudasarete, xisocu no Nacatçuna ua juriô xerare, vagami ua Tauba no Goca no xô, Vacasa no Figaxi Miyagaua uo chiguiô xite sate arôzuru fito ga yoxinai coto uo vomoi cuuatatete, vagami mo, xison mo forobi tareta coto ua, macotoni asamaxij xidai de gozatta.

DAICV. MONGACVNO SVSVME ni yotte Yoritomo no muson uo vocosaxera reta coto to, Feiqe ua mata core uo tairagueô tote, vtte uo cudasareta coto.

VIII. Yoritomo no muson uo vocosaxerareta yurai

K

天草版平家物語［大英図書館蔵 © The British Library Board, OR52.aa.1 p142–143］

図は「天草版平家物語」と呼び習わされているテキストであるが、このテキストの表紙にあたるページには「日本《にほん》のことばとイストリアを習い知らんと欲（ほっ）する人のために世話に和らげたる平家の物語」と記されている。文禄元（一五九二）年に九州天草にあったイエズス会の学林（コレジョ）で出版されている。イエズス会の宣教師が、日本語と日本の歴史＝イストリア（historia）とを学ぶために、「世話＝世間で普通に使われることば（口語）」にわかりやすくした『平家物語』で、「天草版平家物語」の冒頭に置かれた「読誦《どくじゅ》の人に対して書す」と題された文章中では、「今、この平家をば書物のごとくにせず、両人相対して雑談《ぞうたん》をなすがごとく、ことばのてにはを書写せよ」と記されており、「書物」すなわち「書きことば」で綴られたテキストではなく、二人の人物が対面して雑談をするような形式で書け、とあって、かなりな部分を「話しことば」に換えた、いわば「異色の平家物語」である。この文章の末尾には「Fucan Fabian（不干ファビアン）」という名前がみえており、「話しことば」への書き換えはこの日本人がおこなったと考えられている。

現在は大英図書館に蔵されているたった一つのテキストしか存在が知られていない。このテキストはイソップの物語である「エソポのファブラス」及び「金句集」と合冊されている。「異色」ではあっても、巻三までは『平家物語』の「覚一《かくいち》本」と呼ばれるテキストに、巻四からは「百二十句本」と呼ばれるテキストにちかいことがわかっている。つまりそうした『平家物語』テキスト（あるいはそれに連なるテキスト）を具体的に下敷きにして「天草版平家物語」が編まれたと推測されている。「百二十句本」の中でも、3－7で採りあげた斯道文庫本とは特に密接なかかわりがあると指摘されている。

一四二頁から一四三頁の七行目までの翻字を示す。適宜漢字をあて、句読点を補った。

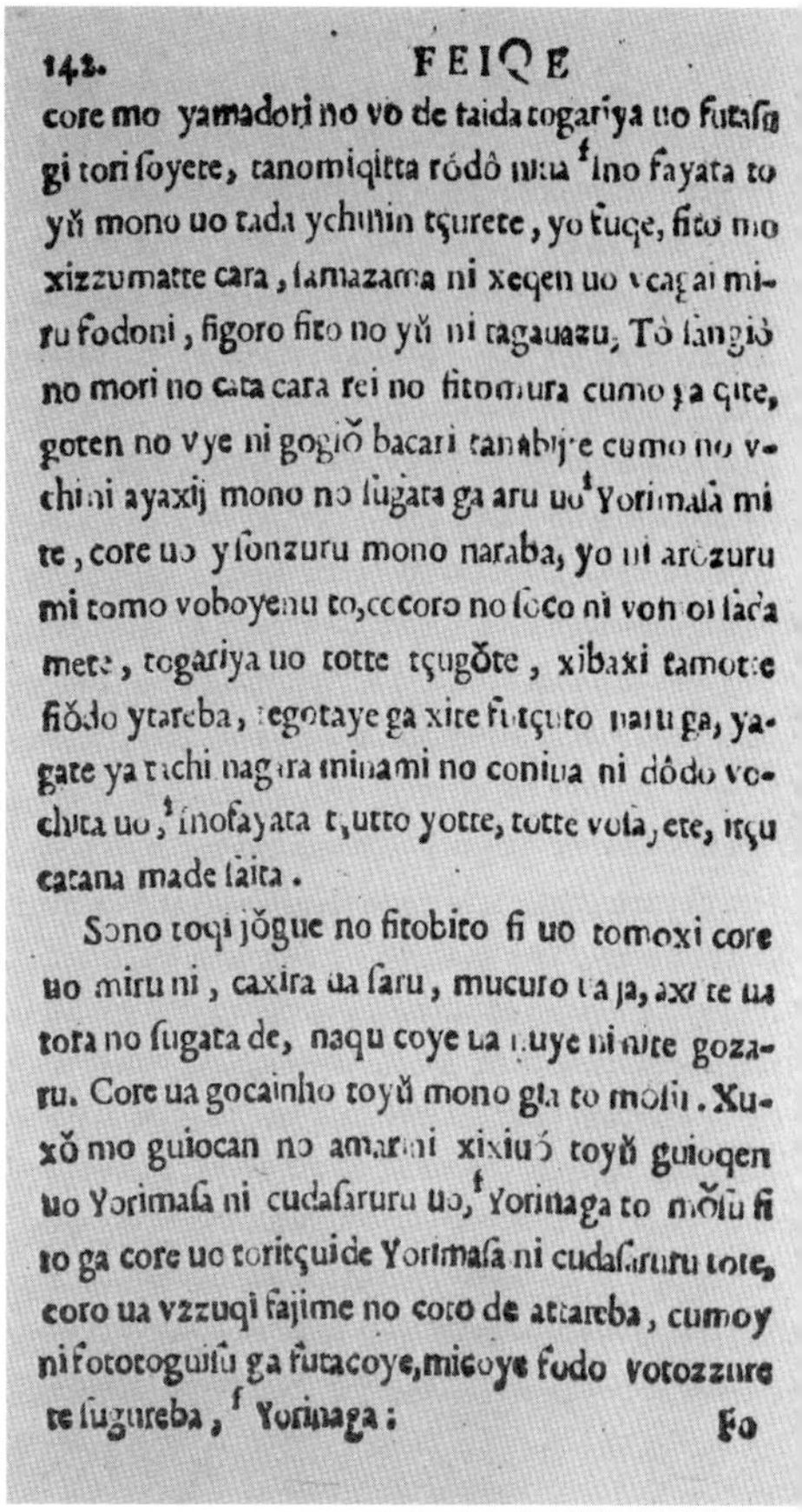
142. FEIQE
core mo yamadori no vo de taida togariya uo futasu-
gi tori ſoyete, tanomiqitta rôdô niua ᶠino fayata to
yǔ mono uo tada ychinin tçurete, yo fuqe, fito mo
xizzumatte cara, ſamazama ni xeqen uo vcagai mi-
ru fodoni, figoro fito no yǔ ni tagauazu, Tô ſangiô
no mori no cata cara rei no fitomura cumo ga qite,
goten no vye ni gogiŏ bacari tanabijte cumo no v-
chini ayaxij mono no ſugata ga aru uo ᶠYorimaſa mi
te, core uo yſonzuru mono naraba, yo ni arŏzuru
mi tomo voboyenu to, cocoro no ſoco ni vomoi ſada
mete, togariya uo totte tçugŏte, xibaxi tamotte
fiŏdo ytareba, tegotaye ga xite futçuto naru ga, ya-
gate ya tachi nagara minami no coniua ni dôdo vo-
chita uo, ᶠinofayata tçutto yotte, totte voſayete, itçu
catana made ſaita.
Sono toqi jŏgue no fitobito fi uo tomoxi core
uo miru ni, caxira ua ſaru, mucuro ua ja, axi te ua
tora no ſugata de, naqu coye ua nuye ni nite goza-
ru. Core ua gocainho toyǔ mono gia to mŏſu. Xu-
xŏ mo guiocan no amarini xixiuŏ toyǔ guioqen
uo Yorimaſa ni cudaſaruru uo, ᶠYorinaga to mŏſu fi
to ga core uo toritçuide Yorimaſa ni cudaſaruru tote,
coro ua vzzuqi fajime no coro de attareba, cumoy
ni fototoguiſu ga futacoye, micoye fodo votozzure
te ſuguireba, ᶠYorinaga: Fo

1 これも山鳥の尾ではいだ尖《とが》り矢を二筋とりそえて、頼みきった郎等《ろうどう》には猪《い》の早太《はやた》と
2 いう者をただ一人《いちにん》連れて、夜《よ》ふけ、人も
3 静まってから、さまざまに世間をうかがい見
4 るほどに、ひごろ、人の言うにたがわず、東《とう》三条
5 の森のかたから、例のひとむら雲が来て、
6 御殿《ごてん》の上に五丈ばかりたなびいて、雲のう
7 ちに怪しいものの姿があるを、頼政見
8 て、これを射損ずるものならば、世にあろうずる
9 身ともおぼえぬと、心の底に思いさだ
10 めて、尖り矢をとってつごうて、しばし保って
11 ひょうど射たれば、てごたえがして、ふつとなるが、や
12 がて、矢立ちながら、南の小庭に、どうど落
13 ちたを、猪の早太、つっと寄って、取って押さえて、いつ
14 刀まで刺いた。
15 その時上下の人々、火をともし、これ
16 を見るに、かしらは猿、むくろは蛇《じゃ》、足、手は
17 虎の姿で、鳴く声は、鵺《ぬえ》に似てござ
18 る。これは五海女（ごかいにょ）という物じゃと申す。主《しゅ》
19 上《しょう》も御感《ぎょかん》のあまりに獅子王という御《ぎょ》剣《けん》
20 を頼政にくださるるを、頼長と申すひ
21 とが、これをとりついで、頼政にくださるるとて、
22 ころは卯月初めのころであったれば、雲居
23 に、ほととぎすが二声三声ほどおとずれ
24 て過ぐれば、頼長：
25 ほととぎす雲居に名をやあぐるらん：
1 と、仰せかけられたれば、頼政、右の膝
2 をつき、左の袖を広げて、月をそ
3 ば目にかけ、弓を脇ばそうで、
4 弓張り月のいるにまかせて
5 と、つかまって、御剣《ぎょけん》を賜わって、まかりいで
6 られた。

例えば8行目あたりから斯道文庫本には、「危《アヤシキ》者ノ姿アリ。頼政、是ヲ射損スル物ナラハ、世ニアルヘキ身トモ覚ヘス／南無帰命頂来、正八幡大菩薩ト心ノ底ニ祈念シテ、鋒矢ヲ取テ／番ヒ、シハシタモツテヒヤウト射ル」とあって、「本文」がきわめて近いことがわかる。

第四章

江戸時代

江戸時代は近代語の始まりであると同時に古代語の終わりであった。言語の文字化ということに関していえば、先立つ室町時代までは、「手書き」が文字化の中心にあった。室町時代に始まった活字印刷は、明治期の活字印刷と区別する意味合いもあって、古活字版印刷と呼ばれることが多い。「江戸時代」と印刷するにあたって、「江」「戸」「時」「代」四つの活字を使って印刷するのが活字印刷である。その古活字による印刷は、すぐに整版印刷にとってかわられ、江戸時代には整版印刷が文字化において大きな役割をはたすようになった。整版とは、ページごとに木版をつくるやりかたである。整版印刷がさかんになった背景には、印刷物をよむ、不特定多数の「読み手」の存在があることはいうまでもなく、文字を読み書きする人々の集団を「文字社会」と呼ぶとすれば、江戸時代になって「文字社会」が急速にひろがった。

室町時代、あるいはそれ以前の時代と比べると、江戸時代につくられた文献が非常に多数現存していることはいうまでもない。それもまた「文字社会」の拡大によるといえようが、残されている文献はこの時代の日本語がどのようなものであったかについてのさまざまな知見を与えてくれる。

古代語の終わりは、江戸時代の人々にも何らかのかたちで意識されていたと推測される。今、ここで使っている日本語と、過去の文献に記されている日本語、例えば『古今和歌集』をかたちづくる日本語との違いははっきりと意識されたはずで、そうした意識が古典文学作品の「口語訳」すなわち「今、ここで使っている日本語」への置き換えを促したと推測する。そうしたものの一つとして「本文」では本居宣長『古今集遠鏡』をとりあげた。『古事記』がすぐに理解できないものであるために、『古事記』を読み解こうとする。その読み解きのプロセスは、わからなくなった古代語を意識させ、過去の日本語を反省的、観察的にとらえるという「心性」をうみだしたと考える。契沖『和字正濫鈔』は仮名遣書としての体裁を備えているが、これもまた『万葉集』の研究をとおして得られた「心性」に裏打ちされた書物と思われる。

「国学」という名称でくくられてきた学は、さまざまに展開したが、過去につくられた文献を精密によみとくことを中心に据えていることが多い。その読み解きは、過去の日本語を注視することをいわば「方法」としており、その「方法」や取り組みは、さまざまな知見をもたらしてくれる。古代語を「雅語」ととらえれば、江戸時代の「はなしことば」は「俗語」ということになり、「雅俗」を対応させた辞書も少なからず編まれた。『詞葉新雅』や『雅語譯解』はそうした辞書である。

交通網が整うことによって、日本の地域地域の交流も行なわれるようになり、「今、ここで使っている日本語」とは（少し）異なる日本語があるということも認識されるようになった。『物類称呼』は日本各地の「方言」を集めたもので、江戸時代になって、言語の空間差＝方言、言語の時間差＝過去の日本語との差がともに意識されるようになったことには注目しておきたい。

江戸時代以前にも中国との接触はあったが、江戸時代にはより直接的にそれが行なわれ、その結果、江戸時代における「現代中国語」に触れることになった。『唐話便用』はそうしたことを背景にして編まれている。室町時代に端を発した『節用集』も印刷出版されるようになり、日本語、日本文化に関してバランスのとれた情報を提供していると思われるが、『和漢音釈書言字考節用集』はそうしたものの代表といってよい。

4-1 異体字辞書

異体字弁

1692年頃?

『異体字弁』（二冊）は算数暦法家であった中根璋《あきら》（号は元珪）（一六六二〜一七三三）が著わした。版本には刊記がなく、元禄五（一六九二）年の貝原篤信の序がある。異体字から正体字を知る「帰正門」（図1）と、ある字の異体字を知る「好異門」（図2）とに分かれ、両門ともに、漢字の総画数によって字を配列し、同画数の字は第一画目の運筆方向によって「起横」「起直」「起斜」に分ける。こうした配列方法を採用しているために、検索がしやすい。

「帰正門」において「乱［俗／亂］」とあるのは、「乱」字が「亂」字の「俗体」であることを示している。「古」は「古体」で、「同」とあるのは同字体と認めていると思われる。中根璋は中国、明の梅膺祚《ばいようそ》の編んだ字書である『字彙』（三三一七九字所収）を参考にしている可能性が指摘されている。

そうであれば、本書の「異体」「正体」という「判断」の基準は中国語内での規範ということになる。漢字を使う以上、日本における漢字使用が、中国語内での規範と無関係というわけではないが、といって、常に中国語内での規範に基づいて使用されているわけではない。そう考えると、本書が江戸時代に出版されていることをもって、本書の「判断」を江戸時代に日本で流通している漢字についての「判断」と無条件でみなすことには慎重でなければならない。

『異体字弁』が採りあげている漢字字体が江戸時代までの日本においても使われているものだと仮定すれば、先にふれた「乱」字は使われていたことになる。同様に、「万［古／萬］」「双［俗／雙］」「仏［同／佛］」「処［古／處］」「尽［俗／盡］」「灯［俗／燈］」「麦［俗／麥］」「即［俗／卽］」「国［俗／國］」「児［俗／兒］」「労［俗／勞］」「宝［俗／寶］」「参［俗／參］」「斉［俗／齊］」「学［俗／學］」「炉［俗／爐］」「昼［俗／晝］」「挙［俗／擧］」「栄［俗／榮］」「鼡［俗／鼠］」「独［俗／獨］」「真［俗／眞］」「竜［俗／龍］」「恋［俗／戀］」「蛍［俗／螢］」「亀［俗／龜］」「窓［俗／窻］」「属［俗／屬］」「覚［俗／覺］」「塩［俗／鹽］」「遅［俗／遲］」「豊［俗／豐］」「誉［俗／譽］」「鉄［俗／鐵］」「関［俗／關］」「雑［俗／雜］」「潜［俗／潛］」などが、江戸時代に

図2 異体字弁（好異門）

実際に使われていた字体についての謂いだとすれば、康熙字典体ではない字体が日本の「文字社会」において使われていたことの「証し」となる。

　ゴーフルで知られる東京風月堂の「風」字は「凮」であるが、この字体は八画の「起斜」の条の中に「凮〔古／風〕」とあって、『異体字弁』は「凮」の古体とみていることがわかる。さまざまな時期の文献を見ていて実際に「遭遇」する字体に関していえば、「仝〔古／同〕」「冲〔同／沖〕」「决〔俗／決〕」「斈〔俗／學〕」「弃〔古／棄〕」「欤〔同／歟〕」「枩〔同／松〕」「旹〔古／時〕」「枽〔俗／桑〕」「炑〔同／秋〕」などは、それぞれの「判断」が穏当なものであるかどうかについてはなお検証が必要であるが、一つの「情報」を与えてくれている。

図1　異体字弁（帰正門）

　「好異門」はさらに興味深い。「天」字の下には、実に十の異体字が並べられている。一番目の字体は『今昔文字鏡』が066344の番号を与えている字体であるが、表示ができない。『大漢和辞典』にも『康熙字典』にも載せられていない字体で、このような字体をどこからとりこんだのだろうか。二番目の字体は、『大漢和辞典』が1352の番号を与えている字体で、則天武后の作ったいわゆる「則天文字」にあたる。

　「好異門」をみると、「死」の異体字として「弗」と「甦」とを上下に重ねて一字にしたような字もみられ、「弗甦」（よみがえることなし）だから「死」であろうが、挙げられている字を話題にするのであれば、実際に存在し、使用された漢字であるかどうかの検証（はむずかしいであろう）が必要となるだろう。「地」の異体字としては「濁」を左に、「氣」を右に配置した字があげられている。この字も『今昔文字鏡』には載せられていない。「帰正門」に「枀〔同／松〕」とある。これは「公」という漢字構成要素の「ム」が「口」と書かれることがあることを示しているとみることもできるが、同様の例として「船」「舩」がある。

4-2 語の正しい姿を追求

和字正濫鈔

1695年刊行

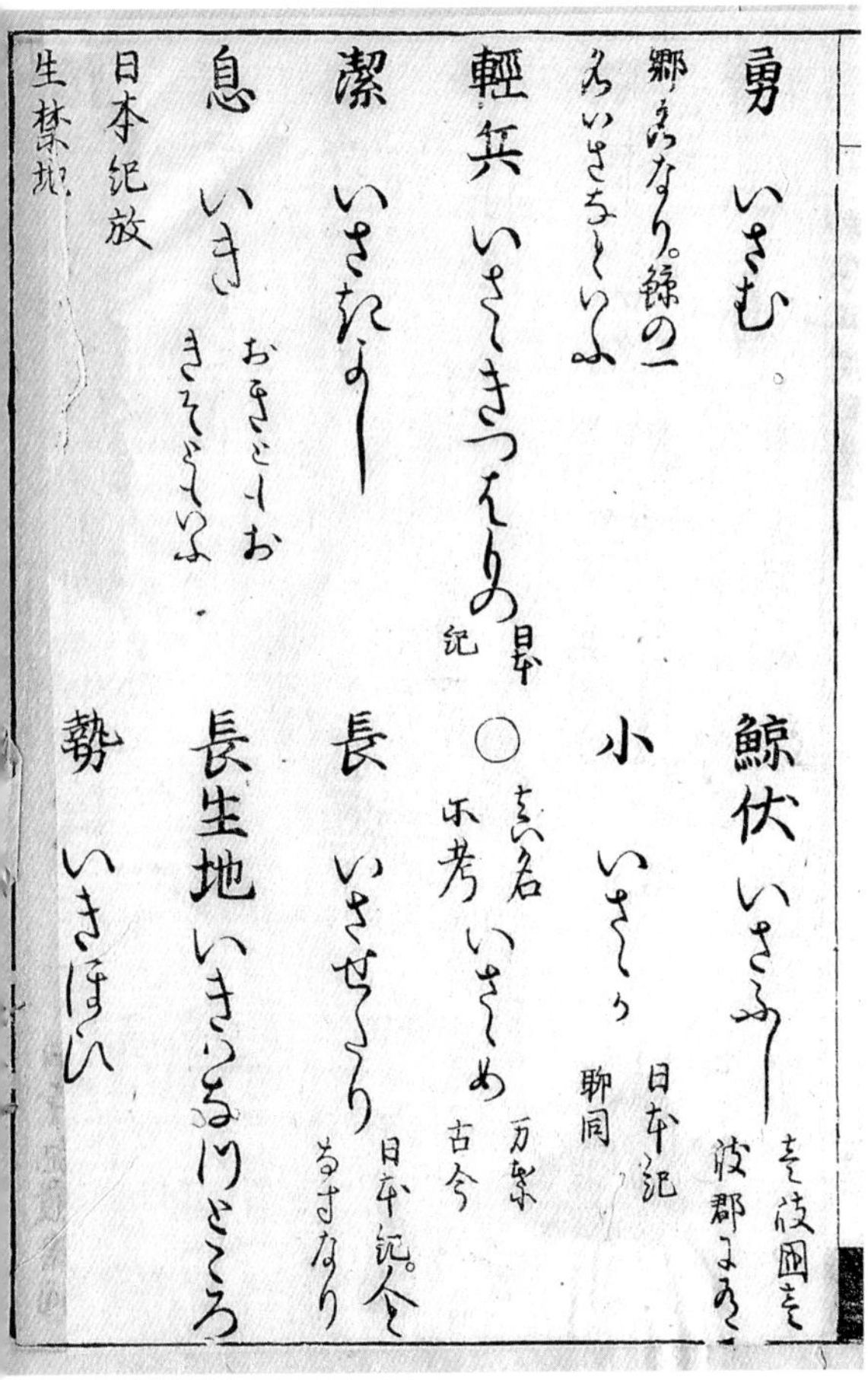
勇　いさむ
鯨伏　いさふし
軽兵　いさゝきつはもの
小　いさゝ
潔　いさきよし
長　いさせり
息　いき
長生地　いきながるところ
勢　いきほひ

契沖（一六四〇～一七〇一）が著わし、元禄八（一六九五）年に五巻五冊で刊行された。自筆稿本の存在も知られている。同じ版木によって元文四（一七三九）年、文化四（一八〇七）年にも出版されている。図は元文四年版。巻一において行阿の『仮名文字遣』が掲げている「かなづかい」に「混乱猶おほき」（二丁表）と述べ、さらに「日本紀より三代実録に至るまでの国史、旧事記、古事記、萬葉集、新撰萬葉集、古語拾遺、延喜式、和名集のたぐひ、古今集等及ひ諸家集までに、仮名に證とすべき事あれば見及ぶに随ひて引て是を證ず」（二丁裏）と述べる。右には、おおむね平安時代初期頃までに成った文献が挙げられており、その頃までの文献が「かなづかい」のよりどころになるという認識が契沖にあったことを示している。書名の「正濫」は「かなづかい」の「濫（みだ）れを正す」ということと考えられている。

図には「景天　いきくさ［和／名］」という見出し項目がみえている。これを使って説明すれば、「イキクサ」という語の「かなづかい」は「いきくさ」が正しく、それが『和名類聚抄』の記事によって裏付けられていることを示している。『和名類聚抄』にあたってみると、「草木部草類」の条下に「陶隠居本草注云、景天一名慎火［和名伊／岐久佐］避火以名之」という記事がみえ、「和名伊岐久佐」とある。漢字列「伊岐久佐」は「イキクサ」という語を書いたものと思われるので、それが「證」として示されていることになる。「イキクサ」は現在いうところの「ベンケイソウ」という植物である。

「軽兵　いさゝきつはもの［日本／紀］」は、少し異なるケースになる。『日本書紀』の神武天皇即位前紀戊午年八月の条に「親率軽兵巡幸焉」（親《みずか》ら軽兵を率《ひき》ゐて巡《めぐ》り幸《いでま》す）とあって、この「軽兵」が「イササキツワモノ」と訓読されてきた。『日本書紀』の成立は八世紀と考えられているので、そもそも仮名の発生以前の文献ということになる。それはいいが、訓読がいつなされたかということになる。そして、そもそもその訓読が適切であるかということがある。「イササキツワモノ」という訓読なので、「イササキ」は漢字「軽」に対する訓と思われる。現代では、「イササケシ」という形容詞の存在を認め、この「軽」は「イササケキ」とよまれている。つまり「イササシ」やその連体形「イササキ」は現在、語としての存在が認められていない。そうだとすれば、江戸時代に「イササシ」が使われていたかどうかも疑問になる。つまり、江戸時代に「はなしことば」「書きことば」で「イササシ」という語が使われていて、その語をどう書くのが正しいのかを探っていって『日本書紀』の右の記事にいきついた、ということではないと思われる。となると、契沖が「かなづかい」の「濫れを正す」といった時の「濫れ」は、江戸時代に実際的に行なわれている「かなづかい」の「濫れ」ではないことになる。

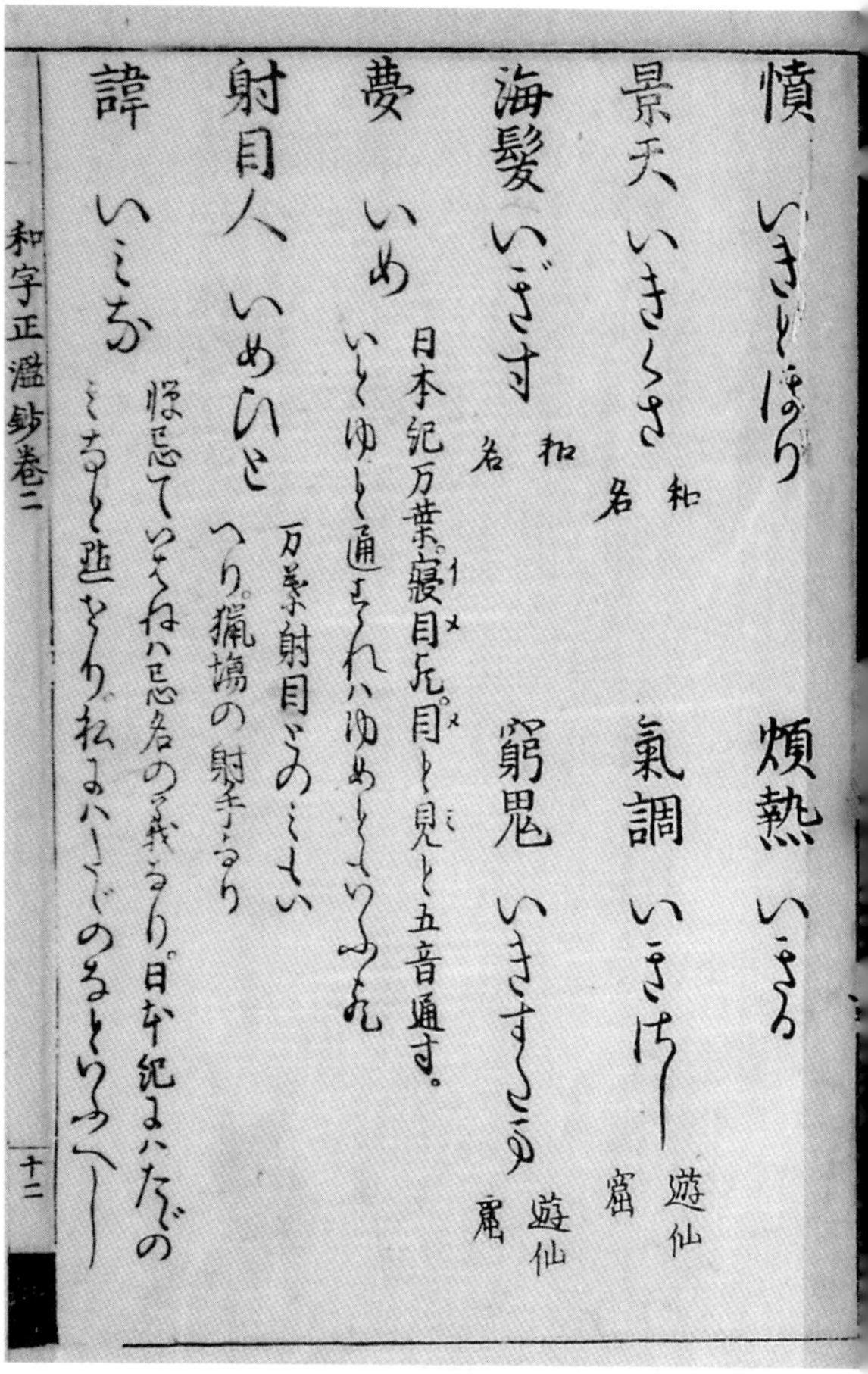

和字正濫鈔（元文四年刊）

拙書『かなづかいの歴史』（二〇一四年、中公新書）において『和字正濫鈔』は「かなづかい書」ではない」（一五三頁）と述べたのは、そうした意味合いにおいてであった。契沖が本書を著わした目的は、「かなづかいの根拠とともにかなづかいを示すこと」、さらにいえば、「語の正しい姿」を示すことであったと推測する。

図には「鯨伏　いさふし［壱岐国壱／岐郡に有］」という見出し項目がみえている。「鯨伏」は現在でも長崎県壱岐市にある地名で、「イサフシ」と発音されている。ただし、『和名類聚鈔』においては、「壹岐郡」の条中に「鯨伏」とあるのみで、そこに和名は示されていない。このような場合契沖は「鯨の一名」が「イサナ」であることから「いさふし」という「かなづかい」が正しいと推測していることになる。『和字正濫抄』には多くの地名が見出し項目となっている。地名を漢字ではなく、仮名で書くという必要がしばしばあるとは考えにくい。あるいは、先にふれたような植物名や魚介類の名、動物の名なども同様で、そのようなことからも『和字正濫鈔』は「実際的なかなづかいを示す」という目的で著わされたものではないと考える。

4-3 一六九五年のエピステーメー

蜆縮涼鼓集

1695年頃成立

内題及び題簽《だいせん》には「しちすつ仮名文字使蜆縮涼鼓集」とあり、これが正式な書名と思われる。「蜆縮涼鼓」は「シジミ（蜆）」「チヂミ（縮）」「スズミ（涼）」「ツヅミ（鼓）」で、本書がいわゆる「四つ仮名ジヂズヅ」を採りあげた書であることをふまえている。序文末尾には「元禄第八歳次乙亥二月朔　鴨東蔌父」とあって、この元禄八（一六九五）年が成立の目安と思われる。「鴨東蔌父《おうとうのそくふ》」は鴨川（賀茂川）の東の隠士といったことで、著者は未詳。「四つ仮名」にかかわる語を集めていろは順に配列した「仮名遣書」。享保二十（一七三五）年には『仮名文字遣便蒙抄』と題した改題本が出版されている。

序文に続いて「しちすつ仮名文字使凡例」と題した文章が置かれているが、音声に対しての観察力がたかく評価されている。**図1**は本文の前に置かれた「五韻之図」と「新撰音韻之図」であるが、前者ではハ行音を「脣の軽」とみているのに対し、後者では「変喉」とみており、この頃にハ行子音が［f］から現代のハ行音のような［h］へと変化し始めていたことを窺わせる。

図2は「む」部と「う」部であるが、「むじやう　無常・迅速《ジンソク》」「むじやう　無上［最上／極上］」「むじつ　無実　今むしちト云」のように、漢語も採りあげている。見出し項目「むじやう（無上）」に置かれている「最上／極上」は漢語「ムジョウ（無上）」の語義説明すなわち「語釈」と思われる。ある語をどのように書くかということだけを示すのであれば、「語釈」は必要がないが、（増補された）『仮名文字遣』のような仮名遣書が視野に入っていることを思わせる。

「うるふづき　閏月　一云从王」の「ふ」の右傍には「ウ」と小書きされており、実際の発音を注記している。「うぢへ」の「へ」の右傍には「エ」とあって、「ウヂへ」と発音する語ではなく、「ウヂエ」と発音する語であることを示している。「四つ仮名」にかかわるテキストであるので当然ともいえるが、語の発音に対しての配慮が細かくなされている。

「い／ゐ」部にある見出し項目「いもじ蔌（左振仮名イモガラ）和名ニ芋茎也」では『和名類聚抄』の見出項目「芋［蔌／附］」

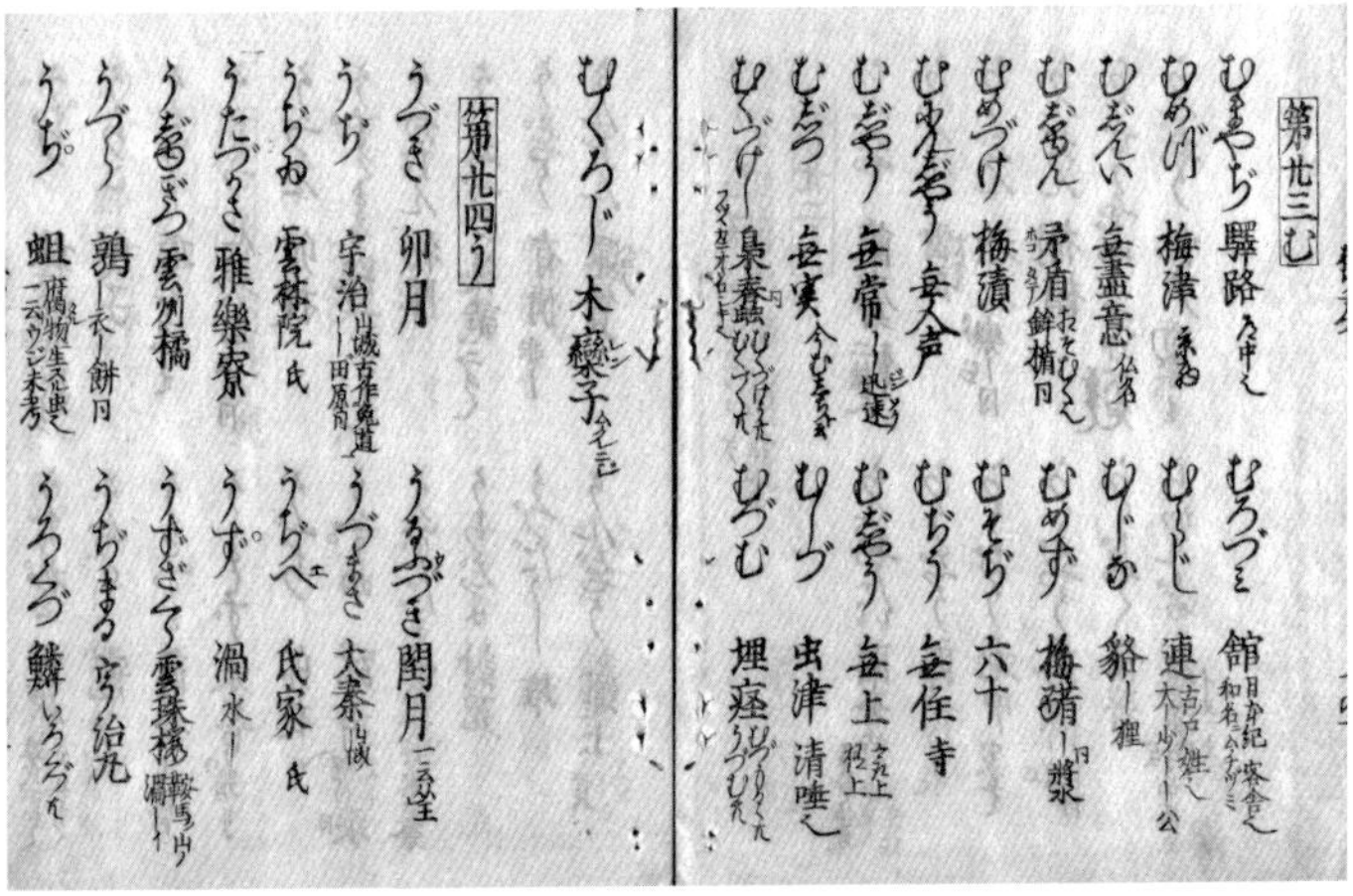

図2　「む」部／「う」部［図1同様］

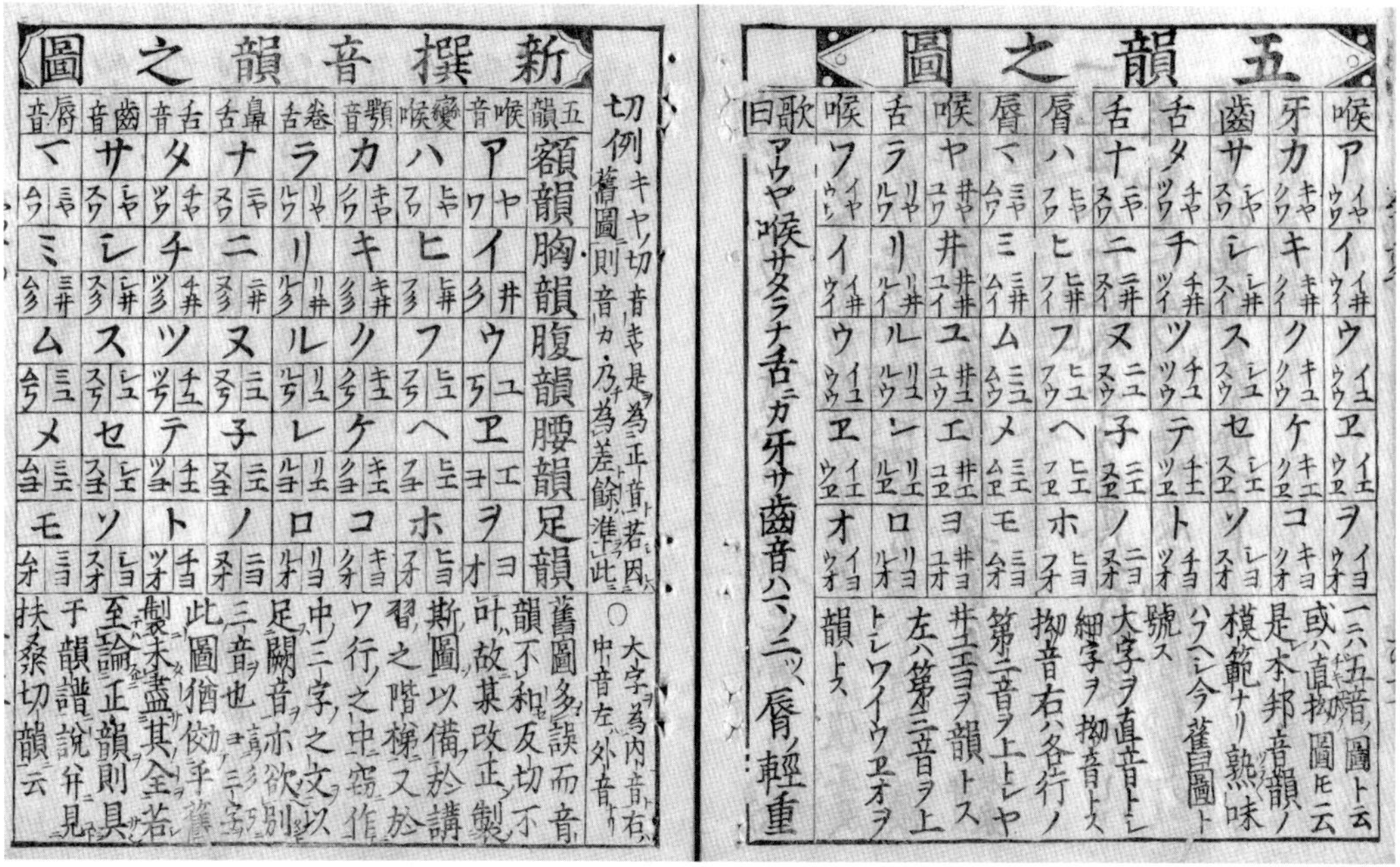

図1　しちすつ仮名文字使蜆縮凉鼓集（「五韻之図」「新撰音韻之図」）［国立国会図書館蔵］

において「菆」字に「和名以毛加良一云以毛之」とあることと及び漢文注に「芋莖也」とあることを示す。しかし、「イモガラ」も「芋莖也」も「イモジ」という語を仮名でどう書くかということとは直接的にはかかわらない。あるいは見出し項目「ゐのこづち　牛膝［ゐのこづち共／和名ニヰノクヅチ］」では『和名類聚抄』を参照した記述がみえる。『和名類聚抄』巻二十草類の見出し項目「牛膝」には「和名為乃久豆知」とあって、たしかに「イノクヅチ」とある。しかし、この「イノコヅチ」の別称「イノクヅチ」を示すことは仮名遣いとはそれほどかかわらないといってよい。こうした「記述態度」は元禄八年に出版されている契沖の『和字正濫鈔』に通うようにみえる。本書はおそらく『仮名文字遣』を参照していると思われ、そうだとすれば、本書の大枠としての淵源は『仮名文字遣』にあり、それが元禄八年頃の「エピステーメー」を経由してアウトプットされたものが本書であると考え、『和字正濫鈔』もそうした枠組みの中で醸成されたと考えると理解しやすいと考える。

4-4

江戸時代の節用集

1717年刊行

和漢音釈書言字考節用集

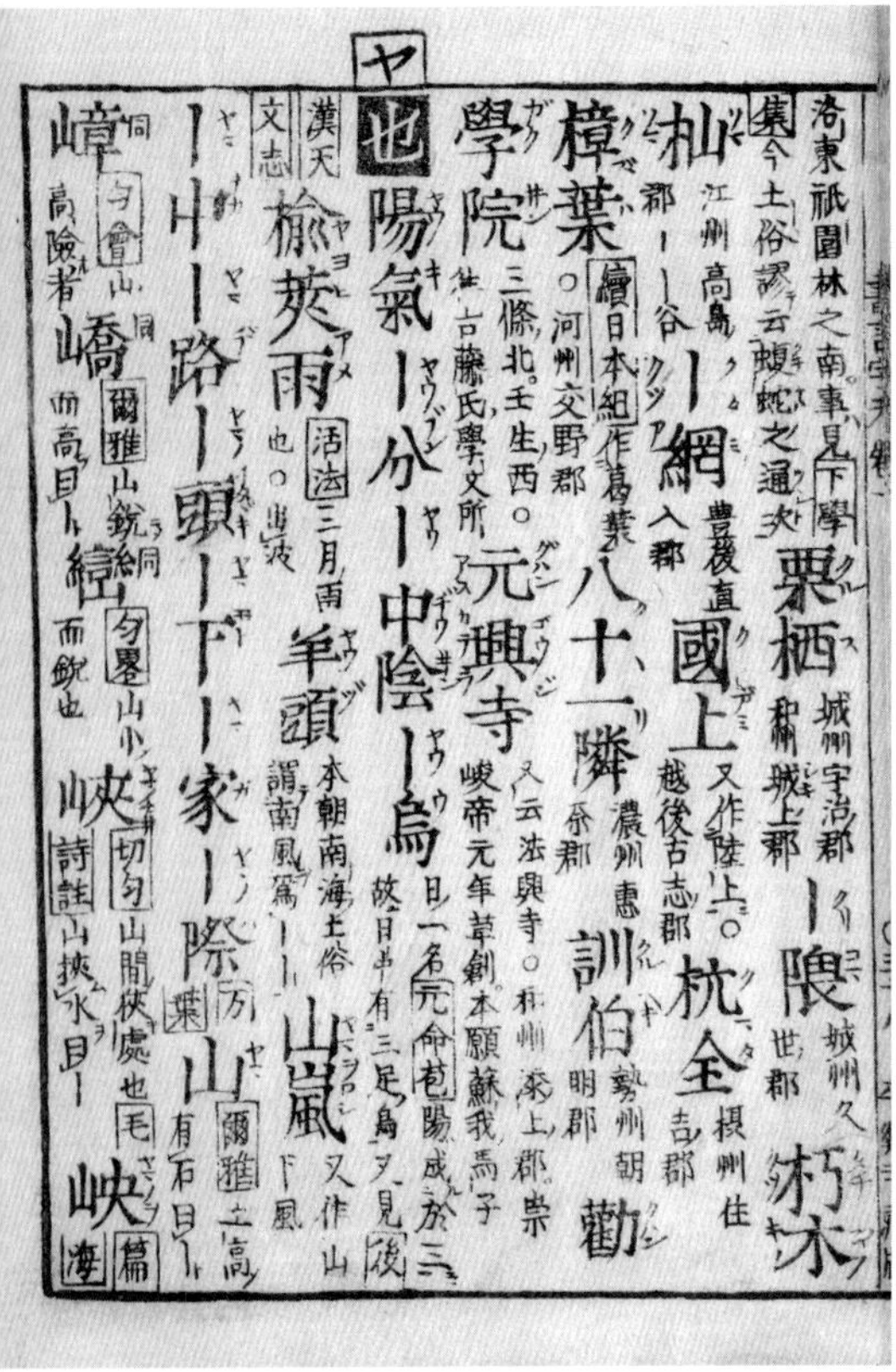

図は『和漢音釈書言字考節用集』の第一巻「乾坤」の「ヤ」部冒頭箇所。享保二（一七一七）年に十巻十三冊仕立てで出版されている。このテキストは内題には「和漢音釋書言字考節用集」とあるが、表紙見返しには「和漢音釋書言字考」と小さく書かれ、「合類大節用集」とあって、（増補）「合類大節用集」と呼ばれることもある。延宝八（一六八〇）年に出版された『合類節用集』とは異なるテキストである。

槇島昭武《まきしまあきたけ》（?〜一七二六以後）が編んだ。天理図書館に本書の自筆稿本が蔵されているが、いろは順が上位で、意義分類が下位になるかたちで編集されている。本書は、意義分類が上位、いろは順が下位になるかたちで編まれているので、出版に至る間に辞書としての形式が変えられたことになる。

明和三（一七六六）年、万延元（一八六〇）年などにも出版されており、天保六（一八三五）年にはバタビヤで、『Thesaurus Linguae Japonicae』という書名で出版されている。

構成は、乾坤（巻一）、乾坤・時候（巻二）、神祇・官位（巻三）、人倫（巻四）、肢体・気形（巻五）、生植・服食（巻六）、器財（巻七）、言辞（巻八〜九）、数量・本朝通俗姓氏（巻十）となっている。江戸期に刊行された節用集（＝近世節用集）の中でも、見出し項目が多く、かつ語釈も豊富に附されている点に特徴がある。

図左においては「宅地」「屋敷」と二つの漢字列が続いて示され、「宅地」には「ヤシキ」と右振仮名が施されている。「ヤシキ」にあてる漢字列が二種類示されていることになり、つまり同語異表記を積極的に示している。続く見出し項目も、「ヤカタ」にあてる漢字列が「館」「屋形」と二つ示されている。「阿蘭陀（ヲランダ）紅毛（同）「又作／―夷」」（巻二・十七丁表）においては、見出し項目「紅毛」の語釈中に、「紅夷」という別の漢字列が示されており、このようなかたちで、同語異表記が示されることもある。

見出し項目「半途（ハント）［又云／中道］」（巻一・六丁表）「廢所（ハイシヨ）［又云謫所／流人所居］配所（同）［同／上］」（巻一・六丁裏）においては、「ハント（半途）」の類義語「チュウドウ（中道）」、「ハイショ（廢所）」の類義語「タクショ（謫所）」が語釈として示されている。「驟雨（ニワカアメ）（語釈略）暴雨（同）疾雨（同）」（巻二・八丁表）では、「ニワカアメ」にあてることができる漢字列が「驟雨」「暴雨」「疾雨」と三種類示されている一方で、漢語「シュウウ」「ボウウ」「シツウ」と「ニワカアメ」とが類義であることが示されているとみることもできる。そしてまた、これら三つの漢語が、「ニワカアメ」を書くことができる程度の語義の重なり合いをもっていることからすれば、漢語同士も類義であるとみることができる。そうみてよいとすれば、江戸時代の日本語の状況、江戸時代における「日本語理解」を探る恰好の文献といってよい。

「渾（ニゴル）混（同）汶（同）濁（同）」（巻一・八丁表）は、「渾・混・汶・濁」の四字がいずれも「ニゴル」という和訓（もしくは、当該漢字が「ニゴル」という和語と重なり合いのある漢字字義）をもっていることを示していると思われ、そうであれば、「同訓異字」をあげていることになる。「墀（ニハ）場（同）庭（同）」（巻一・八丁裏）あるいは「邊（ホトリ）頭（同）畔（同）上（同）口（同）涯（同）潯（同）涘（同）」（巻一・九丁裏）などの記事からすれば、定訓的な「和訓」も含みながら、ややひろく漢字字義の重なり合いも示しているとみることができるだろう。

「蜃樓（右カヰヤグラ／左カイノシロ）」（巻一・十九丁裏）「間道（右カンダウ／左カクレミチ）」（巻一・二十丁表）「小流水（右ゾロ〳〵ミツ／左ジョロ〳〵ミツ）」（巻一・二十九丁表）のような左右両振仮名もみられる。

「治國（チコク）［出／遠］」（巻二・十四丁裏）は漢字列「治國」が「ヲ（遠）」部にもあげられていることを示している。「ヲ」部には「治國（ヲサマルクニ）［出／知］」（巻一・十六丁裏）とあって、こちらの見出し項目から「治國（チコク）」を参照することもできるようなっており、そうした意味合いでは編集が行き届いている。

江戸時代に出版された節用集ではあるが、室町期に成立した古本『節用集』が収めていた語も収めており、古本『節用集』との連続性を視野に入れて本書をとらえる必要がある。

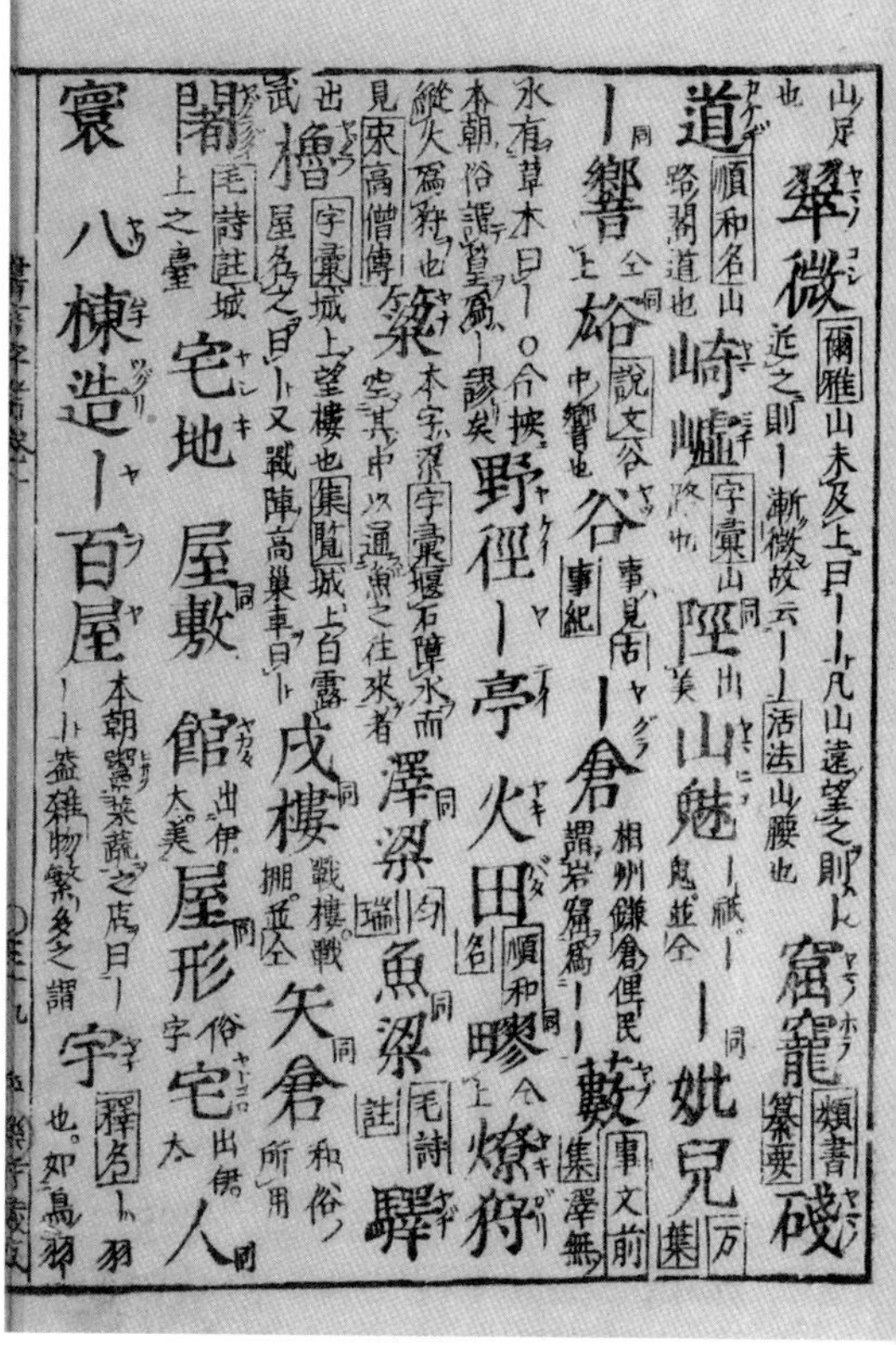

和漢音釈書言字考節用集（「乾坤」「ヤ」部冒頭）

4-5

白話の辞書

1726年刊行

唐話使用

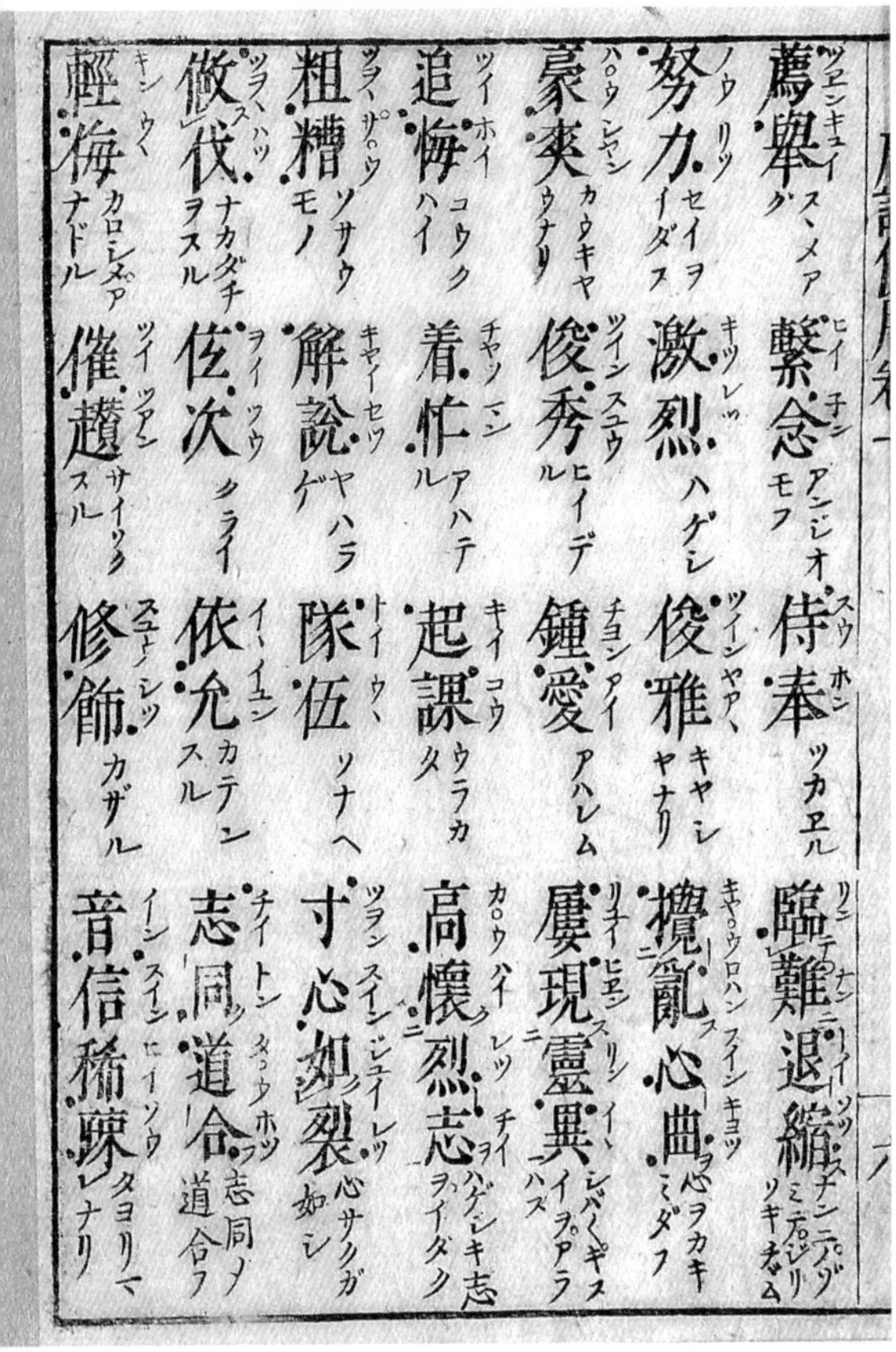

岡島冠山《おかじまかんざん》（一六七四～一七二八）が編纂した、いわゆる「唐話辞書」。図は「享保十一年丙午正月吉旦」と刊記にある六巻六冊のテキスト。『唐話』とは近代中国語を指す。江戸期においては、いわゆる「鎖国」体制がとられ、日本以外の国との交流は、長崎の出島におけるオランダと中国との交流に限られることになった。中国との交流のための通訳官である唐通事が養成され、中国浙江地方の標準語といえる杭州語と、南京官話とが学習された。

中国においては、宋、元、明代に口語＝白話《はくわ》を多く交えた「白話小説」が書かれるようになり、特に明代には、四大寄書と呼ばれる『三国志演義』『水滸伝』『西遊記』『金瓶梅』が成った。これらは「原書」のまま日本にももちこまれ、返り点や送り仮名等を附して読みやすくした「和刻本」としても出版された。また当時「通俗」と呼ばれた、漢文書き下し文の形式を採る「翻訳」テキストも出版されていた。さらには中国の白話小説を日本の小説に仕立て直した「翻案」もあった。

読本の祖と称せられる、都賀庭鐘《つがていしょう》の『英《はなぶさ》草紙』や上田秋成の『雨月物語』中には白話小説の翻案が含まれていることが指摘されている。

こうした「白話小説」の流行に伴って、「唐話辞書」が編纂されることがあったと考えられている。「唐話辞書」の中には、『水滸伝』やその他の「白話小説」に使われた語彙を集めて日本語訳を附しただけのものが多い。

「白話」を意識することは、中国語における「文言＝古典中国語」と「白話」との違いを意識することであり、それは言い換えれば古典中国語ではない中国語の存在を意識することであったと思われる。日本語を母語とする者にとっても、「書きことば」としての古典中国語は当該時期

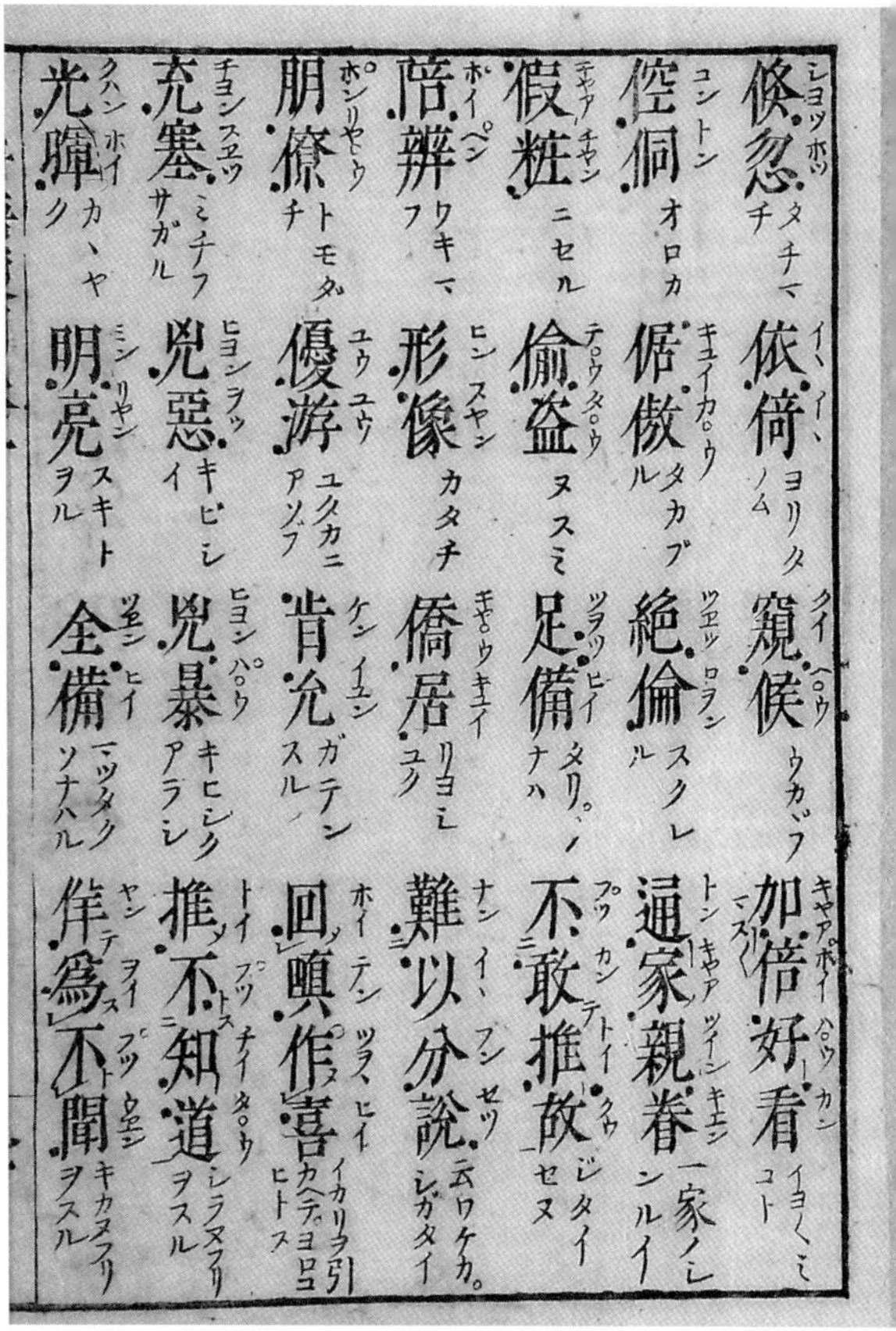
倏忽 タチマチ　依倚 ヨリタノム　窺候 ウカゞフ　加倍好看
倥侗 オロカ　倨傲 タカブル　絶倫 スクレル　通家親眷 一家ノシンルイ
假粧 ニセル　偷盗 ヌスミ　足備 タリソナハ　不敢推故 ジタイセヌ
陪辨 ワキマフ　形像 カタチ　僑居　難以分説
朋僚 トモダチ　優游 ユタカニアソブ　肯允 ガテンスル　回頭作喜
充塞 ミチフサガル　兇惡 キビシイ　兇暴 キビシクアラシ　推不知道 シラヌフリヲスル
光暉 カヾヤク　明亮 スキトヲル　全備 マッタクソナハル　佯為不聞 キカヌフリヲスル

唐話便用（巻一・六丁裏〜七丁表）

においては「公性」を帯びたものであったと推測され、「古典中国語ではない中国語＝白話」は「公性」からいささか離れたものとして認識されやすかったと思われる。そうしたことがかかわると推測するが、「唐話辞書」において、見出し項目として採りあげられている「唐話」に配置されている日本語も、どちらかといえば、非標準的な語である傾向がみられる。この場合の「非標準的な語」は「はなしことば」であったり、「俗語」であったりと、さまざまな意味合いで「非標準的」であると思われる。

本書は内題には「唐話便用」とあり、題簽及び版心には「唐話便用」とある。ここでは「唐話便用《とうわべんよう》」を書名とした。岡島冠山が享保元（一七一六）年に出版した『唐話纂要《とうわさんよう》』六巻六冊の全面的な改訂新版のような内容をもつ。巻一は二字話、四字話、巻二は三字話、五字話を採りあげ、巻三は上六字、下七字の句文、巻四以下は項目別の分類会話集となっている。テキスト全体にわたって、漢字には訓点、四声点、官音（中国語の発音）が施され、日本語訳が配されている。

図の範囲では、見出し項目「依允」及び「肯允」に「カテンスル（合点する）」という日本語訳が配されている。「ガテン／ガッテン（合点）」も漢語＝中国語であるが、ここでは日本語訳として現われている。「イイン（依允）」「コウイン（肯允）」は見出し項目となっている「説明される中国語」で、「ガテン／ガッテン（合点）」は「説明する中国語＝漢語」で、ここに「漢語の層」がみえている。現代においては、「合点だ」や「合点承知の助」などということもほとんどないであろうが、このような「はなしことば」の中に使われている漢語がある。そうした漢語はいずれかの時期、おそらく室町時代の末頃から江戸時代の末頃までの時期に「はなしことば」の中でも使われるようになり、「耳で聞いてもわかる漢語」「漢字離れした漢語」となっていったと推測する。あるいは見出し項目「追悔」は「コウクハイ（後悔）」と訳されている。「コウクワイ（後悔）」はこの時点では説明に使える漢語であったことになる。「沈酔」「酩酊」は「イコーヨータ」と説明され、「枉費」は「ムダヅカヒ」と説明されている。

4-6 漢字について概観

1760年刊行

同文通考

新井白石（一六五七〜一七二五）が著わし、新井白蛾が補って、宝暦十（一七六〇）年九月に四巻四冊で刊行されている。図は、版元として吹田屋多四郎とある初版。「同文」とは〈同じ文字〉ということで、中国語と日本語とにおいて、同じ文字である漢字を使っている＝通用させていることに関しての考察が『同文通考』という書名になったと思われる。一般的には江戸時代における文字、漢字の研究書と位置づけられている。

『同文通考』の出版にさきだち荻生徂徠『訓訳示蒙』が明和三（一七六六）年に、同じく荻生徂徠の『訳文筌蹄《やくぶんせんてい》』が宝永八（一七一一）年に出版されている。また伊藤東涯の未定稿を子の善韶《よしつぐ》が編集した『操觚《そうこ》字訣《じけつ》』も宝暦十三（一七六三）年頃にはまとまり始めていたと思われる。これらの書物は、漢字の使い方、「同訓異字」といわれる現象について中国語規範を示しながら述べており、十八世紀に入って、日本的な漢字使用と中国規範に基づいた漢字使用ということに関しての「意識」が先鋭化してきていることを窺わせる。この『同文通考』もそうした「流れ」の中において評価する必要がある。

巻一は、中国における文字について、巻二は日本における神代文字、漢字などについて、巻三は、片仮名、いろはの字源などについて述べている。巻四は、日本における漢字字体や漢字の使われ方に関して、「国字」「国訓」「借用」「誤用」「譌字《かじ》」「省文《せいぶん》」の六つに分け、それぞれに該当する漢字を挙げて説明を施している。「譌字」は「訛字」とも書かれている。「国字」は「本朝ニテ造レル」字で「異朝ノ字書ニ見ヘヌ」ものをいい、それ故に訓のみあって、音がないと述べる。「国訓」は「本朝ニテ用ヒキタル義訓」で「彼国ノ字書ニ見ヘシ所ニ異ナル」もの、すなわち当該漢字が中国語の中では担っていなかった字義において日本語の中で使われている場合を指している。「借用」は字義の近い字で「点画少キ」ものを借用している場合を指し、「誤用」は「文字ノ形」が似ているために、「他ノ字ヲ用ヒ」る場合を指す。「譌字（訛字）」は「アヤマリ用フルトコロ」の字で「正字ニアラサルヲ」指し、「省文（省字）」は「偏旁ヲ省キ点画ヲ減シテ」使っているものを指す。

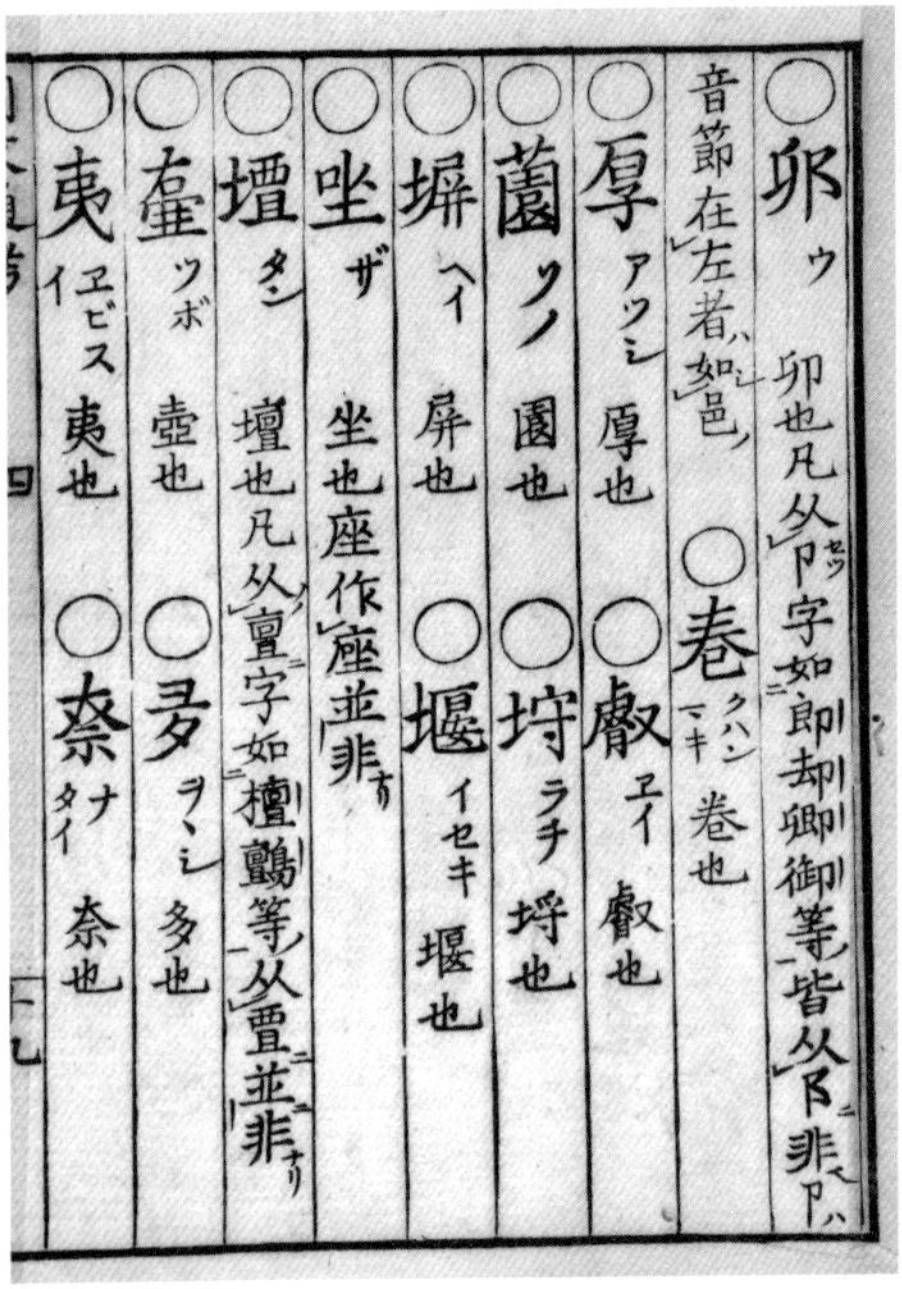

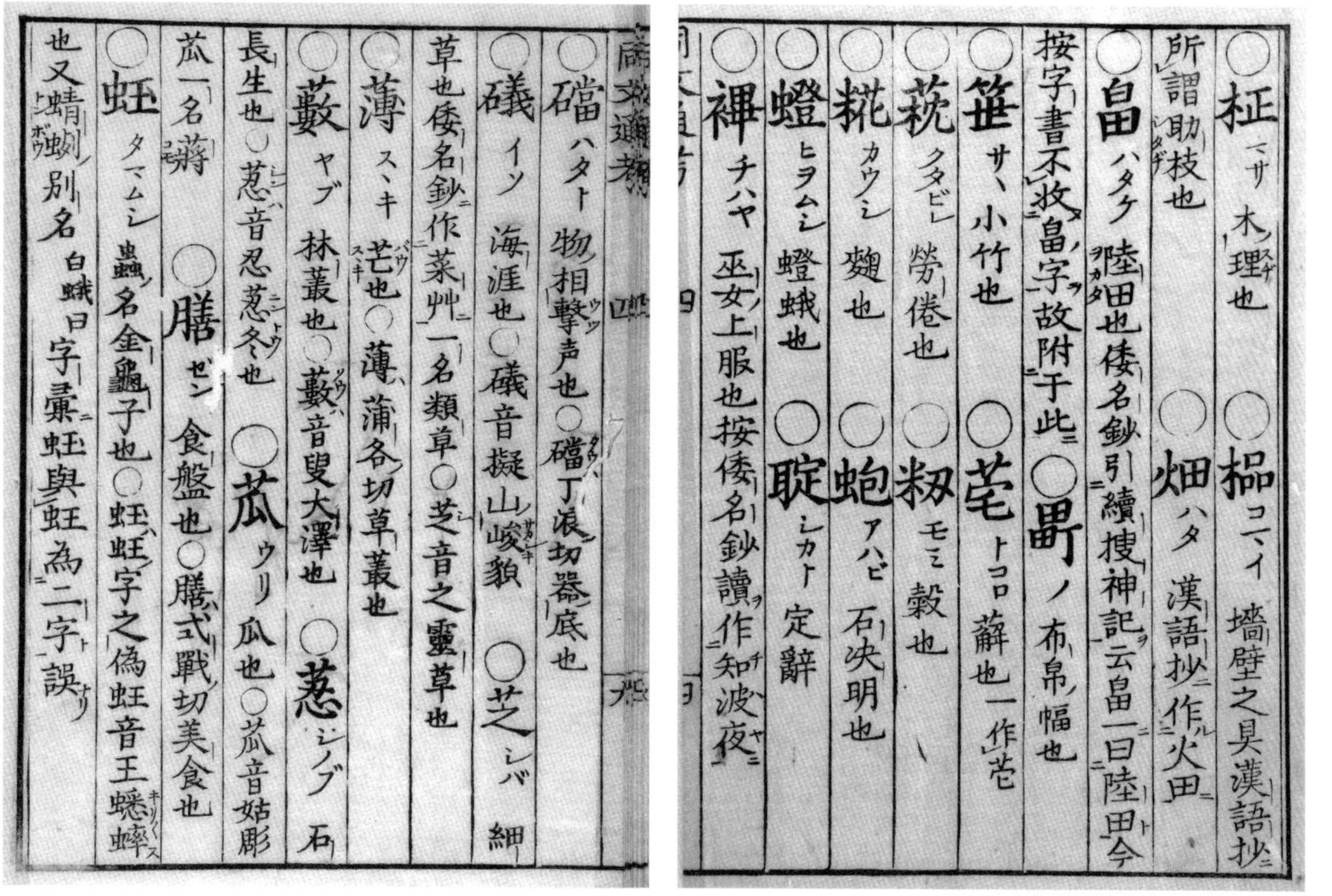
○磄ハタト物相擊声也○磄丁浪切器底也
○礒イソ海涯也○礒音擬山峻貌 ○芝シバ細
草也倭名鈔作莱艸一名類草○芝音之靈草也
○薄スヽキ芒也○薄蒲各切草叢也
○藪ヤブ林叢也○藪音叟大澤也 ○葸シノブ石
長生也○葸音忍葸冬也 ○苽ウリ瓜也○苽音姑彫
苽一名蔣 ○膳ゼン食盤也○膳式戰切美食也
○蚽タマムシ蟲名金龜子也○蚽蚽字之偽蚽音王蟋蟀
也又蜻蛚別名 白蛾曰字彙蚽與虹為二字誤

○柾マサ木ノ理也 ○榀コマイ墻壁之具漢語抄ニ
所謂助枝也 ○畑ハタ漢語抄ニ作ル火田ニ
○畠ハタケ陸田也倭名鈔引續捜神記云畠一曰陸田今
按字書不收畠字故附于此ニ ○畧ノ布帛幅也
○笹サヽ小竹也 ○苍トコロ薢也一作苍
○蒶クタビレ労倦也 ○籾モミ穀也
○糀カウジ麴也 ○鮑アハビ石決明也
○螠ヒヲムシ蠓蛾也 ○鯲シカト定辭
○裃チハヤ巫女上服也按倭名鈔讀作知波夜

同文通考（吹田屋多四郎版　巻四・四丁裏〔右〕、九丁裏〔左〕、十九丁裏〔右頁〕）

白石は右の六つのうちで、「誤用」「譌字（訛字）」「省文（省字）」は「アヤマリ」であると述べるが、「国字」「国訓」「借用」は「異朝ニモ」多いので、「我俗ノアヤマレル所ナリトイフコト心得ガタシ」と述べ、「アヤマリ」とはみなしていない。

「国字」や「国訓」が「異朝」すなわち中国にも多いという主張はわかりにくいが、中国においても、漢字が新しくうまれることもあれば、字義が拡大していくこともあるということと考える。

「国訓」として「礒」字が挙げられている（上図）。これは「礒」字のもともとの字義は「山の険しいようす」であって、和語「イソ」の語義とは異なるということを説明している。

「譌字」では「薗」字が採りあげられている（右頁図）。「薗」字は『字彙』という中国の字書に「園」と同じと記されており、おそらく白石もその記事を根拠として、「薗」字を「譌字」と判断していると思われる。「夛」字は現代において、姓に使われていることもあるが、「多」の異体字とみるのが一般的であろう。白石が「譌字」として採りあげている「宝（寶）」字、「奨（奬）」字は、現代においては、「常用漢字表」に掲げられている。

4-7 全国方言辞書

物類称呼

1775年刊行

俳人であった越谷吾山《こしがやござん》（一七一七〜一七八七）が著わし、安永四（一七七五）年に五巻仕立てで刊行された。同じ安永四年の刊記をもちながら、「大坂屋平三郎」「伊南甚助」の名前があげられているテキストと、「須原屋市兵衛」「同善五郎」の名前があげられているテキストとがある。前者が初刊本で、後者は初刊本に補訂（句読点をも含めて約四百箇所）を加えたものであることが指摘されている。後者に連なるテキストとして、書肆名のないもの、「和歌連俳諸国方言」と改題して寛政十二（一八〇〇）年に刊行されたテキストもある。図は第五巻の後ろ見返しに前川源七郎の名が印刷されている明治刷のテキスト。

江戸時代の全国方言集で、部門別に見出し項目を収める。巻一には「天地」三十一項目、「人倫」三十項目を、巻二には「動物」一三八項目を、巻三には「生植」一五七項目を、巻四には「器用」七十項目、「衣食」二十二項目を、巻五には「言語」一〇二項目を収めており、合計五五〇項目から成る。各項目に収められた方言の合計は約四千語に及ぶ。巻二と巻三との合計項目数が二九五で、総項目数の半数以上が動植物名ということになり、見出し項目にはやや偏りがある。「序」には二条良基の編んだ『菟玖波集』に「草の名も所によりてかはるなり／なにはの芦もいせの浜荻」とあることにふれ、「諸国の方言の物ひとつにして名の数〳〵／なるたぐひを採り選ひて五の巻とはなりけらし」と述べられている。本書が何らかのかたちで「和歌・連歌・俳諧」世界とかかわっているとすれば、動植物名のような「物の名」に興味が集中することは自然であるともいえよう。「言語」を含めてひろく語を集めていることをむしろ評価すべきであり、全国方言集としては、江戸時代唯一のものである。

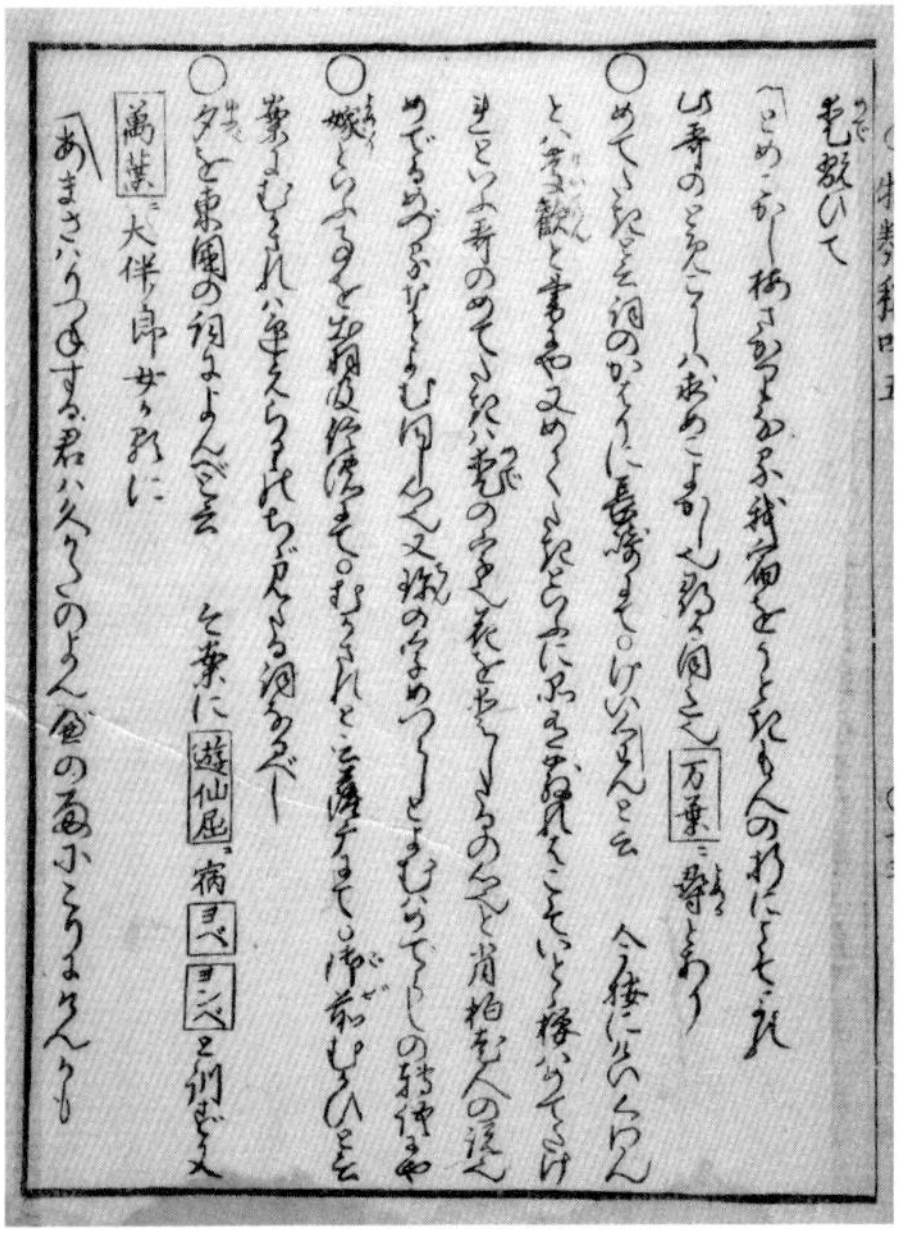

図2 物類称呼（巻五・十三丁裏）

図1において上部欄外に四角囲みで「蜀黍」「玉蜀黍」「紅豆」「緑豆」「豌豆」などとあるのが見出し項目で、その下にまず（越谷吾山がそうだと判断している）標準語形が掲げられ、それについで各地の方言があげられている。「なんばんきび」の条においては「畿内にて〇なんばんきび又は菓子《くはし》きびと云　伊勢にて〇はちぼく西国及常陸或は越前にて

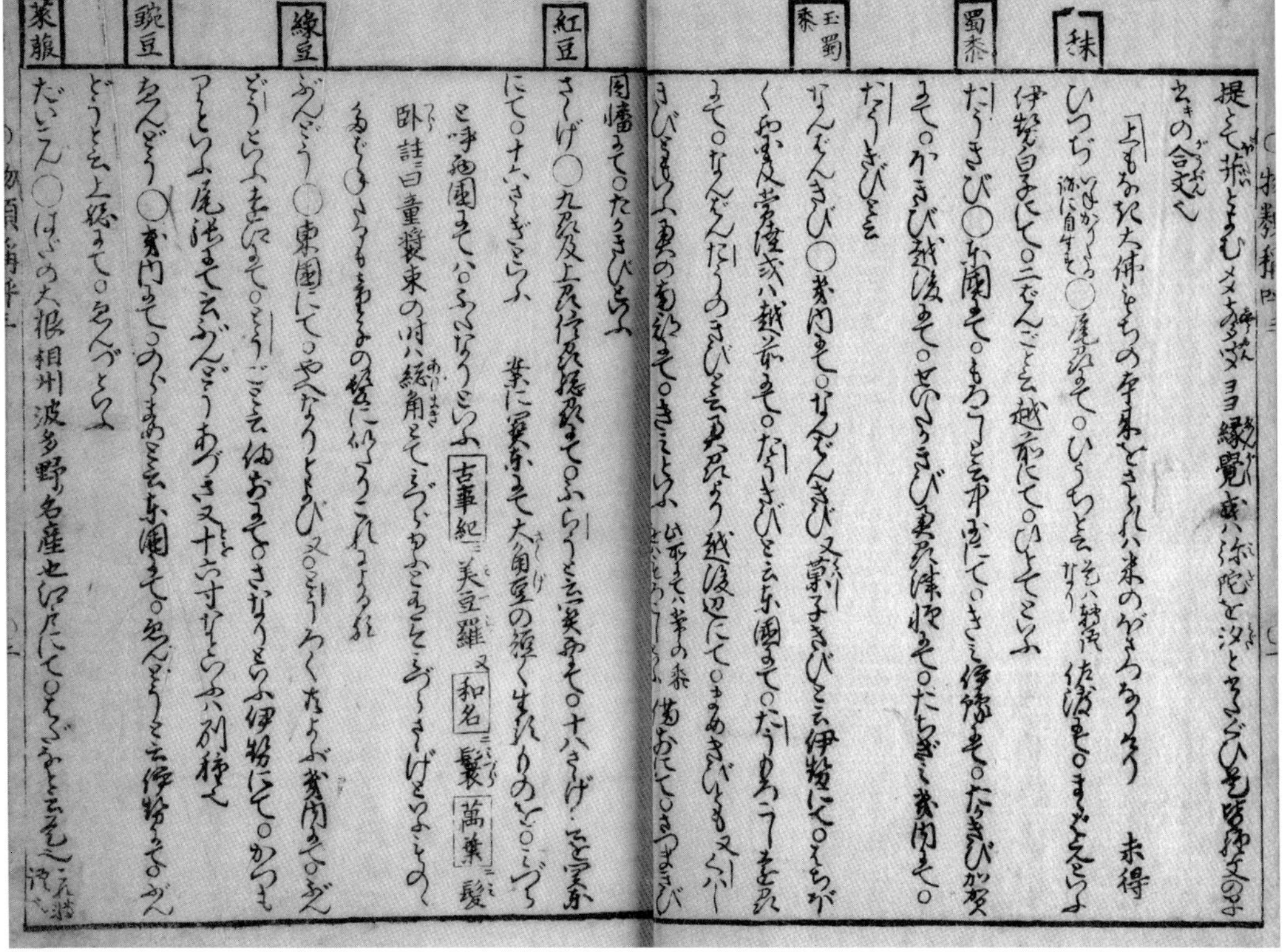

図1　物類称呼（巻三・一丁裏～二丁表）

○たうきびと云　東国にて○たうもろこし　遠州にて○なんばんたうのきびと云　奥州より越後辺にて○まめきびとも又くはしきびともいふ　奥の南部にて○きみといふ［此所にては常の黍／をはもろこしといふ］備前にて○さつまきび　因幡にて○たかきびといふ」とあって、この見出し項目においては、九つの地域の方言が記されている。動植物名は、文学作品などには現われにくいので、そうした語彙についての「情報」としても貴重である。例えば図には「緑豆　ぶんどう」とある。『日本国語大辞典』第二版は、この「ブンドウ」を見出し項目としているが、『日葡辞書』、俳諧『毛吹草』、『養生訓』、『日本植物名彙』の記述例をあげるのみ。

図2には「めてたきと云詞のかはりに長崎にて○けいくわんと云」とあって、さらに「今按に、けいくわんとは慶歓《けいくはん》と書にや」と述べられている。この記事が正しければ、「ケイクワン」という漢語が「はなしことば」においても使われるようになった例ということになる。ただし、『大漢和辞典』は「慶」字の条下に「慶歓」を掲げていない。『日本国語大辞典』第二版は見出し項目「けいかん」において、この『物類称呼』の記事を示すのみ。

4-8

五十音順配列の辞書

和訓栞

1777年〜刊行

図は谷川士清《たにかわことすが》（一七〇九〜一七七六）の編んだ『和訓栞《わくんのしおり》』。谷川士清は伊勢国津で、代々医師を業とする家に生まれた。日本の歴史や日本語の研究を行ない、本居宣長とも親交があった。神道を垂加派の玉木正英に、和歌を有栖川宮職仁《よりひと》親王に学んでいる。『日本書紀』の注釈書である『日本書紀通証』もあらわした。

『和訓栞』は前編の巻一から巻十三までの十四冊が安永六（一七七七）年に、巻十四から巻二十八までの十冊が、文化二（一八〇五）年に、巻二十九から巻四十五までの十冊が文政十三（一八三〇）年に刊行され、中編三十巻三十冊が文久二（一八六二）年に刊行されている。さらに野村秋足が校訂した後編十八巻十八冊が明治二十年に刊行されている。三澤薫生《しげひろ》の「『倭訓栞』の見出し語数と重出語について」（『和洋国文研究』第四十九号）によると、見出し総語数は二万四〇六語で、本格的な国語辞書といってよい。見出し項目は語の第二音節まで五十音配列になっている。江戸時代以前に五十音配列を採る辞書がまったくなかったわけではないが、きわめて稀であり、この配列にまず注目したい。ただし、「を」をア行に、「お」をワ行に置いている。前編では古語、雅語をおもに見出し項目としているが、後編では、方言や俗語が見出し項目となっている。首巻の「大綱」は音韻、漢字、仮名、方言など、言語や文字にかかわる先人の説を集めている。『雅言集覧』『俚言集覧』と並んで、江戸時代の「三大辞書」と呼ばれることがあり、明治二十四年に完結した、近代的な国語辞書の嚆矢とされる『言海』の編纂にも影響を与えていることが指摘されている。**図1**は前編の巻七、**図2**は中編の巻九の巻頭箇所。図右を翻字する。句読点を適宜補った。

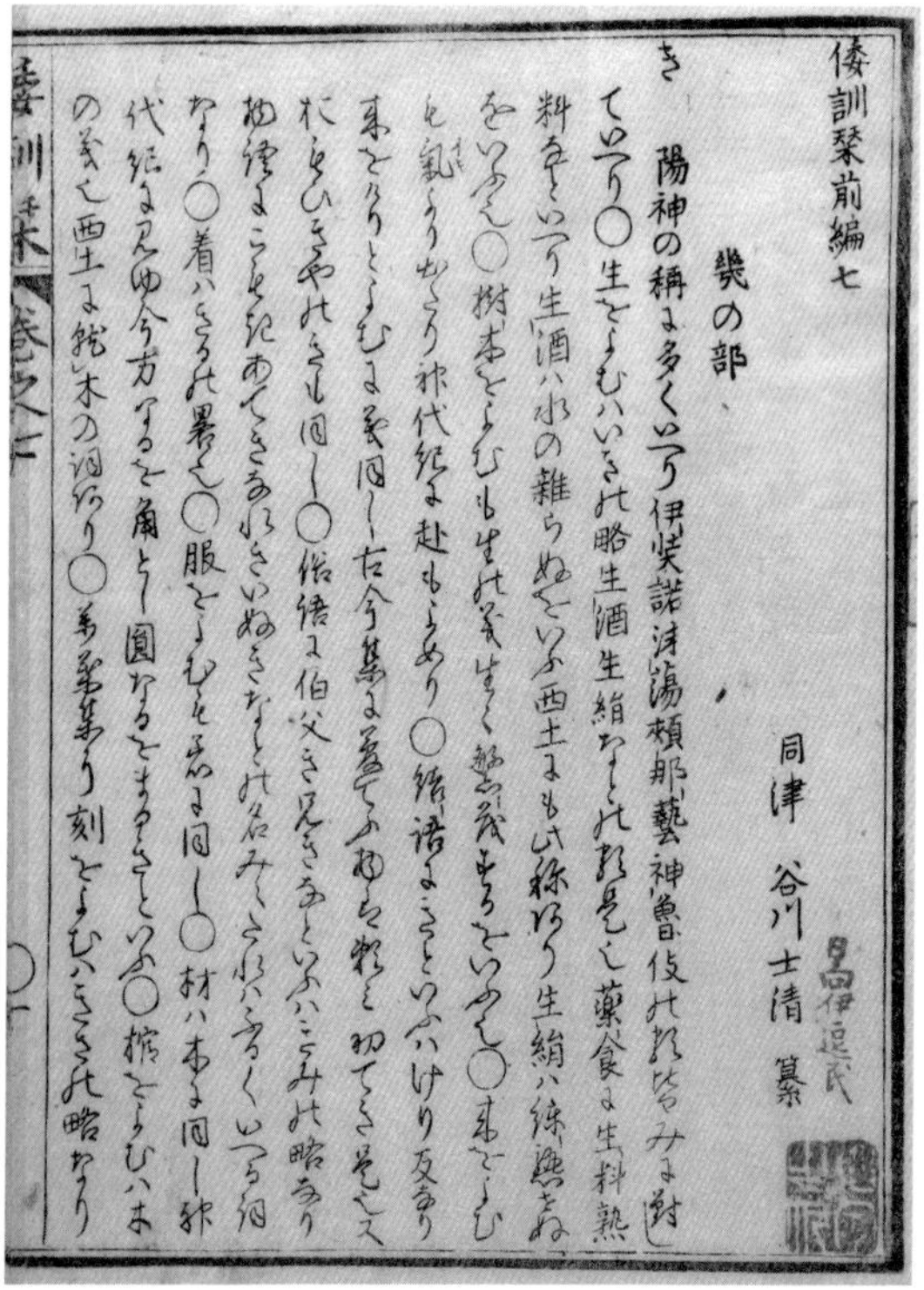
倭訓栞前編七
幾の部
同津　谷川士清　纂

図1　和訓栞（前編巻七・巻頭）

き　陽神の称に多くいへり。伊弉諾沫《あわ》蕩頬那《なきつらな》藝《き》神魯《かむろ》伎《き》の類、皆みに対し／ていへり。○生をよむはいきの略、生酒、生絹なとの類、是也。藥食に生料熟／料なといへり。生酒は水の雑らぬをいふ。西土にも此称あり。生絹は練熟せぬ／をいふ也。○樹木をよむも生の義、生々繁茂するをいふ也。○来をよむ／も気(イキ)より出たり。神代紀に赴もよめり。○結語にきといふはけり反なり／来をけりとよむに義同し。古今集に夢てふ物は頼み初てき是也。又／おもひきやのきも同し。○俗語に伯父き兄きなといふはきみの略なり／物語にこもき、あてき、なれき、いぬきなとの名みえたれはふるくいへる詞／なり。○着はきるの畧也。○服をよむは着に同し。○材は木に同し。神／代紀に見ゆ今方なるを角とし円なるをまるきといふ。○棺をよむは木／の義也。西土に就木の詞あり。○萬葉集に刻をよむはきさの略なり

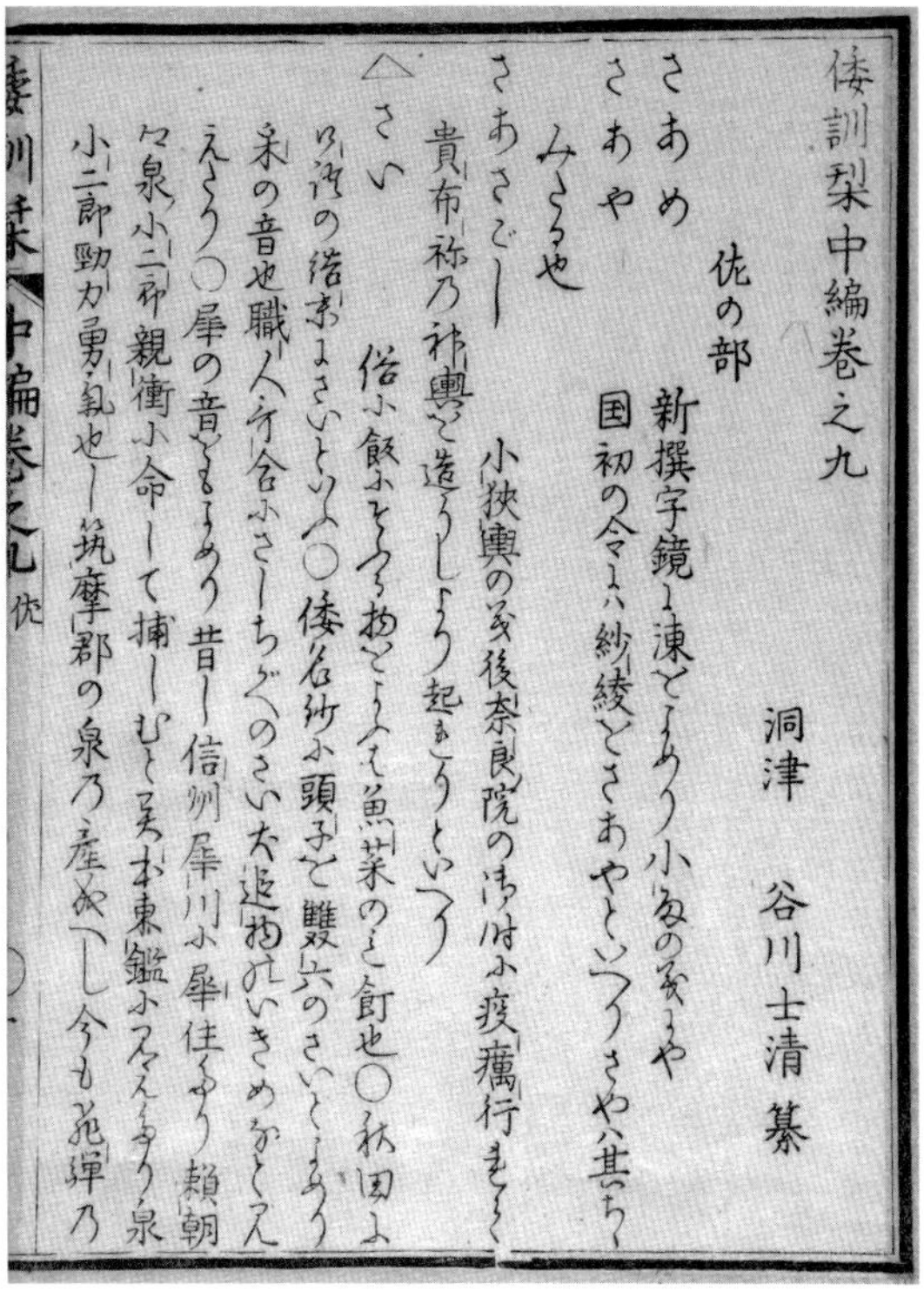

図2　和訓栞（中編巻九・巻頭）

図からわかるように、「見出し項目＋語釈」という形式を採っている。これは現代の辞書においては当然のことといえるが、語義を説明している辞書は江戸時代以前にはむしろ少ないといってよい。『和訓栞』はこうした「体例」からみても、本格的な国語辞書と呼ぶにふさわしい。語釈はおおむね穏当であると思われる。また見出し項目となっている語句は平仮名で書かれている。室町時代までに成立した辞書においては、見出し項目となっている語句は漢字で書かれていることがほとんどで、「漢字で書かれた語」がデフォルトであったことを思わせる。そのことは、日本語と漢字とのかかわりかたが、語とそれを書きあらわすための文字ということを超えて深く結び付いていることを窺わせる。そうしたことを一方に置くと、『和訓栞』という書名ともかかわって、見出し項目を平仮名で書いていることにも注目しておきたい。

図1のなかほどに「俗語に伯父き兄きなといふはきみの略なり。（以下略）」とあって、接尾語「キ」についての記述がみられるが、「俗語」という表現がみられる。**図1**の範囲内には（日本書紀）「神代紀」「古今（和歌）集」「萬葉集」の名がみえるが、**図2**にみえるように、『新撰字鏡』や『和名類聚抄』もよく参照されている。

4-9 異色の辞書

雑字類編
1786年刊行

寛政の三博士の一人とされる柴野《しばの》栗山《りつざん》（一七三六〜一八〇七）が編纂し、弟の貞穀《ていこく》が修訂して天明六（一七八六）年に出版した。**図1**は天明六年の刊記をもち、かつ初印と目されているもの。**図2**に本書の刊記を示したが、同じ「天明丙午六月」の刊記であっても、「月」字の第一画末尾、「板」字の第三画末尾が欠けている版があることが指摘されている。他に「安政三丙辰」「明治七年」「明治九年」の刊記をもつテキストなどがあることが荒尾禎秀《よしひで》によって指摘されている。そのことからすれば、需要のあったテキストと思われる。

「凡例」には「此書ハ、事ヲ記シ、実ヲ録スル為ニ、編タル書ナレハ、只質実的切ノ詞ヲ専ニ輯《アツメ》テ、陰私鄙俚ノ詞ヲモ、不忘シテ載タリ。但、華藻文飾詩賦ノ詞ハ不載」と記されている。「質実的切ノ詞」に「陰私鄙俚ノ詞」を併せ、その一方で、「華藻文飾詩賦ノ詞」を載せなかったというのだから、どちらかといえば、日常的な語、やや俗に傾く語を載せ、文学用語、すなわち古典中国語を載せない、という「傾向」があると推測できる。

見出し項目とした語の第一拍の発音によって、「いろは」分けをし、その内部を「天門」「地理」「時令（時運）」「宮室」「人品」「家倫」「官職」「身体」「神仏」「器用」「衣服」「飲食」「文書」「銭穀」「采色」「人事」「動物」「植物」の十八門に分けており、「いろは分類＋意義分類」の形式を採る。これは形式としては『節用集』と通うが、具体的な門名は異なっている。「凡例」には、一つの「門ニキワメカタキ」語、すなわち所属の門がわかりにくい語は「両門」＝二つの門に収めたことが謳われており、また「方言郷談」など、「一物ニテ数名アルモノ」も複数の門に収めたことが謳われている。見出し項目「郷談」には振仮名「イナカコトバ」が施されている。

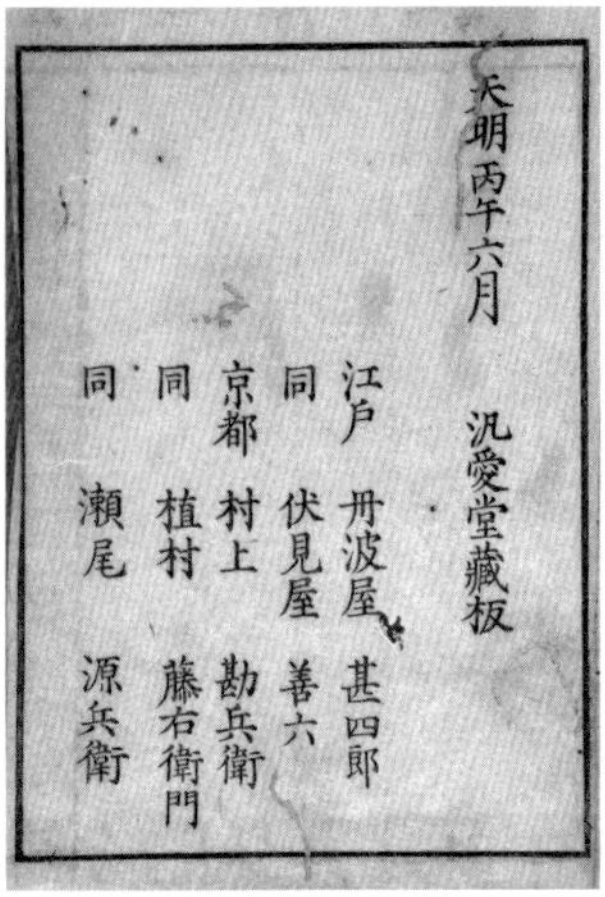

図2 雑字類編（刊記）

実際に、「九原（右ハカワラ／左サンマイ）」は「波類」の地理門に置かれているが、「左類」の地理門には「荼毘場（右サンマイ）」が見出し項目となっている。その下には「墟墓（左ハカバ）」とあって、「波類」の地理門には「墓所（右ハカバ）○冢塋」とある。「左類」の地理門の「ハカバ」は「墟墓」の左振仮名として存在しており、「波類」の地理門の「ハカバ」は「墓所」の右振仮名として存在している。左振仮名と右振仮名とは区別する必要があるが、一つの語「ハカバ」に対して、二つの漢字列があてられていることになる。そうだとすると「一物ニテ数名アルモノ」の「数名」は中国語において、ということになる。「中国語において」ということを、あまり「語」に拘泥しないで緩やかに捉えれば、「漢字列」ということになり、その先には「書き方」ということがらがあるといえよう。「ハカバ」は現代日本語としても使われる語なので気づきにくいが、古本『節用集』は、「ハカドコロ（墓所）」「ムショ（墓所）」「ハカハラ（墓原）」などは見出し項目としているが、「ハカバ」を見出し項目とするものはほとんどみられない。『日本国語大辞典』第二版は「ハカバ」のもっとも古い使用例として勝海舟の父である勝小吉（かつこきち）の『夢酔独言』（一八四三年）を挙げている。『雑字類編』の「ハカバ」はこの例を五十年以上遡ることになる。先の「九原」のように、左右に振仮名が施されている見出し項目を挙げてみる。

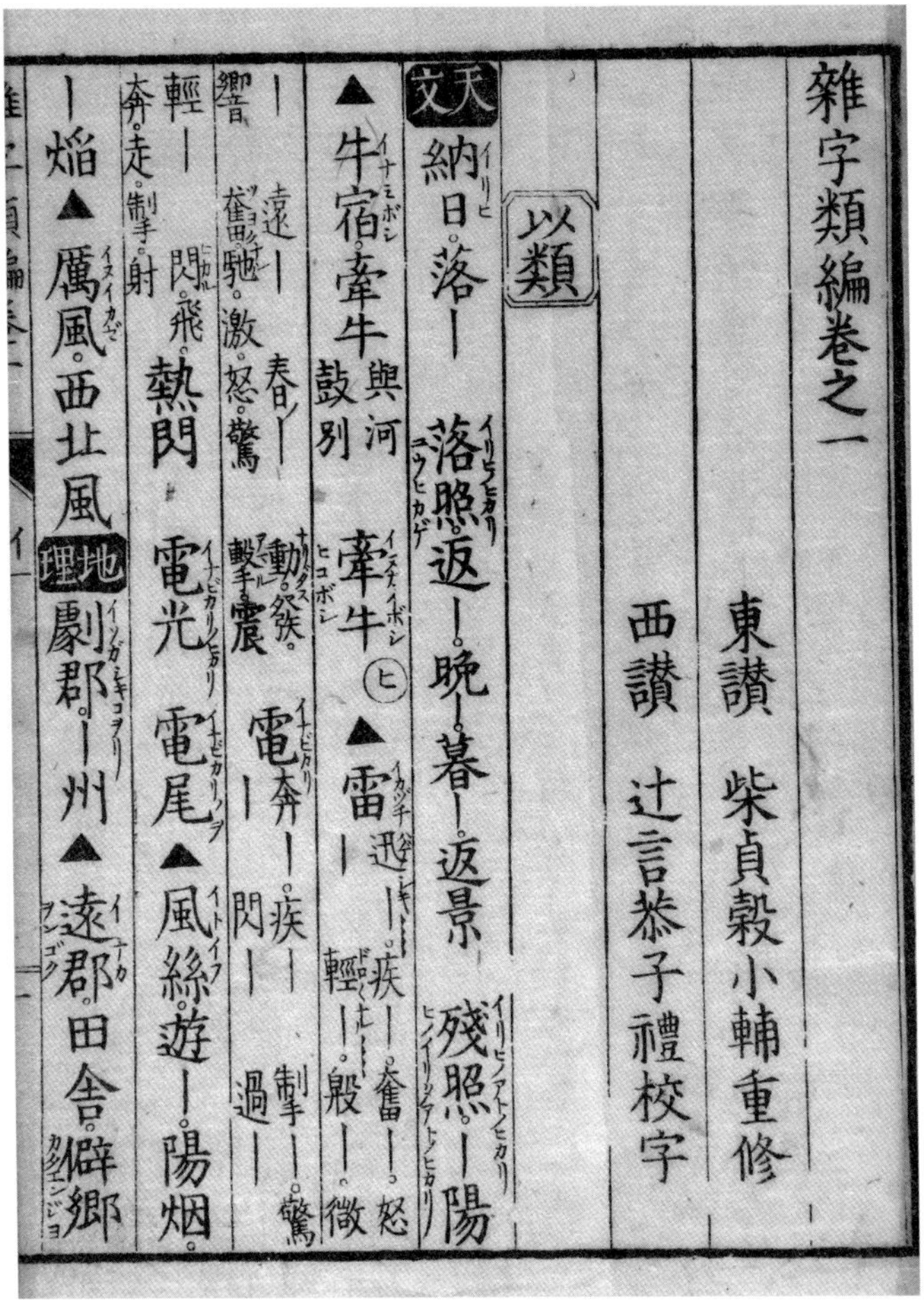
雑字類編巻之一
東讃　柴貞穀小輔重修
西讃　辻言恭子禮校字
以類
天文
納日《イリヒ》。落—　落照《イリヒノヒカリ》。返—。晩—。暮—。返景　残照《イリヒノアトノヒカリ》—陽
▲牛宿《イナミボシ》。牽牛與河鼓別　牽牛《イヌカイボシ》（ヒ）▲雷—　迅—。疾—。奮—。怒
—遠—　春—　動。疾。　電奔—。疾—　制掣—。驚
響　奮駈。激。怒。驚　震　—閃—　過—
輕—　閃《ヒカル》。飛。熱閃　電光　電尾▲風絲。遊—。陽烟。
奔。走。制掣。射
—焔▲厲風。西北風　地理　劚郡。—州▲遠郡。田舎。僻郷

図1　雑字類編（巻之一）

「薄暮（右イリアイ／左クレカタ）」（以類・時運門）「常日（右イツモ／左ヘイゼイ）」（同前）「艦（右イクサブネ／左グンセン）」（同・器用門）「獄囚（右ロウシヤ／左メシウド）」（呂類・人品門）「展期（右ニチゲンヲノベル／左ヒノベ）」（仁類・時令門）など、多くの例を見出す事が出来る。こうした例からすれば、例えば、「ニチゲンヲノベル」という語句を書く漢字列が「展期」であるということを示そうとしているとは考えにくい。

『雑字類編』の場合、見出し項目の軸となっているのは、（古本『節用集』以上に）漢字列であって、右振仮名も、左振仮名も、その漢字列の「補助的説明」にちかいのではないか。語を単位として「説明」ができる場合もあれば、語句でなければ「説明」ができない場合もある。語も、和語の場合もあれば、漢語の場合もある。「疑城（右ニセジロ／左ミセジロ）」（仁類・宮室門）であれば、漢語「ギジョウ（疑城）」の語義は〈仮に城の形を設けて敵をまどはすもの〉（『大漢和辞典』巻七、一一五二ページ）であるので、それは和語としては「ニセジロ（偽城）」にも「ミセジロ（見せ城）」にも対応するということにみえる。ちなみにいえば、『日本国語大辞典』第二版は「ニセジロ」も「ミセジロ」も見出し項目としていない。

4-10

俗語雅語対訳辞書

詞葉新雅

1792年刊行

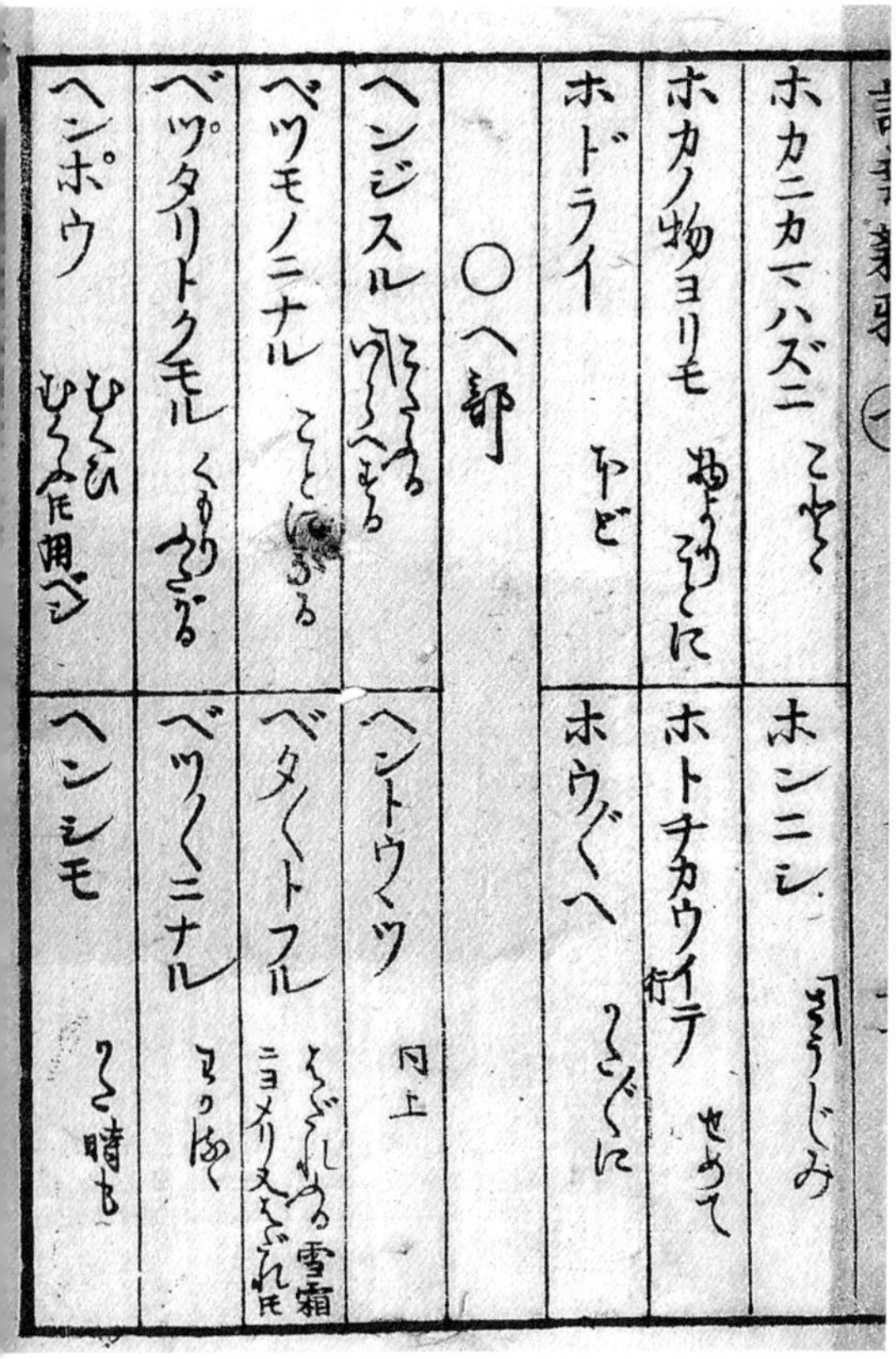

寛政四（一七九二）年九月に刊行された版本が知られており、『補訂版国書総目録』にはそれ以外の版本、写本が示されていない。

版本には富士谷御杖《みつえ》の弟である成胤の「おほむね」が序のようなかたちで置かれている。内題には「詞葉新雅初編」とあるので、あるいは続編が企図されていたか。冒頭に「北邊成壽論定／門人西村惟俊／藤木正名筆授」とある。「北邊成壽《なりのぶ》」は、『あゆひ抄』を著わした国学者、富士谷成章《なりあきら》の息、富士谷御杖のこと。

「おほむね」には「哥よみしらぬ人の、里言より古言をもとめむに、とみの便とせむとて、聞おけるかきり、里言を上とし、古言を下にあてゝ冊子とす」とある。歌作などに際して、里言、すなわち本書が出版された江戸時代の「はなしことば」から古言、すなわち歌作にふさわしい（過去の）ことばを探し出すことができるような実際的なテキストとして編まれていることがわかる。また別の箇所には「古言里言の別は、かんなと片仮名をもてしらす」とある。

図でわかるように、見出し項目となっているのは片仮名で書かれた里言で、それに平仮名で書いた古言を配している。片仮名と平仮名とを一つのテキスト内で機能的に使っていることには注目したい。また半丁を上下に分け、それぞれをさらに八に分けて一つの見出し項目に定まった大きさの「格」を与えていることも、実際的なテキストにふさわしいレイアウトといえる。

「おほむね」末尾近くには「里言は私にあてられたるにあらす、古集ともを例してなり」と記されている。それは、ただ「内省」に基づいて里言をあてたのではなく、「古集」すなわち古言で記された何らかのテキストを実際に里言に訳すというプロセスを背後にもっていることを推測させ、本書が出版された時期に、里言＝当該時期の「はなしことば」と古言＝過去の「書きことば」とが乖離してきていることが意識され、その結果として（当該時期の）「口語訳」が古典文学作品等のテキスト理解の一つの「方法」として形成されつつあったことを推測させる。本居宣長が『古今和歌集』を口語訳した『古今集遠鏡』は寛政五年までに成立したと考えられている。

図は「ほ部」の末尾と「へ部」の冒頭箇所である。「へ部」五番目に「ベツタリトクモル　くもりふたがる」という見出し項目があるが、「ツ」の右横に圏点が附されている。これは促音を示す記号と思われる。他の箇所には「チヨツトシタはかなき」「リッシンスル　［なりいづる／おとなぶトモ］」の「ツ」に圏点が附されている。「ヘンポウ　［むくひ／むくふトモ用ベシ］」では半濁点が使われており、濁点もかなりな頻度で濁音音節に附されており、一つ一つの語の発音を示すことに気配りがされている。それは表記と実際の語の発音との乖離の意識とみることができ、こうした「意識」にも注目しておきたい。

「ヘンジ（返事）スル」「ヘンシ（片時）モ」「ヘンクツ（偏屈）ナ」「ヘイユ（平癒）スル」「ヘイゼイ（平生）」などは漢語であるにもかかわらず、見出し項目として採りあげられている。ということは、これらの漢語はこの時期には「里言」であったことになり、「はなしことば」の中で使用されていたことになる。

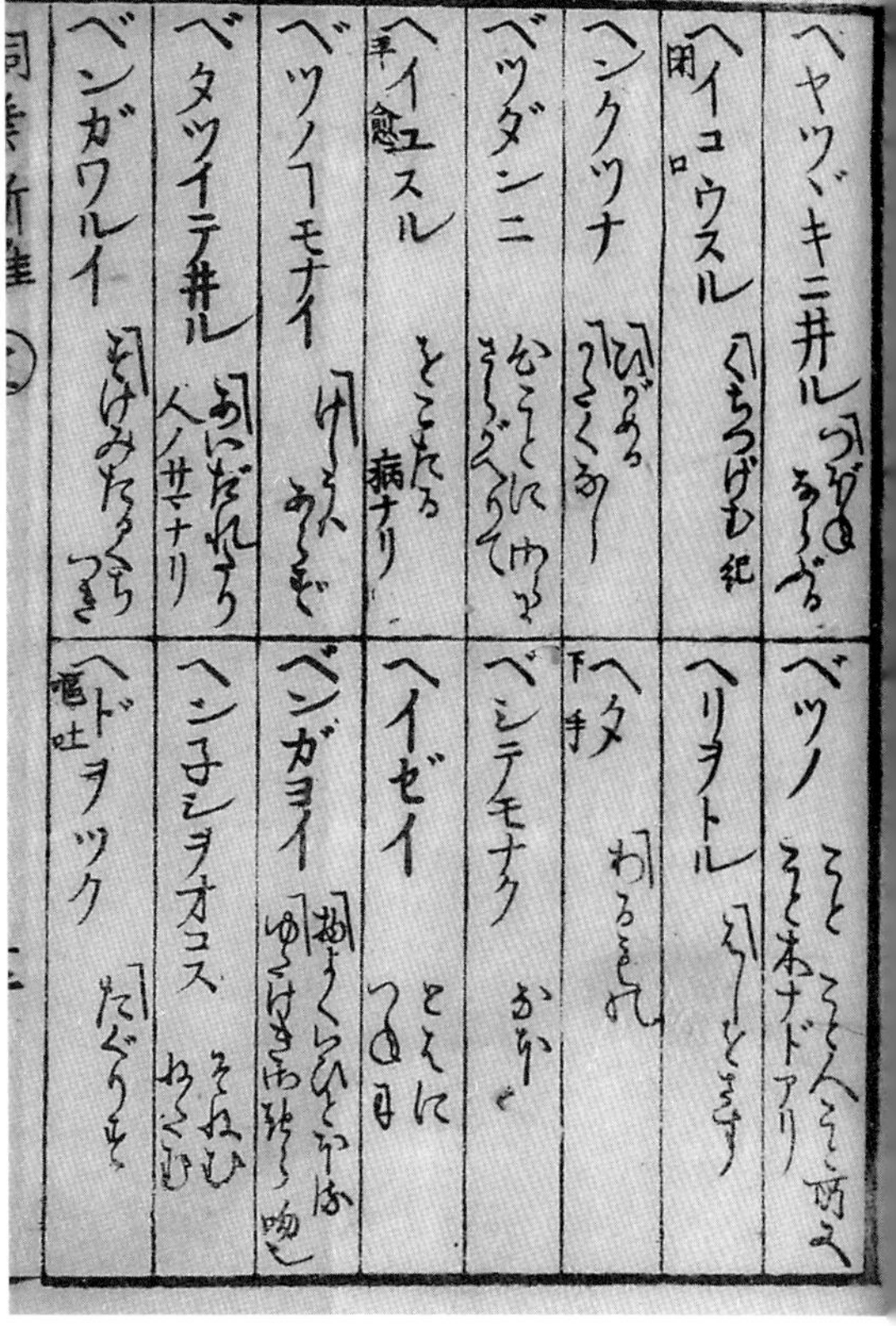

詞葉新雅（「ほ部」「へ部」）

「ドミル　［にばむ　紫のにば／める紙トアリ　源］」という見出し項目がある。『源氏物語』葵巻に、急逝した葵上に対しておくられてきた御息所の弔問の文への源氏の返事がこの「紫のにばめる紙」に書かれる。動詞「ニバム」を『日本国語大辞典』第二版は「にび色になる。薄墨色に染まる。また、にび色が喪服の色であるところから、多く喪服を着ることにいう」と説明している。この「ニバム」と対応するのが江戸時代に話しことばで使われていた「ドミル」という語であることになる。「ドミル」については、『日本国語大辞典』第二版は「色がどんよりする。光沢がなくてどんよりとくもる。にごる」「目がどんよりする。くもる。にごる」と二つの語義に分けて説明している。『詞葉新雅』が見出し項目としている語＝里言及びそれに配置された古言を検討することによって、古典語の語義理解が深まることが期待できる。

4-11 口語訳された古今和歌集

1797年刊行 古今集遠鏡

本居宣長（一七三〇〜一八〇一）が著わし、寛政九（一七九七）年に永楽屋東四郎を版元として六巻仕立てで出版された。巻一の初めに「雲のゐるとほきこずゑもとほかゞみ／うつせばこゝにみねのもみぢ葉」という和歌が置かれていることから「遠鏡」は「トオカガミ」を意図していると思われるが、序にあたる文章中には「世に遠《トホ》めがねといふなる物のあるして、うつし見るに／は、いかにとほきも、あさましきまで、たゞこゝもとにうつりきて［……］のこるくまなく、見／え分れ」る、という行《くだ》りがみられ、「トオメガネ」を意図している可能性もある。

真名序と長歌とを除いた『古今和歌集』の全歌を「いまの世の俗語《サトビゴト》に譯《ウツ》」したもの。「いまの世の俗語」は本書出版時の「口語」と思われる。したがって、本書は、十世紀の和歌に使われた日本語を十八世紀末の「はなしことば」の日本語に置き換えたものということになる。

この時期には過去の日本語と今使われている日本語との「異なり」が意識されてきたと思われる。「口語訳」は過去の日本語を精密に理解するための「方法」の一つであったと考える。

図は『古今和歌集』巻第一春歌上の「春ごとに流るる川を花と見て折られぬ水に袖やぬれなむ」（四十三番歌）と「年を経て花のかがみとなる水は散りかかるをや曇るといふらむ」（四十四番歌）との箇所。

図で分かるように、まず平仮名で歌を書き、次にその歌の「譯」を片仮名で書く、という形式を採っている。平仮名と片仮名とが機能的に使われていることには注目しておきたい。片仮名で書かれた「譯」の右傍に平仮名で小さく書かれているのは、その「譯」語が歌のどの語と対応しているかを示している。図では「今年モ又ヌレル／デカナアラウ」の「カナ」の右傍に「や」、「アラウ」の右傍に「なん」と小書きされている。そうした箇所から歌の語＝雅言と、「譯」の語＝俗語とを拾い出し、整理すれば『詞葉新雅』のような「俗雅辞書」あるいは、「雅俗辞書」を編むことができる。

図には「上ノ句、二三一と句を次第して心得べし」とあるが、これは上の句「春ごとに流るゝ川を花と見て」を「流るゝ川を」「花と見て」「春ごとに」という順序で理解するのがよい、そのように「譯」文がつくられていることを述べていると思われる。和歌を構造的に捉え、かつことばの「かかりうけ」を精密に理解しようとしていることがこうしたことにも現われている。四十三番歌の第一句「春ごとに」を第三句の後にもっていったのは、「春ごとに流れる川」ではないからであろう。

四十三番歌の「譯」は「流レテイク川ヘ　花ノ影ノウツヽタノヲ　アノ水ノ中ニモ　花ガアルト見テハ　イツノ春デモダマサレテ　折ラレモセヌニ　ヲラウトシテハ　ソノ水デ　袖ガヌレルガ　今年モ又ヌレルデカナアラウ」で、傍線が施された語句があることに気づく。このことについては「かたへ／に長くも短くも、筋を引たるは、哥にはなき詞なるを、そへていへる所のしるしなり」と述べられており、和歌には言語化されていない「情報」を宣長が宣長自身の判断で顕在化させた箇所ということになる。

例えば新古典文学大系『古今和歌集』（一九八九年、岩波書店）は四十三番歌の「大意」を「毎年春になるごとに、流れる川に映っている花を、花そのものと思い込んで、折ろうとしても折ることのできない水に袖がぬれることになるのだろうか」と説く。「大意」は現代日本語訳ではないのだろうから、宣長の「譯」と比較することはできないが、「毎年春になるごとに～花そのものと思い込んで」は宣長「譯」を一方に置くと、和歌が伝えたかったことに対する「踏み込み」が稀薄にみえる。「そうであることがわかっているのにまただまされてしまう」という「気分」が宣長「譯」にはよく訳出されている。「ラシ」は「サウナ」、「ケリ」は「ワイ」、「ナリ」は「ヂヤ」、「ヌ」「ツ」「タリ」「キ」などは「おしなべてタ」と譯すと述べており、宣長は助詞の訳出にも注意を払う。本書は『古今和歌集』の「口語訳」ということを超えてさまざまな面で興味深い文献といえよう。

宣長にとって、『古今和歌集』は詠歌の重要な典拠であり、初学者がまず拠るべき手本と位置づけていた。『源氏物語』や『新古今和歌集』とともに、『古今和歌集』は門弟への重要な講義目とされていた。『古今集遠鏡』は門人であった名古屋藩士横井千秋の求めに応じて著作されたことがわかっている。横井千秋が開板し、同じく名古屋の門人で板木師であった植松有信が協力した。本書が刊行された寛正九年五月の一年前には尾崎雅嘉の『古今集鄙言』が出版されており、宣長が『古今集遠鏡』の世評を気にする内容の書簡が残されている。

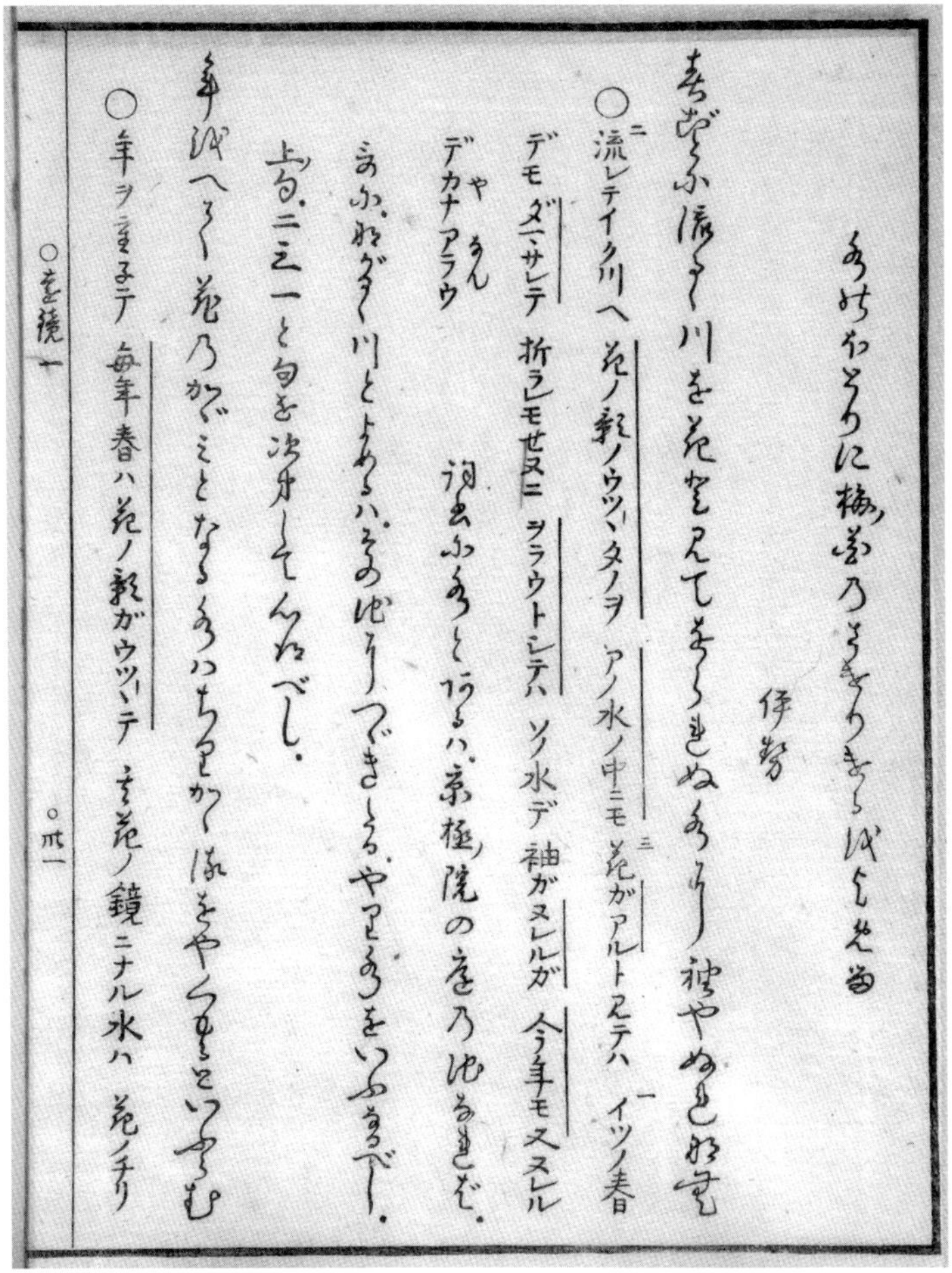
古今集遠鏡（古今和歌集四十三番歌、四十四番歌の箇所）

4-12 江戸の話しことば

浮世床

1813年刊行

『浮世床』は三編（八冊）から成る滑稽本である。初編と二編とは式亭三馬（一七七六～一八二二）が書き、三編は瀧亭鯉丈《りゅうていりじょう》（？～一八四一）が書いた。初編三冊は文化十（一八一三）年に、二編二冊は文化十一年に、三編三冊は三馬没後の文政六（一八二三）年に刊行された。

図1は初編上三十一丁表であるが、「あたまをなでながら」の前に隠居の挿絵がはいっている。**図2**では隠居の挿絵がなく、大きく「いんきよ」と書いてあり、かつ「き」の字が鏡文字になっている。この版は**図1**のような版の覆刻本である可能性がたかい。

二編の巻之下の末尾に「俗談平話のおかしみあることどもをひろひあつめ、人情のありさまをくはしくうがちて、来春嗣《つぎ》て出す」と三編の広告めいた文章が置かれている。「俗談平話」は芭蕉も使うことばで、〈平生の改まらない会話〉、さらには〈卑近な俗語や日常の話しことば〉を意味する。つまり『浮世床』は「俗談平話」を俗語味の濃厚な「話しことば」で語っていることになる。江戸町人のことば使いには「階層」があることが指摘されているが、町人を含む、十九世紀頃の江戸市民の「話しことば」を窺うことができる文献と考えられてきた。

「コレ誰《だれ》が来《き》てもおれが一番《いちばん》だぞ」、「郷《がう》に入《いつ》ては郷《がう》にしたがふだ」に使われている断定の助動詞「ダ」、「あいつが所《とけ》へかつくらはしたと思《おも》ひねへ」「聞《き》ねへ」に使われている命令形をつくる「ネエ」、「べらぼうめだまつ居《て》ろ」の命令形語尾「～ロ」、「聞《きか》つし」「あてゝ見さつし」の命令形語尾「～シ」「～サッシ」など、江戸語を特徴づけるとされている表現が使われている。

「髪結床《かみいどこ》」（ユイ→イ）、「所《とこ》」・「所《とけ》」、「葬礼《ともれへ》」（トムライ→トモレエ）、「昨日《きんにやう》」「御《ご》亭主《ていし》」「小指《こいび》」など、非標準的な語形がふんだんに使われている。

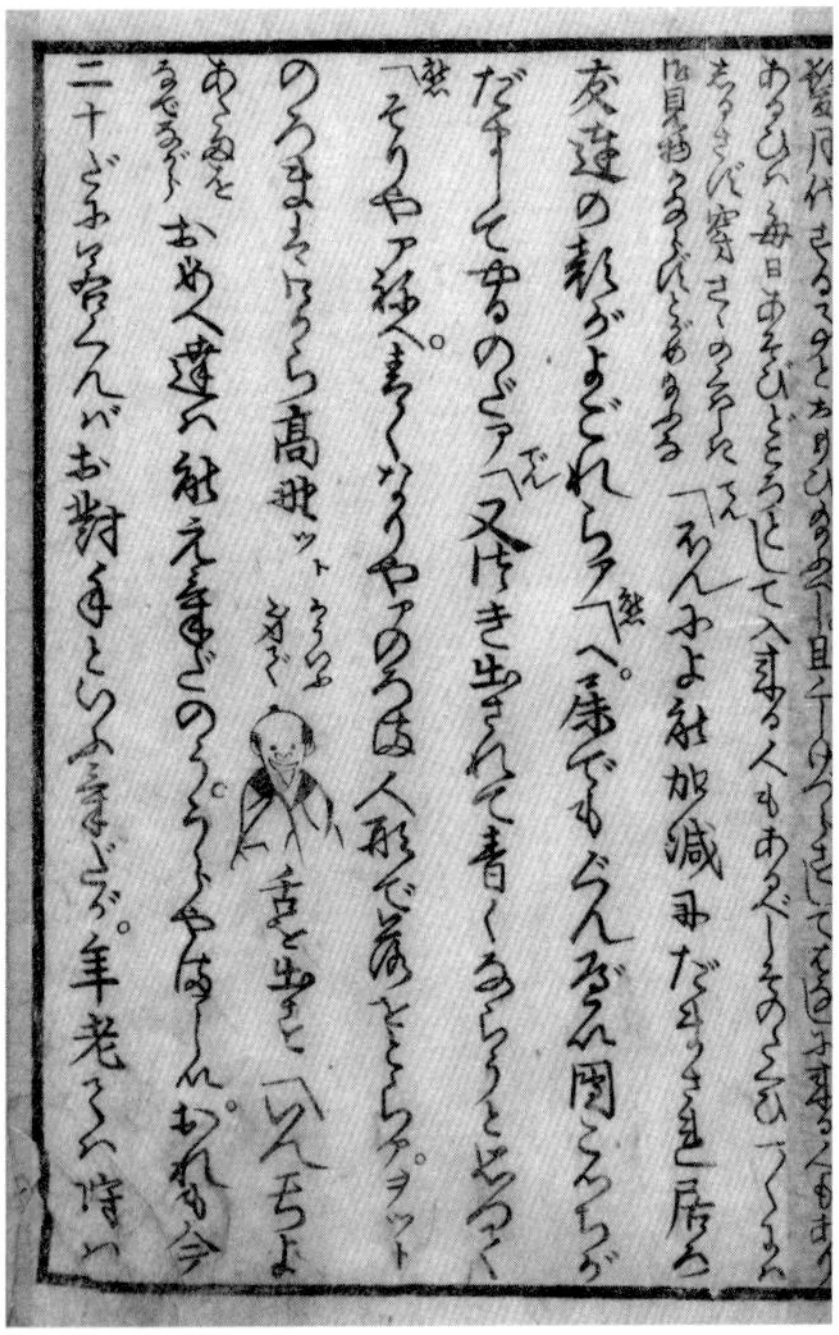

図2　浮世床（覆刻本か）

「開帳《けいちやう》 参《めへり》」の振仮名からは「カイチョウマイリ」が「ケイチョウメエリ」と発音されていることが推測され、連母音［ai］を長音［ee］と発音していることがわかる。同様の例は「一《いち》枚《めへ》が引返《ひつけへ》しで」や「ぞんぜへな」（←ぞんざいな）、「見台《けんでへ》」、「大《でへ》学《がく》」「全体《ぜんてへ》」「手合《てあへ》」など多くみられる。

打ち消しの「ナイ」

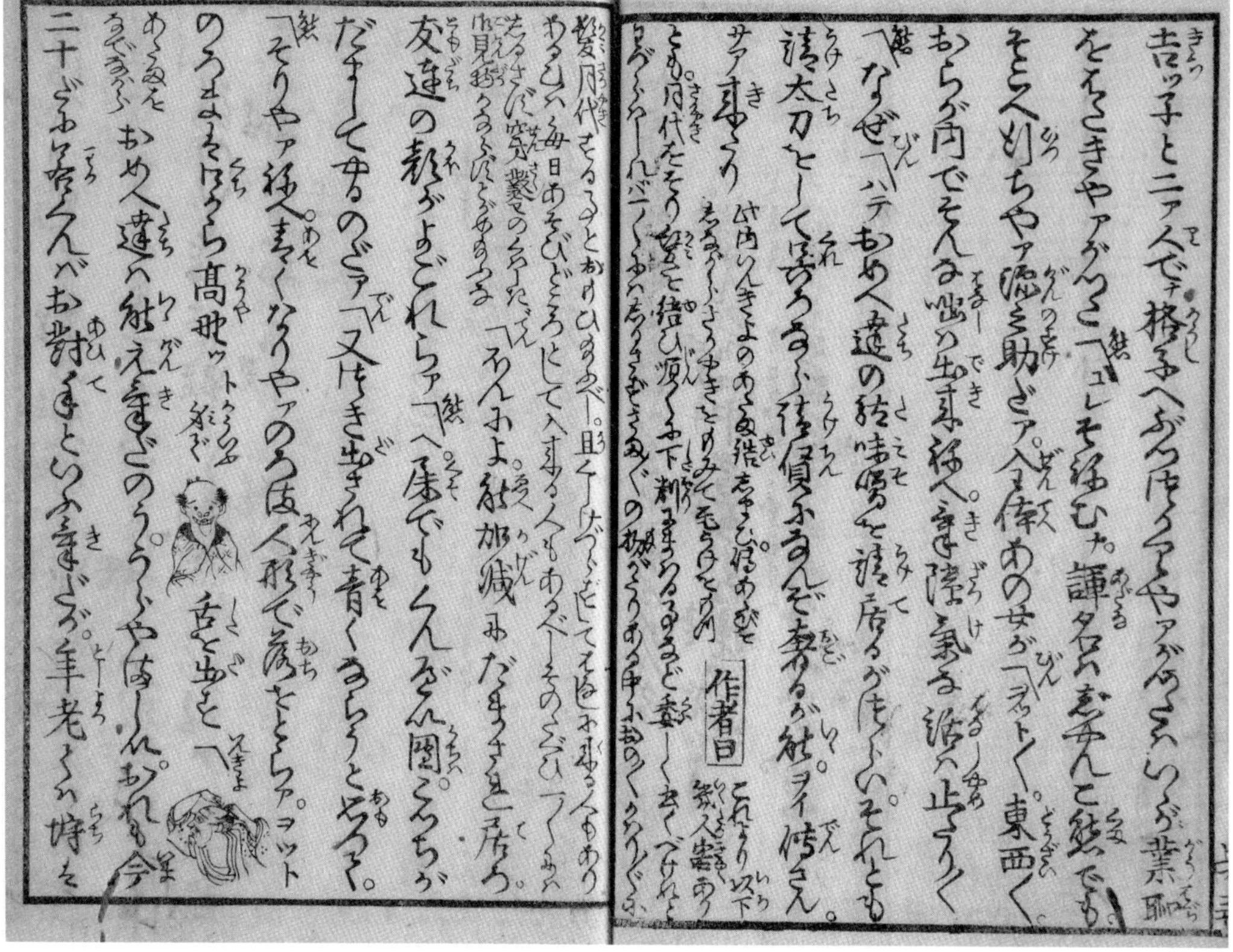

図1　浮世床（初編上三十一丁表）

は「をさまらねへ」「流行《はやら》ねへ」のように、「ネエ」の形を採っている。

「なんの。だらしもねへくせに」には「しだらがないトいふ事を「だらし」がない、「きせる」を「せるき」などいふたぐひ下《か》俗《ぞく》の方言（はうげん）也」という注のようなコメントがつけられており、三馬がことばに敏感であったこと、さらにいえば、その敏感さを作品中に積極的に反映させようとしていることを窺わせる。

「あの野郎《やら》ァ」や「知居《しって》らァ」の小書き片仮名の「ア」は発音をより細かく示そうとした「工夫」にみえる。「泣面」の振仮名は「ほゑつら」ではなく、「ほゑッつら」と書かれていて、「ホエッツラ」という発音であることを示そうとしていると思われ、表記面にも気配りがされていることがわかる。

三馬は『浮世風呂』においては「しろきにごり」と呼ばれる「圏点」を使っている。それによってどのような発音をあらわそうとしたかについては、不分明ではあるが、さまざまな工夫をしていたことが窺われる。ただし、それは「戯作」という枠組み、文学作品という「器」における「工夫」であり、同時代の文献との対照を丁寧におこなう必要がある。

雅語対訳辞書

雅語譯解

1821年刊行

『雅語譯解』は鈴木《すずき》朖《あきら》が著わし文政四（一八二一）年に出版されている。鈴木朖は二十九歳の時に本居宣長門下に入り、『言語四種論』や『活語断続譜』『雅語音声考』などを著わしたことでも知られている。

本書の「凡例」には「今の世の俚言《サトビゴト》は俗語なり。古今集以来の歌／又は詞書の語、又は物語ぶみなどの、今の世に／耳なれぬ詞、或は詞は同じけれども、意はえの／異なるなどは、雅語なり。萬葉集以上、古き祝詞／の類、又古事記書紀にある、尋常《ヨノツネ》の雅語よりも、／猶耳遠き詞は古語なり。是は古学の諸先師の／注釈によりて、古語譯解といふものを別に著はす／べし」「今あげたる雅語」は「古語よ／りみれば、まことは当時の俗語なれども、今より／みれば、雅語ともいひつべし」とある。

これによれば、鈴木朖は『古今和歌集』の成立した十世紀頃を画期として、それ以前を「古語」、それ以降を「雅語」とみていることがわかる。

右に続けて「凡例」には「○譯とは此雅語を今の俗語にあつるをいふな／り。一つ語に譯あまたあるもあり。又はあまたの／語の一つ譯に帰《オツ》るもあり」「○解《ゲ》とは譯にて明しがたく尽しがたき所／をば注釈の詞してとくを云○解より譯の便りよき事、先師の古今遠鏡／に論ぜられしが如し。此書は遠鏡に本づき、ま／たは諸先師の注釈によりて、譯解を兼用て／雅語を部類して」編んだことが述べられており、師である宣長の『古今集遠鏡』に倣ったものであることがわかる。本書では一四○○語ほどが採りあげられている。

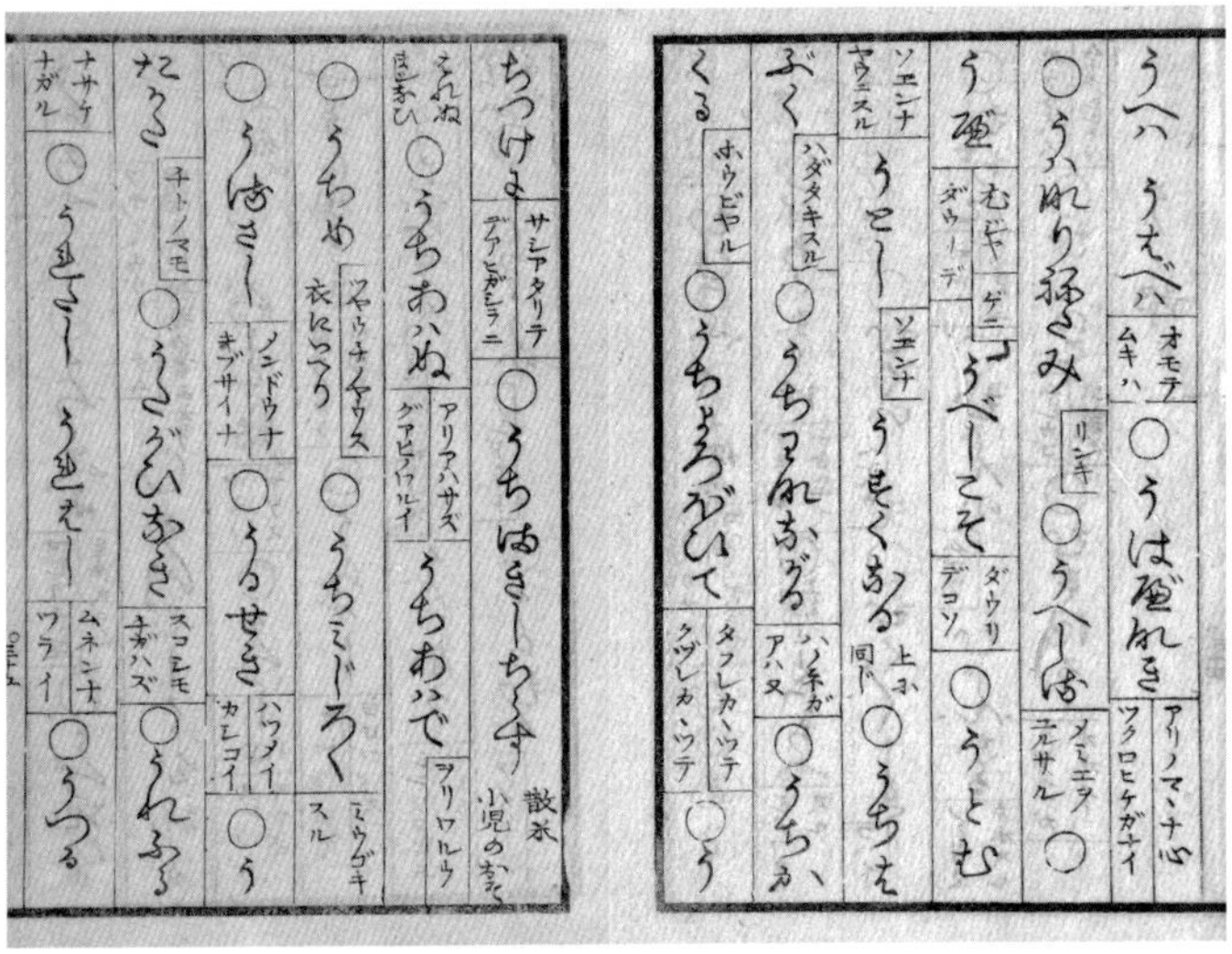

図で四角に囲まれている片仮名書きが「譯」で、平仮名で書かれている箇所が「解」にあたる。ここでも片仮名と平仮名とが機能的に使用されている。

見出し項目「とをゝ」においては、「ヒワ〳〵」が「譯」で、「しわる皃《サマ》なり」が「解」ということになる。見出し項目「ちぎる」では「ヤクソクスル」が「譯」となっており、ここでも「ヤクソク（約束）」という漢語が「今の俗語」として「譯」で使われている。こうした例は少なくない。「いそぎ」に

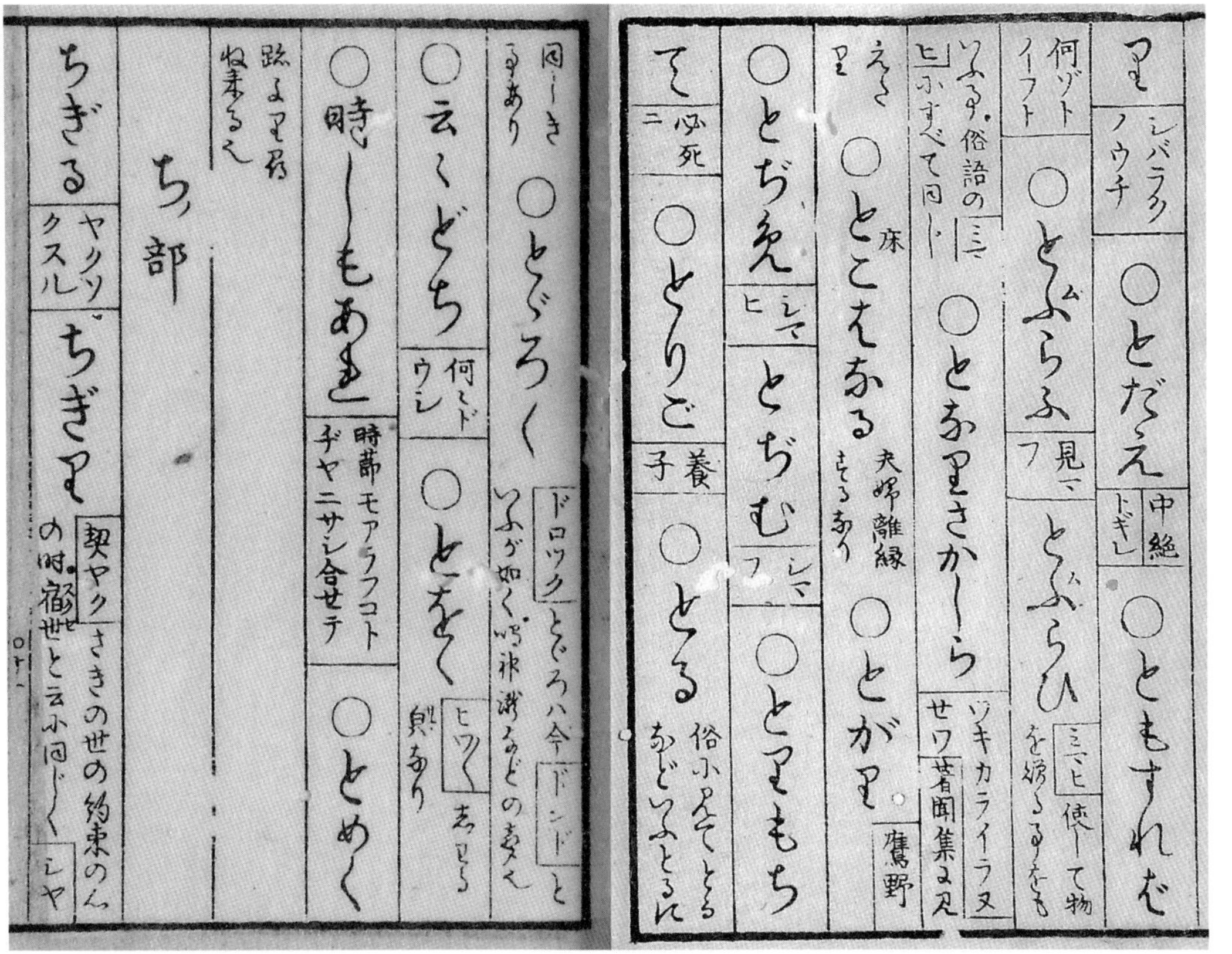

雅語譯解（十一丁裏〜十二丁表）　右頁は雅語譯解拾遺（三十四丁裏〜三十五丁表）

おいては、「シタク（支度）」「ヨウイ（用意）」が、「いなむ」においては「辞退スル」「承知セヌ」が、「いぶかし」においては「フシン（不審）ナ」が、「わびし」においては「メイワク（迷惑）ナ」「ナンギ（難儀）ナ」が「譯」となっている。

「いどむ」は「ハリヤフ」、「へしすゑて」は「オツペシテ」、「をのゝく」は「オドく＼ブルイスル」、「たゆし」は「タルイ」、「たをやか」は「シンナリ」、「そほづ」は「ジボく＼ヌレル」、「ぬるし」は「ノロイ」と「譯」されている。「ハリヤフ」は「ハリアフ」の変異形で、いわばこうした「レベル」の俗語と先に示した漢語とが同列であることになる。

『日本国語大辞典』第二版は「しぼしぼ」と「しぽしぽ」とを見出し項目とするが、「ジボジボ」は見出し項目とはしていない。右で「譯」とされている「俗語」の中には、現代日本語として使われている語も含まれている。しかしまた「シンナリ」と「ノロイ」とでは使うことができる「場面」が異なっているように感じられ、これを「はなしことばの層」とみれば、そうしたものの考察にも本書は資すると思われる。

4-14

画文の融合

1857年頃刊行

草双紙『敵討噂古市』

図1・2は柳水亭種清《りゅうすいていたねきよ》（一八二三?～一九〇七）の『敵討噂 古市《かたきうちうわさのふるいち》』初篇の六丁裏・七丁表（**図1**）と最終十丁裏（**図2**）である。本書には種清による、安政四（一八五七）年の序が附されている。柳水亭種清は、安政、万延（一八五四～一八六一）頃を中心として、当時上演されていた歌舞伎を小説に引き直した合巻＝正本写《しょうほんうつし》を多数書いた。絵組み、すなわちページのレイアウトが巧みで、「紙上演劇の性格をもつ正本写に長所を見せる」（『日本古典文学大辞典』第六巻、二二六頁第二段目）と指摘されている。**図1**は、見開きページを縦方向に使ったレイアウトで客席から歌舞伎の舞台を見ているかのような趣がある。『補訂版国書総目録』をみると、江戸川乱歩も本書を所持していたことがわかる。

図1でわかるように、合巻においては、絵の隙間に文字が書かれているといった体の版面が作られる。こうしたレイアウトに慣れないと読みにくいが、文章がどうつながっていくかは、さまざまな符号で示されている。**図1**では左上に「つゞき」と四角囲みで書かれており、そこから「ゑもんのすけのいのちをたつやうひほうのきねんをたのみまうす」（右衛門助の命を絶つ様、秘法の祈念を頼み申す）「このりやう」まで文章が書かれ、その終わりに⧗の符号があり、少し下にまた⧗の符号があって、そこに繋がっていく。そこには「かいがぎやうりきにてふどうそんをいのりなばかんのふあるはしれたこと」（りょうかいが行力にて不動尊を祈りなば、感応あるは知れたこと）「なにとぞきそうのぎやうりきにてげんぜの」（何とぞ貴僧の行力にて現世の）※※「りやく見せ申さんトたれぬのからげてほうでんのうちへいらんとする」（利益見せ申さんと垂れ布からげて宝殿のうちへ入らんとする）と続く。この下に瓢箪のような符号があって、「ところをふしぎやうちに」（所を不思議やうちに）◪◪「こゑあつて　そのねがひかなふまいトきひてびつくり二人リはとびのきヤ、　あのこゑはいかなるくせもの　たれでもない　ふどうみやうわうの」（声あって、その願ひ叶ふまいと聞ひてびっくり、二人は飛び退き、やや、あの声はいかなる曲者、誰でもない、不動明王の）◑◑「けしんなるはト　たれぬのさいうへひきちぎりあらわれいで」（化身なるはと垂れ布左右へちぎり現われ出

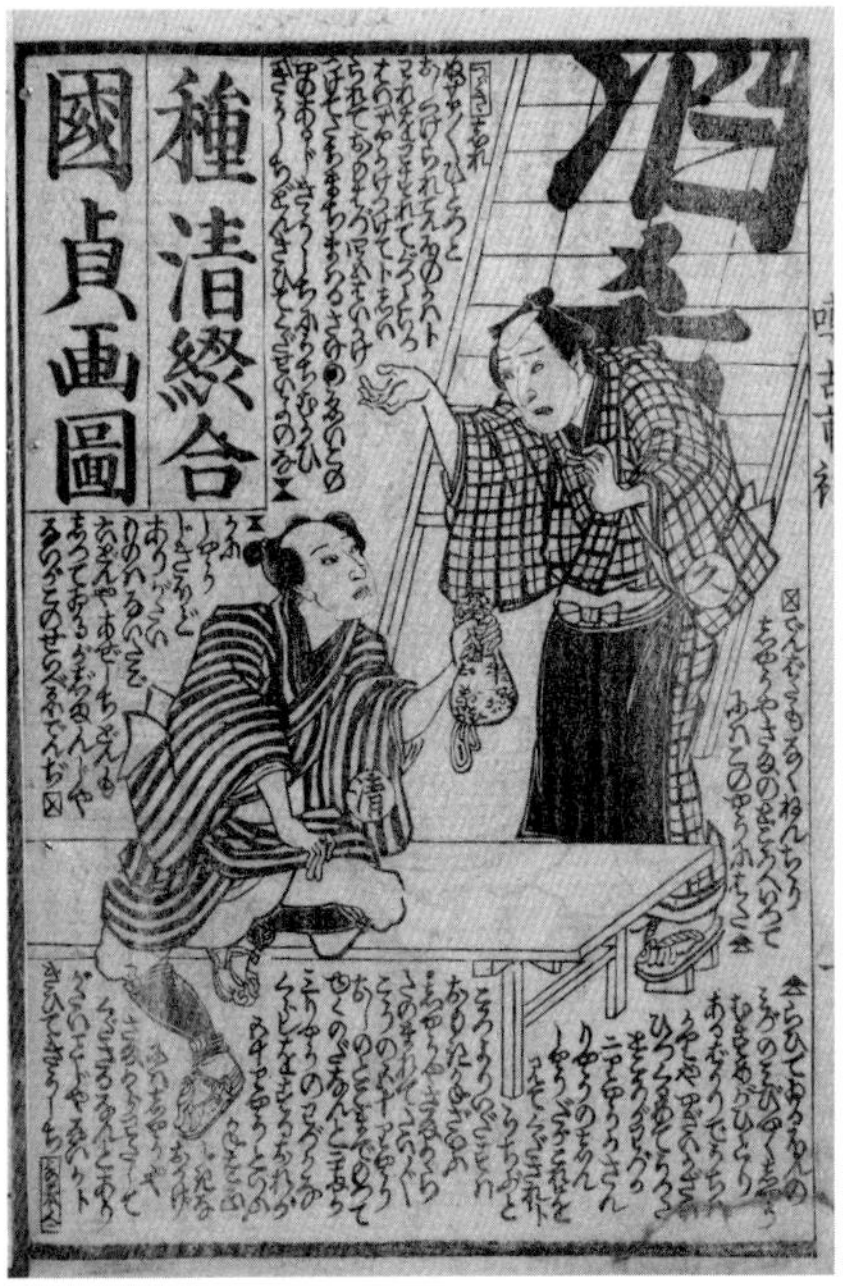

図2　『敵討噂古市』（十丁裏）

図１　『敵討噂古市』（六丁裏〜七丁表）

で）「たるひとりのちご　りやうかいほうしはきつと見て　ヤヽ　そちやしらぎくではないか　たぶんをはゞかるいちだいじ　かならづともにたごんいたすな」（たる一人の稚児、りょうかい法師はきっと見て、やや、そちゃ白菊ではないか。他聞を憚る一大事、必ず、ともに他言いたすな）⊠⊠「このことじやうじゆいたしなば　りやうかいはじめそちまでも　ともにりつしんしゆつせなるぞ　イヤりつしんはよこしまごと　ふぎのふうきはのぞみませぬ　なんと　おぢじやひと　ヱヽこなたはなアいかなる」（この事成就いたしなば、りょうかい初め、そちまでもともに立身出世なるぞ。いや立身は邪事、不義の富貴は望みませぬ。なんとおじじゃ人、ええ、こなたはなあ、いかなる）

と書かれている。右では丸括弧内に、現代表記にちかい書き方を添えた。

　ほとんど漢字が使われていない。これは合巻全体に共通する特徴といってよい。漢語が使われていないわけではない。右でいえば、「ギョウリキ（行力）」「カンノウ（感応）」「ゲンゼ（現世）」「フシギ（不思議）」「ケシン（化身）」「タブン（他聞）」「タゴン（他言）」「ジョウジュ（成就）」などの漢語が使われている。

　多賀糸絵美は「草双紙の漢語語彙―層別化の試み―」（『国語語彙史の研究』三十一、二〇一二年、和泉書院）において、「草双紙の漢語は「漢語を説明する漢語」と同じような層をなす漢語群であると捉えることができる」（二五六頁）と指摘した。首肯できるみかたである。どんな漢語でも仮名で書きさえすれば理解できる、とは考えられない。むしろ、「耳近」くない漢語ほど漢字が必要で、漢字の支えなしには理解しにくい。合巻は、仮名で書かれていることが目をひくが、そのことよりも、どのような語が選択されているかを測る必要がある。

第五章

明治・大正時代

明治五（一八七二）年に公布された学制によって、全国を八大学区に分けて八つの大学を置き、一大学区を三十二の中学区に分け二五六の中学校を置き、一中学区を二一〇小学区に分け、五万三七六〇の小学校を置くことが定められた。学校の設置はすぐに実現はされなかったが、教育を行なう体制はつくられたことになる。

教育が言語に影響を与えることはいうまでもなく、明治時代の小学校が江戸時代の寺子屋等の組織の「上」に構築されたことを考えれば、江戸時代においてすでに、教育をとおした言語のコントロールは始まっていたといえなくもないが、やはり明治時代にそれがはっきりとしたかたちで行なわれるようになったとみるのが自然である。小学校の設置が決まっても、すぐに教科書が整えられたわけではない。明治六年につくられた『小学読本』は漢字、漢語を多く使ったものであった。それでもなお、江戸時代の寺子屋よりも簡単だったという話もある。明治三十六年には第一期国定教科書がつくられる。しかしそこからは漢字、漢語は姿を消しており、明治三十年以降は漢字、漢語がさまざまな制限をうけるようになっていく。

「本文」では和英辞典の代表として、ヘボン『和英語林集成』を、国語辞書の代表として、高橋五郎『和漢雅俗いろは辞典』と大槻文彦『言海』とを採りあげた。本格的な国語辞書は明治二十年頃になって陸続と出版されるようになる。カラーページでとりあげたボール表紙本は、ボール紙を表紙とした粗末な洋装本であるが、さまざまな内容のものが明治二十年頃まで次々と出版された。しかし、明治二十年を過ぎるとその出版も下火となっていく。

先の学制を初めとして、明治初年頃には法律や制度が次々と公布され、あるいは『西国立志編』や『花柳春話』のような翻訳が多く出版された。それらは漢語を多く交えて書かれていることが多く、漢語を理解できなければ理解することはむずかしかったと思われる。そうしたことに対応するためもあってのことと思われるが、明治初年から漢語のみを見出し項目とする「漢語辞書」が多数編まれ、出版された。そうした漢語辞書から見出し項目となっている漢語を抜き出して、絵を添えた「漢語図解」や都々逸にしてた「漢語都々逸」などもつくられた。また一枚刷りの「漢語番付」もある。明治初年頃から明治二十年頃までは、いわば「漢語はなやかなりし時」だった。それが先に述べたように、日清戦争、日露戦争を経て、明治三十六年になると、漢語は日本語の「背景」に追われた感がある。このように明治時代といっても、その四十五年はきわめて変化にとむ。そのことを認識することが明治時代の日本語を考える前提といってよい。

森鷗外、夏目漱石といえば、「明治の文豪」であるが、文豪といえども、共有されていた日本語を使っていたことはいうまでもなく、言語上、「鷗外の独自性」や「漱石の独自性」はむしろほとんどないとまず考える必要がある。朝日新聞社に入社し、それ以降のほとんどの作品を新聞紙上に発表した漱石は、不特定多数の読み手を明確に意識して作品を書いていたと思われる。それがもしも鷗外と漱石との（現代人の）「よみやすさ」の違いにかかわっているのだとすれば、やはりそれは漱石が時代を先取りしたわかりやすい日本語を使っていたということを示唆するのではないだろうか。

大正時代は、今からちょうど百年前ぐらいにあたり、これから「歴史」となっていくはずで、明治時代の日本語と大正時代の日本語との対照は今後の課題といってよい。

5-1
ヘボン式ローマ字

1867年初版刊行
和英語林集成

James Curtis Hepburn（一八一五～一九一一）、ヘボンが慶応三（一八六七）年に出版したのが『和英語林集成』となづけられた「和英英和辞書」である。再版が明治五（一八七二）年に、第三版が明治十九（一八八六）年に出版され、明治四十三年には第九版が出版されており、明治期を通じて刊行され続けた。**図1**は第三版（第二種）。第三版では、『和漢雅俗いろは辞典』を編輯した高橋五郎が協力したことが知られている。

図2でわかるように、アルファベットで綴った日本語に片仮名と、（場合によっては）漢字列を添え、品詞を示し、英語で語義等を説明し、用例を添え、同義語（synonymous words）を示す。活用語は連用形をまず示している。また口語的な（colloquial）語には「coll.」の略号を附している。

第三版において採られているアルファベット綴りの方式は明治十八年に創設された羅馬字会が考案した方式と一致しており、「ヘボン式ローマ字」と呼ばれ、現在も（一つの方式として）使われている。

図2の三つ目の見出し項目は「GIMMI」とあるので、「キンキ　味吟」は「ギンミ吟味」の誤植と思われる。漢語「ギンミ」はこの時期までに、「漢語の層」としては下層になっていたと思われるが、「coll.」符号が附されていない。図で「coll.」符号が附されているのは、「ギリダテ（義理立）」「ギリギリ（旋毛）」「ギロギロ」「ギロツク」である。「ギリギリ」は「旋毛」が添えられていることからもわかるように、〈頭のつむじ・頭のてっぺん〉をあらわす語である。添えられている英語は「The crown of the head」と「the very lowest price」と二つに分かれている。

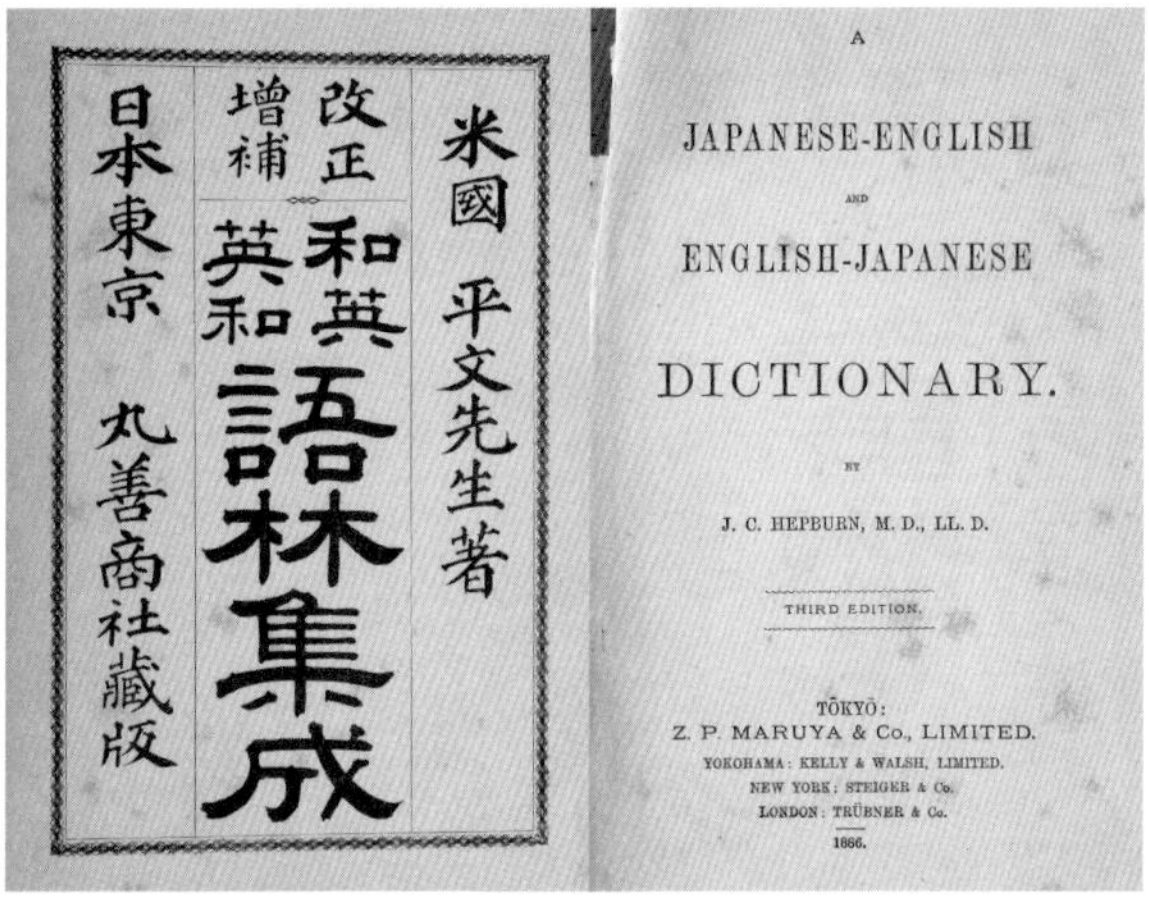

図1　和英語林集成（扉）

『言海』は前者を「キリキリ」という清音形で見出し項目とし、後者「ギリギリ」には「訛語・俚語」の符号を附している。「ギロギロ」「ギロツク」は『言海』は見出し項目としていない。『言海』は「普通語」の辞書を標榜しているのであって、『和英語林集成』の採る見出し項目と対照することによって、双方の辞書がどのような語を見出し項目としようとしているかが窺われる。そのような対照を丁寧に行なうことによって、「語性」を探るということも必要であろう。

『和英語林集成』は「Syn.」という符号を使って、はっきりと同義語（厳密にいえば類義語）を示しており、（その判断の適不適は検証しなければならないが）興味深い。図の範囲でいえば、「ギンミ（吟味）」の同義語として「シラベ」「タダシ」が挙げられ、「ギリ（義理）」の同義語として「ドウリ（道理）」が挙げられている。

「ハカチ（墓地）」には「ハカバ（墓場）」「ハカワラ（墓原）」が、「ハカハラ（墓原）」には「ハカチ」「ムショ（墓所）」が同義語として挙げられており、同義語を丁寧にたどることによって、ヘボンが語の結びつきをどのように理解していたかが窺われる。「ハクラン（博覧）」の同義語として「ハクガク（博学）」「ハクシキ（博識）」を挙げるように、漢語に漢語が示される場合もあれば、「ハンタ（繁多）」の同義語として「イソガシイ」「セワシイ」を挙げるように、漢語に和語が示される場合もある。

「ハネル」には「撥挑」、「ムツト」には「憤然」という漢字列が添えられており、見出し項目となっている語と添えられている漢字列の結びつきについても考察する必要がある。

『和英語林集成』は江戸末期に刊行された節用集である『永代節用無尽蔵』や『江戸大節用海内蔵』などから見出し項目とする語を採集したこと、また『言海』のに影響を与えているという指摘もあるが、これについても検証する必要があると考える。

日本語がローマ字書きされているので、当該時期の日本語の発音について窺うことができる恰好の資料であることはいうまでもないが、それでもなお、辞書であるからには、非標準的な語形をどこまで採集するかという、見出し項目とする語の取捨選択は行なわれているとみるのが自然である。

図2　和英語林集成（「G」の項より）

11　　GIR

GIKWAN ギクワン 官議 n. A member of the Senate, also of the *Sanji-in*.
GIKYŌDAI ギキヤウダイ 義兄弟 The same as brothers.
GIMMI キンキ 味吟 n. Examination; trial; inspection; judging; inquiry; choosing: *tsumi bito wo gimmi suru*, to examine a criminal; — *wo ukeru*, to be judged.
Syn. SHIRABE, TADASHI.
GIMON ギモン 疑問 (*utagatte tō*) n. A question, interrogation.
GIM-PAKU ギンパク 銀箔 n. Silver leaf.
GIMU ギム 義務 n. Duty; obligation: *subeki — wa nai*, under no obligation to do so; *sayō na — wa nai*, no such duty.
GIN ギン 銀 (*shirokane*) n. Silver; — *de koshiraete*, made of silver.
GIN-DEI ギンデイ 銀泥 n. A kind of silver paint.
GINEN ギネン 疑念 (*utagau omoi*) n. Doubt; suspicion: — *wo shōzuru*, to beget doubts.
GINGA ギンガ 銀河 n. The milky-way.
Syn. AMA NO GAWA.
GIN-KŌ ギンコウ 銀行 n. A bank: —*shihei*, bank note.
GINKWA ギンクワ 銀貨 n. Silver coin.
GINNAN ギンナン n. A small white nut, the fruit of the *ichō* tree (*Gingo biloba*), poisonous when eaten raw.
GINNIKU ギンニク 齦肉 n. The gums.
GIN-SEKAI ギンセカイ 銀世界 Ground covered with snow.
GINSHU ギンシユ 銀主 n. A capitalist, or one who advances the money.
GINSU ギンス 銀子 n. Silver money.
GINZA ギンザ 銀座 n. The mint where silver money is coined.
GIN-ZAIKU ギンザイク 銀細工 n Silver ware.
GINZURU ギンズル 吟 To sing.
Syn. UTAU.
GIRI ギリ 義理 n. Right, just; that which is proper, just or reasonable; meaning; signification: — *aru haha*, step-mother; foster mother; — *wo shiranu hito da*; —*ni kanau*; *kono ji no — wa nani ka*, what is the meaning of this word?
Syn. DŌRI.
GIRI-DATE ギリダテ 義理立 n. (coll.) Doing justly, or acting kindly to others: — *wo suru*.
GIRIGIRI ギリギリ 旋毛 n. and adv. (coll.) The crown of the head; the very lowest price: *atama no — kara ashi no tsumasaki made*, from the crown of the head to the end of the toe nails; — *ikura made make nasaru*, what is the very lowest you will take?
Syn. TSUMUJI.
GIRISHA ギリシヤ 希臘 n. Greece.
GIRŌ ギロウ 妓樓 n. A prostitute house
Syn. JŌROYA.
GIRO-GIRO ギロギロ adv. (coll.) Bright, shining; glittering: — *hikaru*.
GIRON ギロン 議論 n. Debate; discussion; reasoning; argument.
Syn. BENRON.
GIROTSUKI,-KU ギロツク i.v. (coll.) To be bright shining, glittering.

5-2 漢語の流行

明治初年 漢語都々逸など

図1は山々亭有人《さんさんていありんど》＝条野採菊《じょうのさいぎく》（一八三二～一九〇二）が明治三（一八七〇）年に出版した『未味字解漢語都々逸』初編の二丁裏と三丁表の箇所である。「未味字解」は「耳近い」とかけていると思われる。条野採菊は東京初の日刊紙『東京日日新聞』の創刊者としても知られ、鏑木清方《かぶらききよかた》の父である。

二丁裏には「思《おも》ふお人《ひと》と隔絶《かくぜつ》されて常《つね》に追慕《ついぼ》の積《しゃく》のたね」とあって、「カクゼツ（隔絶）」「ツイボ（追慕）」という漢語が詠み込まれているので「漢語都々逸」ということになる。そしてこれらの漢語には「へだゝる」「をひしたふ」と左振仮名が施されている。語としての「発音」を右振仮名で、語義の「補助的説明」を左振仮名で示すという「表記方式」がここにもみられる。

三丁表には「文はやれども返辞《へんじ》は来《こ》ないなぜに因循姑息《いんしゅんこそく》する」とあって、「インジュンコソク（因循姑息）」という漢語に「くずくをそくなる」と左振仮名が施されている。他の箇所では「チンジュツ（陳述）」に「いいわけ」、「タンサク（探索）」に「さぐりもとむる」、「オウセイフッコ（王制復古）」に「むかしにかへす」、「ベンキョウ（勉強）」に「せいだすこと」、「ナイユウガイカン（内憂外患）」に「うちのうれひとそとのうれひ」などの左振仮名が施されている。

この『漢語都々逸』は少なくとも四編まで出版されている。「肯《が》せぬ」（二編・八丁表）には「せうち」（承知）、「コネイ（諛佞）」（二編・十丁表）には「ついしよう」（追従）、「バンゴ（萬悟）」（四編・四丁表）には「こうくわいする」（後悔）、「トウヨウ（登庸）」（四編・六丁裏）には「りつしん（立身）」、「ジョウシ（情死）」（四編・十丁裏）には「しんぢう（心中）」、「フソン（不遜）」（四編・十二丁表）には「しつれい（失礼）」と漢語が左振仮名として施されており、このような漢語も「説明に使うことができる」漢語であったことがわかる。

図2はやはり山々亭有人が明示三年に出版した『童蒙必読漢語図解』初編である。「侵入《しんにう》　おしこみ」「六合《りくがう》　せかいのこと」

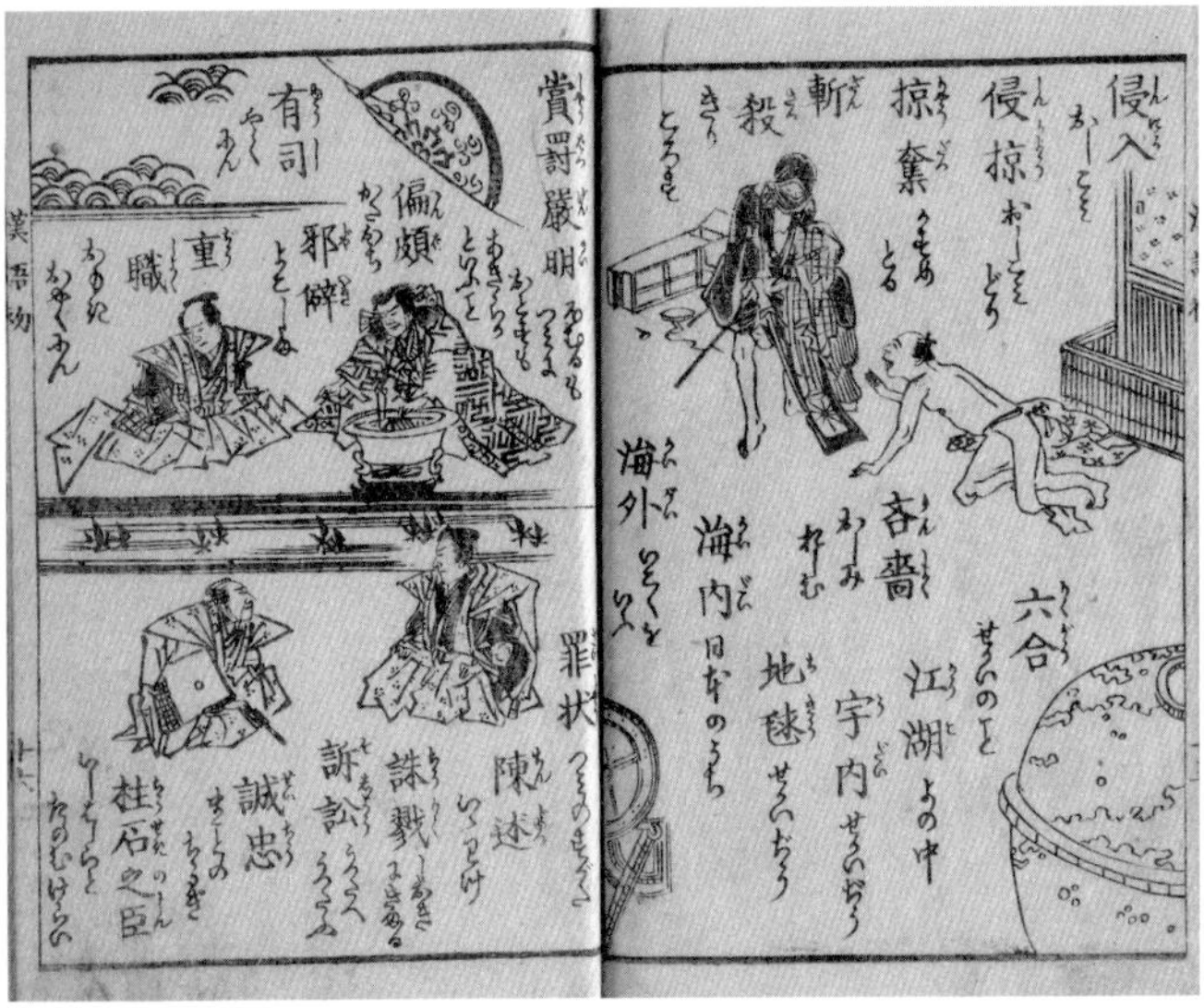

図2　山々亭有人『童蒙必読漢語図解』より

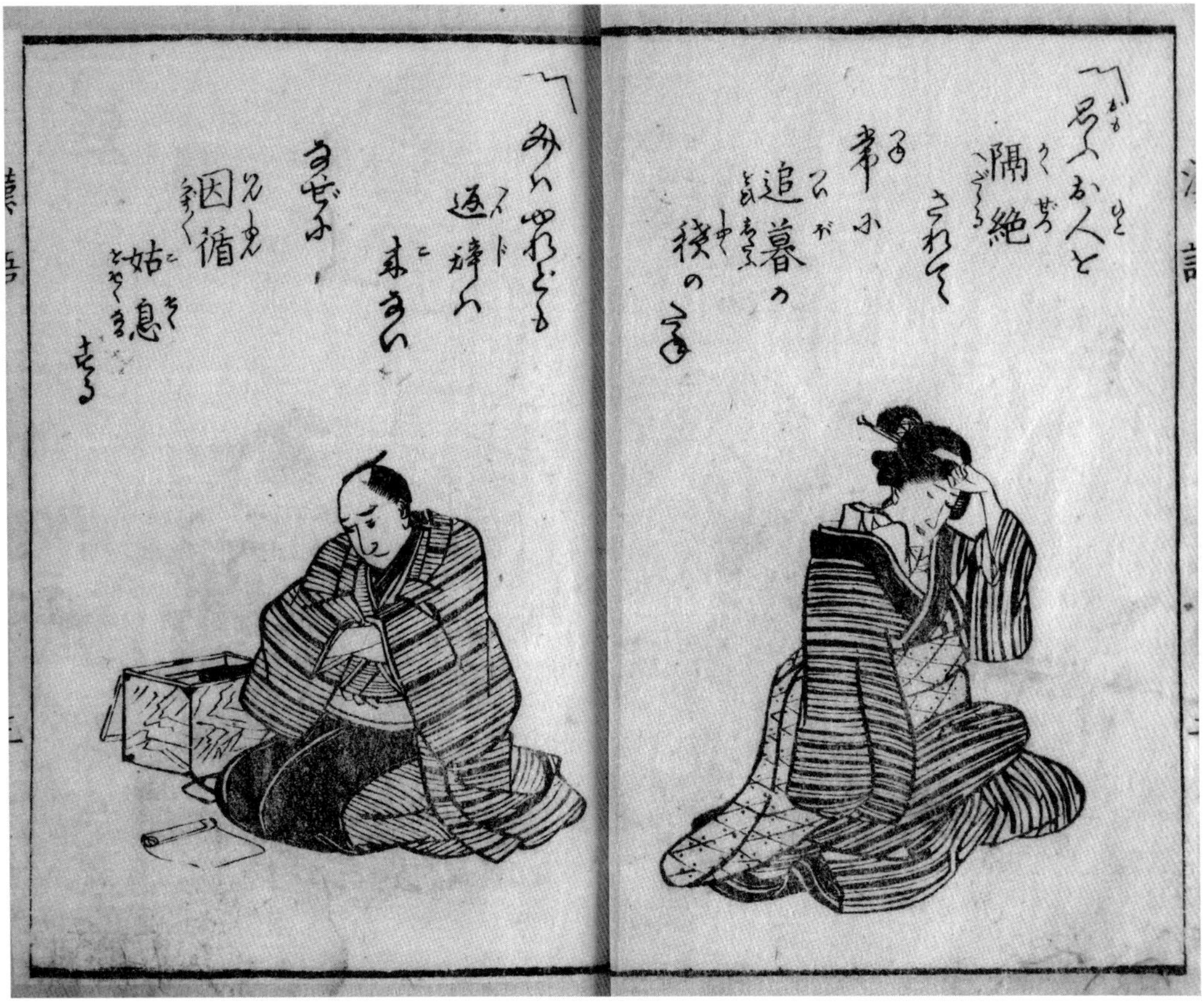

図1　山々亭有人『未味字解漢語都々逸』（初編二丁裏・三丁表）

「地球《ちきう》　せかいぢう」のように、漢語を書いている漢字列（＝漢語漢字列）に平仮名で右振仮名を施し、簡単な語義を添えている。この形式は「漢語辞書」と同じ形式である。

「応援《をうゑん》　かせいの事」「応接《おうせつ》　をうたいの事」という記事が四丁裏にみられる。これは漢語「オウエン（応援）」を「カセイ（加勢）」と、漢語「オウセツ（応接）」を「オウタイ（応対）」と説明していることになり、ここにも「説明される側の漢語」「説明する側の漢語」という「漢語の層」の異なりが窺われる。

『漢語都々逸』も『漢語図解』も、明治二年に刊行され、多くの漢語辞書に影響を与えた『漢語字類』及び慶応四（一八六八）年に刊行された『新令字解』とを参照しながら編まれたことが松井利彦『近代漢語辞書の成立と展開』（一九九〇年、笠間書院）において指摘されている。そうした意味合いにおいては、これらのテキストは漢語辞書に準じるものとみてよい。『漢語都々逸』『漢語図解』ともに、「絵入り」である。「絵入り」は両テキストの角書き、「未味字解（耳近い）」「童蒙必読」と呼応していると思われる。

5-3 大新聞・小新聞

図1は明治十（一八七七）年一月八日発行の『郵便報知新聞』第一一八一号。『郵便報知新聞』は明治五年の六月に創刊されており、『朝野新聞』『東京曙新聞』、条野採菊の『東京日日新聞』とともに「東京四大新聞」と呼ばれるが、これらは知識階級を読者として想定し、おもに政治的な記事を載せた「大《おお》新聞」と呼ばれる。

図2は『東京絵入新聞』の明治十一年八月二十七日号（第九六二号）であるが、庶民を読者として想定し、娯楽記事などを載せ、「大新聞」に対して「小《こ》新聞」と呼ばれた。「大新聞」は原則として振仮名を使わず、「小新聞」は漢数字以外の漢字に原則として振仮名を施す「総振仮名」で印刷されている。ただし『郵便報知新聞』においても、「雑報」欄においては、振仮名が使われている。なにより、「雑報」欄は「漢字平仮名交じり」で印刷されている。このことからすれば、明治期においては、「漢字片仮名交じり」と「漢字平仮名交じり＋振仮名」とはおおむね排他的な表記形式であったとみることができる。

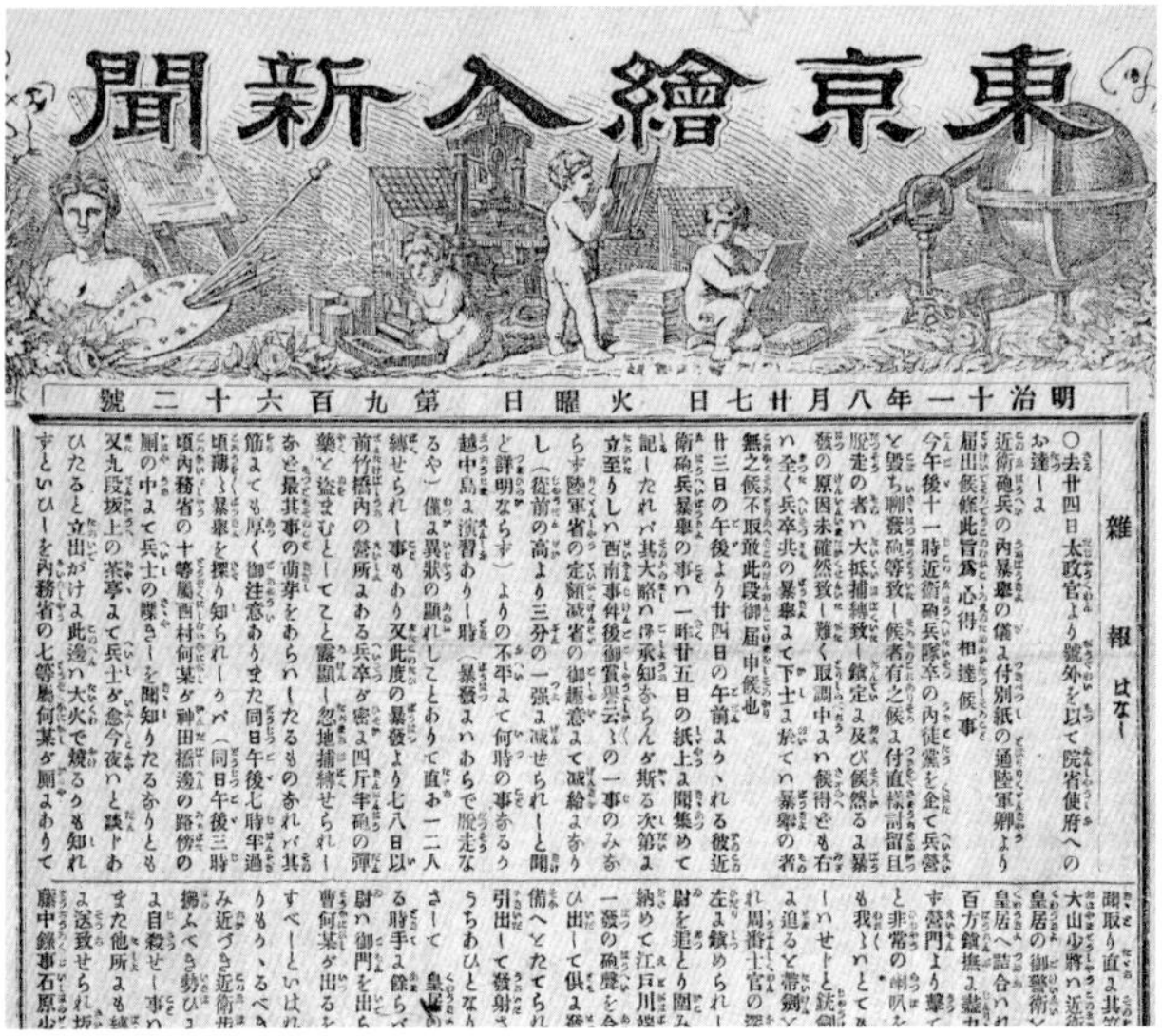
東京繪入新聞

明治十一年八月廿七日　火曜日　第九百六十二號

雜報 はなし

○去廿四日太政官より號外を以て院省使府への
お達しに
近衛砲兵の内暴擧の儀に付別紙の通陸軍卿より
届出候條此旨爲心得相達候事
今午後十一時近衛砲兵隊卒の内徒黨を企て兵營
と毀ち發砲等致し候者有之候に付直樣討留且
脫走の者ハ大抵捕縛致し鎭定に及び候然るに暴
發の原因未確然致し難く取調中にハ候得ども右
ハ全く兵卒共の暴擧にて下士に於てハ暴擧の者
無之候不取敢此段御届申候也
廿三日の午後より廿四日の午前にかゝれる彼近
衛砲兵暴擧の事ハ一昨廿五日の紙上に聞集めて
記したれバ其大略ハ序承知あらんが斯る次第に
立至りしハ西南事件後御賞與云々の一事のみな
らず陸軍省の定額減省の御趣意にて減給になり
し（從前の高より三分の一强に減ぜられしと聞
ど詳明ならず）よりの不平にて何時の事あるか
越中島に演習ありし時（暴發にハあらで脫走な
るや）僅に異狀の顯れしことありて直ちに一二人
縛せられし事もあり又此度の暴發より七八日以
前竹橋内の營所にある兵卒が密に四斤半砲の彈
藥を盜まむとして露顯し忽地捕縛せられし
ことも最其事の萌芽をあらハしたるものなれバ其
筋にても厚く御注意ありまた同日午後七時半過
頃陣〜に暴擧を探り知られしかバ（同日午後三時
頃内務省の十等屬西村何某が神田橋邊の路傍の
厠の中にて兵士の囁きしを聞知りたるなりとも
又九段坂上の茶亭にて兵士が愈今夜にと談ドあ
ひたると立出がけに此邊ハ大火で燒るかも知れ
ずといひしを内務省の七等屬何某が聞きありて

図2　東京絵入新聞（明治十一年八月二十七日）

こうしたことは「漢字平仮名交じり」をいわば「デフォルト」としている現代日本語においてはみられない現象であるので注意しておきたい。明治期の日本語を観察するにあたっては、特に、それがどのような媒体＝メディアであるか、その媒体はどのような享受者＝情報の受け手を想定しているかなどにも気配りをする必要がある。

明治期の新聞
明治初年頃

『郵便報知新聞』の「大分縣ヨリ内務省ヘ伺」の記事の末尾は「右取締方如何相心得可然哉相伺候也」とあって、漢字が連続している。「右、取締まり方、いかが相心得、しかるべきや、相伺い候なり」といったような文を書いたものと思われるが、こうした「漢文訓読調」の文は漢文式に書かれ、それがごく一般的であったことになる。しかしこの「伺」の内容は、「居合抜」と称する者たちが、薬の押し売りをしている、というようなもので、明治らしいといえば明治らしい。記事全体をみれば、「セキヒン（赤貧）」「ライダ（懶惰）」「セツユ（説諭）」「カイセキ（誡責）」「コンユ（懇諭）」「コウサイ（交際）」といっ

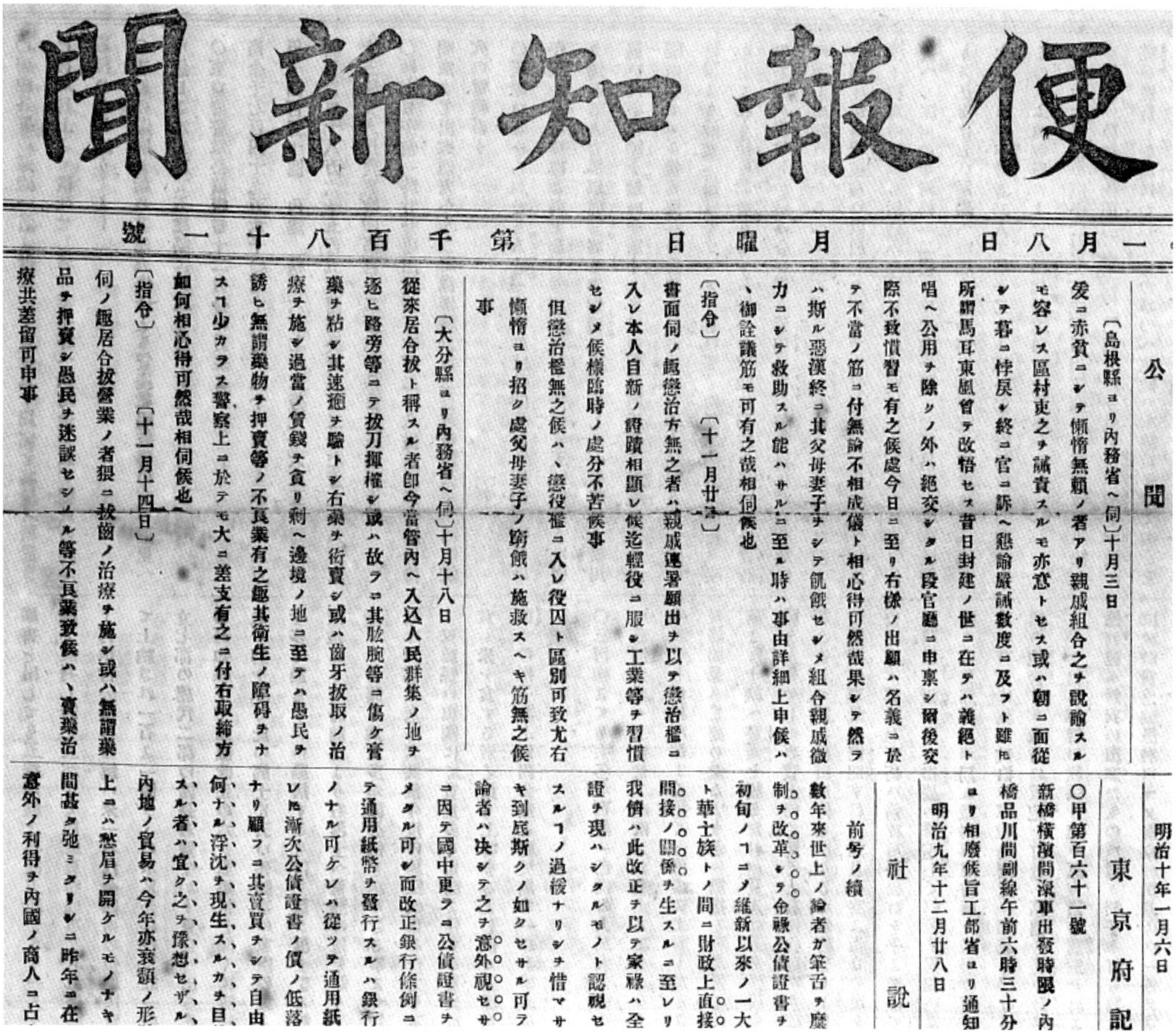
便報知新聞
一月八日　月曜日　第千八百十一號

公聞

〔島根縣ヨリ内務省ヘ伺〕十月三日
妥ニ赤貧ニシテ懶惰無頼ノ者アリ親戚組合之ヲ說諭スルモ容レス區村吏之ヲ誡責スルモ亦恣トセス或ハ朝ニ面從シテ暮ニ悖戾シ終ニ官ニ訴ヘ懇論嚴誡數度ニ及フト雖モ所謂馬耳東風曾テ改悟セス昔日封建ノ世ニ在テハ義絕ト唱ヘ公用ヲ除クノ外ハ絕交シタル段官廳ニ申稟シ爾後交際不致慣習モ有之候處今日ニ至リ右樣ノ出願ハ名義ニ於テ不當ノ筋ニ付無論不相成儀ト相心得可然哉果シテ然ラハ斯ル惡漢終ニ其父母妻子ヲシテ飢餓セシメ組合親戚微力ニシテ救助スル能ハサルニ至ル時ハ事由詳細上申候ハヽ御詮議筋モ可有之哉相伺候也
〔指令〕　〔十一月廿日〕
書面伺ノ趣懲治方無之者ハ親戚連署願出ヲ以テ懲治檻ニ入レ本人自新ノ證蹟相顯レ候迄輕役ニ服シ工業等ヲ習慣セシメ候樣臨時ノ處分不苦候事
但懲治檻無之候ハヽ懲役檻ニ入レ役囚ト區別可致尤右懶惰ヨリ招ク處父母妻子ノ窮餓ハ施救スヘキ筋無之候事

〔大分縣ヨリ内務省ヘ伺〕十月十八日
從來居合拔ト稱スル者即今當管內ヘ入込人民群集ノ地ヲ逐ヒ路旁等ニテ拔刀揮權シ或ハ故ラニ其肱腕等ニ傷ケ膏藥ヲ粘シ其速癒ヲ驗トシ右藥ヲ衒賣シ或ハ齒牙拔取ノ治療ヲ施シ過當ノ賃錢ヲ貪リ剩ヘ邊境ノ地ニ至テハ愚民ヲ誘ヒ無謂藥物ヲ押賣等ノ不良業有之趣其衛生ノ障碍ヲナスヿ少カラス警察上ニ於テモ大ニ差支有之ニ付右取締方如何相心得可然哉相伺候也
〔指令〕　〔十一月十四日〕
伺ノ趣居合拔營業ノ者猥ニ拔齒ノ治療ヲ施シ或ハ無謂藥品ヲ押賣シ愚民ヲ迷誤セシムル等不良業致候ハヽ賣藥治療共差留可申事

明治十年一月六日

東京府記
○甲第百六十一號
新橋橫濱間滊車出發時限ノ內
橋品川間副線午前六時三十分
ヨリ相廢候旨工部省ヨリ通知
明治九年十二月廿八日

社説
前号ノ續
數年來世上ノ論者ガ筆舌ヲ靡
制ヲ改革シテ金祿公債證書ヲ
初旬ノヿニメ維新以來ノ一大
ト華士族トノ間ニ財政上直接
間接ノ關係ヲ生スルニ至レリ
我儕ハ此改正ヲ以テ家祿ハ全
證ヲ現ハシタルモノト認視セ
スルヿノ過優ナリシヲ惜マサ
キ到底斯クノ如クセサル可ラ
論者ハ決シテ之ヲ意外視セサ
ニ因テ國中更ラニ公債證書ヲ
メタル可シ而改正銀行條例ニ
テ通用紙幣ヲ發行スルハ銀行
ノナル可ケレハ從ッテ通用紙
レﾄ漸次公債證書ノ價ノ低落
ナリ願フニ其賣買ヲシテ自由
何ナル浮沈ヲ現生スルカヲ目
スル者ハ宜ク之ヲ豫想セザル
上ニハ愁眉ヲ開ケルモノナキ
內地ノ貿易ハ今年亦衰頽ノ形
間甚タ弛ミタリシニ昨年ニ在
意外ノ利得ヲ內國ノ商人ニ占

図1　郵便報知新聞（明治十年一月八日）

た漢語が使われており、漢語の理解ができなければ内容をとらえにくい。

「雑報」欄における振仮名はすべて左振仮名であるが、左であることには特別な意味合いはないと考える。「陸續」には「りくぞく」、「恰好」には「かつこう」と左振仮名が施されており、これらは左右に振仮名を施す場合の右振仮名のように、語の発音を示している。その一方で、「清潔」に「きれいずき」、「荒蕪」に「あれの」、「暫時」に「しばし」という左振仮名がみられ、これらは左右両振仮名の左振仮名のように「語義の補助的説明」をしていると思われる。

図2ではタイトルの周辺に絵が入っているだけであるが、実際は記事の中にも絵が入っている。「大略《あらまし》」「萌芽《きざし》」「景況《ありさま》」「忽地《たちまち》」「遺骸《なきがら》」「悉皆《ことごとく》」「旅費《ろよう》」「恐怖《おそろ》しく」などは、「アラマシ」という語を「大略」と書き、「オソロシク」という語を「恐怖しく」と書いていると考えるのが自然である。こうした書き方がどの程度一般的であったかについては慎重に考える必要がある。例えば、「キザシ」、「ナキガラ」に関していえば、『言海』は「普通用」の漢字列として「兆」、「亡軀」をあげている。

漢語だけの辞書

図1は慶応四（一八六八）年六月に出版された荻田嘯《しょう》編輯の『新令字解』（九〇四語所収）であるが、慶応年間から明治二十年頃にかけて、漢語を見出し項目とした（おおむねは）ハンディな辞書が陸続と出版された。『新令字解』は見出し項目となっている語の第一拍の発音によって、「いろは順」に見出し項目を配列している。これを「漢語辞書」と総称する。**図2**は明治二年一月に庄原謙吉によって出版された『漢語字類』で、四三四〇語を収める。『漢語字類』は見出し項目となっている語の上字の部首配列を採る。『新令字解』と『漢語字類』はこれらの出版以降に刊行された漢語辞書に多大な影響を与えたことが指摘されている。**図3**は明治五年に出版された『新聞字引』で三二六四語を収めているが、明治二年に出版された『新撰字引』（三二六〇語所収）の改編、改題本であることがわかっている。『新聞字引』はやはり部首配列を採る。漢語辞書は先行して出版されたテキストの影響を受け、それを増補したり改編したりしながら出版が続けられていった。

『新聞字引』の角書きには「布令／必携」とみえているが、「日誌必用」や「新聞必用」を角書きにしているものも多く、幕末明治初期に次々と発表される布令や布告類、新聞や日誌類に使われる漢語を理解するということが漢語辞書出版の目的の一つであったと推測される。『新令字解』が見出し項目としている漢語が実際に『太政官日誌』第三号で使われている漢語であることも松井利彦によって指摘されている。

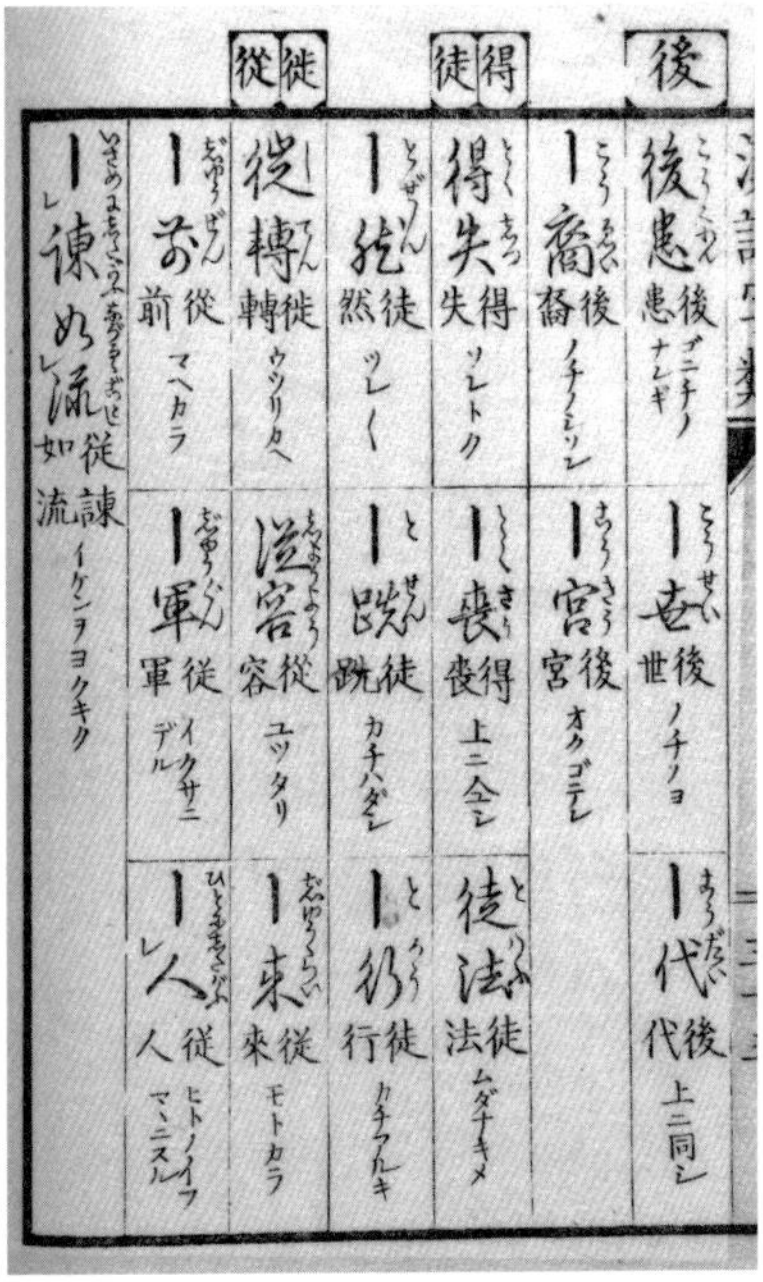

図2　漢語字類

『新令字解』には「宥恕《イウジヨ》　ユルスコト」とある。この例を使って説明すれば、「宥《イウ》恕《ジヨ》」が見出し項目となっている漢語で、「ユルスコト」がその語釈にあたる。『新令字解』は半丁が十二行で、一行におおむね二つの見出し項目を収めている。このように、語釈はきわめて簡略なかたちで施されている。『新令字解』と『新聞字引』とは、いわゆる「三つ切り本」と呼ばれる、縦九センチメートルほどのサイズをしているが、このサイズの漢語辞書は多い。また『漢語字類』は縦が十八センチメートル、横が九センチメートルほどのサイズをしている。いずれにしても、ハンディな大きさのテキストで、「格」を設けて見出し項目を収めている。

図1の範囲では、「遺《イ》

図1　新令字解

新令字解
備中荻田嘯輯
以部
遺詔　引卒
印度　委任
育民　一大革
威烈　遺憾
宥恕　遺意
偉業　陰謀
一洗　威権
以還　畏縮
因循　姑息

図3　新聞字引

布令必携新聞字引
一ノ部
一天　一致
一挙　一併
一般　一毫
一隊
一個　一層
一結　一敗
一週　一斑
一定　一和
一決　一變
一新　一戦

憾《カン》ザンネン」「威権《イケン》イカウ／ケンイ」という見出し項目がみえているが、これらにおいては、「イカン（遺憾）」という漢語を「ザンネン（残念）」という漢語で説明し、「イケン（威権）」という漢語を「イコウ（威光）」「ケンイ（権威）」という漢語で説明しており、「説明される漢語—説明する漢語」という「層」があることが窺われる。「ヲ部」には「應接《ヲウセツ》　ヲウタイ」「應《ヲウ》援《エン》　カセイ」とある。５－２の漢語都々逸などの条で、『漢語図解』を採りあげているが、その図にある「應援《をうゑん》　かせいの事」「應接《をうせつ》　をうたいの事」は、この『新令字解』の記事から採られていると思われる。

『漢語字類』はまず行書体にちかい字体で見出し項目を示し、それに平仮名で振仮名を施し、その直下に、楷書体を添え、その下に語釈を片仮名で示す。行書体がまず示されていることは、実際の言語生活で流通している形を示したものと推測される。「行書体／楷書体」「平仮名／片仮名」を機能的に使用していることには注目したい。

5-5 明治のベストセラー

西国立志編

1871年刊行

中村正直《まさなお》（一八三二〜一八九一）がサミュエル・スマイルスの『*Self-Help*』を翻訳した『西国立志編』は福澤諭吉『学問のすすめ』、内田正雄『輿地《よち》誌略』とともに明治時代の三大ベストセラーと称されることがある。明治四（一八七一）年に十一冊仕立てで出版された。第一冊には「駿河国静岡藩　木平謙一郎蔵版」と記されている。自助の精神を賞揚する内容をもつ。

図1は第一編の第三章「国政ハ人民ノ光ノ返照ナリ」の箇所。図でわかるように、「漢字片仮名交じり」で書かれている。漢字には左右に振仮名が施されており、「優美」のように右振仮名「ユウビ」、左振仮名「ケツコウ」のように、一つの漢字列の左右両側に振仮名が施されていることもある。右振仮名は当該漢字列の発音、すなわち語形を示し、左振仮名が当該漢字列が表わしている語の語義の補助的説明をしている点は、他の文献と共通している。図の左側三行目の「統治」の「統」字の最終画が欠けているのは、目上の者の諱を使うことを避ける「避諱《ひき》」に基づく「欠画」で、明治天皇の父である孝明天皇（一八三一〜一八六七）の諱《いみな》「統《おさ》仁《ひと》」の「統」字の使用を避けている。

図にはみえていないが、一般の外国語は片仮名書きして右に一本線、人名は左に一本線、地名は左に二本線が施されている。場合によっては「＊」記号を附して、英語の綴りを上部欄外に示すこともある。「掌鼓卒（右振仮名ドラムマアボイ）」（第一編十九丁裏七行目）のように、右振仮名に外国語が使われることもあり、また「衣糧袋（左振仮名ナップサック）」（同十行目）のように、左振仮名に外国語が使われることもある。左振仮名は原則として「語義の補助的説明」に使われることが多いが、「ナップサック」という外国語が当該時期にひろく知られていたとは考えにくく、この左振仮名を明治期にひろくみられる左振仮名と同じように考えることはできない。それでも右振仮名が語形＝発音を表わしていることからすれば、右振仮名に「ドラムマアボイ」とある箇所においては、「本文」として採用されている

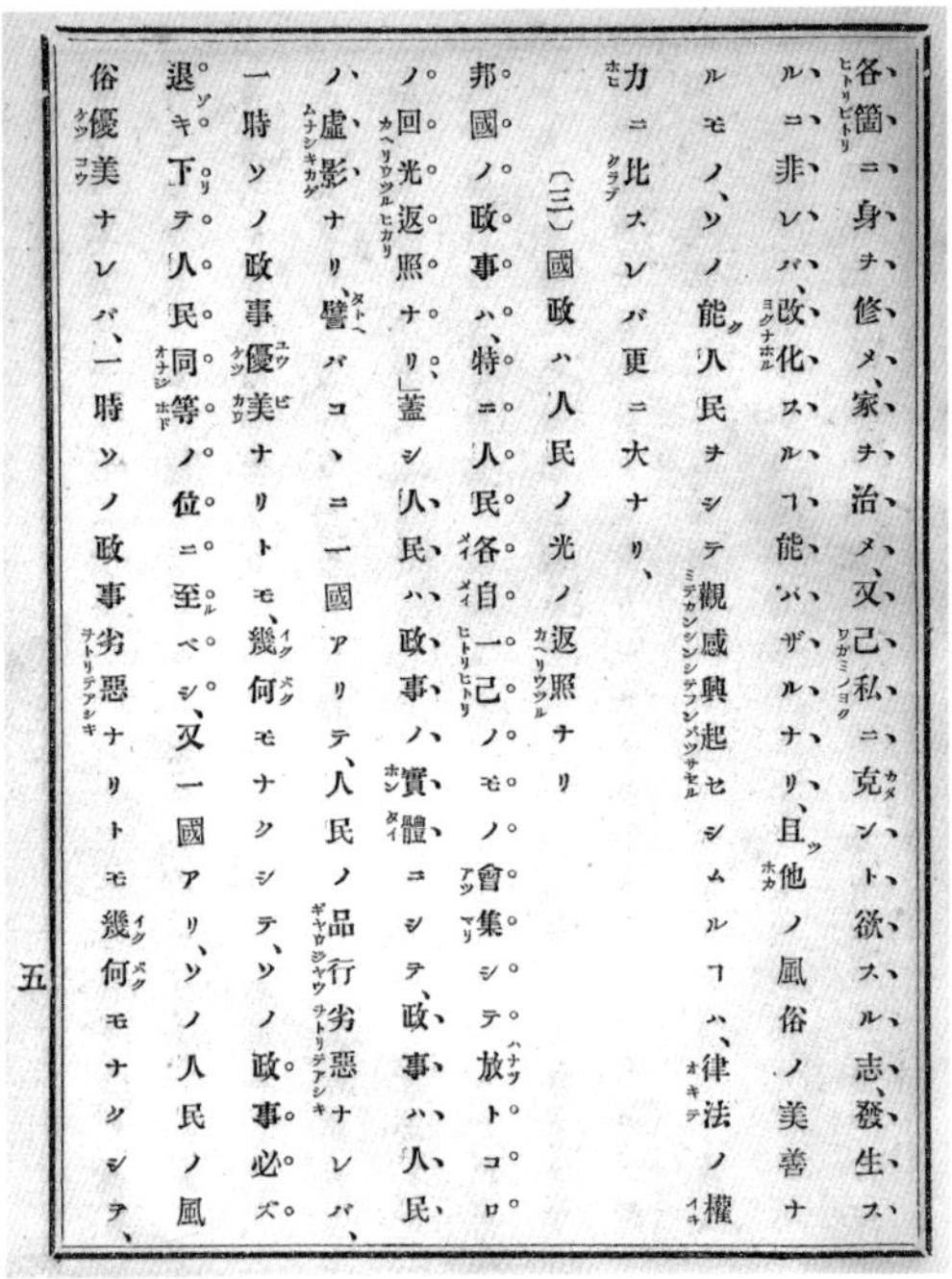
各箇《ヒトリビトリ》ニ身ヲ修メ、家ヲ治メ、又己私《ワガミノヨク》ニ克《カタ》ント欲スル志ヲ發生ス
ルニ非レバ、改化《ヨクナホル》スルヿ能ハザルナリ、且《ツ》他《ホカ》ノ風俗ノ美善ナ
ルモノ、ソノ能《ク》人民ヲシテ觀感興起《ミテカンシンシテフンパツサセル》セシムルヿハ、律法《オキテ》ノ權《イキ》
力《ホヒ》ニ比《クラブ》スレバ更ニ大ナリ、
（三）國政ハ人民ノ光ノ返照《カヘリウツル》ナリ
邦國ノ政事ハ、特ニ人民各自《メイメイ》一己《ヒトリヒトリ》ノモノヲ會集《アツマリ》シテ放《ハナツ》トコロ
ノ回光返照《カヘリウツルヒカリ》ナリ」蓋シ人民ハ政事ノ實體《ホンタイ》ニシテ、政事ハ人民
ノ虚影《ムナシキカゲ》ナリ、譬《タトヘ》バコヽニ一國アリテ、人民ノ品行《ギヤウジヤウ》劣悪《ヲトリテアシキ》ナレバ、
一時ソノ政事優美《ユウビ》《ケツカウ》ナリトモ、幾何《イクバク》モナクシテ、ソノ政事必ズ
退《ソ》キ下《オリ》テ人民同等《オナジホド》ノ位ニ至ルベシ、又一國アリ、ソノ人民ノ風
俗優美《ケツコウ》ナレバ、一時ソノ政事劣悪《ヲトリテアシキ》ナリトモ幾何《イクバク》モナクシテ、
五

図2　西国立志編（活字印刷洋装本、第一編第三章冒頭）

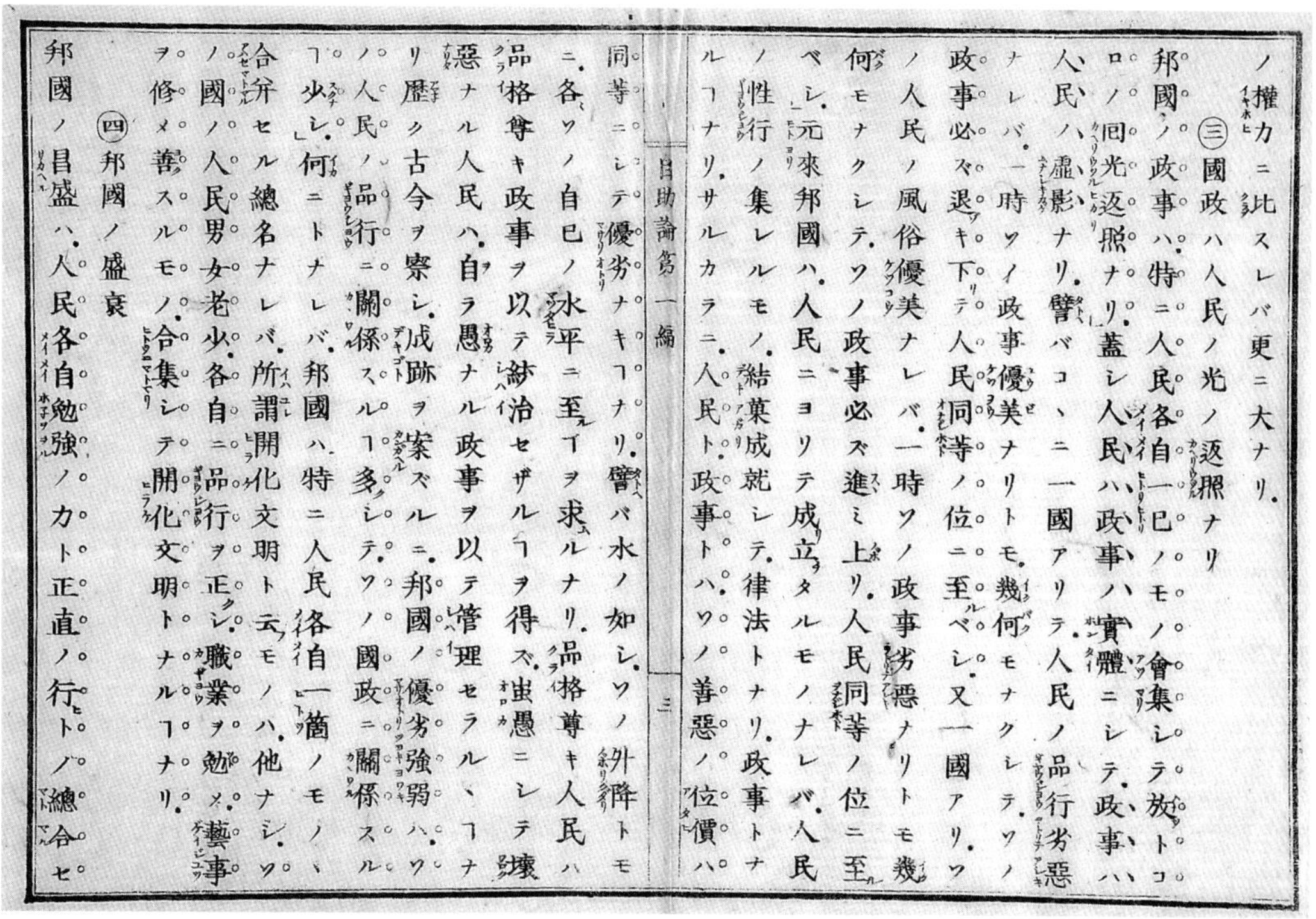
ノ權力ニ訛スレバ更ニ大ナリ。
(三)國政ハ人民ノ光ノ返照ナリ
邦國ノ政事ハ特ニ人民各自一已ノモノヽ會集シテ放トコロノ同光返照ナリ。蓋シ人民ハ政事ノ實體ニシテ、政事ハ人民ノ虛影ナリ。譬バコヽニ一國アリテ人民ノ品行劣惡ナレバ、一時ソノ政事優美ナリトモ、幾何モナクシテ、ソノ政事必ズ退キ下リテ人民同等ノ位ニ至ルベシ。又一國アリ。ソノ人民ノ風俗優美ナレバ、一時ソノ政事劣惡ナリトモ幾何モナクシテ、ソノ政事必ズ進ミ上リ。人民同等ノ位ニ至ルベシ。元來邦國ハ人民ニヨリテ成立タルモノナレバ。人民ノ性行ノ集レルモノ。結菓成就シテ律法トナリ。政事トナルコトナリ。サルカラニ。人民ト政事トハ。ソノ善惡ノ位價ハ。

自助論第一編　三

同等ニシテ優劣ナキコトナリ。譬バ水ノ如シ。ソノ外觧トモニ各ソノ自已ノ水平ニ至ルコトヲ求ルナリ。品格尊キ人民ハ品格尊キ政事ヲ以テ統治セザルコトヲ得ズ。蚩愚ニシテ壞惡ナル人民ハ。自ラ愚ナル政事ヲ以テ管理セラル、コトナリ。歷ク古今ヲ察シ。成跡ヲ案ズルニ。邦國ノ優劣強弱ハ。ソノ人民ノ品行ニ關係スルコト多シテ。ソノ國政ニ關係スルコト少シ。何ニトナレバ。邦國ハ特ニ人民各自一箇ノモノヽ合幷セル總名ナレバ。所謂開化文明ト云モノハ。他ナシ。ソノ國ノ人民男女老少各自ニ品行ヲ正クシ。職業ヲ勉メ。藝事ヲ修メ善スルモノヽ合集シテ開化文明トナルコトナリ。
(四)邦國ノ盛衰
邦國ノ昌盛ハ。人民各自勉強ノ力ト正直ノ行トノ總合セ

図1　西国立志編（第一編第三章冒頭）

のは、この外国語で、それに漢字をあてて表示したとみるのがよいと考える。「衣糧袋」の場合は、右振仮名がないので、これはそのまま「イリョウブクロ」という語が「本文」として採用されており、それに相当する外国語は「ナップサック」であるということと考えるのが自然であろう。「サアジヤント〔軍吏〕」「コロネル〔参将〕」「マーシヤル〔総兵官〕」（十九丁表）のように、外国語を片仮名書きして、その後ろに訳語を添えるという形式もみられるなど、積極的に外国語を鏤《ちりば》めていこうという意志があったと推測する。

漢語が左振仮名として施されていることが少なくない。図では「ヒンコウ（品行）」の左振仮名に「ギヨウジヨウ」（行状）、「シヨクギヨウ（職業）」の左振仮名に「カギヨウ」（家業）などとあるのがわかる。左振仮名になっている漢語は、当該時期までにわかりやすい漢語となっていたことが推測される。

図2は「明治九年十月廿四日　板権免許」と刊記にある、活字印刷洋装本の『改正西国立志編』。

5-6 ウィルソンリーダーを翻訳

小学読本 1873年刊行

図1は明治六年三月「師範学校彫刻」と表紙見返しにある文部省編纂の『小学読本』巻一の、浜田県（明治四年に設置された県。管轄地域は現在の島根県石見地方と隠岐諸島）の翻刻（反刻）版で、明治八年二月に出版されている。『小学読本』はこうした翻刻版が多数つくられていた。文部省編纂の『小学読本』は田中義廉《よしかど》が編纂したものと考えられている。**図1**は巻一の第一回で、「凡世界に、住居する人に、五種あり、○亜細亜人種、○欧羅巴人種、○メレイ人種、○亜米利加人種、○亜弗利加人種なり、○日本人は、亜細亜人種の中なり」とあるが、この冒頭の行りは多くの人が諳誦していたといわれている。『小学読本』の巻一の第二回以降はマーシアス・ウィルソン（Marcius Willson）の『The Readers of the School and Family Series』（New York. Harper & Brothers. 1860～1861）を翻訳したものであった。具体的には、『小学読本』の巻一はウィルソンの第一リーダーを、巻二は第二リーダーのほぼ前半部分を、巻三は第二リーダーのほぼ後半部分を訳したもので、巻四は、第二～第五リーダーの中から、挿絵を中心としたトピックを抽出し、それに説明を加えるというかたちでつくられていることがわかっている。

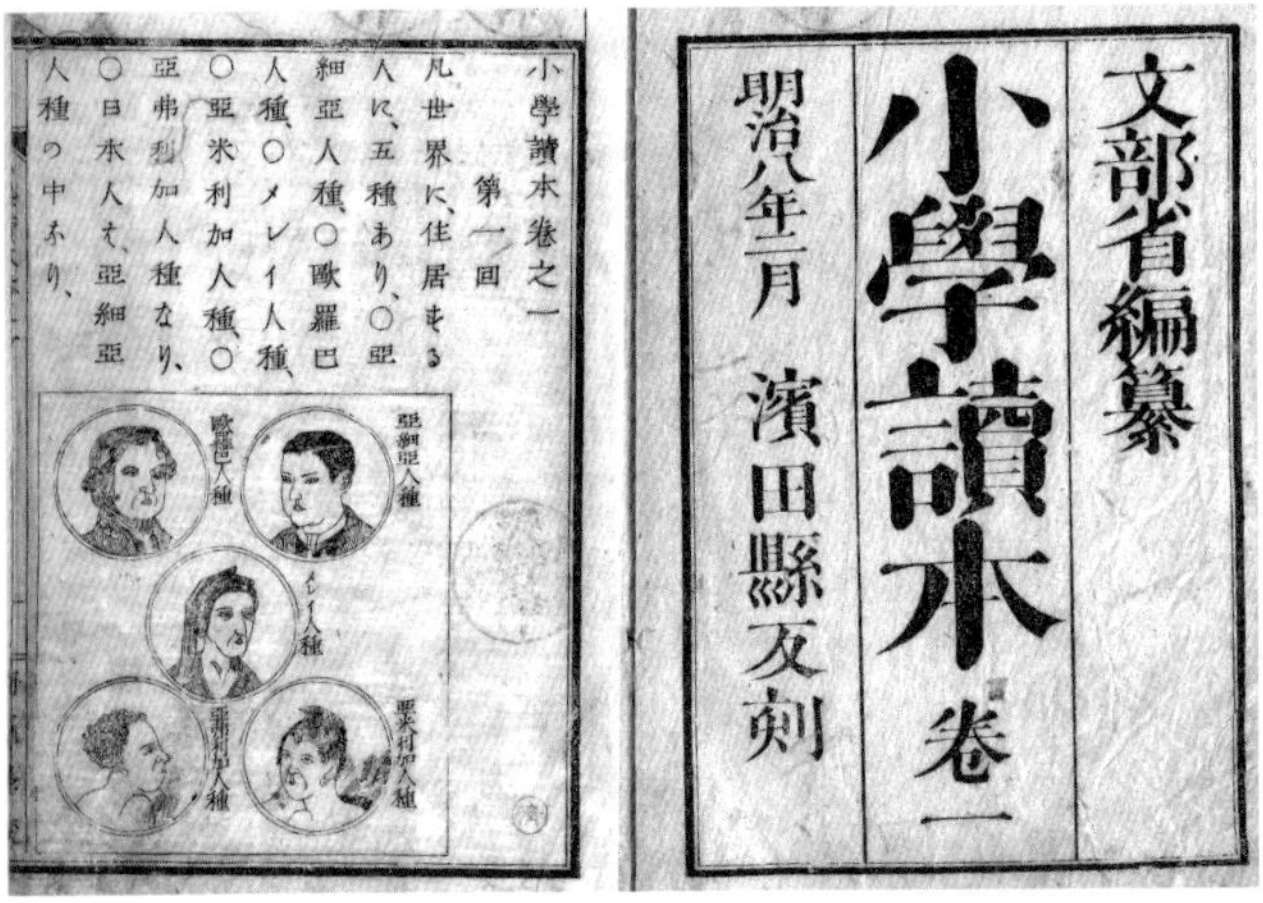

図1 小学読本（明治八年、巻一・第一回）

図1でわかるように、「漢字平仮名交じり」で書かれ、振仮名は使われていない。現在読点として使っている符号が、句点にも使われていることがわかる。段落は設定されていない。この『小学読本』は製版印刷されているが、漢字はほぼ楷書体で、平仮名は連綿せず、どちらかといえば、仮名と仮名との間に空白を置くようなかたちで、活字印刷の版面のように印刷されている。濁点は完全には施されていない。

図2は『小学読本』巻一の第二回の一部であるが、「彼れは、球を蹴て遊べり、汝はそれを見たり、其球は堅きものなるや、○私は、棒を以て、球を打つを見しや、○これは、柔かなる、球なるゆゑ、人に當るとも、傷けることなし、（以下略）」とある。そして**図3**はウィルソン第一リーダーのパートⅡのレッスンⅦ（十五ページ）である。ウィルソンリーダーの挿絵を参考にして『小学読本』の挿絵が描かれていることがわかる。パートⅡ「EASY WORDS OF NOT MORE THAN FOUR

LETTERS」（アルファベット四字をこえない単語）で構成されていることがまず謳われており、レッスンごとにページ下部に使われた語が抽出されている。『小学読本』はこの方式に倣って、上部欄外に使われた漢字を抜き出していると思われる。**図2**でいえば、「蹴・棒・球・堅・柔・人・當・傷・善・終日・熱・日・長・觸」字が抜き出されている。

右に挙げた漢字では、「蹴」字は平成二十二年の改訂によって「常用漢字表」に載せられた字で、それまでは載せられていなかった。当然小学校でも教えられていなかった。現在のことをいえば、「人・日」は小学校一年生、「当・長」は二年生、「球」は三年生、「熱」は四年生、「棒・傷・善」は六年生で学習する漢字で、「堅・柔・触」は「常用漢字表」に載せられている。

つまり、この『小学読本』巻一は、現在の小学校一年生には難しいに違いない。しかし、寺子屋で漢籍の素読などをすることもあった当時の小学生にとっては、それほどむずかしくなかったという指摘がある。そしてなによりも、「小新聞」が漢字総振仮名で発刊されていた明治期においても、振仮名が使われていないことにも留意したい。右のような書き方がされている文章がよめるということが目標となっていた。「傷けることなし」は「キズツケルコトナシ」を書いたものと思われるが、「常用漢字表」では「きず・いたむ・いためる」の訓しか認めていない。現在の小学校六年生は「きず」を応用して「きずつける」が類推できるだろうか。「身を害ふ」は「ミヲソコナウ」を書いたものと思われるが、「常用漢字表」は「害」字に訓を認めていない。『小学校読本』一つをとってみても、明治期の漢字使用は、現在よりもずいぶんと幅があり、ひろがりをもっていたことがわかる。

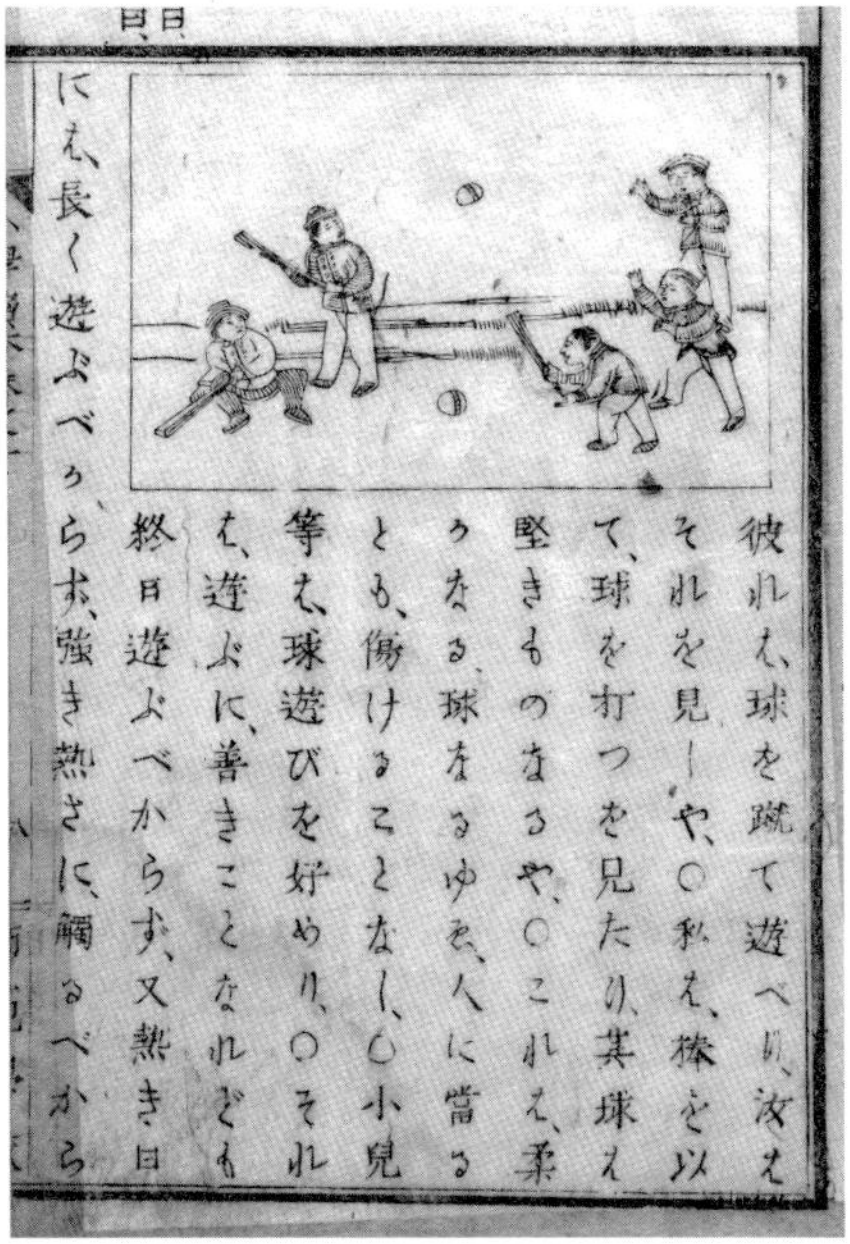
彼れは、球を蹴て遊べり、汝はそれを見しや、○私は、棒を以て、球を打つを見たり、其球は堅きものなるや、○これは、柔かなる球なるゆゑ、人に當るとも、傷けることなし、○小兒等は、球遊びを好めり、○それは、遊ぶに、善きことなれども終日遊ぶべからず、又熱き日には、長く遊ぶべからず、強き熱さに、觸るべから

図2 小学読本（巻一・第二回）

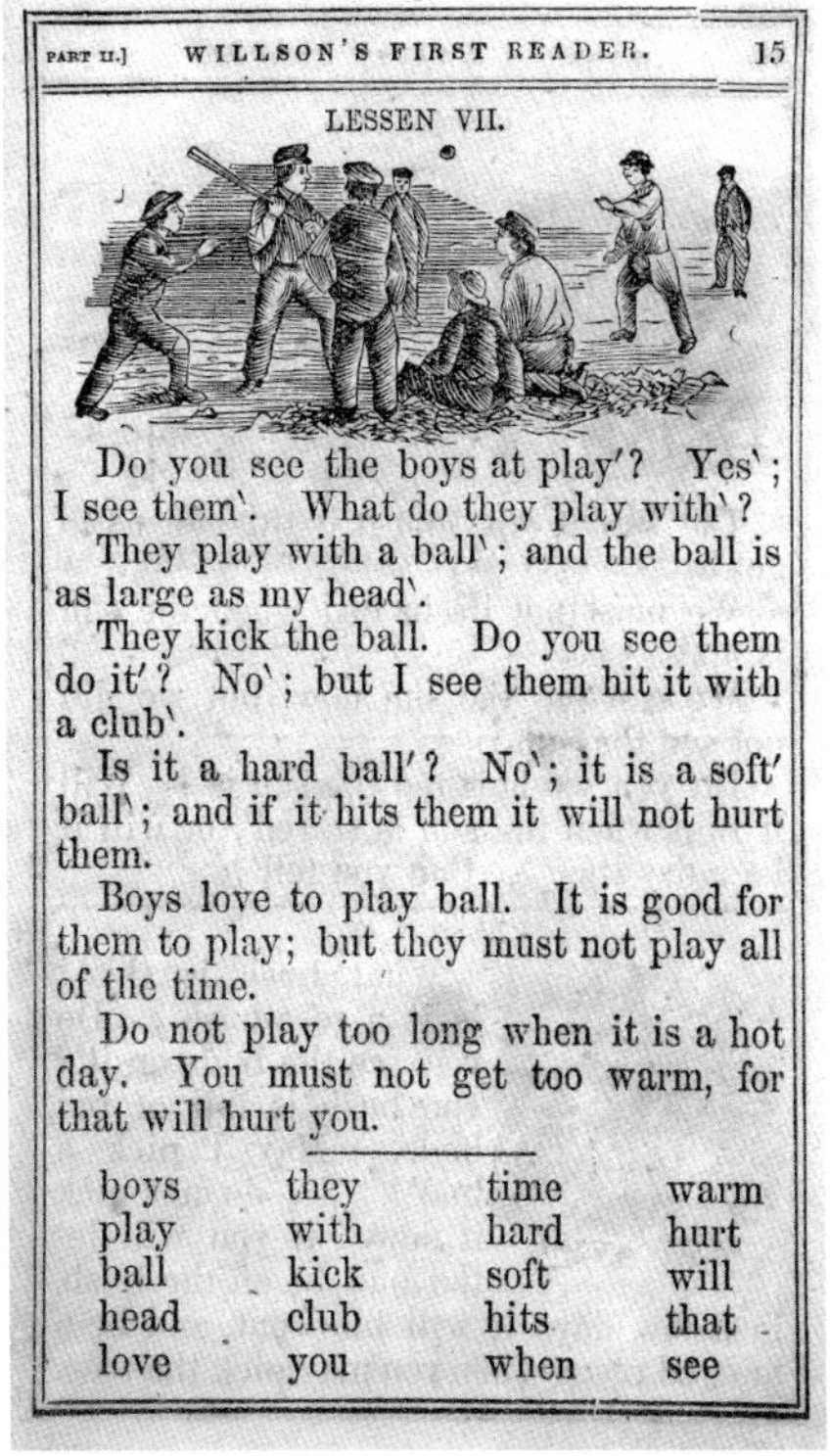
PART II.] WILLSON'S FIRST READER. 15

LESSEN VII.

Do you see the boys at play′? Yes‵; I see them‵. What do they play with‵?

They play with a ball‵; and the ball is as large as my head‵.

They kick the ball. Do you see them do it′? No‵; but I see them hit it with a club‵.

Is it a hard ball′? No‵; it is a soft′ ball‵; and if it hits them it will not hurt them.

Boys love to play ball. It is good for them to play; but they must not play all of the time.

Do not play too long when it is a hot day. You must not get too warm, for that will hurt you.

boys	they	time	warm
play	with	hard	hurt
ball	kick	soft	will
head	club	hits	that
love	you	when	see

図3 ウィルソンの第一リーダーより

5-7 横転縦書きで印刷された語釈

附音挿図英和字彙

1873年刊行

図は明治六（一八七三）年に柴田昌吉、子安峻の共編として日就社から出版された『附音挿図英和字彙』初版である。明治十五年には第二版が、明治二十年には第二版の再版が出版されている。「角書き」の「附音」はウェブスター式の記号によって発音を記していることを示し、「挿図」は図版を附した見出し項目があることを示している。イギリス人 John Oglivie（一七九七〜一八六七）編纂のウェブスター系の辞書をもとに編纂されたことが指摘されている。

『英和字彙』初版は英語を横書きして、語釈を「横転縦書き」する。図は、語釈を読みやすくするために、右に九十度倒したかたちで示している。初版は横二段に組まれている。初版は図でわかるように、振仮名を使っているが、第二版ではほとんどすべての振仮名を削った。しかし第二版の再版では振仮名を使っている。

図ではいささかわかりにくいかと思われるが、「Invaluable」の語釈中にみられる「估價《ネウチ》シ難キ」の「估」と「價」とは印刷の濃淡、活字の大きさともに異なるようにみえる。あるいは図の範囲でいえば、下段の「Inverse」の語釈にみられる「裏反《ウラガヘシ》ニシタル」の「裏」の活字は字体そのものも特徴的で、かつ大きさも他の活字よりも大きくみえる。あるいは「Invertebral」の語釈「背骨ナキ」の「背」字の字体もいささか特徴的で、幾つかの活字が交用されているように思われる。

「コカ（估價）」は〈値踏みする〉という語義をもつ古典中国語であるが、こうした漢語は『漢語字類』（四三四〇語所収）には見出し項目とされていない。しかし、明治十二年に出版された、一万九八七七語を収める『必携熟字集』や明治三十七に山田美妙によって出版された『新編漢

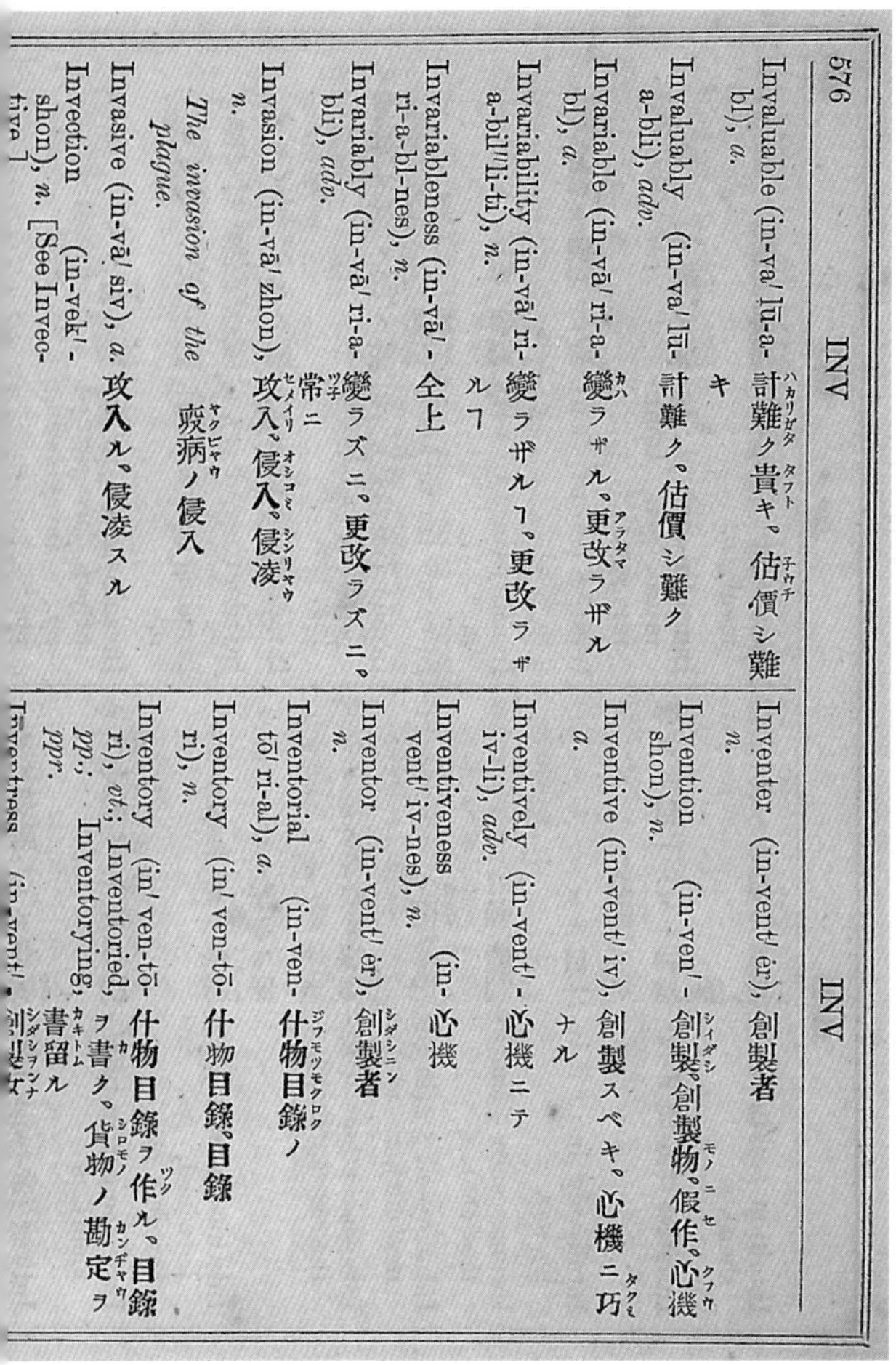
576 INV　INV

Invaluable (in-va′ lū-a-bl), a. 計難ク貴キ。估價シ難キ
Invaluably (in-va′ lū-a-bli), adv. 計難ク。估價シ難ク
Invariable (in-vā′ ri-a-bl), a. 變ラザル。更改ラザル
Invariability (in-vā′ ri-a-bil″li-ti), n. 變ラザルヿ。更改ラザルヿ
Invariableness (in-vā′-ri-a-bl-nes), n. 全上
Invariably (in-vā′ ri-a-bli), adv. 變ラズニ。更改ラズニ。常ニ
Invasion (in-vā′ zhon), n. 攻入。侵入。侵凌
The invasion of the plague. 疫病ノ侵入
Invasive (in-vā′ siv), a. 攻入ル。侵凌スル
Invection (in-vek′-shon), n. [See Invective.]
Inventer (in-vent′ ėr), n. 創製者
Invention (in-ven′-shon), n. 創製。創製物。假作。心機
Inventive (in-vent′ iv), a. 創製スベキ。心機ニ巧ナル
Inventively (in-vent′-iv-li), adv. 心機ニテ
Inventiveness (in-vent′ iv-nes), n. 心機
Inventor (in-vent′ ėr), n. 創製者
Inventorial (in-ven-tō′ ri-al), a. 什物目錄ノ
Inventory (in′ ven-tō-ri), n. 什物目錄。目錄
Inventory (in′ ven-tō-ri), vt.; Inventoried, pp.; Inventorying, ppr. 什物目錄ヲ作ル。目錄ヲ書ク。貨物ノ勘定ヲ書留ル
Inventress (in-vent′-

語辞林』（四万九四九四語所収）には見出し項目として採られている。明治期に使われた漢語と一口にいっても、どのような「淵源」をもつかによって、その漢語の「語性」が異なることが予想される。「Invariable」の語釈には「變《カハ》ラザル。更《アラ》改《タマ》ラザル」とあって、「コウカイ（更改）ラザル」は考えられないので、「アラタマザル」という語を「更改ラザル」と書いたものと思われる。第二版においては、この箇所は「變ゼザル。易ラザル。更改セザル。恒ノ」となっており、振仮名を省いたことによって生じる「不都合」を修正していることがわかる。

初版は「Invariable」を「更改《アラタマ》ラザル」と和語で訳していたのに対して、再版には「更改セザル」とあって、訳語が和語から漢語に変わったとみることもできる。そうはいっても、この場合「更改」という漢字列が右の事象の中心にあることはいうまでもなく、もともと和語「アラタマル」と漢語「コウカイ（更改）」とが当該時期の言語使用者の「心的辞書」においては結びつきを形成していたと考えれば、それほど不自然なことではないことになる。

「Invective」においては、初版には「罵《アク》語《タイ》。誹謗《ソシリ》」とあって、訳語は漢語「アクタイ（悪態）」と和語「ソシリ」であることになる。それぞれの語に漢字列「罵語」と「誹謗」とがあてられているとみるのが「筋」ということになる。一方、再版の「Invective」には「罵語。誹謗。譏刺」とあって、訳語に『漢書』にも使用がみられる古典中国語「キシ（譏刺）」が加えられている。この語釈の場合、振仮名を除いた「罵語。誹謗」は「バゴ」「ヒボウ」を書いたものとしかみえないのであって、ここでは訳語がかなり変わったことになる。こうしたことが当該時期にはどのようにとらえられていたのだろうか。

現代であれば「発明者・考案者」などと訳される「Inventor」には「創製者《シダシニン》」とある。何かをし出すことが「発明、考案」であることからすれば、「シダシニン」はそれほど的外れな訳語ではないがこうした語がどの程度安定性があったかについては慎重に考える必要があろう。

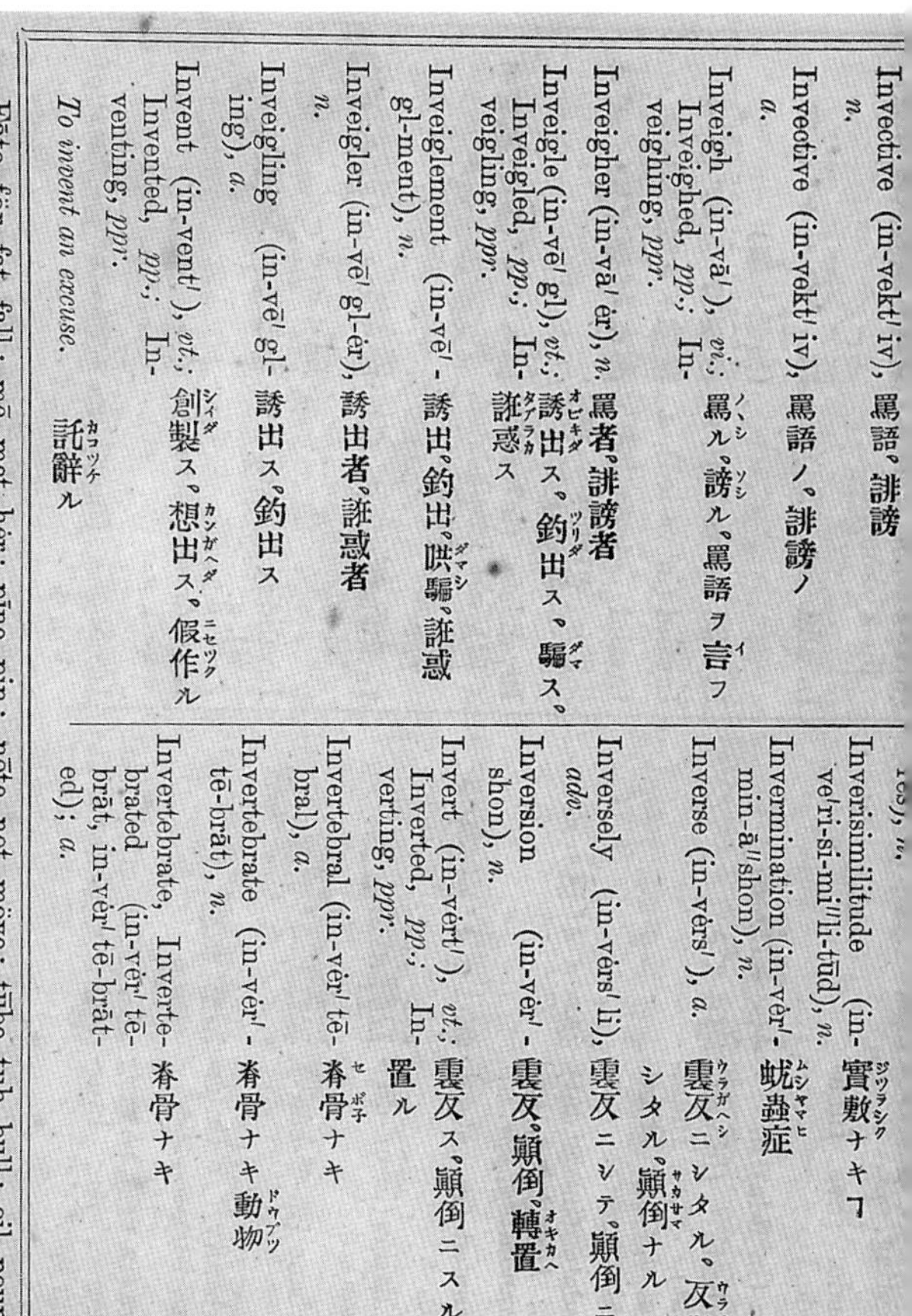
Invective (in-vekt′iv), n. 罵語。誹謗
Invective (in-vekt′iv), a. 罵語ノ。誹謗ノ
Inveigh (in-vā′), vi.; Inveighed, pp.; Inveighing, ppr. 罵《ノヽシ》ル。謗《ソシ》ル。罵語ヲ言《イ》フ
Inveigher (in-vā′ėr), n. 罵者。誹謗者
Inveigle (in-vē′gl), vt.; Inveigled, pp.; Inveigling, ppr. 誘出《オビキダ》ス。釣出《ツリダ》ス。騙《ダマ》ス。誑惑《タブラカ》ス
Inveiglement (in-vē′gl-ment), n. 誘出。釣出。哄騙《ダマシ》。誑惑
Inveigler (in-vē′gl-ėr), n. 誘出者。誑惑者
Inveigling (in-vē′gl-ing), a. 誘出ス。釣出ス
Invent (in-vent′), vt.; Invented, pp.; Inventing, ppr. 創製《シイダ》ス。想出《カンガヘダ》ス。假作《ニセツク》ル
To invent an excuse. 託辭《カコツケ》ル

Inverisimilitude (in-vė′ri-si-mil′li-tūd), n. 實敷《ジツラシク》ナキヿ
Invermination (in-vėr′-min-ā′shon), n. 蚘蟲症《ムシヤマヒ》
Inverse (in-vėrs′), a. 裏反《ウラガヘシ》ニシタル。反對《ウラハラ》ニシタル。顚倒《サカサマ》ナル
Inversely (in-vėrs′li), adv. 裏反ニシテ。顚倒ニ
Inversion (in-vėr′shon), n. 裏反。顚倒。轉置《オキカヘ》
Invert (in-vėrt′), vt.; Inverted, pp.; Inverting, ppr. 裏反ス。顚倒ニスル。轉置ル
Invertebral (in-vėr′tē-bral), a. 脊骨《セボネ》ナキ
Invertebrate (in-vėr′tē-brāt), n. 脊骨ナキ動物《ドウブツ》
Invertebrate, Invertebrated (in-vėr′tē-brāt, in-vėr′tē-brāt-ed); a. 脊骨ナキ

Fāte, fär, fat, fall; mē, met, hėr; pīne, pin; nōte, not, möve; tūbe, tub, bull; oil, pound.

附音挿図英和字彙（明治六年）

5-8

東の横綱は「発明」

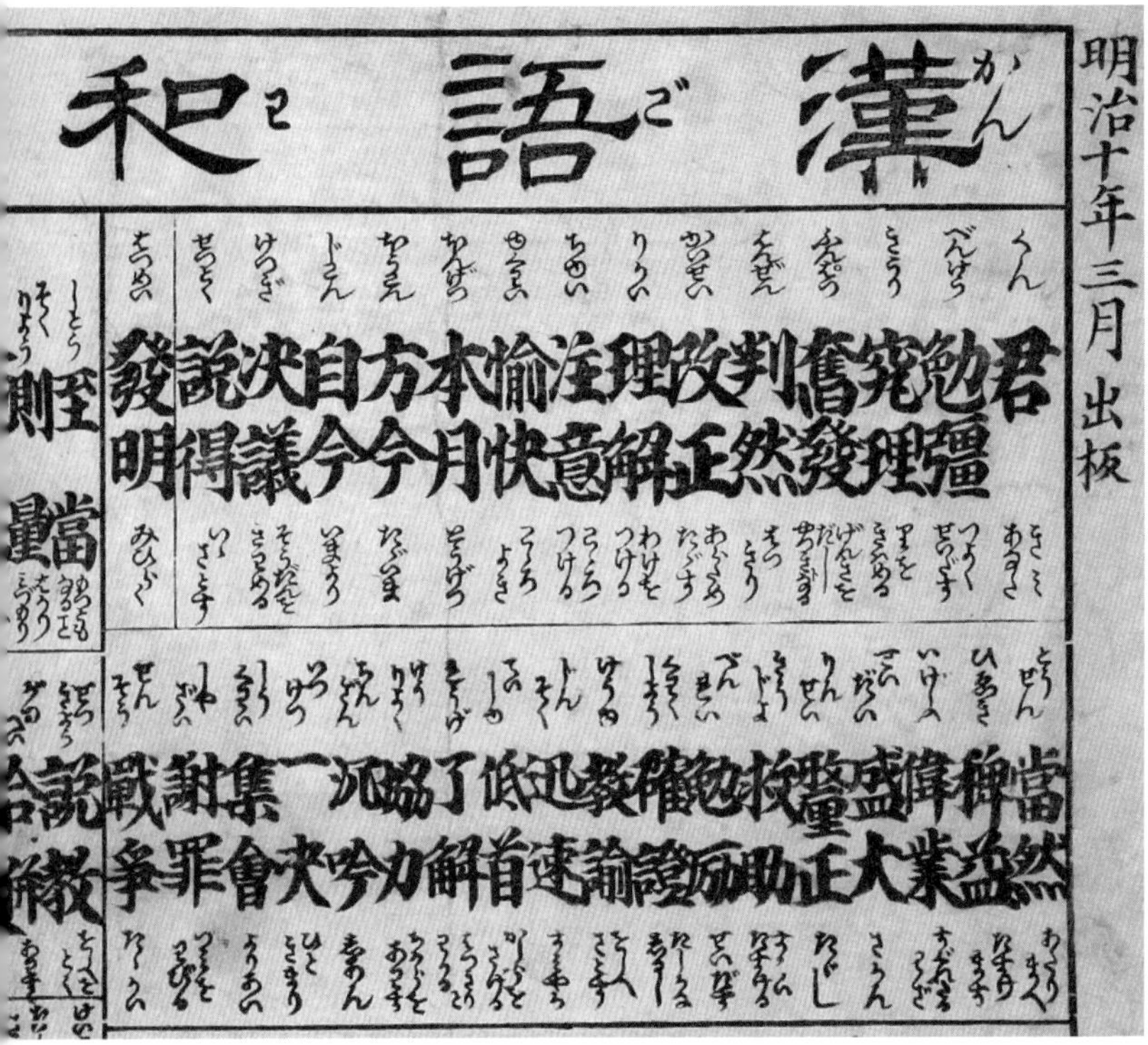

図は明治十（一八七七）年に大阪で出版された一枚刷りの「漢語《かんご》和解《わげ》一覧《いちらん》」。相撲の番付にならって、さまざまなことがらや物に序列をつけた「見立て番付」の形式を採る。「見立て番付」は江戸時代から明治時代にかけて流行し、多種多彩なものが残されている。「早見漢語便覧」と題される同種のものが稿者の勤務する清泉女子大学に蔵されており、名称もさまざまなものがあったことが窺われる。

相撲の番付であれば、行司の名が記される中央部にはまず「文明開化《ぶんめいかいくわ》」とあり、「周旋《しうせん》」「議論《ぎろん》」と続き、中央下部には大きな字で「規則《きそく》」「会計」とある。相撲の番付では東（右側）が西よりも格が上ということになる。そこまで形式を踏襲しているとすれば、「發明《はつめい》」が番付上位の漢語ということになる。そこまでではないにしても、格の上下は当然文字の大きさに反映しているであろうから、少なくも上段の左右に並べられた漢語は、明治期を代表するような漢語であったと思われる。

「漢語和解一覧」であるので、漢語に「和解」が附されている。「奮発《ふんぱつ》」には「げんきをだしやつきトなる」、「決議《けつぎ》」には「そうだんをきわめる」、「曖昧《あいまい》」には「わかりにくいくらきこと」とある。『漢語字類』においては、「フンパツ（奮発）」には「ヤツキトスル」、「ケツギ（決議）」には

1877年刊行

漢語の番付

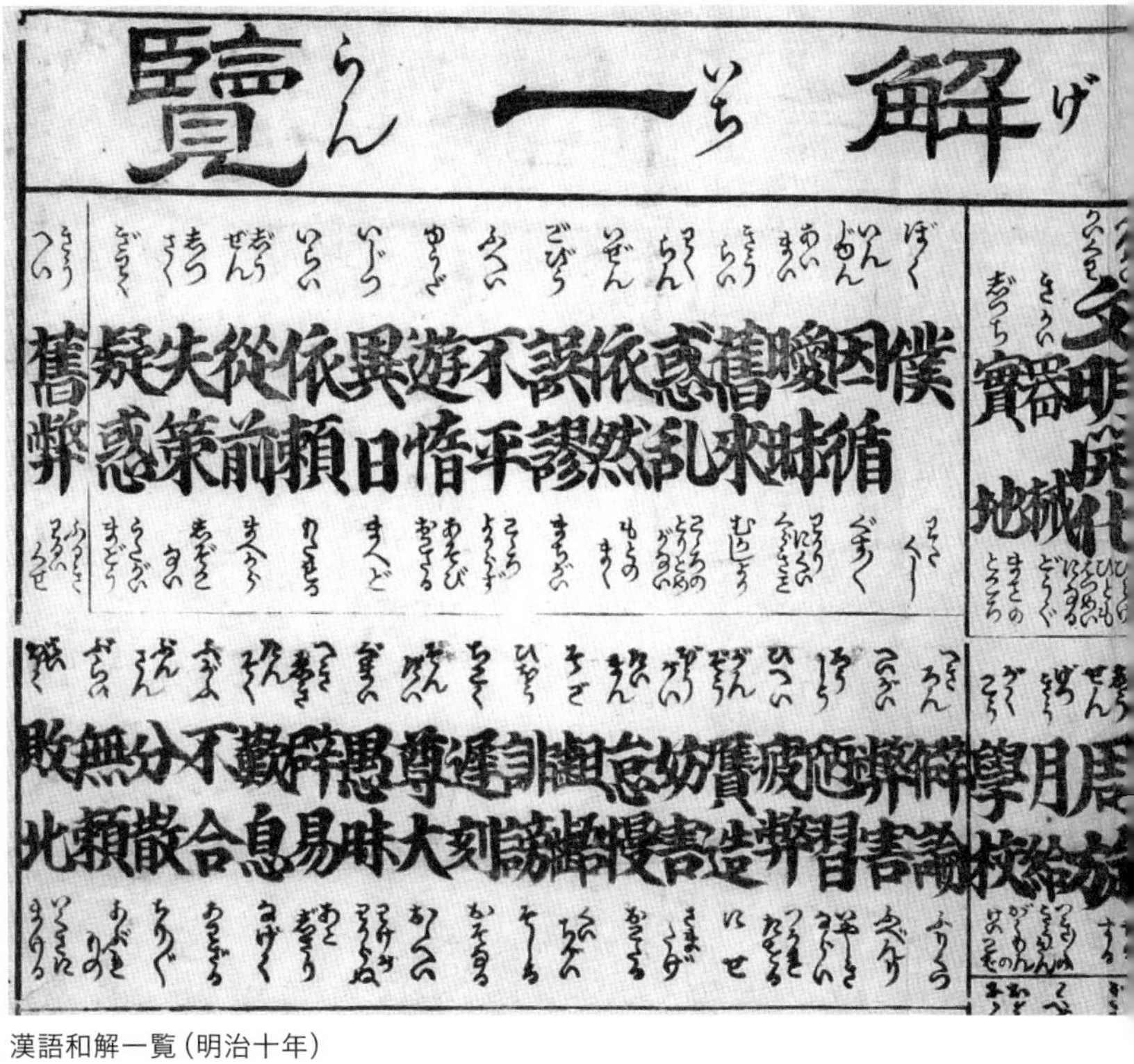

漢語和解一覧（明治十年）

「ヒヤウギヲトリキメル」、「アイマイ（曖昧）」には「ボンヤリ」とあって、両者の間にはあまり濃厚な関係は見出せないように思われる。

「沈吟《ちんぎん》しあん」「應接《おうせつ》お〻たい」「理會《りくわい》がてん」「會得《ゑとく》がてん」「叛逆《はんぎやく》むほん」「失敬《しつけい》ぶれい」においては、「シアン（思案）」「オウタイ（応対）」「ガテン（合点）」「ムホン（謀叛）」「ブレイ（無礼）」が「和解」として使われている。

「ベンキョウ（勉彊）」には「つよくせいだす」とあるが、明治期においては、〈学問や技術などを学ぶ事〉に限らず、〈努力して困難に立ち向かうこと・励むこと〉をも語義としていた。

「ハンゼン（判然）」を「はつきり」、「セイダイ（盛大）」を「さかん」、「ジンソク（迅速）」を「すみやか」、「シュウカイ（集会）」を「よりあい」、「キョウユ（教諭）」を「をしへさとす」と説明するのは、漢語語義と重なり合いのある和語一語によって漢語を理解していることになる。また「トウテツ（透徹）」を「すきとをる」、「ギワク（疑惑）」を「うたがいまどう」、「フットウ（沸騰）」を「わきあがる」と説明するのは、漢語を構成している漢字の和訓に基づいた理解のしかたといえよう。

「イジツ（異日）」が「まへど」と説明されているが、これは〈以前、せんだって〉という語義をもつ「マエド（前度）」のことと思われる。『日本国語大辞典』第二版は、見出し項目「まえど（前度）」の使用例には江戸時代の例しかかかげていないが、このように、明治期にも使われていたことがわかる。「チコク（遅刻）」は「おそなる」と説明されている。『日本国語大辞典』第二版は「おそなわる（遅）」を見出し項目としているが、「おそなる」は見出し項目となっていない。「おそなる」に何らかの過誤があるか、あるいは「オソナワル」のさらなる変異形であるか。

左右両振仮名

花柳春話

1878年〜刊行

丹羽（織田）純一郎がロード・リットン（一八〇三〜一八七三）著『アーネスト・マルトラバース（*Ernest Maltravers*）』とその続編にあたる『アリス（*Alice*）』とを抄訳したものが『欧洲奇事花柳春話』で、初編、二編、三編が明治十一（一八七八）年十月に、四編が明治十二年一月に、附録とされる第五冊が明治十二年四月に刊行されている。

明治十六年十一月から翌十七年十月にかけて、『通俗花柳春話』が刊行されている。表紙には「英国牢度李敦著／日本織田純一郎訳述」とあるが、織田純一郎は丹羽純一郎のこと。その「叙」には、『欧州奇事花柳春話』を訳したのは、「英史を読む人」にイギリス「近世の風俗人情を知《しら》しめ」ることを目的の一つとしていたことが述べられている。一方、『通俗花柳春話』は「四十八字を読得る」人に読んでもらい、「啓蒙英史の風俗篇に」充てることを目的としていることが記されている。前者が「漢文体《かんぶんてい》」であったので、後者では「旧文を一変し」たことも述べられている。前者は、「漢字片仮名交じり＋左右（パラ）振仮名」、後者は（外国の固有名詞を除いては）「漢字平仮名交じり＋右総振仮名（ごく希に片仮名で左振仮名）」で書かれており、両者は表記形式を異にする。明治期は享受者＝情報の受け手に応じて、さまざまな表記形式が採られているので、そうしたことにも注意を払う必要がある。また前者は「漢文直訳体」、後者は「和文体」を採る。

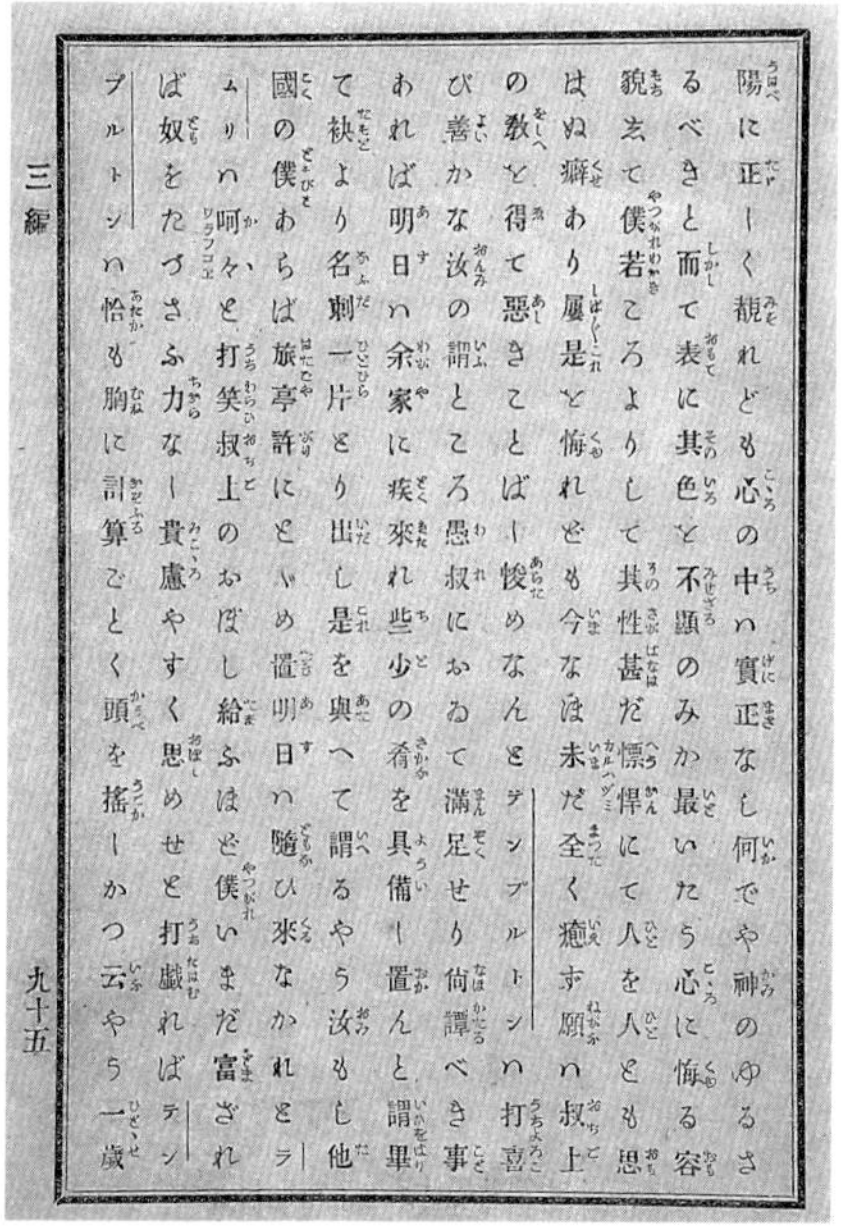

三編　九十五

陽《うはべ》に正《たゞ》しく覩《みを》れども心《こゝろ》の中《うち》は實《げに》正《まさ》なし何《いか》でや神《かみ》のゆるさるべきと而《しかし》て表《おもて》に其《その》色《いろ》と不顕《みせざる》のみか最《いと》いたう心《こゝろ》に悔《くゆ》る容貌《おもち》去て僕若《やつがれわかき》ころよりして其《その》性《さが》甚《はなは》だ慓《へう》悍《かん》にて人《ひと》を人《ひと》とも思《おも》はぬ癖《くせ》あり屡是《しば〳〵これ》と悔《くゆ》れども今《いま》なほ未《いま》だ全《まつた》く癒《いえ》ず願《ねがは》く叔上《おぢご》の教《をしへ》と得《え》て悪《あし》きことばし悛《あらた》めなんとテンプルトンは打喜《うちよろこ》び善《よい》かな汝《おんみ》の謂《いふ》ところ愚叔《われ》におゐて満足《まんぞく》せり尚《なほ》譚《かたる》べき事《こと》あれば明日《あす》は余家《わがや》に疾《とく》來《きた》れ些少《ちと》の肴《さかな》を具備《ようい》し置《おか》んと謂畢《いひをはり》て袂《たもと》より名刺《なふだ》一片《ひとひら》とり出《いだ》し是《これ》を與《あた》へて謂《いへ》るやう汝《おみ》もし他《た》國《こく》の僕あらば旅亭《はたごや》許《ばかり》にとゞめ置明日《あす》は隨ひ來《くる》なかれとラムリは呵々《かゝ》と打笑《うちわらひ》叔上《おぢご》のおぼし給《たま》ふほど僕《やつがれ》いまだ富《とま》ざれば奴《ども》をたづさふ力《ちから》なし貴慮《みこゝろ》やすく思《おぼし》めせと打戯《うちたはむ》れば　テンプルトンは恰《あたか》も胸《むな》に計算《かぞふる》ごとく頭《かうべ》を搖《うご》しかつ云《いふ》やう一歳《ひとゝせ》

図2　通俗花柳春話（三編）

図1では「欽慕」の左振仮名に「コガレ」、「天稟」の左振仮名に「ウマレツキ」、「誹謗」の左振仮名に「ソシリ」とある。漢語「キンボ（欽慕）」の語義は和語でいえば「コガレ」ということであるというように、左振仮名は、それが施されている漢字列の「よみかた」ではなく、当該漢字列が表している漢語語義を和語によって補助的に説明しているものと思われる。「よみかた」ではないことは、「欽慕シ」の「欽慕」に「コガレ」とあることからもわかるし、「諳記」の左振仮名が「チウニヲボヘ」とあるように、語を超えた言語単位で説明されている例があることからもわかる。

右に挙げた例においては、左振仮名は和語であるが、「講義」の左振仮名に「コウシヤク」（講釈）（初編・五十頁一行目）とあ

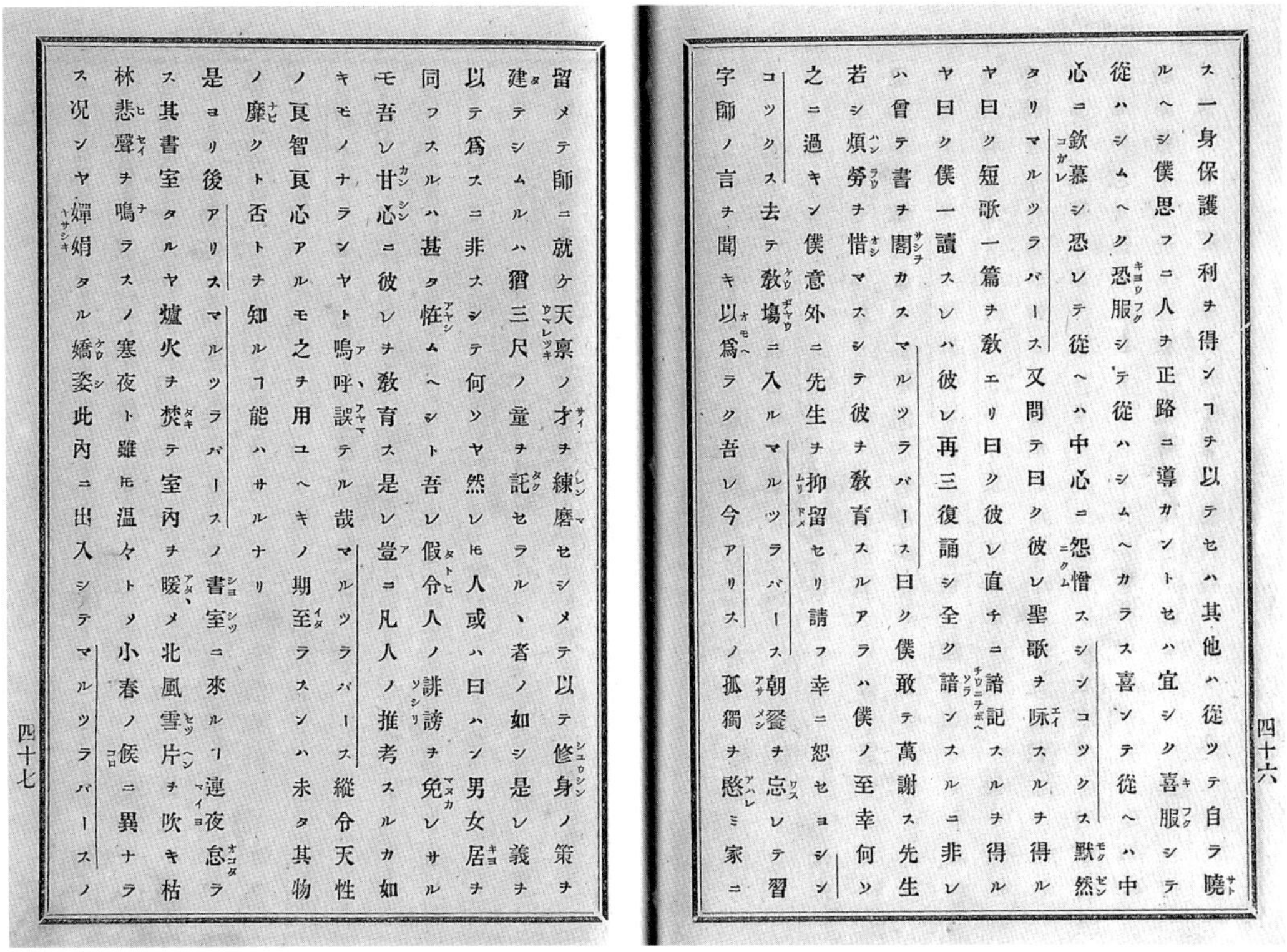
ス一身保護ノ利ヲ得ンヿヲ以テセハ其他ハ従ツテ自ラ暁《サト》
ルヘシ僕思フニ人ヲ正路ニ導カントセハ宜シク喜《キ》服《フク》シテ
従ハシムヘク恐《キヨウ》服《フク》シテ従ハシムヘカラス喜ンテ従ヘハ中
心ニ欽慕シ恐レテ従ヘハ中心ニ怨憎スシンコツクス黙《モク》然《ゼン》
タリマルツラバース又問テ曰ク彼レ聖歌ヲ咏スルヲ得ル
ヤ曰ク短歌一篇ヲ教エリ曰ク彼レ直ニ諳記スルヲ得ル
ヤ曰ク僕一読スレハ彼レ再三復誦シ全ク諳ンスルニ非レ
ハ曽テ書ヲ閣カスマルツラバース曰ク僕敢テ萬謝ス先生
若シ煩労《ハンラウ》ヲ惜《オシ》マスシテ彼ヲ教育スルアラハ僕ノ至幸何ソ
之ニ過キン僕意外ニ先生ヲ抑留セリ請フ幸ニ恕セヨシン
コツクス去テ教場《ケウヂヤウ》ニ入ルマルツラバース朝餐ヲ忘レテ習
字師ノ言ヲ聞キ以為《オモヘ》ラク吾レ今アリスノ孤独ヲ憫ミ家ニ
四十六

留メテ師ニ就ケ天稟《ウマレツキ》ノ才《サイ》ヲ練磨セシメテ以テ修身《シユウシン》ノ策ヲ
建《タ》テシムルハ猶三尺ノ童ヲ託《タク》セラルヽ者ノ如シ是レ義ヲ
以テ為スニ非スシテ何ソヤ然レヒ人或ハ曰ハン男女居《キヨ》ヲ
同フスルハ甚タ怪《アヤシ》ムヘシト吾レ仮令人ノ誹謗ヲ免《マヌカ》レサル
モ吾レ甘心《カンシン》ニ彼レヲ教育ス是レ豈ニ凡人ノ推考スルカ如
キモノナランヤト鳴呼謬《アヤマ》テル哉マルツラバース縦令天性
ノ眞智眞心アルモ之ヲ用ユヘキノ期至《イタ》ラスンハ未タ其物
ノ靡《ナビ》クト否トヲ知ルヿ能ハサルナリ
是ヨリ後アリスマルツラバースノ書《シヨ》室《シツ》ニ来ルヿ連夜怠《オコタ》ラ
ス其書室タルヤ爐火ヲ焚《タキ》テ室内ヲ暖メ北風雪片ヲ吹キ枯
林悲聲《ヒセイ》ヲ鳴ラスノ寒夜ト雖ヒ温々トシテ小春ノ候ニ異ナラ
ス況ンヤ嬋娟タル嬌姿此内ニ出入シテマルツラバースノ
四十七

図1　欧洲奇事花柳春話（初編）

ったり、あるいは和語「概ネ」の左振仮名に「タイガイ」（大概）（初編・五十三頁二行目）とあるなど、漢語が左振仮名になることもある。このように語義の補助的説明である左振仮名になっている漢語は、いわば説明文の中で使われているのだから、わかりやすい漢語であることが推測される。左振仮名に使われる漢語と、振仮名を施される漢語とは「漢語の層」が異なるとみてよい。

右振仮名は当該漢字列の発音を示していると思われる。左右の振仮名にこのような機能をもたせることは明治期においてはひろくみられる。それは印刷出版物の享受者とかかわってのことと思われる。

図2は『通俗花柳春話』三編の九十五頁であるが、三行目に「慓悍《へうかん》」に左振仮名「カルハヅミ」が施された例がみえている。七行目には「具備《ようい》し」とある。これは一見すると漢字列「具備」を「ヨウイ」とよむということのようにみえるが、そうではなくて、通常は「用意」という漢字列をあてる「ヨウイ」を「具備」と書いたということと考える。この場合「具備」は「ヨウイ」という語の「表現」となっていると思われる。

5-10

和語・漢語に目配りのきいた辞書

1889年刊行　和漢雅俗いろは辞典

『和漢雅俗いろは辞典』は、高橋五郎（一八五六～一九三五）が明治二十（一八八七）年に出版した『漢英対照いろは辞典』（**図1**）の英語を除き、改訂して編まれたもので、明治二十一年十二月に三冊本の第一分冊が、翌二十二年一月に第二分冊が、同年二月に第三分冊が出版され、合本された一冊本もこの時同時に出版されている。明治二十二年四月には再版が、明治二十五年には増訂二版が、増訂三版が明治三十一年、増訂四版が明治三十二年、増訂六版が明治三十六年に出版されている。

図2でわかるように、見出し項目となっている語を平仮名で書き、それに続けて品詞を示している。見出し項目「ぎり（名）義理、すぢめ、すぢあひ」で説明すれば、見出し項目直下の「義理」はひとまずは見出し項目となっている語にあてる漢字列と思われる。そして、右では「すぢめ、すぢあひ」が「語釈」にあたる。

『和漢雅俗いろは辞典』がどのような「体例」をもった辞書で、当該時期の日本語の観察にどのような面で資するかについては、従来必ずしも明確にされていなかったが、根本真由美「高橋五郎『「和漢／雅俗」いろは辞典』の資料性」（『日本語の研究』第三巻四号、二〇〇七年）はそうしたことについて明白な指摘をしている。根本真由美は「見出し項目―漢字列―和語釈義」を基本的な枠組みとみている。

見出し項目「ぎぢやう」「きぢやうぶ」「きちやうめん」には「俗」とある。この「俗」については、「凡例」などにおいても何も述べられていないが、編者である高橋五郎が「俗語」あるいは「俗用法」と判断したものと考えるのが自然であろ

きど　(892)　きちや

き

きど　木戸，城戸(氏)　Kido (a family name).
きど　喜怒，よろこびいかり，よろこぶいかる　Joy and anger.
ぎと(名)　岐途，ねたみち，わかれみち，またみち　A forked road, a cross road.
きどほし[俗](名)　着通，きながし（絶ず着用する事）　Wearing all through.
きどる[俗](他)　氣取，いきがる　To behave like a fop, to be affected.
きとう　鬼頭(氏)　Kitō (a family name).
きとう(名)　鬼燈，ほほづきぢやうちん　See Hōzuki-jōchin.
きとう(名)　季冬，しはす，ふゆのすゑ（舊暦の十二月を謂ふ）　The last month of winter.
きとう(名)　龜頭，かりくび（陰莖の頭）　Glans penis.
きどう(名)　氣筒，いきぬき，いきだし，かざあな　An air-hole.
きどう　奇童，くしきわらべ，めづらしきわらべ　A remarkable boy.
ぎとう(名)　伎踊，をどり，をどること，まひ　A dancing, dance.
きとうけい(名)　鬼燈檠，きつねのかみそり（植物）　Lycoris radiata.
きとうさい(名)　起頭菜，はやますみれ（植物）　The name of a plant.
ぎどうさんし(名)　儀同三司（准大臣の稱）　An official title.
きとく(形)　危篤，むづかしき，あやふき（病氣に云ふ）　Difficult, dangerous.
きどく(形)　奇特（感じ入る可きの義），かんしん　Admirable, remarkable, praiseworthy.
きとくいう(名)　鬼督郵，くまがねさう（植物）　See Kumagaesō.
きどころ　城所(氏)　Kidokoro (a family name).
きとびいろ(名)　黄褐色（色の名）　Yellowish brown color.
きとんぼ(名)　黄蜻蜓，きいろとんぼ，胡黎（動物）　A kind of yellow dragonfly.
きち(形)　已知，すでにしれたる（數學の語にして未知に對す）　Known, already known.
きち[する](自)　跪躓，つまづく，けつまづく　To tumble, to stumble.
きち(名)　機智，とんち，はやぢゑ，さうくのちゑ　Wit, witticism.
きち[する](自)　愧恥，はづる，はづかしくおもふ　To be ashamed.
きぢ(名)　木地，樸，しらきぢ，ぬらぬき，白木　Plain ground (of wood), unvarnished wood.
きちにち　吉日，よきひ，黄道日子，めでたきひ　A lucky day.
きちがひ(名形)　狂病，きのくるひ，狂氣，亂心，癲狂，失心，風癲，きのくるへる　Madness, craziness; frenzy, mad, crazy.
きちがひなすび(名)　蔓陀羅華，まんだらげ（植物）　See Mandarage.
きぢよ　季女，おとむすめ，すゑのむすめ，末女　Youngest daughter.
きぢよ(名)　機杼，はたのひ，ひ　Shuttle (of a loom).
きぢよ(名)　鬼女，おにむすめ；をんなのおに　A female fiend, a monstrous woman.
ぎぢよ(名)　妓女，まひをんな，まひひめ；げいこ，げいしや　A dancing or singing woman.
きぢよけい(名)　忌女莖，あをあかざ（植物）　The name of a plant.
きちう[する](他)　記注，しるす，かきいれる　To note, to write down.
きちう　鬼誅（神罰を謂ふ），かみのばち　Punishment of Heaven.
きちう　貴胄，よきいへすぢ　A noble gamily, good descent, good birth.
きちう(名)　鬼蟲，おにむし（動物）　A horned beetle.
きちう　忌中，いみのうち，蒙忌，服忌（死人の爲に忌む間を謂ふ）　During mourning.
きちう(名)　歸柱，ついばり，つつかひぼう，ささへ　A prop.
きぢう[する](自)　歸住，かへりすむ，還住（故の處へ）　To return and dwell in one's former place.
きちくのとし　騎竹歳，竹馬歳，をさなきとし　Boyhood, childhood.
きちやう(名)　几帳，たれぬの　A curtain.
きちやう(名)　綺帳，うるはしきとばり，たれぬの　A tapestry.
きぢやう(名)　戯場，しばゐ，劇場　A theatre, a play-house.
ぎちやう　議長（會議を主る人）　The president (of an assembly).
ぎちやう(名)　僞聽，そらみみ　False hearing.
ぎぢやう[俗](名)　儀定，さだめ，とりきめ，おきて　Decision, determination, settlement.
ぎぢやう(名)　儀仗，ぎやうれつ，鹵簿　Military guards, escort,
ぎぢやうへい　儀仗兵（禮式の時に排列する兵

(い ゐ) ろ は に ほ へ と ち り ぬ る (を お) わ か よ た れ そ つ ね な ら

図1　漢英対照いろは辞典

う。『言海』の「訛語・俚言」と『和漢雅俗いろは辞典』の「俗」とが概念として重なるものかどうかをまず問わなければならないが、何程か重なるとすれば、「きちやうめん」については『言海』において「訛語・俚言」のマークは附されていない。こうした対照を蓄積していくことによって、当該時期の「俗」がどのようなものであったかがつかめる可能性がある。

『和漢雅俗いろは辞典』は語を単位として「語釈」をかたちづくっており、見出し項目とそれに配置された「語釈」とを丁寧にたどることで、当該時期の語の結びつき、就中、和語と漢語との結びつきを窺うことができる。このことについても根本真由美がすでに指摘している。

ぎわく（名）　疑惑、うたがひ、まどひ、疑心、疑念、ふしん
うたがひ（名）疑、疑心、疑念、いかがとおもふこころ
ぎねん　疑念、うたがひ
ふしん「俗」（形）不審、いぶかしき、あやしき

右では漢語「ギネン（疑念）」は和語「ウタガヒ」で説明され、和語「ウタガヒ」の「語釈」中に漢語「ギネン（疑念）」が置かれている。したがって、和語「ウタガヒ」と漢語「ギネン（疑念）」とは双方向的に強く結び付いていることが窺われる。「ギシン（疑心）」は見出し項目となっていない。「ぎわく」の語釈末尾に置かれている「ふしん」は漢語類語かと思われるが、平仮名書きされている。これは見出し項目「ふしん」に「俗」とあることとかかわると推測する。つまり「語釈」中に置かれた平仮名書きの漢語は「漢字離れ」しているのではないかと思われる。

書名の角書き「和漢雅俗」について『和漢雅俗いろは辞典』は何も記していないけれども、一つには幅広い見出し項目を備えていることの謂い、もう一つには「和語／漢語」という語種についての目配りがあることの謂いかと思われる。

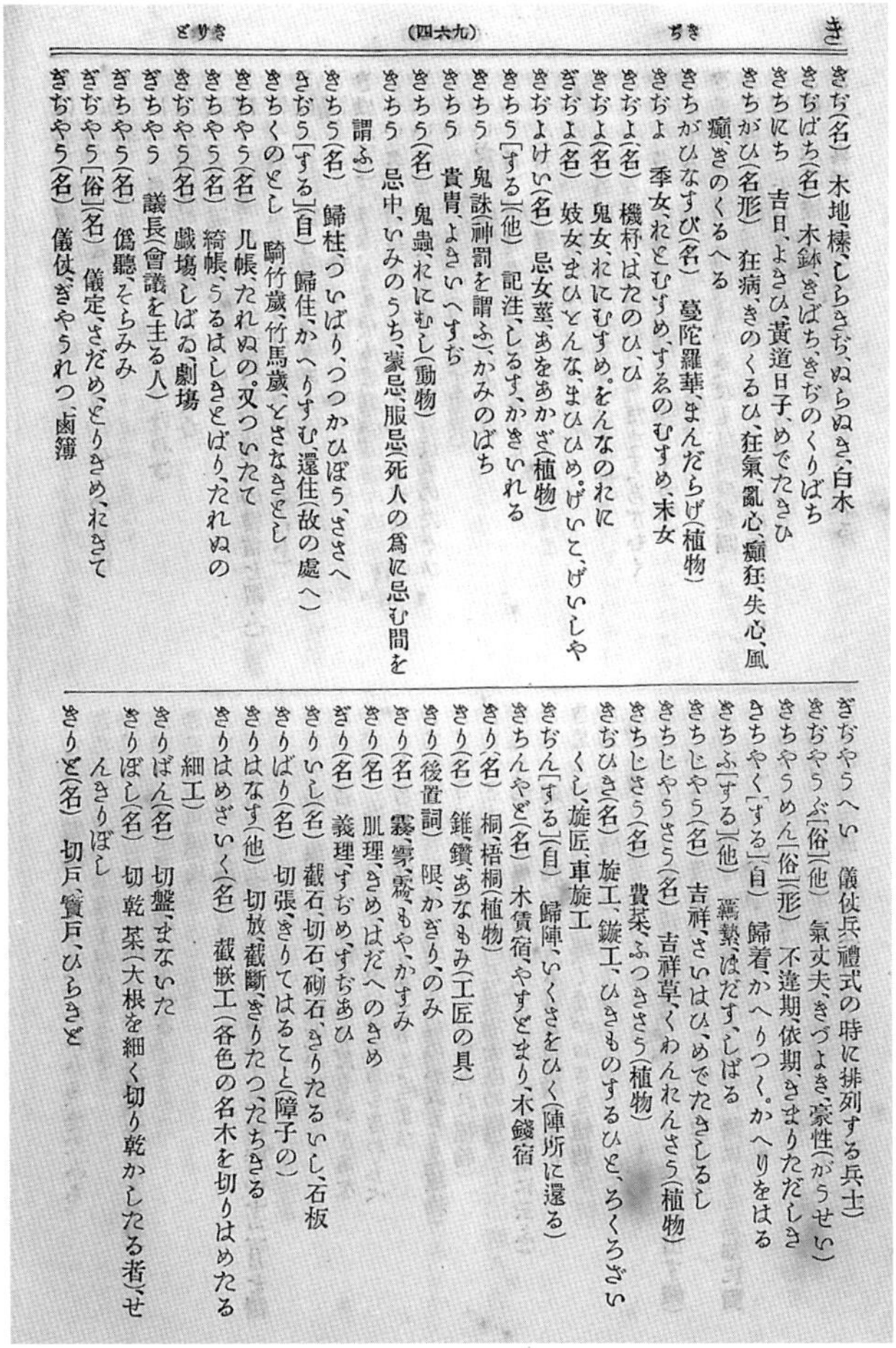
き　きち　（四六九）　きりど

きぢ（名）　木地、樸、しらきぢ、ぬらぬき、白木
きぢばち（名）　木鉢、きばち、きぢのくりばち
きちにち　吉日、よきひ、黄道日子、めでたきひ
きちがひ（名形）　狂病、きのくるひ、狂氣、亂心、癲狂、失心、風癲、きのくるへる
きちがひなすび（名）　蔓陀羅華、まんだらげ（植物）
きぢよ　季女、おとむすめ、すゑのむすめ、末女
きぢよ（名）　鬼女、おにむすめ。をんなのおに
きぢよ（名）　機杼、はたのひ、ひ
ぎぢよ（名）　妓女、まひとんな、まひひめ。げいこ、げいしや
きぢよけい（名）　忌女莖、あをあかざ（植物）
きちう［する］（他）　記注、しるす、かきいれる
きちう　鬼誅（神罰を謂ふ）、かみのばち
きちう　貴冑、よきいへすぢ
きちう（名）　鬼蟲、おにむし（動物）
きちう　忌中、いみのうち、蒙忌、服忌（死人の為に忌む間を謂ふ）
きちう（名）　歸柱、ついばり、つつかひぼう、ささへ
きぢう［する］（自）　歸住、かへりすむ、還住（故の處へ）
きちくのとし　騎竹歳、竹馬歳、とさなきとし
きちやう（名）　几帳、たれぬの。又ついたて
きちやう（名）　綺帳、うるはしきとばり、たれぬの
きぢやう（名）　戯場、しばゐ、劇場
ぎちやう　議長（會議を主る人）
ぎちやう（名）　僞聽、そらみみ
ぎぢやう［俗］（名）　儀定、さだめ、とりきめ、わきて
ぎぢやう（名）　儀仗、ぎやうれつ、鹵簿
ぎぢやうへい　儀仗兵（禮式の時に排列する兵士）
きぢやうぶ［俗］（他）　氣丈夫、きづよき、豪性（がうせい）
きちやうめん［俗］（形）　不違期、依期、きまりただしき
きちやく［する］（自）　歸着、かへりつく。かへりをはる
きちふ［する］（他）　羈縶、ほだす、しばる
きちじやう（名）　吉祥、さいはひ、めでたきしるし
きちじやうさう（名）　吉祥草、くわんれんさう（植物）
きちじさう（名）　費菜、ふつききさう（植物）
きぢひき（名）　旋工、鏇工、ひきものするひと、ろくろざいくし、旋匠、車旋工
きぢん［する］（自）　歸陣、いくさをひく（陣所に還る）
きちんやど（名）　木賃宿、やすどまり、木錢宿
きり（名）　桐、梧桐（植物）
きり（名）　錐、鑽、あなもみ（工匠の具）
きり（後置詞）　限、かぎり、のみ
きり（名）　霧、雺、霿、もや、かすみ
きり（名）　肌理、きめ、はだへのきめ
ぎり（名）　義理、すぢめ、すぢあひ
きりいし（名）　截石、切石、砌石、きりたるいし、石板
きりばり（名）　切張、きりてはること（障子の）
きりはなす（他）　切放、截斷、きりたつ、たちきる
きりはめざいく（名）　截嵌工（各色の名木を切りはめたる細工）
きりばん（名）　切盤、まないた
きりぼし（名）　切乾菜（大根を細く切り乾かしたる者）、せんきりぼし
きりど（名）　切戸、簀戸、ひらきど

図2　和漢雅俗いろは辞典

5-11 近代的な国語辞書の嚆矢

1891年刊行完結 言海

大槻文彦（一八四七～一九二八）が文部省の命によって編纂に着手し、後に原稿の下賜を受けて、明治二十二（一八八九）年五月に第一冊（あ～お）、同十月に第二冊（か～さ）、翌二十三年五月に第三冊（し～ち）、翌二十四年四月に最終第四冊（つ～を）を刊行した。『言海』については次のようなことが指摘できる。

一　『言海』は近代的な国語辞書の嚆矢とされている。

二　『言海』は見出し項目を五十音順に配列している。これは明治二十四年の時点では一般的なことではなかった。ただし『言海』も草稿の段階ではいろは順だったことがわかっている。見出し項目とした語の「かなづかい」が安定してきていたことも背後にあると思われる。

三　「本書編纂ノ大意」において「日本普通語ノ辞書」であることを謳う。「普通語」の辞書であることは現代においては当然のことのように思われるが、このことについては注目しておきたい。

四　「発音（pronunciation）」「語別（parts of speech）」「語原（derivation）」「語釈（definition）」「出典（reference）」の「五種」の重要性を説く。五つにはそれぞれに英語が添えられており、これらの概念が欧米の辞書との接触によってもたらされた可能性がたかい。見出し項目の「発音」を示す辞書は案外と少ない。現在刊行されている小型版の国語辞書で、見出し項目の発音を示していないものはある。大槻文彦が明治五（一八七二）年に文部省に入省して、まず命ぜられたのは英和対訳辞書の編輯であり、英和辞書に早くからふれていた大槻文彦は、「語別」について意識的であったと推測される。この時大槻文彦が編輯した『英和大字典』の原稿は早稲田大学に蔵されている。

五　『言海』は草稿の時点では「出典」を備えていたが、印刷する時にほとんどの「出典」を削ってしまったので、印刷出版されている『言海』には「出典」がほとんど添えられていない。

六　「索引指南」（十二）は見出し項目となっている語に関して、「和語」と「漢語（字ノ音ノ語）」と「唐音ノ語、其他ノ外国語」を活字によって表示し分けることを謳う。和語と漢語とを使う活字を変えて表示し分けることは注目に値する。

七　「︷」によって見出し項目となっている語が「古語」であることを、「++」によって「訛語（ナマリ）」あるいは「俚語（サトビコトバ）」であることを表示している。図の範囲では「ぎちやう（毬杖）」や「きつ（狐）」「ぎつしや（牛車）」に「古語」マークが、「きつかけ」「ぎつくり」「ぎつしり」に「訛語・俚語」マークが附されている。こうしたマークに注目することで、明治二十四年頃の「古語」や「訛語・俚語」意識を窺うことができる。

図にみえている見出し項目「きづかふ」を使って説明をする。見出し項目直下に示されている漢字列「気遣」は「普通用」のものであることが「凡例」の三十八に謳われている。そして右に一本線が引かれているのは「和用」、二重傍線が引かれているのは「和漢通用」であるという。そして、語釈末に二重傍線を引いて「漢用字」を掲げることもあることが述べられている。見出し項目「きづかふ」の語釈末には二重傍線を引かれた漢字列「憂慮」が置かれているので、これが「漢用字」であることになる。

「漢用字」は見出し項目となっている語にあてることができる漢字列とみなされてきた。そういう場合も当然あるが、図の範囲でいえば、見出し項目「きちやうめん」の語釈末に「漢用字」として漢字列「方正」が置かれている。この「方正」によって「キチョウメン」という語を書くことはできないのではないだろうか。仮に振仮名を施して「方正（キチヤウメン）」と書いたとしても、相当に特殊な書き方にみえる。「漢用字」は「字」とはいいながら、実際は、見出し項目となっている語と語義が重なる中国語（を書く漢字列）であると推測する。それゆえ、比較的違和感なく、見出し項目となっている語にあてることができる場合もあろうが、そうでない場合もある。『言海』を丁寧に「読む」ことによって、明治期の日本語についてのさまざまな知見が得られることが期待できる。

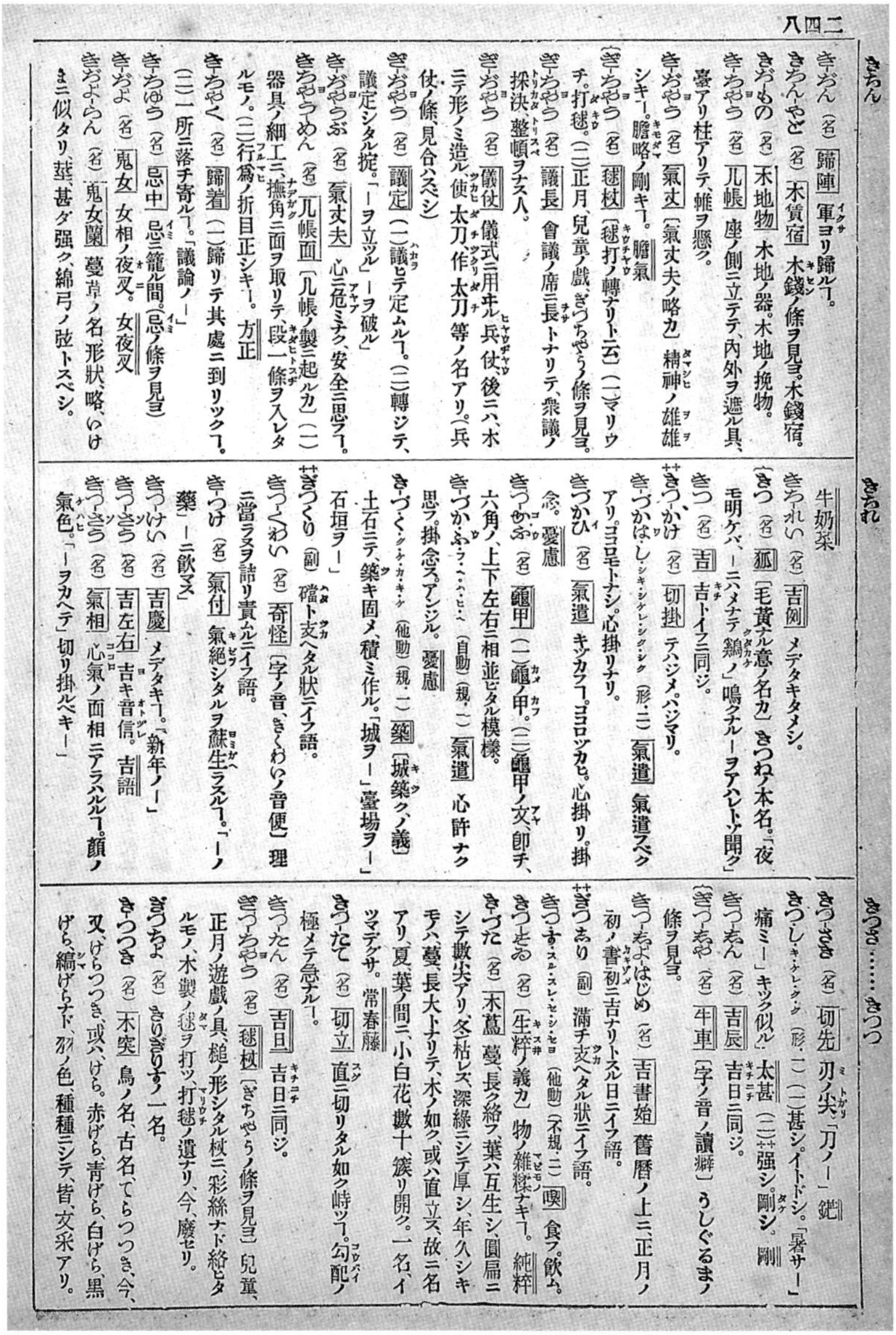
八四二　きちん　きちれ　きつさき……きつつ

きぢん（名）歸陣　軍ヨリ歸ルヿ。
きちんやど（名）木賃宿　木錢ノ條ヲ見ヨ。木錢宿。
きぢもの（名）木地物　木地ノ器、木地ノ挽物。
きちやう（名）几帳　座ノ側ニ立テテ、内外ヲ遮ル具、臺アリ柱アリテ、帷ヲ懸ク。
きぢやう（名）氣丈　〔氣丈夫ノ略カ〕精神ノ雄雄シキヿ。膽略ノ剛キヿ。膽氣
〔ぎちやう（名）毬杖　〔毬打ノ轉ナリト云〕（一）マリウチ。打毬。（二）正月、兒童ノ戲、ぎちやう條ヲ見ヨ。
ぎちやう（名）議長　會議ノ席ニ長トナリテ、衆議ノ採決、整頓ヲナス人。
ぎぢやう（名）儀仗　儀式ニ用キル兵仗、後ニハ、木ニテ形ノミ造ル、使、太刀、作、太刀等ノ名アリ。（兵仗ノ條、見合ハスベシ）
ぎぢやう（名）議定　（一）議ヒテ定ムルヿ。（二）轉ジテ、議定シタル掟。「―ヲ立ツル」―ヲ破ル」
きぢやうぶ（名）氣丈夫　心ニ危ミナク、安全ニ思フヿ。
きちやうめん（名）几帳面　〔几帳ノ製ニ起ルカ〕（一）器具ノ細工ニ、撫角ニ面ヲ取リテ、段一條ヲ入レタルモノ。（二）行爲ノ折目正シキヿ。方正
きちやく（名）歸着　（一）歸リテ其處ニ到リツクヿ。（二）一所ニ落チ寄ルヿ。「議論ノ―」
きちゆう（名）忌中　忌ニ籠ル間。（忌ノ條ヲ見ヨ）
きぢよ（名）鬼女　女相ノ夜叉。女夜叉
きぢよらん（名）鬼女蘭　蔓草ノ名、形状、略、いけまニ似タリ、莖、甚ダ強ク、綿弓ノ弦トスベシ。牛奶菜

きちれい（名）吉例　メデタキタメシ。

〔きつ（名）狐　〔毛黄ナル意ノ名カ〕きつねノ本名。「夜モ明ケバ、―ニハメナデ、鶏《クタカケ》ノ、鳴クル―ヲアハレトゾ聞ク」

きつ（名）吉　吉トイフニ同ジ。

きつかけ（名）切掛　テハジメ。ハジマリ。

きづかはし（形・二）氣遣　氣遣スベクアリ。ココロモトナシ。心掛リナリ。

きづかひ（名）氣遣　キヅカフヿ。ココロヅカヒ。心掛リ。掛念。憂慮
きつかふ（名）龜甲　（一）龜ノ甲。（二）龜甲ノ文、卽チ、六角ノ、上下左右ニ相並ビタル模様。

きづかふ（自動）（規・一）氣遣　心許ナク思フ。掛念ス。アンジル。憂慮
きづく（他動）（規・一）築　〔城築ク、ノ義〕土石ニテ、築キ固メ、積ミ作ル。「城ヲ―」臺場ヲ―」石垣ヲ―」

きつくり（副）　礑《ハタ》ト支《ツカ》ヘタル狀ニイフ語。

きつくわい（名）奇怪　〔字ノ音、きくわいノ音便〕理ニ當ラヌヲ詰リ責ムルニイフ語。

きつけ（名）氣付　氣絶シタルヲ蘇生《ヨミガヘ》ラスルヿ。「―ノ藥」―ニ飲マス」

きつけい（名）吉慶　メデタキヿ。「新年ノ―」

きつさう（名）吉左右　吉キ音信《オトヅレ》。吉語
きつさう（名）氣相　心氣ノ面相ニアラハルルヿ。顏ノ氣色《ケハヒ》。「―ヲカヘテ」切リ掛ルベキ―」

きつさき（名）切先　刃ノ尖《トガリ》。「刀ノ―」鋩
きつし（形・二）（一）甚シ。イトドシ。「暑サ―」痛ミ―」キック似ル。（二）強シ。剛《タケ》シ。剛
きつたん（名）吉辰　吉日ニ同ジ。
〔ぎつちや（名）牛車　〔字ノ音ノ讀癖〕うしぐるまノ條ヲ見ヨ。
きつちよはじめ（名）吉書始　舊暦ノ上ニ、正月ノ初ノ書初《カキゾメ》ニ吉ナリトスル日ニイフ語。
ぎつちり（副）　滿チ支《ツカ》ヘタル狀ニイフ語。
きつす（他動）（不規・二）喫　食フ。飲ム。
きつすゐ（名）〔生粋ノ義カ〕物ノ雜糅《マゼモノ》ナキヿ。純粋
きつた（名）木蔦　蔓、長ク絡フ、葉ハ互生シ、圓扁ニシテ歟尖アリ、冬枯レズ、深緑ニシテ厚シ、年久シキモノハ、蔓、長大トナリテ、木ノ如ク、或ハ直立ス、故ニ名アリ、夏、葉ノ間ニ、小白花、歟十、簇リ開ク。一名、イツマデグサ。常春藤
きつたて（名）切立　直《スグ》ニ切リタル如ク峙ツヿ。勾配《コウバイ》ノ極メテ急ナルヿ。
きつたん（名）吉日　吉日《キチニチ》ニ同ジ。
ぎつちやう（名）毬杖　〔ぎちやうノ條ヲ見ヨ〕兒童、正月ノ遊戲ノ具、槌ノ形シタル杖ニ、彩絲ナド絡ヒタルモノ、木製ノ毬《タマ》ヲ打ツ、打毬《マリウチ》ノ遺ナリ、今、廢セリ。
ぎつちよ（名）きりぎりすノ一名。
きつつき（名）木突　鳥ノ名、古名、てらつつき、今、又、けらつつき、或ハ、けら。赤げら、青げら、白げら、黒げら、縞《シマ》げらナド、羽ノ色、種種ニシテ、皆、文采アリ。

言海（「き」の項より）

手書きのロジック

1909年 漱石の手書き原稿

夏目漱石（慶応三・一八六七～大正五・一九一六）の『それから』は明治四十二（一九〇九）年六月二十七日にその第一回が東京と大阪の『朝日新聞』に掲載されている。**図1**は夏目漱石が、漱石の多くの単行本のデザインを担当した橋口五葉に依頼して春陽堂に印刷させた原稿用紙で、左右の龍の頭の間に「漱石山房」の篆書を入れて、十九字詰め十行で作られている。この原稿用紙を作った時は『朝日新聞』が一段十九字詰め七段で印刷されていたが、『それから』が掲載されている時期には十八字詰め八段で印刷されていた。漱石はいろいろな意味合いにおいて、自身の作品が新聞紙上に発表されることをはっきりと意識して作品を書いていたと思われる。

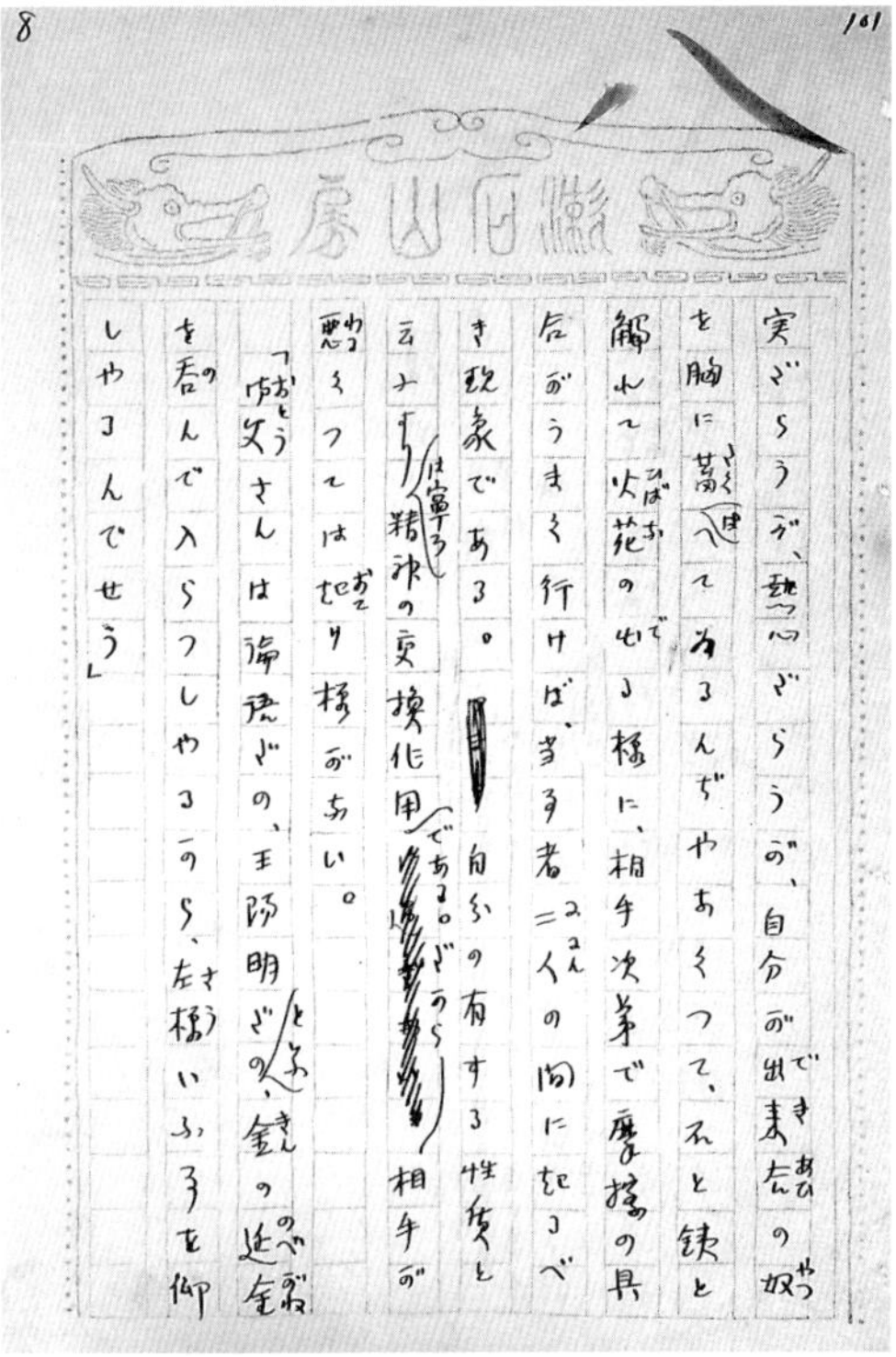

図1　夏目漱石『それから』自筆原稿［阪本龍門文庫蔵、出典：『漱石自筆原稿「それから」』岩波書店、二〇〇五年］

図1は『それから』の第十三回（三の四）の七枚目にあたる。『それから』の原稿（総枚数九六三枚）は奈良にある阪本龍門文庫が蔵している。漱石の原稿はほとんどがほぼ完全なかたちで現在まで伝えられており、そのこと自体、漱石が異数の作家であることを示している。漱石においては、書き損じの原稿までが残されている。

夏目漱石は「明治の文豪」などといわれることがあり、また夏目漱石の満年齢は明治と一致しており、そういわれることに不都合はないが、使用する言語ということを考えた場合は、少し異なるみかたをしておく必要がある。漱石を育てた人々、周囲にいた大人たちは明らかに江戸時代生まれであって、そうした人々が使っていたのは「江戸語」とみるのが自然である。つまり漱石が身につけたのは基本的には「江戸語」とみておく必要がある。その一方で、漱石の作品を形成している日本語は現代の日本語に案外とちかく感じられるが、それは漱石が「不特定多数」の読み手にわかるような日本語を意識的に模索していたからだと推測する。

原稿では一行目に「（誠）実だらうが」とあって、ここに「実」という字体が使われている。その一方で、三行目の一番上には「觸れて」とあって、ここでは「觸」という字体が使われている。「實」は『康熙字典』に載せられている「康熙字典体」であるが、「実」は載せられていない「非康熙字典体」である。「觸」は「康熙字典体」である。このように、漱石は「康熙字典体」を書いたり「非康熙字典体」を書いたりする。漱石の原稿を活字化する場合に、「常用漢字表」に載せられている漢字はその字体（ほとんどが非康熙字典体）を使い、載せられていない漢字は康熙字典体を使う、というやり方を採ることが多い。このような「やり方」を採ると、結局、漱石が使っていた漢字字体は活字には反映されない。あるいは全集などの場合においては「康熙字典体」に統一するという「やり方」が採られることもあるが、その「やり方」も結局は漱石が使っていた漢字字体を再現することにはならない。

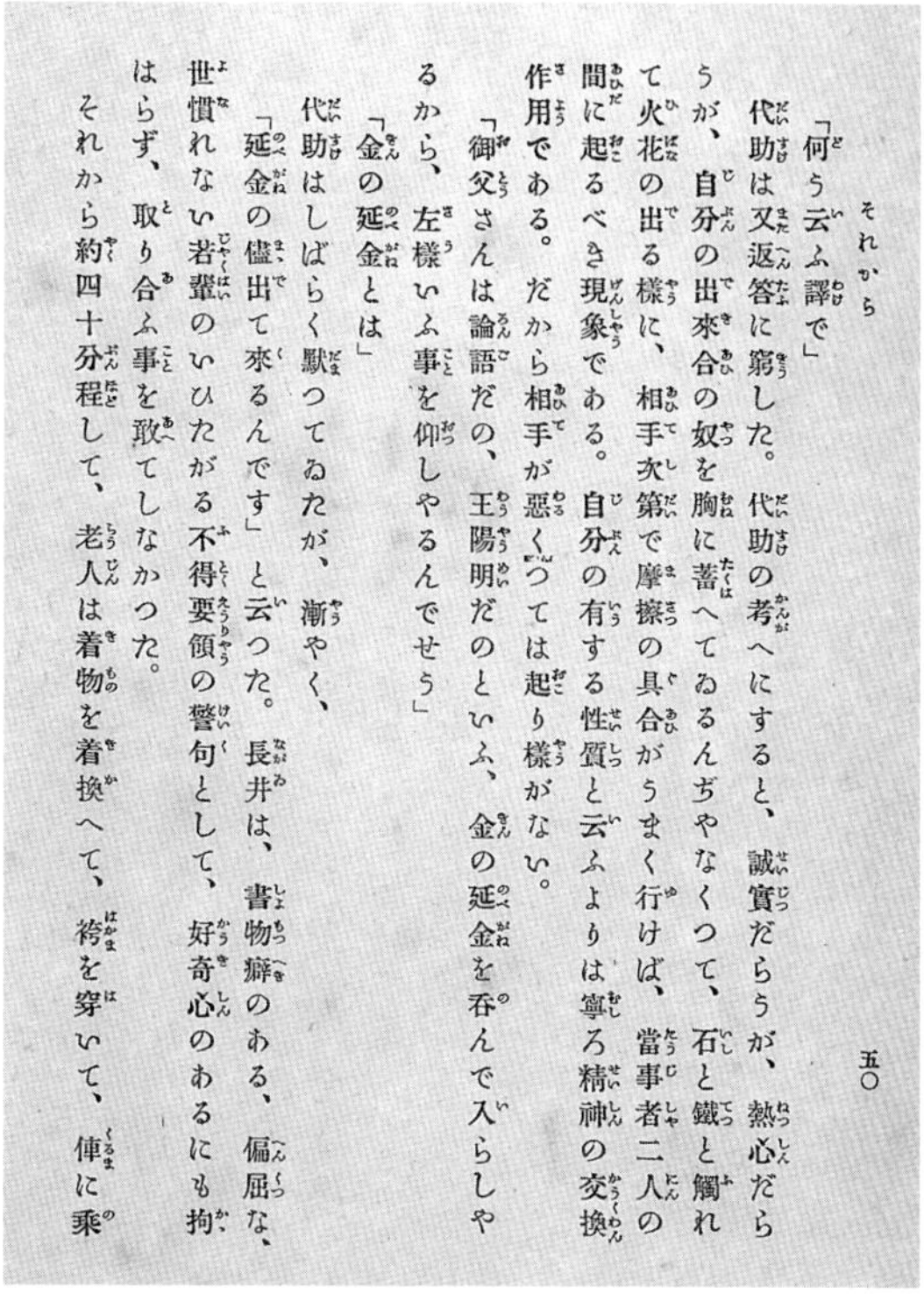
それから　五〇

「何《ど》う云《い》ふ譯《わけ》で」

代助《だいすけ》は又《また》返答《へんたふ》に窮《きう》した。代助《だいすけ》の考《かんが》へにすると、誠實《せいじつ》だらうが、熱心《ねつしん》だらうが、自分《じぶん》の出來合《できあひ》の奴《やつ》を胸《むね》に蓄《たくは》へてゐるんぢやなくつて、石《いし》と鐵《てつ》と觸《ふ》れて火花《ひばな》の出《で》る樣《やう》に、相手《あひて》次第《しだい》で摩擦《まさつ》の具合《ぐあひ》がうまく行《ゆ》けば、當事者《たうじしや》二人《にん》の間《あひだ》に起《おこ》るべき現象《げんしやう》である。自分《じぶん》の有《いう》する性質《せいしつ》と云《い》ふよりは寧《むし》ろ精神《せいしん》の交換《かうくわん》作用《さよう》である。だから相手《あひて》が惡《わる》くつては起《おこ》り樣《やう》がない。

「御《お》父《とう》さんは論語《ろんご》だの、王陽明《わうやうめい》だのといふ、金《きん》の延金《のべがね》を呑《の》んで入《い》らしやるから、左樣《さう》いふ事《こと》を仰《おつ》しやるんでせう」

「金《きん》の延金《のべがね》とは」

代助《だいすけ》はしばらく默《だま》つてゐたが、漸《やう》やく、

「延金《のべがね》の儘《まゝ》出《で》て來《く》るんです」と云《い》つた。長井《ながゐ》は、書物癖《しよもつへき》のある、偏屈《へんくつ》な、世慣《よな》れない若輩《じやくはい》のいひたがる不得要領《ふとくえうりやう》の警句《けいく》として、好奇心《かうきしん》のあるにも拘《かゝ》はらず、取《と》り合《あ》ふ事《こと》を敢《あへ》てしなかつた。

それから約《やく》四十分《ぷん》程《ほど》して、老人《らうじん》は着物《きもの》を着換《きか》へて、袴《はかま》を穿《は》いて、俥《くるま》に乘《の》

図2　『それから』（春陽堂、明治四十三年）より

図2は明治四十三年一月一日に発行された単行本の『それから』（春陽堂）である。単行本は「康熙字典体」で印刷されている。原稿の二行目の下から二字目には「鉄」と書かれているが、単行本は「鐵」字で印刷されており、こうした「変更」がなされることもある。自筆原稿はまず新聞において活字印刷され、多くの場合、その新聞紙面に基づいて単行本がつくられる。自筆原稿、新聞（初出）、単行本（初版）を対照すると、さまざまな違いがあることがわかる。一つ一つのケースについて、なぜそのような「変更」がなされたかを考える必要があり、そして理由がわからない場合もあるが、基本的には次第に求められている「公性」がたかまっているようにみえる。

『それから』にみられる例で説明する。漱石は原稿に「矢つ張り」と書いた箇所が複数ある。それが初出では「矢張り」となっており、それが単行本にも継承されている。「矢つ張り」は「ヤッパリ」を書いたものであるはずで、それに対して「矢張り」は「ヤハリ」を書いたものとみるのが自然である。ここでは使用する語が（少し口語的な）「ヤッパリ」から「ヤハリ」に「変更」されたことになる。

5-13 詩のことば

北原白秋（一八八五～一九四二）は明治四十二（一九〇九）年に詩集『邪宗門』を出版する。図は「顔の印象六篇」と題された一連の作品の最後に置かれた「赤き恐怖」という作品である。初出は未詳。

一行目に「尋《と》めあぐむ」とある「トム」は〈跡を求めて行く・捜して行く〉という語義をもつ下二段型活用をする動詞「トム」で、『古今和歌集』などで使われている。そのことからすれば、明治期における「古語」といってよい。『雅語譯解』は「とめく」を見出し項目として「跡より尋ね来る也」と「解」す。鈴木朖にさえ、「雅語」と感じられる語を使って北

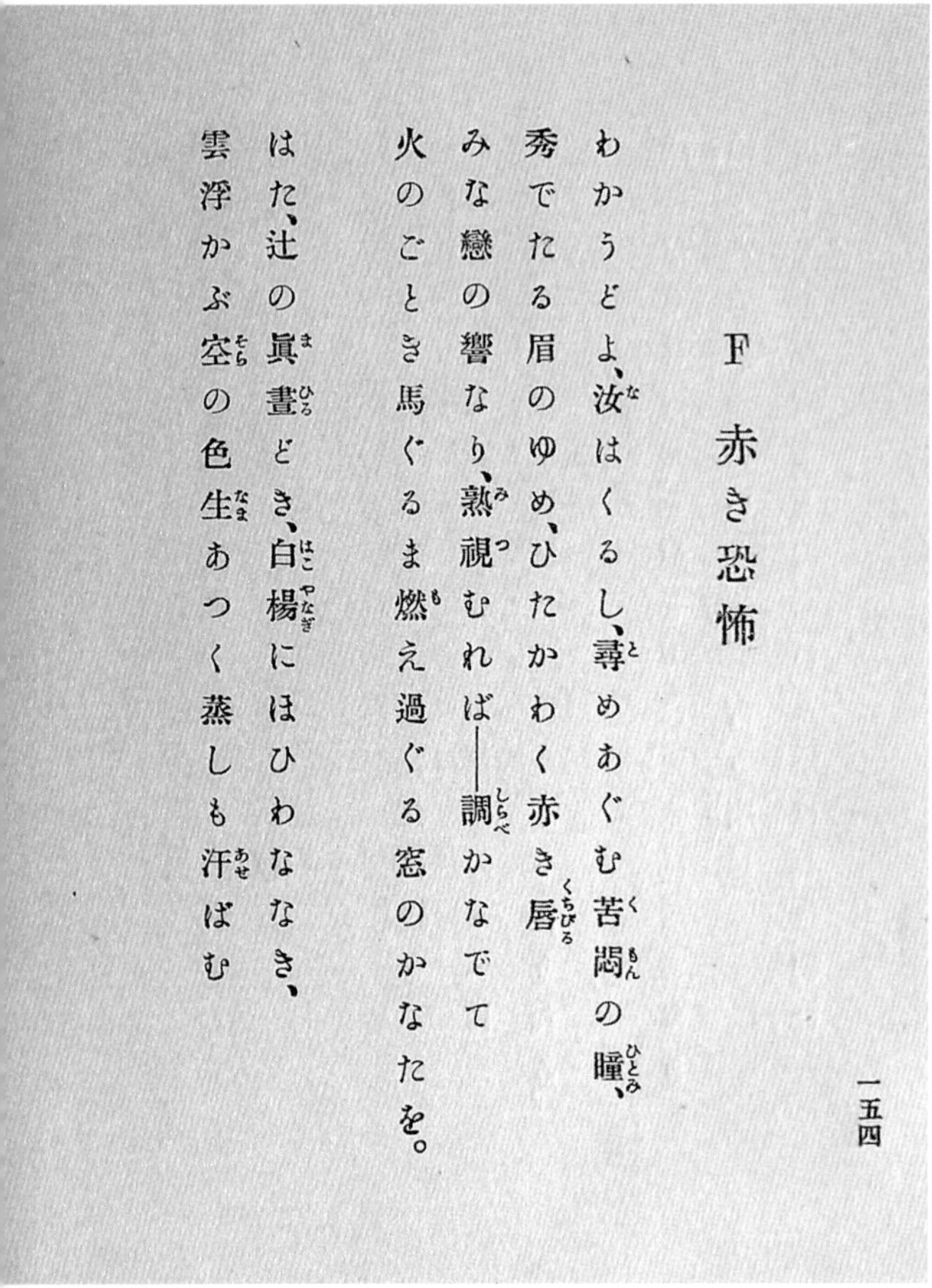
F

赤き恐怖

わかうどよ、汝《な》はくるし、尋《と》めあぐむ苦悶《くもん》の瞳《ひとみ》、
秀でたる眉のゆめ、ひたかわく赤き唇《くちびる》
みな戀の響なり、熟視《みつ》むれば――調《しらべ》かなでて
火のごとき馬ぐるま燃《も》え過ぐる窓のかなたを。
はた、辻の眞晝《まひる》どき、白楊《はこやなぎ》にほひわななき、
雲浮かぶ空《そら》の色生《なま》あつく蒸しも汗《あせ》ばむ

一五四

1909年刊行 北原白秋『邪宗門』

原白秋は詩をつくっていた。そうしたことは現代日本語使用者には、もはや「みえにくい」ことがらに属していると思われる。しかしまた、その同じ行には「クモン（苦悶）」という漢語が使われ、第三連においては「郵便函《ポスト》」、第四連には「消《せう》火器《くわき》」という、明治を思わせる語も「同居」している。ちなみにいえば、『日本国語大辞典』第二版は「ショウカキ（消火器）」の使用例として、横山源之助『日本の下層社会』（一八九九年）を真っ先に掲げ、この「赤き恐怖」の例も掲げている。

『万葉集』で使われた語の使用など「古語」の使用は、白秋の先達ともいうべき蒲原有明や薄田泣菫に「遡る」といってもよい。あるいは上田敏『海潮音』を加えることもできよう。それは、日常的に使われている語とはいわば「質の異なる」詩的言語獲得のための模索ともいえようが、そうやって、あちらこちらから探し出されてきた語によって作品は「貼り合わされている」のであって、その「貼り合わせ」の跡をさながらにつかむことが、

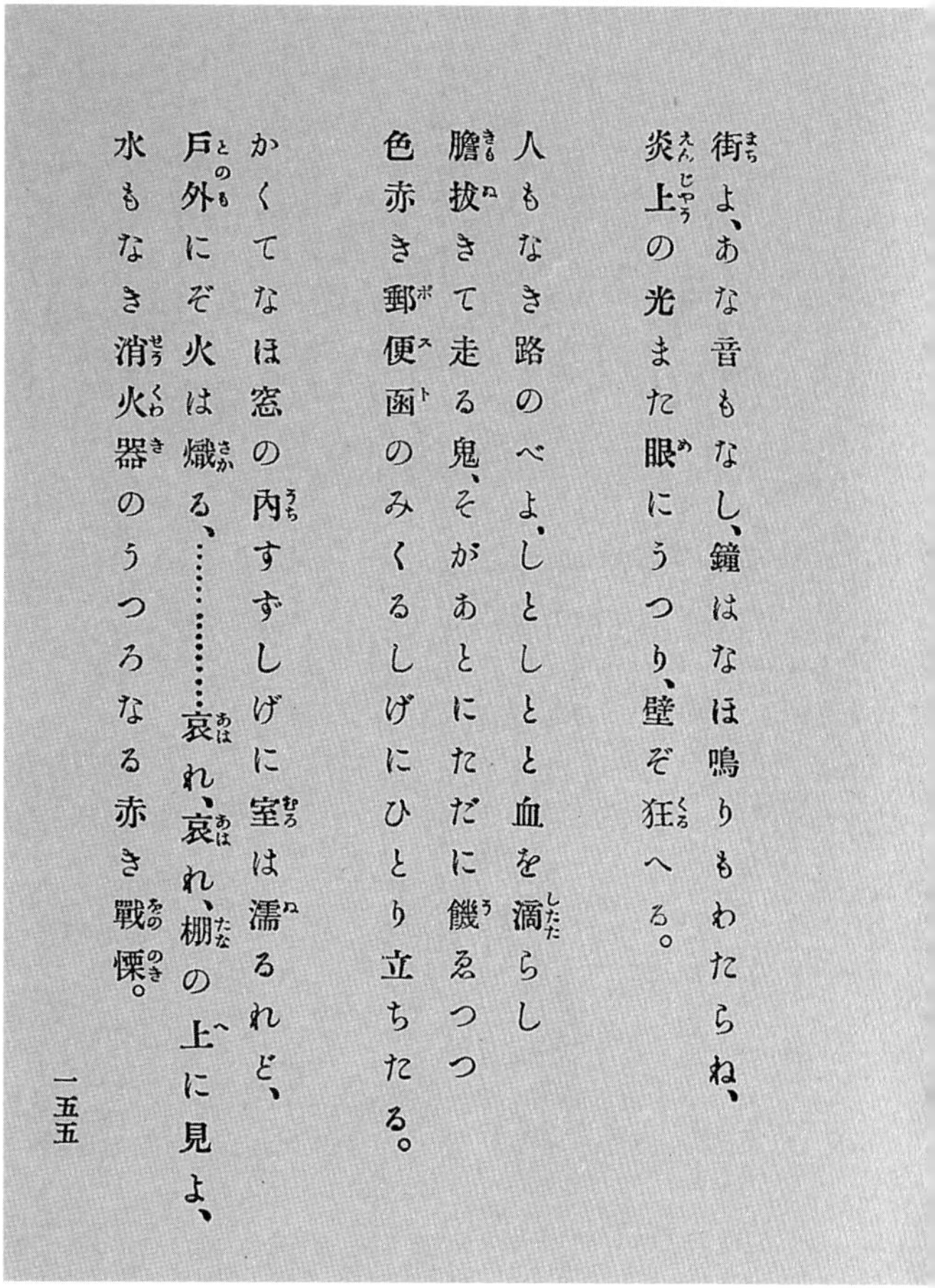
街《まち》よ、あな音もなし、鐘はなほ鳴りもわたらね、
炎上《えんじやう》の光また眼《め》にうつり、壁ぞ狂《くる》へる。

人もなき路のべよ、しとしとと血を滴《したた》らし
膽《きも》抜《ぬ》きて走る鬼、そがあとにただに饑《う》ゑつつ
色赤き郵便函《ポスト》のみくるしげにひとり立ちたる。

かくてなほ窓の内《うち》すずしげに室《むろ》は濡《ぬ》るれど、
戸外《とのも》にぞ火は熾《さか》る、…………哀《あは》れ、哀《あは》れ、棚《たな》の上《へ》に見よ、
水もなき消火器《せうくわき》のうつろなる赤き戰慄《をののき》。

一五五

北原白秋『邪宗門』(明治四十二年)より

右の作者たちの詩作品を「よむ」ための「基礎作業」であろう。

「ミツムレバ」を白秋は「熟視（みつ）むれば」と書いている。『言海』は見出し項目「ミツム」の直下に「普通用」の漢字列として「見詰」を掲げ、語釈末に「漢用字」として「凝視」を掲げている。その『言海』の判断によれば、「ミツム」に漢字列「熟視」をあてることはなにほどか「普通」ではないことになる。詩の末尾の「戦慄《をののき》」も同様の例にみえる。しかし『言海』は見出し項目「をののく」の直下に漢字列「戦慄」を掲げているので、こちらは「普通」の書き方であることになる。右は『言海』の判断によれば」ということであるが、現代日本語使用者よりは、『言海』の編纂者である大槻文彦（一八四七〜一九二八）の方が白秋にちかい「心性」をもっていることはいうまでもなく、とすれば、やはり現代日本語使用者には、「熟視《みつ》むれば」と「戦慄《をののく》」との、書き方としての違いが見えないことになる。

こうした例をすべて「当て字」と呼んでひとくくりにしてしまうようでは、明治期の「書き方」を正当に評価することはできない。

同じようにみえる「恐怖《おそれ》」「苦痛《くるしみ》」「休息《やすらひ》」（一六〇頁）、「震慄《わなな》きつ」「薄暮《くれがた》」（一六二頁）、「街衢《ちまた》」（一六四頁）、「嗟嘆《なげかひ》」（一六五頁）、「背後《そびら》」（一七三頁）、「大理石《なめいし》」（一七四頁）、「眩暈《めくるめ》き」（一七八頁）の、どの書き方は「普通」でどの書き方は「普通」ではないか、ということを明らかにするたしかな手立てを見出す事は今後の課題と考える。

外来語がどのように使われ、どのように書かれているかということに目を転じれば、「Whisky《ウイスキイ》」（二十七頁）、「Trombone《トロムボオン》」（三十頁）のような「アルファベット＋片仮名振仮名」、「瓦斯《がす》」（三十四頁）、「天鵞絨《びろうど》」（四十八頁）のような「漢字＋平仮名振仮名」、「骸炭《コオクス》」（三十七頁）、「隊商《カラバン》」（四十八頁）のような「漢字＋片仮名振仮名」、「ピラミド」（五十五頁）、「ピアノ」（八十三頁）のような「片仮名書き」など、多岐にわたる書き方がみられる。これは一つの到達といってよいだろう。

5-14

大正期の散文の典範

1915年発表 森鷗外『山椒大夫』

森鷗外は文久二（一八六二）年に生まれ、大正十一（一九二二）年に死去している。夏目漱石とともに明治の文豪と呼ばれる。漱石より五歳年上になる。図は大正七年に刊行された単行本『高瀬舟』に収められた「山椒大夫」の冒頭箇所である。「山椒大夫」は大正四（一九一五）年に『中央公論』に発表されている。鷗外が原拠とした説教節正本は、現在国立国会図書館に蔵されている「さんせう大夫」（版元不明、元禄初年頃刊）であることが指摘されている。

鷗外は「歴史其儘と歴史離れ」において、「わたくしは歴史の「自然」を変更することを嫌つて、知らず識らず歴史に縛られた。わたくしは此縛の下に喘ぎ苦んだ。そしてこれを脱せようと思つた」「粟の鳥を逐う女の事は、山椒大夫伝説の一節である。わたくしは昔手に取つた侭で棄てた一幕物の企を、今単篇小説に蘇らせようと思ひ立つた。山椒大夫のやうな伝説は、書いて行く途中で、想像が道草を食つて迷子にならぬ位の程度に筋が立つてゐると云ふだけで、わたくしの辿つて行く糸には人を縛る強さはない。わたくしは伝説其物をも、余り精しく探らずに、夢のやうな物語を夢のやうに思ひ浮べて見た」と述べ、「兎に角わたくしは歴史離れがしたさに山椒大夫を書いたのだが、さて書き上げた所を見れば、なんだか歴史離れがし足りないやうである。これはわたくしの正直な告白である」と文章を結んでいる。

小堀桂一郎は『森鷗外—文業解題（創作篇）』（一九八二年、岩波書店）において、この「山椒大夫」について「大正期にめざましい勢で簇出する、真剣な善き意図の下に創作された近代児童文学の諸作の中でも白眉の一篇として推すことができよう。傑れた児童文学はまた立派に成人の味読に堪へるものであるが、『山椒大夫』

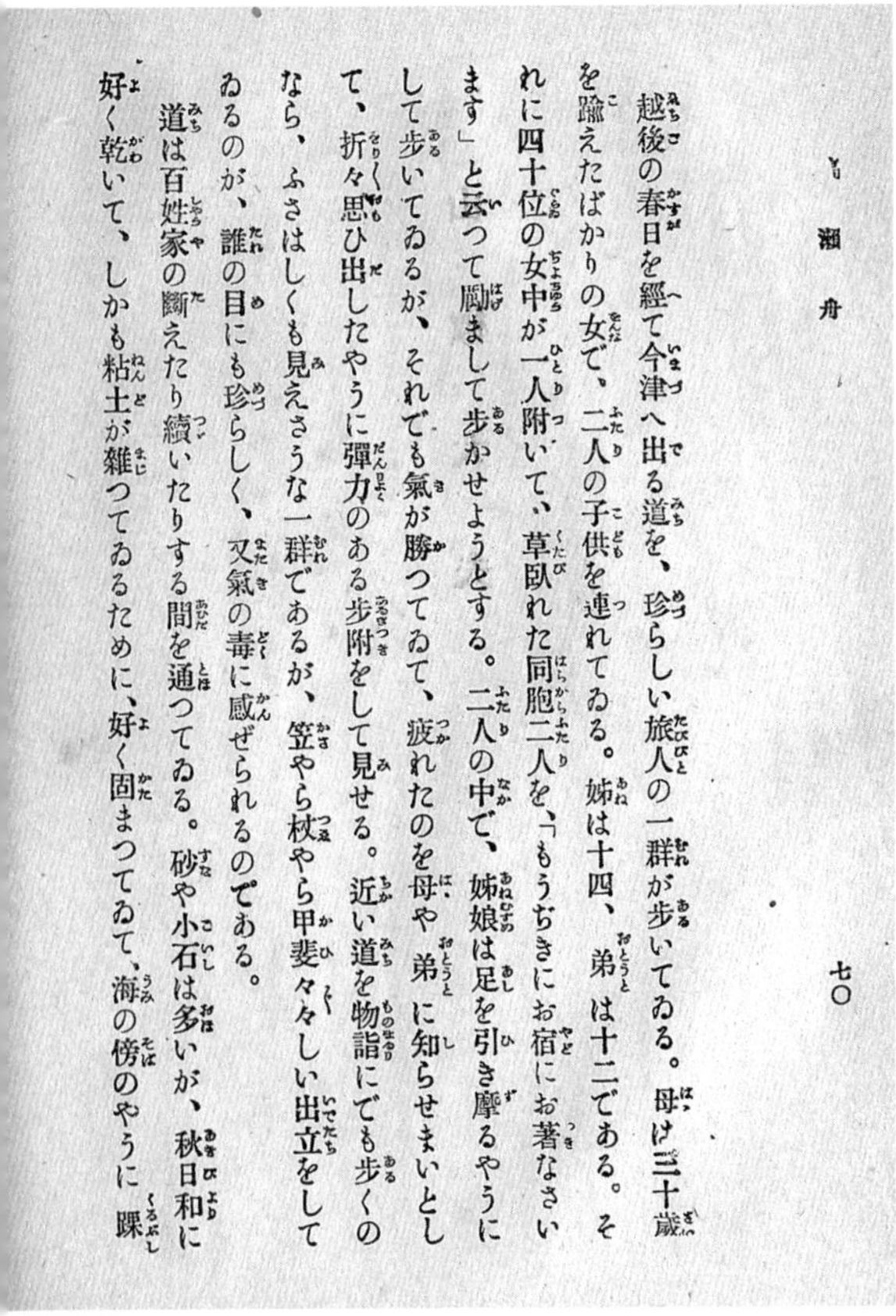
高瀬舟　七〇

越後《ゑちご》の春日《かすが》を經《へ》て今津《いまづ》へ出《で》る道《みち》を、珍《めづ》らしい旅人《たびびと》の一群《むれ》が歩《ある》いてゐる。母《はゝ》は三十歳《さい》を踰《こ》えたばかりの女《をんな》で、二人《ふたり》の子供《こども》を連《つ》れてゐる。姉《あね》は十四、弟《おとうと》は十二である。それに四十位《ぐらゐ》の女中《ぢよちう》が一人《ひとり》附《つ》いて、草臥《くたび》れた同胞二人《はらからふたり》を、「もうぢきにお宿《やど》にお著《つ》きなさいます」と云《い》つて勵《はげ》まして歩《ある》かせようとする。二人《ふたり》の中《なか》で、姉娘《あねむすめ》は足《あし》を引《ひ》き摩《ず》るやうにして歩《ある》いてゐるが、それでも氣《き》が勝《か》つてゐて、疲《つか》れたのを母《はゝ》や弟《おとうと》に知《し》らせまいとして、折々《をりをり》思《おも》ひ出《だ》したやうに彈力《だんりよく》のある歩附《あるきつき》をして見《み》せる。近《ちか》い道《みち》を物詣《ものまうで》にでも歩《ある》くのなら、ふさはしくも見《み》えさうな一群《むれ》であるが、笠《かさ》やら杖《つゑ》やら甲斐《かひ》々々しい出立《いでたち》をしてゐるのが、誰《たれ》の目《め》にも珍《めづ》らしく、又氣《またき》の毒《どく》に感《かん》ぜられるのである。

道《みち》は百姓家《ひやくしやうや》の斷《た》えたり續《つゞ》いたりする間《あひだ》を通《とほ》つてゐる。砂《すな》や小石《こいし》は多《おほ》いが、秋日和《あきびより》に好《よ》く乾《かわ》いて、しかも粘土《ねんど》が雜《まじ》つてゐるために、好《よ》く固《かた》まつてゐて、海《うみ》の傍《そば》のやうに踝《くるぶし》

こそは年少の読者に日本語散文の張りのある美しさを教へるによいと同時に、文芸上の趣味の極めたる老成者にとつても再読三読して玩味するに値する、鷗外の全散文作品中での傑作の一つと言へるであらう」（一二二〜一二三頁）と述べ、たかく評価している。「山椒大夫」は大正三年に発表された夏目漱石の『こころ』とともに、大正期にひろく読まれたものといえよう。精密に構築された論理を展開する文章は文学作品にも論説にも使うことができる文章として、（大正期の）散文の典範となったとの指摘もある。

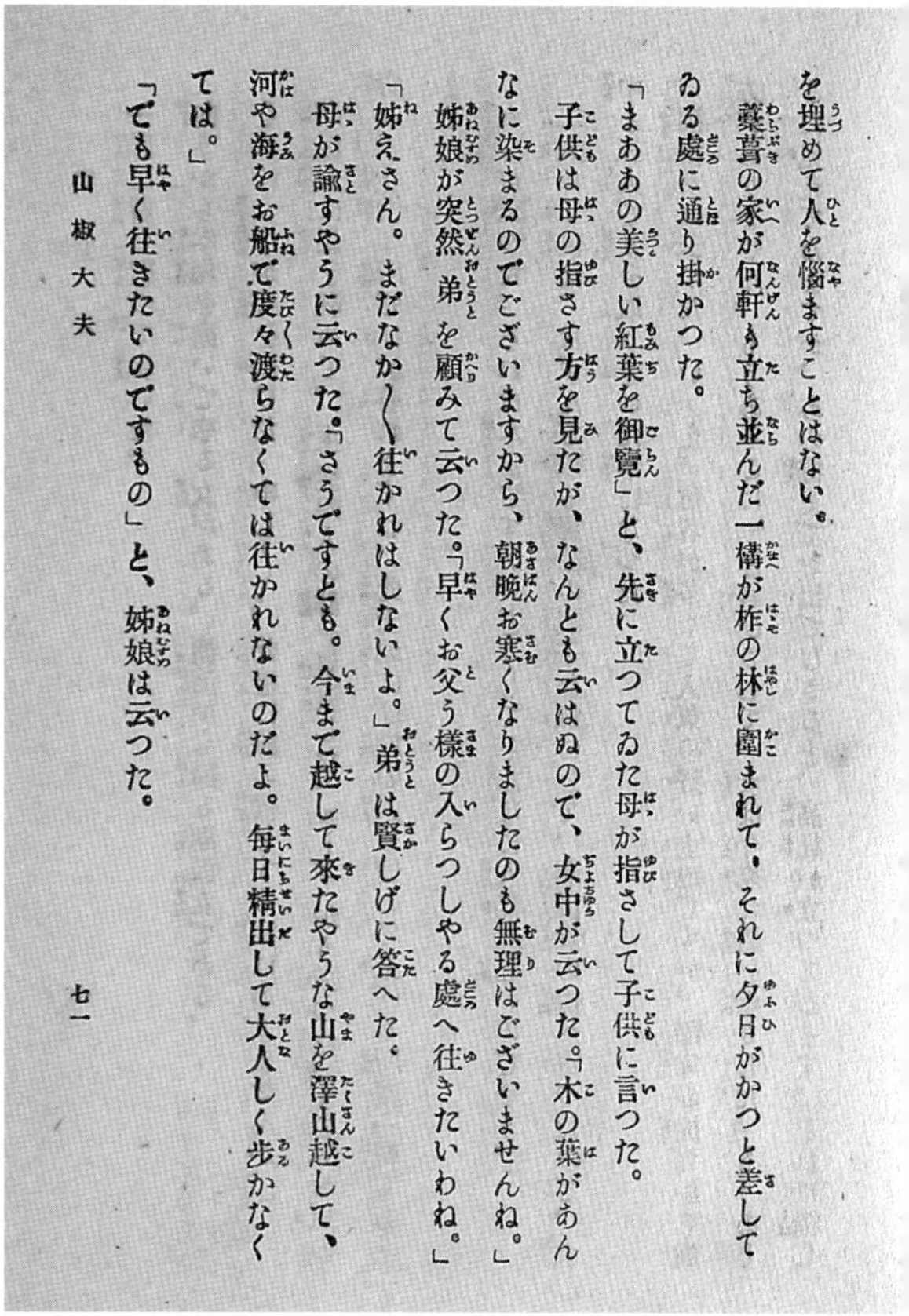
を埋《うづ》めて人《ひと》を悩《なや》ますことはない。

藁葺《わらぶき》の家《いへ》が何軒《なんげん》も立《た》ち並《なら》んだ一構《かまへ》が柞《はゝそ》の林《はやし》に囲《かこ》まれて、それに夕日《ゆふひ》がかつと差《さ》してゐる處《ところ》に通《とほ》り掛《か》かつた。

「まああの美《うつく》しい紅葉《もみぢ》を御覧《ごらん》」と、先《さき》に立《た》つてゐた母《はゝ》が指《ゆび》さして子供《こども》に言《い》つた。

子供《こども》は母《はゝ》の指《ゆび》さす方《はう》を見《み》たが、なんとも云《い》はぬので、女中《ぢよちう》が云《い》つた。「木《こ》の葉《は》があんなに染《そ》まるのでございますから、朝晩《あさばん》お寒《さむ》くなりましたのも無理《むり》はございませんね。」

姉娘《あねむすめ》が突然《とつぜん》弟《おとうと》を顧《かへり》みて云《い》つた。「早《はや》くお父《と》う様《さま》の入《い》らつしやる處《ところ》へ往《ゆ》きたいわね。」

「姉《ね》えさん。まだなか〲往《い》かれはしないよ。」弟《おとうと》は賢《さか》しげに答《こた》へた。

母《はゝ》が諭《さと》すやうに云《い》つた。「さうですとも。今《いま》まで越《こ》して來《き》たやうな山《やま》を澤山《たくさん》越《こ》して、河《かは》や海《うみ》をお船《ふね》で度々《たび〲》渡《わた》らなくては往《い》かれないのだよ。毎日《まいにち》精出《せいだ》して大人《おとな》しく歩《ある》かなくては。」

「でも早《はや》く往《い》きたいのですもの」と、姉娘《あねむすめ》は云《い》つた。

山椒大夫　七一

森鷗外『山椒大夫』

「越後の春日を経て今津へ出る道を、珍らしい旅人の一群が歩いてゐる」から始まり、「二人はぴつたり抱き合つた」で終わる「山椒大夫」は平易で落ち着きのある文章で綴られている。それは現代日本語とあまり「距離」を感じさせない文章であり、そうした意味合いにおいては、現代日本語の「書きことば」の源流をこのあたりの時期に求めることができると思われる。その一方で、当然のことながら、現代日本語の「書きことば」との「差」もあることが窺われ、その「差」を具体的に追究することによって、現代日本語の「書きことば」がどのようなものであるかがわかると考える。

どのような点に着目すれば、その「差」を炙り出すことができるかということもいまだ明確にはされていないともいえるが、例えば「這入つて来たのは四十歳ばかりの男である。骨組の逞しい、筋肉が一つ〲肌の上から数へられる程、脂肪の少い人で（以下略）」（七十六頁）における「筋肉」「脂肪」は、そうした漢語が使われているということも目をひくが、それとともに、そうした語が使われてきた「場」を何程か呼び込んで、それを「ない交ぜ」にして文をつくりあげていることにも注目しておきたい。語の混淆は（その語が置かれていた）「世界の混淆」でもある。「二人は急いで山を降りた。足の運も前とは違つて、姉の熱した心持が、暗示のやうに弟に移つて行つたかと思はれる」（一一四頁）の「暗示《あんし》」も同様のことを思わせる。

「饗応《もてなし》」「独語《ひとりごと》」「背後《うしろ》」「示 指《ひとさしゆび》」「大廈《おほいへ》」「燈火《あかり》」「微笑《ほゝゑみ》」のように、漢語をあらわすことができる漢字列を和語にあてた例はむしろ少なく、訓を中心にした書き方を採っている点も「落ち着き」を感じさせる。

5-15

新しい表現の追究

1915年発表 芥川龍之介『羅生門』

芥川龍之介（一八九二〜一九二七）の「羅生門」は『今昔物語集』の「羅城門登上層見死人盗人語」（巻第二十九、十八話）を中心にして、「大刀帯陣売魚嫗語」の話柄を交えるかたちで書かれている。高等学校の教科書などにも採られ、ひろく知られている作品となっている。他に「芋粥」「藪の中」「地獄変」など、『今昔物語集』や『宇治拾遺物語』に素材を求めた作品がある。

「羅生門」は東京帝国大学在学中の大正四（一九一五）年に雑誌『帝国文学』に発表された。翌年、大正五年には「鼻」をやはり『帝国文学』に発表している。大正六年五月には第一短編集『羅生門』を阿蘭陀書房から出版している。「羅生門」は大正十一年に改造社から出版された『沙羅の花』にも収められている。図は大正六年十月に刊行された再版から採った。

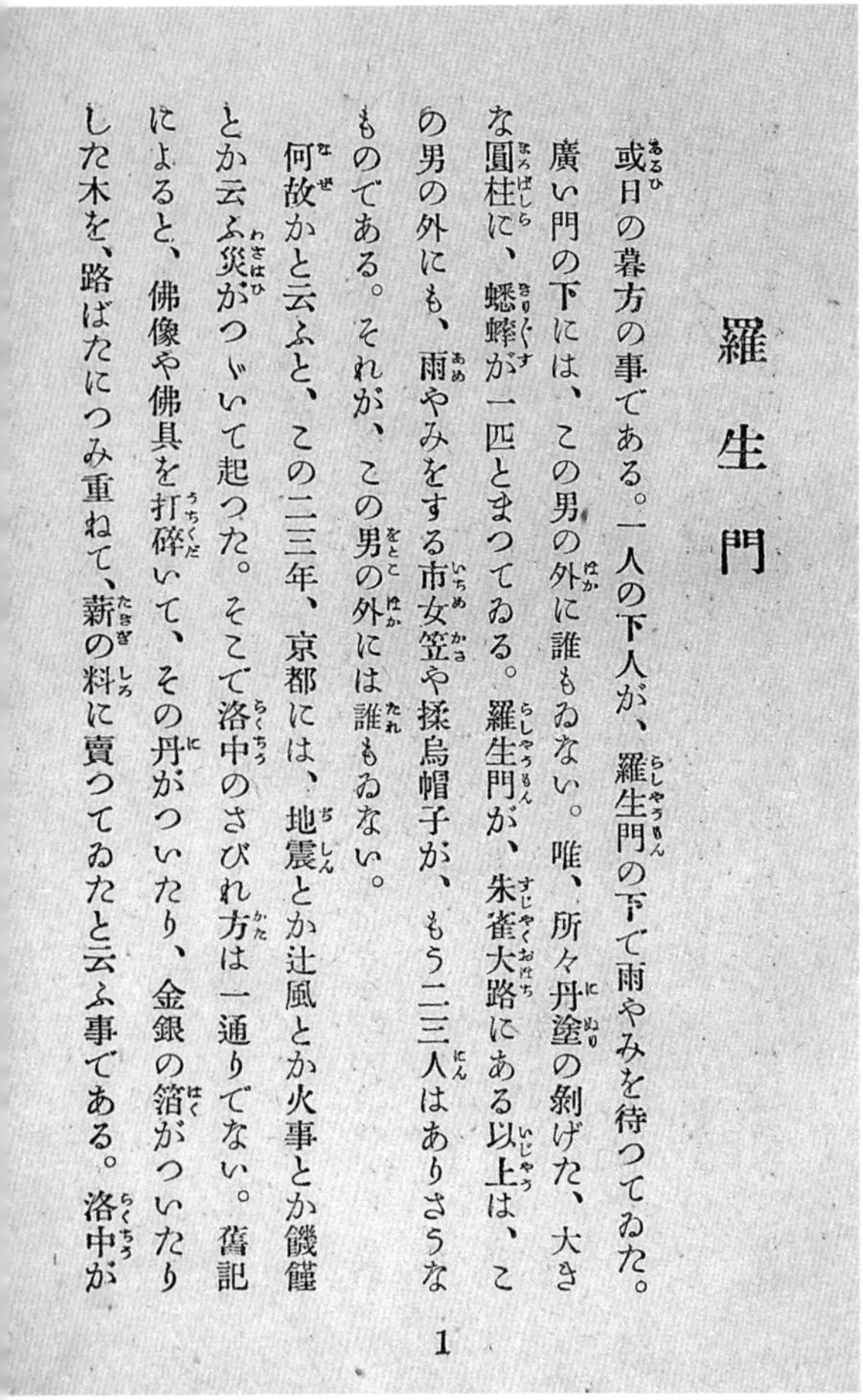
羅生門

或日《あるひ》の暮方の事である。一人の下人が、羅生門《らしやうもん》の下で雨やみを待つてゐた。

廣い門の下には、この男の外《ほか》に誰もゐない。唯、所々丹塗《にぬり》の剝げた、大きな圓柱《まろばしら》に、蟋蟀《きりぎりす》が一匹とまつてゐる。羅生門《らしやうもん》が、朱雀大路《すじやくおほぢ》にある以上《いじやう》は、この男の外にも、雨《あめ》やみをする市女笠《いちめがさ》や揉烏帽子が、もう二三人《にん》はありさうなものである。それが、この男《をとこ》の外《ほか》には誰《たれ》もゐない。

何故《なぜ》かと云ふと、この二三年、京都には、地震《ぢしん》とか辻風とか火事とか饑饉とか云ふ災《わざはひ》がつゞいて起つた。そこで洛中《らくちう》のさびれ方《かた》は一通りでない。舊記によると、佛像や佛具を打砕《うちくだ》いて、その丹《に》がついたり、金銀の箔《はく》がついたりした木を、路ばたにつみ重ねて、薪《たきぎ》の料《しろ》に賣つてゐたと云ふ事である。洛中《らくちう》が

1

この第一短編集『羅生門』においては、末尾の一文は「下人は、既に、雨《あめ》を冒《をか》して、京都の町へ強盗を働きに急いでゐた」（十七頁）となっているが、『帝国文学』においては、「下人は、既に、雨を冒して、京都の町へ強盗を働きに急ぎつつあつた。」になっている。さらに大正七年七月に春陽堂から出版された『鼻』に収められた際に、現在知られているように、「下人の行方は、誰も知らない」となった。

芥川龍之介は、小学校、中学校と学業成績が優秀であり、読書好きで文芸書を濫読していたことが知られている。一高には無試験で入学した。同級には久米正雄、山本有三、菊池寛らがいた。一九一五年の末に夏目漱石宅で行なわれていた木曜会に参加し、以後は漱石の門下生となった。一九一六年に「新思潮」を創刊し、「鼻」を発表し、漱石がそれを激賞した。漱石門下であった鈴木三重吉の推薦を受けて書いた「芋粥」「手巾《ハンケチ》」によって、新進作家として認められるにいたった。

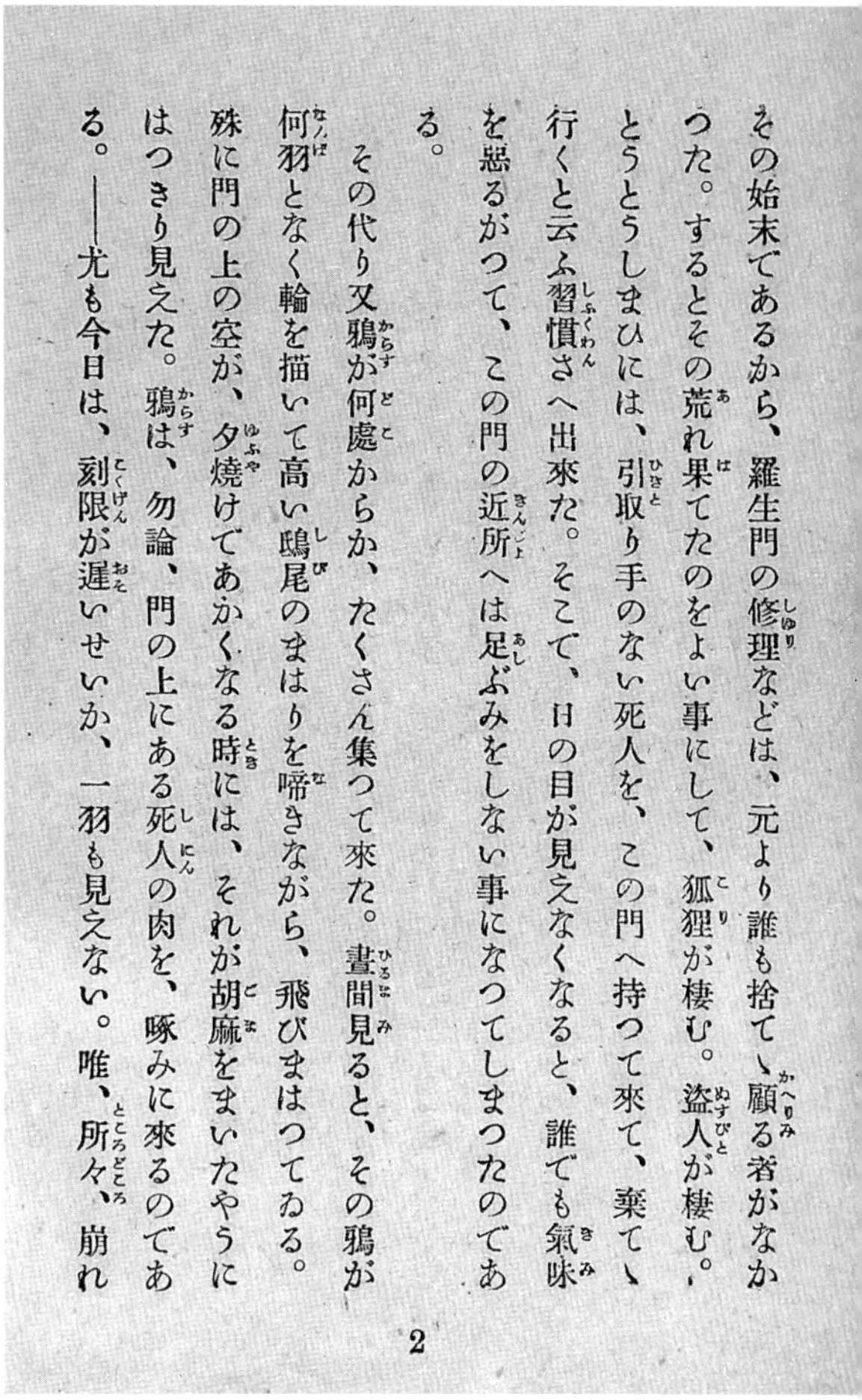
その始末であるから、羅生門の修理《しゆり》などは、元より誰も捨てゝ顧《かへりみ》る者がなかつた。するとその荒《あ》れ果《は》てたのをよい事にして、狐狸《こり》が棲む。盗人《ぬすびと》が棲む。とうとうしまひには、引取《ひきと》り手のない死人を、この門へ持つて來て、棄てゝ行くと云ふ習慣《しふくわん》さへ出來た。そこで、日の目が見えなくなると、誰でも氣味《きみ》を惡るがつて、この門の近所《きんじよ》へは足《あし》ぶみをしない事になつてしまつたのである。
その代り又鴉《からす》が何處《どこ》からか、たくさん集つて來た。晝間見《ひるまみ》ると、その鴉が何羽《なんば》となく輪を描いて高い鴟尾《しび》のまはりを啼《な》きながら、飛びまはつてゐる。殊に門の上の空が、夕燒《ゆふや》けてあかくなる時《とき》には、それが胡麻《ごま》をまいたやうにはつきり見えた。鴉《からす》は、勿論、門の上にある死人《しにん》の肉を、啄みに來るのである。——尤も今日は、刻限《こくげん》が遲《おそ》いせいか、一羽も見えない。唯、所々《ところどころ》、崩れ
2

芥川龍之介『羅生門』

佐藤春夫、谷崎潤一郎、久米正雄らとともに反自然主義の立場で新しい文学を追究し、「新技巧派」と呼ばれた。

冒頭の「羅生門が、朱雀大路にある以上は、この男の外にも、雨やみをする市女笠や揉烏帽子が、もう二三人はありさうなものである。それが、この男の外には誰もゐない。／何故かと云ふと、この二三年、京都には、地震とか辻風とか火事とか饑饉とか云ふ災がつゞいて起つた。そこで洛中のさびれ方は一通りでない」（一頁）は理知的というよりは、説明的ともいえるが、こうした点に「技巧」が現われているといえよう。あるいは、しばしば指摘されていることであるが、「大きな円柱に、蟋蟀が一匹とまつてゐる」という描写は、あたかも映画の一シーンをみているかのようで、そうしたことを文字表現として行なっていることには注目しておきたい。

あるいは「平安朝の下人のSentimentalisme」（四頁）という表現、「しかしこの「すれば」は、何時《いつ》までたつても、結局「すれば」であつた。下人は、手段を選ばないといふ事を肯定しながらもこの「すれば」のかたをつける為に、当然、その後に来る可き「盗人になる外に仕方がない」と云ふ事を、積極的に肯定する丈の、勇気が出ずにゐたのである」（五頁）という、いわばメタ言語的な表現など、随所に「表現の新しさ」がみられる。

『今昔物語集』において「門ノ上ノ層ニ和《ヤハ》ラ掻《カカ》ツリ登タリケルニ、見レバ、火髴《ホノカ》ニ燃《トモ》シタリ」とある一文は、「下人は、守宮《やもり》のやうに足音をぬすんで、やつと急な梯子を、一番上の段まで這ふやうにして上りつめた」（七頁）と対応しそうであるが、表現の根本的な「差」を感じさせる。

森鷗外の『山椒大夫』も、芥川龍之介の『羅生門』も、夏目漱石の『道草』も、いずれも大正四年に発表されており、これらが同時代の作品であるという観点から、それぞれの作品をかたちづくっている日本語のあり方を観察するといった試みもおもしろいと考える。

そうした試みは文学研究においては、もちろんのこと、日本語学研究においてもなされないように思われるが、当該時期がどのような「地点」に到達し、何を獲得していたかということを窺うきっかけにはなると考える。

あとがき

モーツァルトのドイツ語オペラ『魔笛』には「モノスタトス（Monostatos）」という一風変わった登場人物がでてくる。「恋すりゃ誰でも楽しいよ」というアリアで、パミーナへの恋心を歌ったりする。この人物の名前に含まれている「mono」は〈一つ〉をあらわすギリシャ語の接頭辞で、英語の中には、「monotone」「monologue」など、この接頭辞が付いている語が少なからずある。

大学をあらわす英語「university」や「unique」に含まれる「uni」も〈一つ〉をあらわす接頭辞であるが、こちらはラテン語の接頭辞である。英語には多くのフランス語語彙が流れ込んでいるが、さらに遡ったラテン語、それを遡るギリシャ語に由来する語も少なからずある。そうしたことを通して、英語のできあがっていく「道筋」がほの見えてくるともいえよう。

それに対して、日本語は、中国文化、中国語との接触の中で、大量の中国語を借用し、漢語としてとりこんできたという歴史はわかっているが、言語の系統はほとんどわかっていない言語である。したがって、「日本語の歴史」を語ろうとすると、必然的に日本語内部の歴史を語ることになる。

日本列島上で日本語（の祖型にあたる言語）がいつ頃から使われ始めたかを具体的につきとめることはできていないが、仮に今から一万二千年ぐらい前から始まった縄文時代を起点として現在までを考えたとすれば、日本語には一万二千年ぐらいの「歴史」があることになる。しかし、その一万年以上は「無文字時代」なのであって、その時代についての「情報」はないに等しい。

日本語は漢字にであい、まず漢字によって文字化するというかたちで「文字時代」を開始した。そのことがずっと日本語に影響を与えたことについては「本文」の中で、折にふれて説明を試みた。『万葉集』がつくられた八世紀頃の日本語の「ありかた」はだいぶわかってきており、そこから現在までを考えれば、一三〇〇年ほどの「日本語の歴史」を採りあげたことになる。これを長いとみるか、短いとみるか。日本語の歴史を一万二千年とみれば、その十分の一強ということになるし、文字を使い始めてから一三〇〇年分がわかっていると考えれば、十分に長いということになる。

八世紀に書かれた『古事記』『万葉集』は残っていないけれども、鎌倉時代の写本はある。それでも十分に古いとみることはもちろんできる。他民族との争いがずっと続いた地域では、文献が残りにくい。あるいは民族内での争いによって、文献が失われることもある。日本においては、そうしたことが少なく、さいわいにも多くの文献が残されている。そうはいっても、多くの文献が失われたことも、また残された文献からわかる。

本書は大正時代の日本語までを採りあげた。昭和、平成の日本語ももちろんあるが、それらは、いわば「まだ歴史になっていない」。歴史は事実に基づくことはいうまでもないが、事実を並べればそれがそのまま「歴史」になるわけではない。「昭和、平成の日本語」はむしろ「現代(わたしたちが)使っている日本語」すなわち「現代日本語」であるので、本書では採りあげなかった。これから百年、二百年と時間が経過していけば、それらは「日本語の歴史」という枠組みの中で語られる対象となる。

言語は時間の経過とともに変化する。これは言語の「宿命」といってよい。現代社会でいきていくために必要な日本語のスキルを修得することは大事だ。その一方で、今使っている日本語が、どのような「道筋」をたどり、どのような「言語変化」を経てきたかについても知っておいてほしいと思う。「今、ここ」が大事であるのと同等に、過去のありかた=歴史も大事だという感覚は今後いっそう重要になってくると思う。「歴史への(冷静な)まなざし」は生来備わっているものではなく、学習して後天的に獲得するものであろう。本書が日本語の歴史を知るきっかけになってくれればさいわいだ。

二〇一五年十月

今野真二

●著者略歴

今野真二（こんの・しんじ）
一九五八年、神奈川県生まれ。清泉女子大学教授。日本語学専攻。『江戸の知をよむ』『戦国の日本語』『日本語の教養１００』『日本語　ことばあそびの歴史』『教科書では教えてくれないゆかいな日本語』（以上、河出書房新社）、『横溝正史の日本語』（春陽堂書店）、『日本とは何か』（みすず書房）、『「鬱屈」の時代をよむ』（集英社新書）、『豊島与志雄『未来の天才』』（武蔵野書院）、『うつりゆく日本語をよむ』（岩波新書）、『言霊と日本語』（ちくま新書）など著書多数。

ふくろうの本

新装版
図説　日本語の歴史

二〇一五年一一月三〇日初版発行
二〇二三年一一月二〇日新装版初版印刷
二〇二三年一一月三〇日新装版初版発行

著者……………………今野真二
装幀・デザイン…………熊澤正人＋村奈諒佳
発行者…………………小野寺優
発行……………………株式会社河出書房新社
〒一五一-〇〇五一
東京都渋谷区千駄ヶ谷二-三二-二
電話　〇三-三四〇四-一二〇一（営業）
〇三-三四〇四-八六一一（編集）
https://www.kawade.co.jp/
印刷……………………大日本印刷株式会社
製本……………………加藤製本株式会社

Printed in Japan
ISBN978-4-309-76328-6

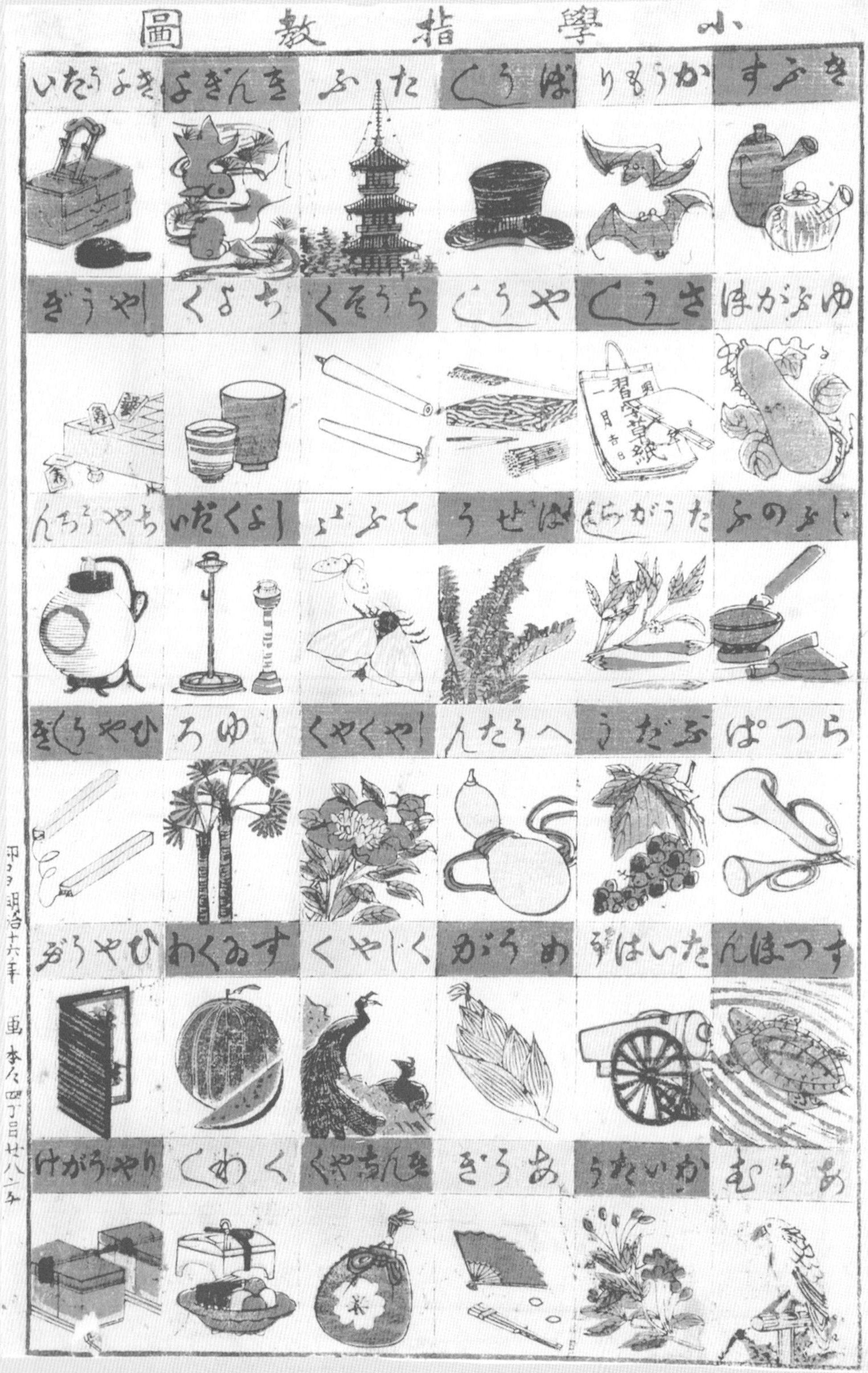

◉「小学指教図」（明治十六年）：小学校で、図を使ってことばを教えたもの。これはそれを小さく印刷したもの。